HANNSFERDINAND DÖBLER

Döblers Kultur- und Sittengeschichte der Welt

Gesetz Herrschaft Krieg

Mit 32 Farb- und Schwarzweiß-Tafeln

Wilhelm Goldmann Verlag

BILDNACHWEIS

Archiv für Kunst u. Geschichte, Berlin (84); Arnold, Füssen (73); Bayer. Staats-bibliothek, München (90, 162); Verlagsgruppe Bertelsmann, Gütersloh, Bild-archiv (176, 229); Bibliothèque Nationale, Paris (54, 95, 183); British Museum, London (50, 161); Brubacher, München (11); DEMAG AG, Duisburg (217); Bildarchiv Foto Marburg, Marburg (17); Cabinetto Fotografico Nazionale, Rom (210); Heeresgeschichtliches Museum, Wien (92); Hirmer Verlag, München, Fotoarchiv 28, 52, 53, 59, 122, 131); Dr. R. Huber, Wien (51, 91, 93o., 165, 218, 219o.); R. Kleinhempel, Hamburg (168, 189); Kunsthistorisches Museum, Wien (56, 89); E. Kusch, Nürnberg (25); Landesdenkmalamt Westfalen-Lippe, Münster (114); Martin v. Wagner-Museum, Würzburg (236); The Metropolitan Museum of Art, New York (94); A. Münchow, Aachen (37); Österreichische Nationalbibliothek, Wien (55, 103, 163, 164, 197, 241); The Pennsylvania Academy of the Fine Arts, Philadelphia (166); Radio Times Hulton Picture Library, London (171, 250/251); Rex Roberts Studios, Dublin (93 u.); Remmer, Lübeck (167); H. Reuter, Godesberg (223); Scala, Antella (165, 219 u., 220, 221, 222, 224); Service de Documentation Photographique, Paris (40); H. Schmidt-Glassner, Stuttgart (77); Staatsbibliothek Preußischer Kulturbesitz, Berlin (138, 256); Städt. Kunstsammlungen, Augsburg (153); W. Steinkopf, Berlin (80); M. Stöckmann, München (96); Unesco, Paris (49).

Made in Germany · 11/78 · 1. Auflage · 116
Genehmigte Taschenbuchausgabe. © der Originalausgabe 1974 by C. Bertels-mann Verlag GmbH, München. Umschlagentwurf: Creativ Shop, A.+A. Bachmann, München. Umschlagbild: Anonymes britisches Plakat, 1942/43. Druck: Presse-Druck Augsburg · Verlagsnummer: 11173 · Schulte/Ernst
ISBN 3-442-11173-0

Inhalt

209 *Kriegskünste*

Vorwort

Welche Mittel eine Regierung anwenden muß, um für eine möglichst große Zahl von Menschen möglichst erträgliche Verhältnisse zu schaffen, wird landauf, landab diskutiert. Es sind nicht mehr die großen Fragen des Glaubens, welche die Familien entzweien und Stoff für immer neue Auseinandersetzungen liefern, man grübelt nicht über die Natur des Teufels oder die Zahl der Engel in den himmlischen Paradiesen nach, sondern über das Verhältnis von Macht und Gewalt. Die Gesellschaft ist der große Popanz, auf den alles zugeschnitten, mit dem alles erklärt und entschuldigt wird, und bei Lichte besehen scheint es, als ob nahezu alles, was den Menschen ausmacht, von der Gesellschaft her zu begreifen und abzuleiten sei.

In der Tat stellt sich hier eine Grundfrage: Wer den Menschen verändert, sagen die einen, etwa im Sinne einer differenzierteren Ethik, einer verfeinerten Moral, einer Schärfung des sozialen Gewissens, der verändert auch die Gesellschaft. Eben dies wird von den anderen bestritten, die erklären, daß erst die Veränderung der Gesellschaft auch einen neuen Menschen entstehen läßt, was nun wiederum eine differenziertere Ethik, eine vertiefte Moral und eine Schärfung des Gewissens zur Folge haben würde.

Diese Überlegungen sind nicht selbstverständlich, diese Spekulationen über Gesellschaft und Individuum sind nicht allgemein menschlich, sondern spezifisch europäischen Ursprungs, also zeitgebunden und historisch ableitbar. Große und kulturell in gewisser Weise reich entfaltete Völker mit komplizierten Herrschaftssystemen, einer entwickelten Wirtschaft und vielen technischen Errungenschaften wie Indien und China haben diese gesellschaftlichen Probleme allenfalls in Form von Weisheitslehren behandelt, die der Denker dem Suchenden gibt – aber es sind eben Weisheiten, das heißt Erfahrungen, auf ihren höchsten gemeinsamen Nenner gebracht, keine auf Vernunft und Logik aufgebauten philosophischen Überlegungen, die, statt Ratschläge zu geben, nach den Grundbedingungen menschlichen Zusammenlebens fragen.

Dabei spielen die religiösen und weltanschaulichen Ausgangssituationen, ihrerseits als Überbau gesellschaftlicher und ökonomischer Verhältnisse verstanden, durchaus eine Rolle. Selbstverständlich macht es einen Unterschied, ob sich der Mensch als Geschöpf versteht, das, zum Ebenbilde Gottes erschaffen, unter einer göttlichen Führung und Fügung steht, oder als eine unter unzähligen Wiedergeburten auf dem Pfad der Erleuchtung. Ebenso hat ein Stamm berittener Krieger andere moralische und rechtliche Normen als ein Trupp Jäger in der Arktis oder als die Kaufmannszunft einer Handelsstadt.

Über die Frage, ob der Mensch von Natur Rechte habe oder ob alles Recht letztlich von Menschen geschaffen und veränderbar sei, hat man jahrhundertelang gestritten; noch in neuester Zeit haben die Grundsätze des Naturrechts oder des Rechtspositivismus bei der Schaffung von Gesetzeswerken eine wichtige Rolle gespielt. Dabei meint man ganz selbstverständlich, ohne konkrete und aufgeschriebene Gesetze könne es kein Recht geben, könne kein Urteil gefunden, verkündet und vollstreckt werden.

Für den Europäer ist es verwirrend zu erfahren, daß zum Beispiel das Rechtsleben des klassischen China weitgehend ohne geschriebene Gesetze ausgekommen ist. Man glaubte, Gesetze seien eher schädlich als nützlich, weil sie Ansprüche erzeugten; der einzelne solle sich nicht an dem orientieren, was ein Gesetz vorschreibe, sondern an seiner eigenen Verantwortung.

Man weiß etwa seit der Mitte des 18. Jahrhunderts, daß die politischen Mächte vorwiegend von wirtschaftlichen Interessen bestimmt werden, und seit Karl Marx, daß zur Verfestigung solcher Verflochtenheit ein ganzes System entwickelt wird, etwa moralische Normen, gesellschaftliche Zielvorstellungen, selbst die Kategorien des Schönen – adliges Aussehen und Edelmut als Leitbilder –, aber man weiß auch, daß es mit der Analyse des Bestehenden nicht getan ist.

Über die Frage, wie die Gesellschaft beschaffen sein solle, haben Platon und Aristoteles, Thomas von Aquin und Thomas Hobbes, Rousseau und Voltaire, Auguste Comte und Karl Marx nachgedacht. Man kann sicher sein, daß bei diesem Problem die Gesetze des menschlichen Denkens nicht außer Kraft gesetzt werden: Jede Antwort erzeugt neue Fragen, jede Lösung ihre eigene Problematik, an der sie auch wohl geprüft und schließlich überwunden wird – mit anderen Worten, auch die Gesellschaft, in der die soziale Gerechtigkeit verwirklicht und der Spielraum der individuellen Freiheit nicht spürbar beschnitten ist, kann nicht alle Wünsche des Menschen erfüllen und die Bedingungen seiner Existenz nicht aufheben.

Gerechtigkeit ist ein Ziel, kein Zustand, doch liefert sie einen Maßstab für die gesellschaftlichen Verhältnisse. Deshalb ist sehr wohl eine Gesellschaft denkbar, in der die Profitmaximierung nicht das letzte Ziel allen Strebens und der massenweise Verbrauch von Gütern und Waren nicht der letzte Gradmesser der Zivilisation ist. Man wolle die Ausbeutung des Menschen durch den Menschen abschaffen, lautet die Formel, um ihm seine Freiheit, seine Würde, seine Souveränität wiederzugeben – aber schafft man damit auch die Herrschaft des Menschen über den Menschen ab? Und steht am Ende dieser Befreiung nicht wieder die Frage, wie die nun freiere Gesellschaft organisiert und verwaltet werden soll? Man sagt oft, man wolle die Welt menschlicher machen – aber was ist menschlich?

Menschen haben Krieg geführt, um an Menschenfleisch oder an Kopftrophäen zu kommen, um den Islam zu verbreiten, um den eigenen Einfluß in Mitteleuropa zu sichern, um den Stolz eines Sultans zu brechen oder die Macht der Protestanten – an Gründen hat es nie gefehlt. Menschen haben andere Menschen nach Recht und Gesetz zum Tode verurteilt, weil sie feige vorm Feind waren, weil sie Äcker verzaubert hatten, weil sie Kommunisten waren oder Waldenser, Christen oder Freimaurer – und auch hier hat es stets gute Gründe gegeben oder gar zwingende Notwendigkeiten.

Menschlich ist alles, das eine so gut wie das andere. Wer aber mit dem Begriff Menschlichkeit überhaupt etwas erreichen will, muß ihn konkretisieren. Menschlich zum Beispiel ist jeder Konflikt innerhalb einer Gemeinschaft, sei es nun in einer Horde oder einem Staat, einem Stamm oder einer Familie. Wie in dem jeweiligen Kollektiv ein solcher Konflikt gelöst wird, das charakterisiert den Rang des Kollektivs; nicht immer ist die Lösung, die zivilisiertere Gruppen gefunden haben,

Ein Häuptling aus Samoa *mit Frau und Töchtern. Der Häuptling war für das Wohl seines Stammes verantwortlich und wurde oftmals nur auf Zeit gewählt, z. B. während kriegerischer Auseinandersetzungen. Fotografie um 1900.*

auch die überzeugendere Lösung. Wenn zum Beispiel bei den Eskimos zwischen einzelnen Stammesmitgliedern Streit entstand, gab es Duelle, die mit Spott- und Schmähliedern ausgetragen wurden – eine sehr reife Form des Duells, vergleicht man sie mit denen des 18. Jahrhunderts an den europäischen Universitäten oder mit dem Gedanken, daß Satisfaktion nur gegeben sei, wenn Blut fließt.

Wie Sühne geleistet und die Ordnung wiederhergestellt, wie der Mächtigere vor Gericht gestellt und wie der Straftäter behandelt wird, gehört im weitesten Sinn zur Kultur eines Volkes. Die Einzelhaft ist nicht die humanste Form des Strafvollzugs und die unerbittliche öffentliche Verfolgung eines Mörders nicht so selbstverständlich, wie es Menschen scheinen will, deren höchster Besitz, von ihrem Bankguthaben abgesehen, ihr Leben ist. Mord und Diebstahl, die Kapitalverbrechen in der säkularisierten bürgerlichen Gesellschaft, sind in anderen Gesellschaften, etwa bei Reiternomadenstämmen, entweder keine Delikte oder unbekannt. Andererseits beantwortet jede Gesellschaft eine Bedrohung mit Strafen, ob es sich nun um das Verbrechen handelt, Robben zu verscheuchen oder Falschgeld zu drucken, und schafft sich auf höherer Stufe mit Gesetz und Justiz die Instrumente, um sich selbst am Leben zu erhalten, also ihre Art von Klassenjustiz. Die Geschichte liefert dafür vielfältige Beispiele.

Wer also Herrschaft und Recht, Krieg und Gewalt beschreibt, gibt Anhaltspunkte für die Gegenwart, Elemente des Selbstverständnisses. Man wird, über die Aggressionsforschung hinaus, untersuchen müssen, ob nicht Mißtrauen und Furcht, Feindhaß und Drohung durch Ritualisierung abgebaut werden können, wie der Rauch des Kalumets selbst unter stolzen und jähzornigen Indianern Frieden gestiftet hat, damit Streit geschlichtet werden konnte. Bestimmte Probleme stellen sich auf jeder Ebene des Lebens immer wieder neu, und dazu gehört das Problem, rationale Voraussetzungen für den Frieden zu schaffen – sei es bei Konflikten einzelner oder bei den Konflikten der Völker.

Heilige Ordnungen

Menschen ohne Herren

Im Inneren Australiens gibt es Wüstenstriche entlang der sogenannten Macdonnel-Kette, in denen nur geringes pflanzliches Leben herrscht. Durch diese öde Wildnis aus Sand- und Kiesdünen, die von ausgetrockneten Flußbetten durchfurcht ist, zieht ein Trupp von Ureinwohnern. Vorneweg geht der untersetzte, stämmige Mann. Er ist vollkommen nackt, sein Oberkörper mit Schmucknarben bedeckt. Das schwarze Haar über der niederen Stirn mit den wulstigen Augenbrauen hat er sich mit einer Schnur zusammengebunden, um die Hüften trägt er einen aus Haaren geknüpften Gürtel, der die Wurfkeule und den Bumerang hält. Dicht hinter ihm geht sein ältester Sohn, dann folgen die übrigen Kinder, und den Schluß bildet sein Weib. Sie sind unterwegs zu einer Wasserstelle, denn nur dort finden sie Samen und Wurzeln, welche die Frau mit dem spitzen Grabstock ausgräbt, oder Heuschrecken, Käfer, Maden und Schlangen. Der Mann trägt einen bemalten Schild und einen Speer mit steinerner Klinge. Er allein entscheidet, welcher Weg eingeschlagen werden soll, er kennt die heiligen Stätten dieses Gebietes, die von den Ahnen überkommenen Grenzen, die von niemandem überschritten werden dürfen, und die Tabus, die es zu beachten gilt. So ist er keinem Häuptling unterworfen, keinem Zauberpriester oder sonst irgendeinem Menschen, nur einer Ordnung, die er strikte erfüllen wird. Da er mit den Seinen zum Totem des Grauen Känguruhs gehört, obliegt ihm die Aufgabe, bestimmte rituelle Handlungen zu vollziehen, um den Bestand an grauen Känguruhs zu sichern.

Eine solche Horde von Wildbeutern, die durch das Gebiet ihres Stammes zieht, verkörpert die früheste gesellschaftliche Struktur, die wir bei Menschen kennen. Verglichen mit den oft komplizierten Verhältnissen in Tierstaaten stellt sie eine niedere Form dar, immerhin gibt es auch hier schon ein erstes Bewußtsein von Zusammengehörigkeit mit anderen Horden des Stammes. Diese Zusammengehörigkeit gründet sich nicht auf das Aussehen, auf Instinktreaktionen wie beim Tier, sondern auf kultische Überlieferung. Was ein Mann dieses Stammes bei den Initiationsriten, den Mannbarkeitsfeiern, über die Ahnen und den Kosmos erfährt, macht ihn zum Angehörigen eben dieses Stammes – nicht die Art und Weise, seine Mahlzeit zu bereiten oder Fallen zu stellen, obwohl ja auch dies zum spezifischen Unterscheidungsmerkmal werden kann. Diese übergreifende Ordnung mag in einem Zeitraum von vielen zehntausend Jahren auf eine Weise gewachsen sein, die nicht mehr auszumachen ist. Im Leben solcher Jäger und Wildbeuter gibt es kaum Entwicklungen, sondern nur den ungeheuren Stillstand einer Natur, die sich selbst zu reproduzieren scheint. Von den Uranfängen her ist alles so, wie es heute ist, und jeder, der als Mann zum Stamm gehört, weiß alles, was man wissen kann. Wenn die Horden eines Stammes gemeinsame Ahnen verehren, sind sie durch verwandtschaftliche Beziehungen verbunden, aber auch die territoriale Gemeinsamkeit stellt ein starkes Element der Zusammengehörigkeit dar. Alle diese Wildbeutertrupps eines Stammes begegnen einander innerhalb der Grenzen in Frieden. Die Drohung lebt außerhalb des vertrauten Jagdgebietes, dort existieren Fremde, deren Ahnengeister niemand kennt, deren Sprache man nicht versteht, also auch nicht ihre Absichten, und die deshalb als tückisch und unberechenbar erscheinen.

Es gibt in einer solchen Gesellschaft früher Wildbeuter kaum Möglichkeiten, Erfahrungen weiterzugeben, weil es keinerlei Schrift gibt, allenfalls einige symbolische Zeichen. So wird nur wenig an Wissen gespeichert; es sind gewisse praktische Erfahrungen, die Erinnerung an die Ahnen sowie die Riten und die Tabus, die von Generation zu Generation übermittelt werden. Dabei ist das Leben dieser Menschen bekanntlich kurz; wer über dreißig Jahre alt ist, gilt als alter Mann.

Wenn man auf eine noch frühere Stufe zurückgeht, auf der sich zwischen den einzelnen Trupps noch kein gemeinschaftliches Stammesbewußtsein gebildet hatte, ist nicht ohne weiteres zu ermitteln, was den Wildbeuter verhaltensmäßig vom Tier unterscheidet. Solche Trupps zogen ja nicht anders durch die Wildnis als etwa Rudel von Wildtieren oder Affenhorden, sie unterschieden sich in keiner ihrer wesentlichen Lebensäußerungen grundsätzlich vom Tier, außer vielleicht daß sie das Feuer benutzten, und doch trennt sie eine Kluft von allen tierischen Wesen. Das wird deutlich, wenn der Trupp Menschen in eine drohende Gefahrensituation gerät, etwa wenn unbegreiflicherweise die Wasserstellen ausgetrocknet sind oder wenn eine Tierart, die zur Erhaltung des Lebens notwendig ist, wie vom Erdboden verschwunden zu sein scheint. Dann nämlich wird die Angst so riesengroß, daß die Trupps, die einander in der Wildnis begegnen, ihre Ratlosigkeit äußern, daß sie miteinander reden, ja daß sie vielleicht einen Plan fassen, um das Unheil abzuwenden. Tierische Horden können nur mit Flucht reagieren, ihnen fehlt der abstrahierende Überblick über die eigene Situation, den wir Bewußtsein nennen und der abhängig ist von Sprache, wie er auch selbst, jenseits von Mimik und Körpersprache, Ausdruck schafft. Menschen reagieren auf Gefahr mit Überlegung, aber ihr entscheidender Vorteil gegenüber jedem Tier ist die Tatsache, daß Menschen miteinander reden, ihre Meinungen und Erfahrungen austauschen und so das Potential ihrer individuellen Intelligenz vergrößern können.

Man weiß über die Anfänge einer gesellschaftlichen Strukturierung naturgemäß wenig, aber es finden sich doch in der Völkerkunde immer wieder Beispiele für solche frühen Versuche, das Zusammenleben zu ordnen und diesen Vorteil zu realisieren. Die Bora Bora zum Beispiel, ein kleiner Stamm auf Neu-Guinea, über die der holländische Missionar Oosterwaal berichtet hat, behandeln ihre Schwierigkeiten auf eine fast an moderne Gruppentherapie erinnernde Weise. Wenn Probleme anstehen, wird ein mächtiger, alter Stamm unter einer Hütte hervorgezogen, der im Laufe der Zeit von den vielen Menschen, die auf ihm gesessen haben, schon ganz blank poliert ist. Man schleppt ihn in die Mitte des Dorfes, gegen Abend zündet man zwei mächtige Harzklumpen an, und im flackernden Schein dieser Beleuchtung versammeln sich alle, ohne Ausnahme, um miteinander zu reden. Diese Menschen sind ohnehin sehr redefreudig, sie reden den ganzen Tag miteinander, wo immer sie gehen und stehen, aber abends werden nicht nur Geschichten erzählt, sondern Spannungen abreagiert. Die Redezeit insgesamt ist übrigens begrenzt; sobald das Harz aufgebraucht ist, hört man auf zu diskutieren, das gilt als selbstverständlich. Es scheint, als hielte das Sprechen überhaupt diese kleine, von vielerlei Ängsten geschüttelte und von Hunger bedrohte Gruppe von Menschen zusammen.

Für diese Methode, Probleme zu lösen, sind die Voraussetzungen selten gegeben. Eine dieser Voraussetzungen ist die Anzahl der Sippe. Nur kleine, überschaubare Gemeinschaften können in einer so direkten Demokratie funktionieren, weshalb ja selbst Platon in seiner Beschreibung des idealen Staates bei der griechischen Demokratie des Stadtstaates (griechisch: polis) die Überschaubarkeit fordert. Die zweite Voraussetzung ist, daß alle in einer solchen Sippe und während einer solchen Ratsversammlung gleich sind. Bei den Bora Bora ist das der Fall. »Das Stammesgebiet ist Allgemeingut. Jedes Mitglied des Stammes darf in diesem Gebiet jagen, fischen, Nahrungsmittel sammeln oder Gärten anlegen. Alle sind gleich arm oder gleich reich, je nachdem, wie man es sieht. Alle nehmen auch die gleiche Stellung in ihrer Gemeinschaft ein. Die Älteren haben hier nicht mehr zu sagen als die Jungen. Diese können mehr Nahrung herbeischaffen als jene, und das gibt hier den Ausschlag. Die erfahrensten Jäger, die gewandtesten Tänzer und kräftigsten ›Flötenbläser‹ befinden sich eher unter den Jüngeren und nicht unter den Älteren. Aber dafür wissen diese mehr Geschichten, und das zählt nicht weniger. Jeder verrichtet hier dieselben Arbeiten ; da es keine Unterschiede in den Berufen gibt, fehlen auch die Standesunterschiede. Auch Männer und Frauen stehen sich gleich. Allerdings gibt es Unterschiede zwischen Männer- und Frauenarbeit, aber keine Unterschiede innerhalb der Gruppe : Jede Frau klopft Sago und sammelt Gemüse, jeder Mann macht seine eigenen Pfeile, mit denen er dann auf die Jagd geht« (Oosterwal).

Ein Paradies, so scheint es, eine glückliche Urgemeinschaft, aber dieser Eindruck täuscht. Vom Krieg ganz abgesehen, von dem später noch zu reden ist, vom Hunger und von persönlichen Konflikten innerhalb des Dorfes – es gibt auch hier eine strukturelle Schwäche der Gesellschaft, ein Problem, das mit eben jenem Zustand idealer Demokratie zusammenhängt. Es zeigt sich nämlich, daß diese Demokratie nur funktioniert, wenn sich eine einigermaßen geschlossene öffentliche Meinung bilden kann. Bei einer komplizierten Problemlage, in der verschiedene Auffassungen mit guten Gründen gegeneinanderstehen, kommt es zu keiner vernünftigen Willensbildung. Wenn das Dorf über die Frage, wo das nächste Dorf gebaut werden soll, sobald der Palmenhain erschöpft ist, in Uneinigkeit gerät, kann es vorkommen, daß man sich zu keinem Entschluß durchringt – eine Katastrophe für die Menschen, die ohnehin unter Hunger leiden. Diese Entschlußschwäche der primitiven Demokratie auf dem Dorf hat dazu geführt, daß man nicht unzufrieden war, als die holländische Kolonialverwaltung Häuptlinge einsetzte ; es stellte sich heraus, daß man bestimmte Probleme auf diese Weise besser lösen konnte ; man hat zwar die Gleichheit und Brüderlichkeit nicht aufgegeben, läßt aber doch den Häuptling gelten, der das Leben des Dorfes erleichtert.

Es gibt bei den Naturvölkern auf der Jäger- und Wildbeuterstufe verschiedene Formen, die Gesellschaft zu organisieren, und gewiß keine echte Stufenfolge der Formen, wenn man erst einmal über die Urhorde hinaus ist. Bei Stämmen, die in geregelter Weise zusammen leben, etwa bei den Eskimos oder bei den Indianern, hat sich, wohl aus einer primitiven Dorfdemokratie, ein »Rat der Alten« gebildet. Ein solcher »Rat der Alten« als erste politische Institution ist schon bei den australischen Ureinwohnern in verschiedenen Formen differenziert worden. Bei einigen

Stämmen sind zum Beispiel alle Häuptlinge Angehörige des Rates, bei anderen wird aus dem Kreis der Häuptlinge einer gewählt, der für die Ordnung bei den Beratungen sorgt, und schließlich gibt es Ältestenräte, zu denen nicht alle Älteren, sondern nur die Oberhäupter der Totemgruppen gehören. Schon hier zählt also nicht mehr, was der einzelne Mann an Wissen und Scharfsinn zu bieten hat, sondern es zählt sein gesellschaftlicher Rang, von dem man voraussetzt, daß er auf bestimmte Weise qualifiziert. Der Rat, der aus den Oberhäuptern der Totemgruppe zusammengesetzt ist, umfaßt etwa sechs bis acht Mitglieder und verkörpert in der Tat ein neues gesellschaftliches Prinzip, nämlich die repräsentative Vertretung, wie man sie noch heute kennt. Auch geht die Bezeichnung Senator ja auf den römischen Ältestenrat, den Senat, zurück (lateinisch senex: Greis), der auf eben diesem Prinzip aufgebaut war. Die Senatoren von Rom waren ursprünglich nichts anderes als die Oberhäupter der Sippen.

In den »Urgesellschaften« der frühen Jäger hat es noch keine Regierungen, keine Häuptlinge mit festen Rechten und Pflichten gegeben, weil sie überflüssig waren. Von höchster Wichtigkeit allerdings war es, mit den Geistmächten der Umwelt in Einklang zu stehen, den Tierherrn zu versöhnen, wenn ein Tier getötet war, oder für die Vermehrung der Tiere und Pflanzen, überhaupt für die Aufrechterhaltung der kosmischen Ordnung zu sorgen. Politische Macht benötigte man dafür nicht, aber geistige Macht. So ist der Schamane, der Zauberpriester, gelegentlich zum Führer des Stammes geworden.

Wozu man einen Häuptling braucht

Auch bei höher entwickelten Jägervölkern liegen die Verhältnisse nicht viel anders. So stehen die Indianerstämme und die Eskimos in ihrer materiellen Kultur weit über den primitiven Wildbeuterhorden der Pygmäen und der Weddas, der australischen Buschmänner und der Hottentotten, aber ihre gesellschaftliche Struktur unterscheidet sich nicht wesentlich von jener der frühen Jäger. Gewiß gab es, etwa bei den Indianern des nordwestlichen Kanada, eine differenzierte Gesellschaftsordnung mit Häuptlingen, die eine erhebliche Macht zu haben schienen – aber bei näherem Zusehen stellt sich heraus, daß es sich um Sippenälteste oder Führer der Totemgruppe handelt und daß ihre Macht keinesfalls ausgereicht hat, um etwa dem Ältestenrat seinen politischen Willen aufzuzwingen.

Wie die Übertragung von Macht bei Jägern und Nomadenstämmen vom praktischen Nutzen abhängt, zeigt das Beispiel der Lachshäuptlinge. Bekanntlich wandern die Lachse zu bestimmten Zeiten aus dem offenen Weltmeer zurück zur Küste und stromaufwärts bis zu jenen Laichplätzen, wo sie selbst vor Jahren aus dem Ei geschlüpft sind. Die indianischen Jägerstämme an den Küstengewässern Oregons, Washingtons und Kaliforniens hatten seinerzeit bestimmte gesellschaftliche und technische Methoden entwickelt, um sich einen möglichst großen Anteil an diesem Überfluß zu sichern. Zunächst mußte man Fischwehre bauen, damit der Wanderstrom der ziehenden Lachse in flache Gewässer geleitet wurde, wo man ihn nutzen konnte. Das war eine Gemeinschaftsaufgabe, die sicheren Gewinn versprach – Gewinn in Form von unglaublichen Vorräten an Trockenfisch. Allerdings mußte die Verteilung so geregelt werden, daß sie von jedem Angehörigen der vielen mit-

Bronzekopf *einer westafrikanischen Königin im Ornat, 16./17. Jh., Benin. Museum für Völkerkunde, Wien.*

arbeitenden Sippen anerkannt wurde und daß jeder bereit war, sich auch im nächsten Jahr wieder an diesem Unternehmen zu beteiligen. So hat sich die Einrichtung des »salmon-chief« gebildet, des Lachshäuptlings, der entweder für die Saison oder auch auf Lebenszeit eingesetzt wurde. Er mußte genaue Kenntnisse der Gewässer und des Lachszuges besitzen; seine Autorität gründete sich auf seine Fähigkeit, den Bau eines solchen Fischwehrs richtig zu planen und zu organisieren, und er selbst mußte von Habsucht und Ehrgeiz frei sein, um die Verteilung der Beute überzeugend regeln zu können. Als wichtigste Voraussetzung allerdings galt, daß sein Hilfsgeist mächtig genug war, um das Gelingen aller dieser Aufgaben zu garantieren. In seiner Hand lag auch die Zeremonie des »Ersten Lachses«, die den

Beginn der Fangsaison bezeichnete, wie er überhaupt nicht nur für die technischen und organisatorischen Fragen, sondern vor allem auch für die »Ordnung« verantwortlich war. Damit ist nicht gemeint, daß Streit und Unregelmäßigkeiten vermieden werden mußten, denn das hielt ein Indianer für selbstverständlich, sondern es ging um Ordnung im höheren Sinn: Die Tabus mußten eingehalten, die notwendig werdenden Reinigungsriten durchgeführt werden, damit alles im kosmischen Gleichgewicht blieb. Typisch für das Amt eines solchen Lachshäuptlings waren die zeitliche Begrenzung und der beschränkte Auftrag. Die Sippen delegierten eine gewisse Macht mit einer Sondervollmacht, und sie taten dies, weil ihnen gar nichts anderes übrigblieb, wenn sie sich nicht ausschließen wollten. Meist war es so, daß keine durch Tradition geregelten Ansprüche an die Produktionsmittel, also hier an die Fischwehre, bestanden, auch gehörte der Zug der Lachse niemandem, denn der Große Geist hatte ihn, wie den Boden und die Luft, für alle geschaffen.

Wenn es also außer Lachsen noch andere, wandernde Tierzüge gab, die den Menschen vor ein ähnliches Problem stellten, mußte das auch zu ähnlichen gesellschaftlichen Formen der Zusammenarbeit führen – und genau das ist der Fall gewesen. Die Indianer kannten auch »Büffelhäuptlinge«, deren Macht und Aufgabe begrenzt waren, und die kanadischen Eskimos haben so etwas wie Walfanghäuptlinge gehabt. Man hat auf diese Weise die Zusammenarbeit zwischen größeren Gruppen gelernt und Erfahrungen gemacht, was wiederum das Gefühl einer gewissen Zusammengehörigkeit entstehen ließ. Der Schritt zum »Kriegshäuptling«, der seine Macht ebenfalls nur für einen bestimmten Auftrag übernimmt, ist nicht weit und bei einigen Indianerstämmen auch durchaus üblich gewesen. Diese Verfahren – Macht per Sonderauftrag – findet man auch bei anderen Völkern. So ist zum Beispiel ein Herzog bei den Normannen, was immer später aus diesem Titel geworden ist, ebenfalls ein solcher »Häuptling mit Sondervollmacht« gewesen.

Auffallend ist bei allen diesen Formen des frühen Häuptlingstums der spirituelle Zug. Nicht der größere Besitz, sondern die stärkere geistige Kraft setzt sich durch, die Verbindung zum stärkeren Schutzgeist. Zwar wurde zum Beispiel der Lachshäuptling bei einigen Stämmen mit dem ersten Fang honoriert, aber er war seinerseits verpflichtet, von diesem Überfluß allen ein Fest zu geben; so wurde das wirtschaftliche Gleichgewicht wiederhergestellt.

Für umherschweifende Jägerstämme, deren bewegliche Lebensweise den Besitz von überflüssigen Gegenständen ausschloß, genügte die lose Form des gesellschaftlichen Zusammenhalts, der vor allem religiös begründet war. Die Geister der Ahnen richtig zu ehren, alle Bedrohungen abzuwehren und die Ordnung zu erhalten war für die Existenz des einzelnen wichtig, und deshalb brauchte der Stamm den Häuptling, der diese Aufgaben erfüllte. Als die Menschen seßhaft wurden und ihr Leben von Saat und Ernte abhing, änderte sich auch die Funktion ihrer Oberhäupter.

Mörder des Königs

Wenn die Dämmerung über die Steppe sank, schlich sich der König, bewaffnet bis an die Zähne, in eines seiner Verstecke, um dort zu schlafen. In seinem Palast hätte er nicht bleiben können, denn jedem, der königlichen Geblütes war, stand es frei, ihn umzubringen. So schlichen ständig die Mörder um die lehmverstrichenen Mauern, um ihre Chance wahrzunehmen. Hier bei den Schilluk, langschädligen Niloten, die mit den Ägyptern verwandt sind, gehörte vor Jahrhunderten der Königsmord zum System. Wie in Europa das Szepter, so war bei den Schilluk das Jäteisen eine Königsinsignie, und die Person selbst wurde nur als Leib für den Geist des Nyakang betrachtet, des großen Lehrmeisters und Königs der Frühzeit. Die kultischen Hintergründe solcher Bräuche sind in einem anderen Band geschildert worden. Die Schilluk glaubten, das Volk würde schwach und unfruchtbar, das Korn welk, das Vieh verseucht, wenn der Leib des Königs nicht vollkommen gesund sei. Deshalb mußte er seine Unbesiegbarkeit ständig unter Beweis stellen, und jeder mißlungene Mordanschlag war ein solcher Beweis. So blieb der König ständig bis an die Zähne bewaffnet, schlief nachts stets an einer anderen Stelle und rechnete in jeder Sekunde mit einem Überfall. Immer wieder behauptete er seine Stellung durch Kraft und Brutalität. Irgendwann aber ereilte ihn sein Schicksal, und der in tiefer Stille geführte nächtliche Kampf gegen einen jüngeren Nebenbuhler endete mit seinem Tod. Falls der König alle Anschläge überlebte, wurde er schließlich durch sein Alter untauglich, und man betrachtete ihn als eine Gefahr für das Leben des Volkes, die ausgeschaltet werden mußte. Dann führte man ihn in eine eigens für ihn gebaute Kuppelhütte mit Wänden aus festem Lehm, in der ein junges Mädchen auf ihn wartete. Während er seinen Kopf in ihren Schoß legt, wird die Tür der Hütte vermauert, und beide erwarten ohne Speise und Getränke ihren Tod (Birket-Smith).

Der Königsmord der Schilluk überliefert offenbar einen Brauch aus der vordynastischen Zeit Ägyptens, und es scheint, als ob dieses Verfahren für die frühen, geschichtslosen Epochen einiger Hochkulturen charakteristisch sei. Auch in Babylon wurde bei den jährlichen Frühlingsfesten ein Scheinkönig getötet, und der Priesterkönig im Hain der Diana, der rex nemorensis, den jeder töten konnte, dem es gelang, im Hain einen Zweig der heiligen Mistel zu brechen, verkörpert die antike Variante dieses Brauches. Den Spuren des rituellen Königsmordes ist der bekannte Völkerkundler Leo Frobenius in Afrika nachgegangen und hat eine Fülle von Material zusammengetragen. Besonders eindrucksvoll ist der Vorgang bei den Baroswi, einem ausgestorbenen Volk in der Nähe der alten Königsstadt Simbabwe. Alle vier Jahre wurden hier die Würfel geworfen, und der Priester beobachtete den Stand der Gestirne. Das Urteil nach dieser rituellen Prüfung lautete immer gleich: Der König muß sterben. Der Priester rief dann die Statthalter der vier großen Provinzen zusammen und teilte ihnen mit, der Zeitpunkt für den Tod des Königs sei gekommen. Die Statthalter ordneten die Durchführung der Tötung an, und zwar wurde der Auftrag auf immer die gleiche Weise ausgeführt. Die Hauptfrau des Königs, die mit ihm zusammen in feierlichem Ritual das erste heilige Feuer seiner Königswürde entzündet hatte, mußte ihn in der Neujahrsnacht mit einer Schnur aus den Fußsehnen eines Rindes erdrosseln.

Ganz deutlich erkennbar wird der magische Zusammenhang zwischen dem Tod des Königs, der nie auf natürliche Weise sterben darf, und dem Stand der Gestirne, welche die Fruchtbarkeit beeinflussen, bei den Barue. Hier wurde der König mit einem Tuch erdrosselt, vermutlich unter Mithilfe seiner Hauptfrau, aber nur dann, wenn die Venus und der Mond noch nicht aufgegangen waren und wenn die Saat zwar schon geweiht, aber noch nicht ausgesät war. Der Sinn dieses Zeitpunktes ist klar: Der neuen Saat sollte der neue König seine Kraft geben.

Gewiß ist der rituelle Königsmord kein historisches Modell von allgemeiner Verbindlichkeit, sondern eine kollektive neurotische Reaktion; er verdeutlicht aber bestimmte magische Grundzüge des Königtums, die sich bis in die neuere Zeit erhalten haben. Mit dem Ackerbau, mit dem Wachstum der Bevölkerung und den sich daraus ergebenden gesellschaftlichen Veränderungen mag sich also wohl das Häuptlingstum der frühen Jäger in ein Königtum verwandelt haben. Weil Regen und Sonne, der Strom, an dessen Ufern man lebte, und der Mond einen übermächtigen Einfluß auf Saat und Ernte zu haben schienen, mußte es einen Mittler geben, der ebenfalls übermächtige Kräfte besaß; dies ist der Priesterkönig, wie er in Kleinasien, aber auch in Griechenland und Italien vorkam. Daß aus dem Priesterkönigtum ein Gottkönigtum entstanden ist, setzt Gedankengänge voraus, die sich ebenfalls aus den magischen Praktiken ergeben. Wer die Macht hat, Geister und Götter zu rufen, mag auch wohl von ihnen »besessen« werden, und je stärker der Glaube an die eigene Macht ist, desto näher liegt die Vorstellung, diese Macht selbst zu verkörpern. Solche Vorstellungen gehören im wesentlichen einer religionsgeschichtlichen Periode an, in der die Götter und die Menschen noch als Wesen gleicher Ordnung verstanden wurden: Eben deshalb kann der Gott, der sich den Menschen als Existenz beweisen will, Menschengestalt annehmen, und es liegt sehr nahe, daß der Priesterkönig sich selbst als eine solche Inkarnation darstellt.

Man vermutet, daß der Gedanke des Gottkönigtums sich vom Vorderen Orient aus über Indien bis nach China und Japan verbreitet hat; durch die persischen Großkönige wurde er den Griechen bekannt, die ihn mit Alexander dem Großen dem abendländischen Kulturkreis vermittelten. Auch das römische Gottkaisertum leitet sich aus diesen Ursprüngen her. Erst das Christentum hat in Byzanz wie in Rom eine neue Ordnung begründet, in welcher kein Herrscher mehr ein Gott sein konnte. Immerhin war der Kaiser von Byzanz in der Hierarchie wenigstens noch den Aposteln gleichgestellt.

Die Macht der Gottkönige

Die magische Kraft des Gottkönigs hat sich in vielerlei Erscheinungsformen geäußert. In China glaubte man ursprünglich, der Kaiser müsse diese Kraft an seine Lehnsfürsten und Vasallen weitergeben. So befand er sich ständig auf Reisen, und der große Kaiser Shi-huang-ti (238–210 v. Chr.) steigerte diese Vorstellung dann in unglaubliche Dimensionen. In der Umgebung seiner Hauptstadt ließ er 270 Palastbauten errichten, die alle durch unterirdische oder abgeschirmte Wege miteinander verbunden und mit allem versorgt waren, was der Kaiser benötigte, einschließlich der Dienerschaft und zahlreicher Konkubinen. Wenn irgend jemand durch die leiseste Andeutung verriet, wo sich der Kaiser gerade aufhielt, erwartete ihn die Todesstrafe, denn die alten Schriften sagten: »Daß jedermann weiß, wo sich der Herrscher aufhält, ist etwas, was die Götter nicht lieben.«

Das Privileg, sich frei und unerkannt durch die Welt bewegen zu können, stand nur denen zu, die ihr Leben zu verlängern imstande waren. Unsterblichkeit war eine Eigenschaft aller Gottkaiser. Der chinesische Kaiser, der in seiner Kleidung die Götter nachahmte, verbot in seiner Gegenwart vom Tod oder vom Sterben zu sprechen. Wenn eine Lokalgottheit ihm mißliebig war, etwa durch ungünstigen Wind oder schlechte Witterung, ließ der Gottkaiser den Berg kahlschlagen, auf dem das Heiligtum stand, und die Felsen rot anmalen, denn die Strafe der Kastration und der Bemalung mit roter Farbe wurde damals bei bestimmten Verbrechen angewandt. Diese Verhaltensweise, so absurd sie uns erscheint, ist unter bestimmten Voraussetzungen logisch gewesen.

Das gesamte chinesische Universum, jeweils in Fünfersystemen von Farben, Gerüchen, Tugenden, Himmelsrichtungen usw. geordnet, gruppierte sich um eine Mitte, den »Himmelssohn«, von dessen Verhalten die Harmonie abhing. Nach der Auffassung der Konfuzianer (5. Jh. v. Chr.) war der Kaiser infolge seiner Mittlerstellung verantwortlich für Mißernten und Naturkatastrophen wie Erdbeben oder Überschwemmungen, denn diese wurden als Unmutsäußerungen des Himmels und der Erde verstanden.

Ähnliche Züge finden sich im frühen Ägypten. Auch hier galt der König als Gott, und so war der »gute Gott« einer seiner häufigsten Titel, wenn man Namen und Titel überhaupt aussprach. In der Umgangssprache der Höflinge durfte der König nicht einmal erwähnt werden; hier hieß es nur in ehrfürchtiger Scheu »man«, wenn von ihm die Rede war. Die vielfältigen Formen der Etikette gegenüber dem Herrscher sind wohl anfangs die Antwort der Gesellschaft auf die königliche Kraft, die es zu neutralisieren gilt, und erst später reine »Höflichkeit«, ritualisierte Gesten der Unterwerfung. In Ägypten haben sich aber, ungeachtet dieses Rituals, schon in den ersten Dynastien durchaus menschliche Züge des Königtums und seines Hofstaates herausgebildet. Bereits in der 4. Dynastie (ca. 2930–2750 v. Chr.) ist der Gottkönig ein aufgeklärter Monarch, der lesen und schreiben kann, seine Minister und Beamten zur Audienz empfängt, Pläne prüft und sein Land nach besten Kräften verwaltet. Auch sein Hofstaat wirkt recht diesseitig, denn die Inschriften nennen den Hofarzt und den Hofkapellmeister, den »Aufseher des Salbgefäßes« und den »Aufseher der königlichen Schminkgriffel«, den »Sandalenträger, der hinsichtlich der königlichen Sandalen seinen Herrn befriedigte«, und viele andere Hofchargen bis zu den Friseuren, Wäschern und Bleichern. Das änderte nichts an der Tatsache, daß der so hofierte König ein Gott war, als oberster Priester die Kulte leitete und nach seinem Tod in den Kreis der Götter aufgenommen wurde. Diesen scheinbaren Widerspruch, wie er sich aus den Quellen ergibt, muß man hinnehmen; er findet sich nicht nur in Ägypten, sondern auch in anderen Hochkulturen, in denen der Herrscher zugleich als Gott und Priester fungierte.

Am Beispiel Ägyptens zeigt sich, daß sich in der Entwicklung der Königsidee verschiedene religiöse Schichten überlagern, auch verbinden sich lokale Göttervorstellungen miteinander zu neuen Formen: Der ägyptische König verkörperte Rê, die Versinnbildlichung der alles beherrschenden Sonne, aber auch Osiris, der seinerseits die Verkörperung des lebenspendenden Nilwassers darstellte.

Den Königen dieser frühen Kulturen ist gemeinsam, daß sie besondere Kräfte

besitzen, und hier ergeben sich ganz praktische Folgerungen, die mit dem völker-
kundlichen Begriff des Tabus verknüpft sind, also mit strengen Meidungsgeboten.
So durfte zum Beispiel der Träger einer so großen Kraft den Boden nicht berühren,
also setzte er sich auf einen Sitz und nicht wie bisher auf die Erde. Der vierbeinige
Stuhl, Urbild des Thrones, ist wohl aus diesem Gedanken entstanden, und schon
im Ägypten der ersten Dynastien hat es solche Thronsessel gegeben. Bei den
Aschantis, einem afrikanischen Volk, dessen Königreich um 1900 von den Englän-
dern unterworfen wurde, lagen Seele und Gedeihen des gesamten Volkes in dem
goldbeschlagenen Thronsessel des Königs beschlossen, und jeder Häuptlingssche-
mel nahm nach dem Tode seines Besitzers dessen Seele auf. So wurde der goldene
Königsthron zum Mittelpunkt eines religiösen Kultes mit blutigen Opferriten,
ebenso wie die Schemel als Heiligtümer verehrt wurden.

Wie der »erhobene Sitz« ist auch die Sänfte aus dem Boden-Tabu für den König
zu verstehen, und auch sie kommt in Ägypten schon in der ersten Dynastie vor.
Noch deutlicher ist ihre Verwendung bei den Inkas: Den Gottkönig beförderte
man auf einem Lager aus Gold, das von einem Sonnenschirm aus Federn geschützt
wurde. Jeweils vier Männer trugen diese Sänfte, doch durften die Träger aus rituellen Gründen nur aus zwei bestimmten Provinzen stammen. Die 20 000 Einwohner dieser Provinzen wurden im Alter von 20 Jahren einem Spezialtraining
unterworfen, um für den Inka die höchste Sicherheit zu gewährleisten. Deshalb
folgten der Sänfte stets 25 Ersatzmänner, um einzuspringen, wenn ein Träger
strauchelte. Ein Sturz wurde mit dem Tode bestraft. Nur die Tatsache, daß der
König eine Gottheit verkörperte, erklärt die Strenge solcher Maßnahmen.

Ins Absurde führt der Tabu-Gedanke in Polynesien. Auf Tahiti durfte der König
kein Haus betreten, ohne daß es für andere unbewohnbar wurde und damit in seinen Besitz überging, niemals durfte er einen Fuß auf die Erde setzen, weil sonst
die ganze Insel unbewohnbar geworden wäre, und so wurde er ständig getragen.
Auch dieser polynesische König war jemand, von dem direkt nie gesprochen werden durfte. Auf diese Weise war eine verschlüsselte Hofsprache entstanden, in der
seine Stimme »Donner«, sein Palast »Wolken« und sein Königsboot »Regenboot«
genannt wurden.

An die besondere Kraft des Königs wurde auch im christlichen Abendland geglaubt. Diese Kraft, so glaubte man in England, sei vererbt von Eduard dem Beken-
ner (1042–1066). Auch die Könige von Frankreich behaupteten, die Gabe der
Krankenheilung zu besitzen, und führten sie auf Chlodwig (466–511) zurück, den
Begründer der Merowingerherrschaft. Der englische König hat auf besonderen
Sitzungen des Privy Council noch zur Zeit der Stuarts (1603–1688) Krankenhei-
lungen durchgeführt.

Söhne der Sonne

Im Schloßpark von Versailles hat es anstelle des heutigen Schlosses eine prächtig ausgestaltete »Grotte der Thetis« gegeben, ein allegorisches Arrangement zwischen Wasserspielen, blühenden Sträuchern und zierlichen Blumenarabesken. Diese Grotte wurde überwölbt von drei hohen Toren mit einem dreigeteilten Relief, auf dem der Sonnengott Helios-Apoll zu sehen war, wie er zu Thetis und den Nereiden niedersteigt – ein mythologisches Gleichnis für die zum Meer hinabsteigende Sonne. Über dem mittleren Tor war ein Sonnenhaupt mit Strahlenkranz angebracht, das bei den Höflingen den Einfall auslöste, einen Sonnenkult zu gründen, angelehnt an die antiken Sonnenkulte. Eine solche theatralische Überhöhung der Wirklichkeit entsprach ganz dem Stil der Zeit, und daß man den König zum »Sonnenkönig«, zum Mittelpunkt dieses allegorischen Kultes erklärte, war mehr als nur eine Spielerei. Das Selbstverständnis des Absolutismus fand hier seinen vollkommenen Ausdruck.

Göttliche Verehrung ist der Sonne an vielen Stellen der Erde dargebracht worden, aber nur in einigen Hochkulturen hat sich der Sonnenkult zu einem Sonnenkönigtum verdichtet, nämlich bei den Inkas, den Azteken und in Japan, das ja noch heute von einem Sonnenkönig aus der ältesten Dynastie der Welt repräsentiert wird.

Die älteste Überlieferung des Sonnenkönigtums stammt aus Ägypten, doch ist es hier nie zu jener Ausschließlichkeit der Sonnenverehrung gekommen wie in den anderen Ländern. Stets gab es noch andere Götter wie Osiris, den Gott der Fruchtbarkeit aus dem nördlichen Nilgebiet, oder Isis, die verkörperte Macht des Thrones, die als Mutter des Herrschers galt, als »Gottesmutter«. Rê, der Sonnengott Ägyptens, wurde ursprünglich als Falke (ägyptisch: Horus) aufgefaßt, der über den Himmel flog. Seit der 3. Dynastie (2980–2930) verehrte man den im Osten aufgehenden Sonnengott in besonderem Maße, und zwar im Heiligtum Heliopolis, das zweitausend Jahre später auch Herodot besucht und eingehend geschildert hat. In der 5. Dynastie wurde Rê zum Weltgott, als dessen Sohn sich nun der König bezeichnete. Man muß sich dabei vor Augen halten, daß in dem langen Niltal an vielen verschiedenen Orten Sonnentempel gestanden haben, wobei jeder Ort gleichsam »seine« Sonne verehrte, wie heute manche Stadt in Italien ihre besondere Madonna niemals der einen allgemeinen Gottesmutter gleichsetzen würde; so war Rê nur einer unter vielen Göttern des Himmels. Deshalb hatte in Ägypten die Tatsache, daß der Pharao als »Sohn der Sonne« aufgefaßt wurde, für die Ausübung der Herrschaft keine so zentrale Bedeutung wie etwa bei den Inkas.

Der Inka, der nach indianischer Auffassung von der Sonne abstammte, war Gottmensch und galt als unsterblich. Er trug bei bestimmten Zeremonien eine schwere, goldene Sonnenscheibe auf der Brust, saß auf einem holzgeschnitzten Sessel, der mit feinem Stoff bedeckt war, oder auf einem massiv goldenen Thron, und trug ein schweres goldenes Szepter. Der oberste Inka heiratete seine älteste Schwester, eine Regelung, die an die Geschwisterehe der Pharaonen erinnert, und seinen Nachfolger wählte er unter den Söhnen seiner rechtmäßigen Gattin aus. Die Krönungsfeierlichkeiten spielten sich ebenso wie die Vermählung des Inkas im Sonnentempel von Cuzco ab, dem zentralen Heiligtum des Staates. Hier wurden von alters her auch die Mumien aller Inkaherrscher aufbewahrt. Schon eine flüchtige Beschreibung dieses Tempels vermittelt einen Eindruck von der strengen Folgerichtigkeit, mit der hier die Herrschaft der Sonne symbolisiert wurde, die zugleich die Herrschaft des Inkas war. Das Tor war reich mit Gold geschmückt, die Außenwand trug einen Relieffries aus Gold, und in den Mauern des Innenhofes waren Nischen eingelassen, die mit goldenen Lamas geschmückt und mit Edelsteinen besetzt waren. Vom Tempel liefen Terrassen zum Fluß hinunter, wo ein Garten ganz aus Gold lag. Man glaubte, daß das Gold als Ausstrahlung der Sonne und gleichsam als Sammelgabe aller lehnspflichtigen Völker aufzufassen sei, deshalb war in diesem Garten jedes Detail aus Gold, Gräser und Blumen, Vögel und Reptilien, Bäume und Tiere, selbst die Hirten. Mitten in diesem Garten befand sich ein mit Maisgetränk gefülltes Becken, damit das Lichtgestirn jederzeit seinen Durst löschen konnte.

Dieses Maisgetränk wurde wie die übrige Nahrung, die der Sonne bestimmt war, von den Sonnenjungfrauen zubereitet, klösterlich lebenden Mädchen aus Familien, die an der Spitze der gesellschaftlichen Rangordnung standen. Sie machten ein Noviziat von drei Jahren durch, ehe sie sich endgültig zwischen Heirat und Tempeldienst entscheiden mußten. Wenn sie sich entschlossen hatten, dem Sonnengott zu dienen, wurden sie in ein weißes Gewand gekleidet, das mit einer goldenen Girlande geschmückt war, mit einem weißen Schleier bedeckt, und erhielten weiße Sandalen. Von nun an durften sie die Tempelanlagen nicht mehr verlassen, wurden stets bewacht und durften sich zur Zerstreuung lediglich Haustiere halten. Wenn je eine Sonnenjungfrau das Gebot der Keuschheit verletzte, wurde sie lebendig begraben, ihr Liebhaber gehängt, die Sippe des Mannes ausgelöscht. Als der Abenteurer Francisco Pizarro 1531–1533 das Reich des Inkas unterwarf, wurden Sonnenjungfrauen die Beute seiner Soldaten.

Auch der Staat der Azteken war ein Sonnenstaat, doch war er nicht von dem König, sondern von den Priestern beherrscht. Zwar war der König ein Halbgott, aber er hatte den Thron aufgrund einer Wahl, nicht durch Abstammung erhalten. Trotzdem hing die Existenz des aztekischen Staates weitgehend vom Sonnenkult ab. Weil aber der Sonnengott Uitzilopochtli, das heißt »Kolibri-Zauberer«, in jeder Nacht mit anderen Göttern kämpfen mußte, damit die Menschen am nächsten Tag wieder leben konnten, gebührte ihm als Dank die geheimnisvolle Lebenskraft der Menschen, bestehend aus dem Herzen und Blut: Deshalb war der ganze Staat darauf ausgerichtet, Menschen für die Opfer zu beschaffen. Einer der Aztekenkönige namens Ahuitzotl hat in einem zweijährigen Feldzug 20000 Kriegsgefangene gemacht, die alle mit ausgebreiteten Armen über dem Opferstein des Tempels starben. Es wirkt wie eine Ironie des Schicksals, daß ein so militaristischer Staat wie der des Königs Montezuma von einer Handvoll Abenteurer überrannt worden ist, gelähmt durch den Glauben an die Unentrinnbarkeit jener Prophezeiungen, die in Cortés den wiederkehrenden Gott Quetzalcoatl zu sehen meinten.

Der einzige Staat, der noch heute von einem Sohn des Himmels und Sonnenkai-

Sonnengott der Maya. *Die vorkolumbianischen Indianerkulturen Mexikos trieben einen aufwendigen Sonnenkult, dessen materielle Basis die reichhaltigen Goldvorkommen des Landes bildeten. Maske aus Ton. Palenque, späte Maya-Zeit (925–1541). Archäologisches Nationalmuseum, Mexiko.*

ser repräsentiert wird, ist auf eine der ältesten Religionsformen, den Ahnenkult, gegründet. Das japanische Selbstverständnis drückt sich vollkommen in den Formulierungen des Chikafusa Kitabake (1334) aus: »Japan ist ein göttliches Land. Zu unserem Lande allein hat der göttliche Urahn einst die Grundmauern gelegt. Unser Land allein hat die Sonnengöttin der langen Reihe ihrer Nachfahren übergeben. Nichts in fremden Ländern läßt sich dem an die Seite stellen. Darum nennt man Japan das göttliche Land.« Der mythische Tag der Reichsgründung durch den Tenno (japanisch: Himmlischer Herrscher) ist der 11. 2. 660, mit dem bis zum Jahre 1945 die japanische Kalenderzählung begann. Historisch hat sich die kultische Verehrung der Sonnengöttin als Ahnin der kaiserlichen Dynastie ähnlich wie in Ägypten gebildet. Verschiedene lokale Kulte wurden überdeckt von der hier stärksten Gruppe, die dem Sonnenkult huldigte. Aber während es in Ägypten Ortsgötter waren, die miteinander verschmolzen, hat sich in Japan der Sonnenkult aus den Ahnenkulten verschiedener Clans gebildet.

Es gibt heute in Japan zwei oberste Kulte, die beide bezeichnend sind für den Charakter des Königtums. Der wichtigste Kult des Shintoismus ist der kaiserliche Ahnenkult als Staatskult, den die berühmten Tempelschreine von Izé verkörpern; daneben existiert ein noch älterer Kult, der sogenannte Izumo-Kult, mit einem anderen Schrein. Hier wurde der erste Herrscher der »Provinz der Götter« verehrt, der Abkömmling eines Bruders der Sonnengöttin. Zugunsten der kaiserlichen Dynastie seines Reiches und seines Thrones beraubt, ist dieser Brudersohn zum Herrn der unsichtbaren Welt geworden, der Welt der Geister und Abgeschiedenen – so gibt es für den Shintoisten zur realen Welt der Lebenden eine schattenhafte Gegenwelt, in die er nach seinem Tode eingehen wird. Das Allerheiligste ist für ihn der Palast des Tenno. Hier steht der Ahnenschrein der Dynastie, der Kashiko-Dokoro, die »Stätte ehrfürchtiger Scheu«, vor dem nur der kaiserliche Hof seine Andachten verrichtet.

In Japan läßt sich am Beispiel des Sonnenkönigtums eine Entwicklung nachzeichnen, die für alle Gottkönige, auch in der Alten Welt, bezeichnend ist: Je stärker der König die göttliche Macht verkörpert, desto ungeeigneter wird er für die Geschäfte des Tages, und die Feudalherren übernehmen die Ausübung der Macht. In Japan herrschte auf diese Weise über fünf Jahrhunderte hinweg der Clan der Fujiwara, der es für ratsam hielt, die Kaiser schon in frühem Alter zur Abdankung zu zwingen und zu buddhistischen Mönchen zu machen. In dieser Zeit gab es mehrfach Kinder auf dem Thron, Mikados von zwei, fünf und zehn Jahren, die als willenlose Werkzeuge der Feudalherren dem Volke unsichtbar im Kaiserpalast hausten und eben deshalb die Göttlichkeit ihrer Existenz zu unterstreichen schienen. Man glaubte schließlich, daß es den Tod bedeute, dem Tenno ins Antlitz zu schauen.

Diese höchste Ausprägung des Gottkaisertums ist nicht identisch mit dem Gottesgnadentum der abendländischen Herrscher, sondern eher sein Gegenbild. Aber auch die Geschichte des christlichen Gottesgnadentums beginnt mit der Vergöttlichung der Macht und der Vergöttlichung des Menschen.

Ich, Kaiser und Gott

Als der römische Kaiser Vespasian auf dem Krankenbett lag und fühlte, daß er würde sterben müssen, sagte er lächelnd: »Ach, ich glaube, ich werde ein Gott!« Damit spielte er auf die vom Kaiser Augustus begründete Sitte an, den verstorbenen Herrscher nach seinem Tode zum Gott zu erhöhen. Die Römer haben diese im Grunde orientalische Auffassung erst kennengelernt, als sie sich die griechische Welt des Ostens unterwarfen. Der römische Feldherr Quintius Flaminius, der gute hundertfünfzig Jahre nach dem Tode Alexanders des Großen das griechische Volk von der Unterdrückung durch die Makedonier befreit und ins römische Imperium eingegliedert hat, wurde dort zum Halbgott erhoben; ihm und Herakles weihte man ein Gymnasium, ihm und dem Gott Apoll einen anderen staatlichen Bau.

Man hat in Griechenland seit jeher verdiente Männer zu Heroen, das heißt zu Halbgöttern erhoben, wobei sich die Grenzen zwischen dem Bereich der Götter und der Halbgötter verwischten, denn Götter sind zu Heroen herabgesunken, Heroen zu Göttern aufgestiegen. Diese höchste griechische Ehrung ist zunächst in den kleinasiatischen Kolonien aufgekommen und hat von dort aus das Mutterland erobert. Als Alexander der Große das Griechentum mit dem Orientalentum politisch versöhnen wollte, verstand er sich selbst als Gottkönig im altorientalischen Sinne, und selbst die Spartaner mußten resignieren: »Wenn Alexander ein Gott sein will, so ist er ein Gott.« Einer der Höflinge, Anaxarelos von Abdera, der zugleich als Philosoph galt, stellte den Grundsatz auf, daß alles Rechtens sei, was der König tue. Denn wie Zeus, von dem er ja abstamme, sei er gar nicht imstande, etwas Unrechtes zu tun. Der Hofbaumeister Alexanders des Großen trug sich sogar mit dem Plan, aus dem Athosgebirge ein Standbild des Königs herauszumeißeln; auf seiner Hand sollte dieses monumentale Denkmal eine Stadt mit 10000 Einwohnern tragen. Man wird diese Geschichten nicht allzu ernst nehmen müssen, doch sind sie bezeichnend für den Stil eines Hofstaates, der um einen Gottkönig kreist. Alexander dem Großen selbst diente der Gottkönigkult wohl vor allem dazu, die so verschiedenen Teile seines Reiches miteinander zu verklammern, ähnlich wie die Krone als repräsentative Spitze im Commonwealth einen Faktor der Einheit darstellt. Diese Vorstellung vom Gottkönigtum blieb über den Tod Alexanders des Großen hinaus erhalten und ging auf seine Nachfolger über, die sogenannten Diadochen. Einer dieser Diadochenkönige war es auch, der Alexanders Bildnis auf Münzen prägen ließ. Zum ersten Male trugen Münzen das Bildnis eines verstorbenen Menschen – wenn dieser Mensch auch als Gott verstanden worden war. Der erste Mensch, der diese Ehre noch zu Lebzeiten beansprucht hat, ist übrigens Caesar gewesen, dem der Senat noch kurz vor seiner Ermordung das Recht zugestanden hatte, sein Bildnis auf Münzen zu prägen.

Auch Caesar hatte aus politischen Gründen die Idee des Gottkönigtums übernehmen müssen, um die Einheit des Imperium Romanum zu wahren. Sein Ziel, die Monarchie, wurde vorbereitet durch die Einführung des orientalischen Herrscherkultes in Rom. Im Tempel des Quirinus, eines der ältesten und für uns rätselhaftesten Götter des römischen Pantheons, wurde ein Bildnis Caesars angebracht mit der Inschrift »Dem unbesiegten Gott«. Damit war Caesar dem Quirinus gleichgestellt.

Mit Caesars Adoptivsohn Oktavian, der 31. v.Chr. die Alleinherrschaft errang,

Die spätrömischen Kaiser *Diokletian, Maximian, Galerius und Constantinus I. Chlorus. Porphyrgruppe um 300. S. Marco, Venedig.*

ist die Stufe des Gottkaisertums erreicht, an das von nun an alle Traditionen des Abendlandes anknüpfen werden. Zunächst hat Oktavian seinen Vater in aller Form zum Gott (lateinisch: divus) erklären lassen. Das war eine andere, noch wirksamere Vergöttlichung Caesars, die auch dem Kaiser selbst Vorteile brachte: Nun war er der Sohn eines Gottes und als solcher von allem anderen Volk prinzipiell unterschieden. Am 17. 1. 27 v. Chr. stellte einer der römischen Senatoren den vermutlich vorher mit dem Kaiser abgestimmten Antrag, ihm den Titel »Augustus« zu verleihen (lateinisch: der Erhabene). Dieser Name, wie der des Caesar, wurde später zum Titel und bezeichnete die Majestät der römischen Herrscher. Die volle Bezeichnung des Herrschers lautet: »Imperator Caesar, Sohn des Gottes Julius Caesar, Augustus, Vater des Vaterlandes und Pontifex maximus«, also oberster Priester, wörtlich »oberster Brückenbauer«, eine Bezeichnung, die nicht etwa symbolisch zu verstehen ist. In den ältesten Zeiten lag die Leitung technischer Unternehmen wie die Aufsicht über Maße, Gewichte und den Kalender bei der Priesterschaft, deren Vorsitz der Pontifex maximus führte. Im fernen Kleinasien, nicht in Rom, um keinen Unwillen heraufzubeschwören, wird dem Augustus ein Tempel errichtet, er wird »Retter der Menschheit« genannt, und bald opfern überall in den römischen Provinzen die Augustalen, die Angehörigen der Kultgenossenschaft, vor dem Standbild des Kaisers. Etwa um diese Zeit ereifert sich ein unbekannter Demagoge, langhaarig und ungepflegt, der sich von Heuschrecken und wildem Honig nährt und Menschen mit Jordanwasser tauft, über den Augustus-Tempel in Pergamon. Er nennt ihn »Thron des Satans«.

Christus, geboren etwa 7 v. Chr., ist bekanntlich von Johannes dem Täufer als reifer Mann getauft, vielleicht auch zum König gesalbt worden, eine religionsgeschichtliche Hypothese, die viel für sich hat. Auch die Könige Israels waren ja »Gesalbte des Herrn«, und die Salbung würde erklären, weshalb man ihn später mit dem Königstitel zu verhöhnen suchte. Als Kaiser Augustus – derselbe, von dem das Gebot zur Volkszählung ausgegangen war – im Jahre 14 n. Chr. starb, stieg während der Einäscherung seines Leichnams seine Seele als Adler in die Lüfte, hinauf zu den Göttern. In der bildenden Kunst wird der Kaiser als Jupiter dargestellt, neben der Göttin Roma sitzend, während Oikumene, die Göttin des bewohnten Erdkreises, über sein Haupt einen Eichenkranz hält. Tiberius, der Thronfolger des Kaisers, ist auf eigenen Wunsch hin nicht zum Gott erhoben worden, aber schon dessen Nachfolger Caligula wagt in größenwahnsinniger Verblendung den nächsten Schritt und läßt sich schon zu Lebzeiten zum Gott erklären.

Die Frage, ob ein Kaiser nach seinem Tode zum Gott erhoben werden solle, ist indessen schon damals umstritten gewesen und von den verschiedenen Herrschern verschieden gelöst worden. Kaiser Vespasian (69–79), der sich Augustus als Vorbild setzte, hat zu Beginn seiner Laufbahn als Kaiser den Glauben an seine göttlichen Kräfte unterstützt, obwohl er selbst skeptisch war. Bei den für Kaiser obligatorischen Wunderheilungen hat er sich zunächst, wie Tacitus berichtet, eine Art Gutachten über die Erfolgsaussichten anfertigen lassen, und als sich der Erfolg einstellte, soll ihn dies in der Überzeugung bestärkt haben, von der göttlichen Vorsehung zum Kaiser berufen worden zu sein: Ein römisches Gottesgnadentum.

Die Grundfrage dieser Problemstellung war, ob blinder Zufall oder göttliches Wirken bestimmten, wer Herr des Erdkreises wurde, und weil sich gegen die Annahme, den Gesetzen des Zufalls und der Willkür unterworfen zu sein, der menschliche Geist sträubt, kommt er notwendig zu der Auffassung, was geschieht, habe geschehen sollen. Die kritische Stimme verkörpert der Schriftsteller Plinius der Jüngere (61–113), der äußerte, Tiberius habe den Augustus in den Himmel erhoben, um sich die Möglichkeit einer strafrechtlichen Verfolgung seiner Gegner wegen Majestätsbeleidigung zu schaffen, Nero den Claudius, um ihn zu verspotten, Titus den Vespasian, um als Sohn eines Gottes, Domitian den Titus, um als Bruder eines Gottes zu erscheinen. Erst Kaiser Trajan habe seinen Adoptivvater Nerva unter die Sterne versetzt, nicht zum Schimpf für die göttlichen Wesen, nicht zur eigenen Ehrung, sondern weil er an Gott glaube.

In späteren Zeiten hat sich das Gottkaisertum wieder stärker orientalisiert, Septimius Severus, mit einer Syrerin verheiratet, die den Titel »mater augusti« führte, trug auf Münzen die Strahlenkrone, das Sonnensymbol der Göttlichkeit, und das Herrscherpaar wurde als Sonne und Mond abgebildet. Man darf aber nicht glauben, daß Gottkaisertum und Gottesgnadentum streng geschieden waren. Kaiser Marc Aurel (161–180), auf den Münzen und in den Tempeln als Gott geehrt, ist meuternden Soldaten mit dem Hinweis entgegengetreten, nicht in ihren Händen ruhe das Geschick des Kaisers, denn nur Gott schenke den Purpur und bestimme die zeitliche Grenze der Herrschaft.

Hundert Jahre später hat Kaiser Diokletian (284–305), der sich vom einfachen Soldaten zum Befehlshaber der kaiserlichen Leibgarde emporgedient hatte, die verschiedenen, nebeneinanderlaufenden Überlieferungen in ein festes System gebracht: Die kaiserliche Person war allem Sterblichen entrückt, man bezeichnete sie als »sacer«, was bedeuten konnte, daß der Kaiser heilig wie ein Gott, aber auch, daß er durch Gottes Willen geheiligt war. So machte sich jeder, der gegen die Gesetze verstieß, nicht nur der Majestätsbeleidigung, sondern auch des Sakrilegs, der Entweihung des Heiligsten, schuldig.

Die Weigerung der Christen, den kaiserlichen Anspruch auf Göttlichkeit anzuerkennen, den sie schon immer bekämpft hatten, schien ihr Schicksal zu besiegeln. Brandkommandos rückten aus den Kasernen aus, um die Kirchen einzuäschern, alle christlichen Beamten und Offiziere wurden aus dem Reichsdienst entlassen, Bischöfe zum Tode verurteilt und hingerichtet, es ist die letzte Prüfung, die Zeit der Märtyrer, die von wilden Tieren zerfleischt, in Bergwerken und auf Galeeren geschunden, in den Gefängnissen gefoltert werden. Aber der Nachfolger Diokletians, Konstantin der Große (306–337), wird der erste christliche Kaiser von Gottes Gnaden sein, undenkbar ohne das Gottesgnadentum der Caesaren, an das er anknüpft.

Herren des Erdkreises

Herrscher unterm Kreuz

Für die ersten Christen gab es nur einen König, nämlich den, der am Kreuz gestorben war. Er gebot als Haupt über die Glieder jenes Leibes, als den man die Kirche verstand; der Apostel Paulus hatte sie als »Corpus Christi mysticum« bezeichnet, als den mystischen Leib Christi. Das Reich der Kirche, man weiß es aus der Bibel, ist nicht von dieser Welt, und der Gegensatz zwischen der Kirche der Urchristen und der verkommenen hellenistischen Welt, in der sie zu leben gezwungen waren, schien unüberbrückbar. Als nun Kaiser Konstantin der Große, ein vierundzwanzigjähriger Jüngling, seinen Gegner Maxentius an der sogenannten Milvischen Brücke in Rom besiegte und später auch seinen zweiten Nebenbuhler Licinius überwand, ergab sich für das Christentum eine völlig neue Lage. Man weiß, daß Konstantin die Christen begünstigte, obwohl er selbst erst auf dem Totenbett zum Christentum übergetreten ist, und als er mit seinem östlichen Gegenspieler Licinius einen Vertrag schloß, das sogenannte Mailänder Toleranzedikt, war die Anerkennung der christlichen Kirche das Kernstück dieses Vertrages. Wenige Jahrzehnte später wurde das Christentum zur Staatsreligion erhoben. Damit stand dem Reich, das nicht von dieser Welt war, ein weltliches Reich gegenüber, das nun doch auch christlich war; der König des römischen Imperiums war nicht mehr Heide, sondern Christ, mußte sich also zum Königtum Christi in irgendeine Beziehung setzen.

Es gibt nun eine komplizierte Entwicklung, wie diese Identifikation Schritt für Schritt vor sich gegangen ist. Die beherrschende Methode in diesem Prozeß war eine fast bildhafte Parallelisierung. Man begriff den Kaiser Konstantin als den »neuen Moses«, weil beide ihre Jugend an gegnerischen Königshöfen zugebracht hätten, und sah in der Schlacht an der Milvischen Brücke eine Parallele zum Untergang der Heere des Pharao am Toten Meer. Außerdem gab es eine Fülle von politisch-philosophischen Spekulationen. So meinte man, zum Imperium Romanum, das die einzelnen Nationalitäten auflöse, gehöre sinnvoll der Monotheismus, der die einzelnen Vielgötterlehren überwinde. Die Kaiser galten künftig nicht nur als Erben Roms und Nachfolger eines Caesar und Augustus, sondern als Führer und Könige Israels. Zu Lebzeiten Konstantins, der ein Gegner Israels war, ist dieser Schritt noch nicht getan worden, aber seine Nachfolger identifizierten sich mit Israel, um ihr christliches Herrschertum um so fester verankern zu können.

Im Grunde ist das ein seltsamer Vorgang, denn im alten Israel waren bekanntlich nicht die Könige, sondern ihre Mahner, die Propheten, die beherrschenden Figuren. Nun aber wurde ein oströmischer Kaiser als »neuer David« angerufen, der Kaiser sah sich in der Nachfolge dieses ersten Königs Israels, und dem Kaiser Heraclius gelang es, die Gottesstadt Jerusalem den Persern zu entreißen. Er selbst hat allerdings 638 auch miterleben müssen, wie diese Stadt von den Arabern er-

obert wurde und damit als geistiges Zentrum der Christenheit für immer verlo-
renging. Seinen jüngsten Sohn hat er, um eine Hoffnung zu setzen, David genannt. Ein oströmisches Kaisergebet, das etwa im 8. Jahrhundert entstanden sein
muß, bezieht sich denn auch ausdrücklich auf die Salbung Davids durch Samuel
– man wird sehen, daß die Salbung noch viele Jahrhunderte später zu den bedeutsamen Riten einer Krönung gehört und selbst 1848 im übertragenen Sinne an-
klingt, als Ludwig Uhland sagte, ein deutscher Herrscher müsse »mit dem Tropfen
demokratischen Öls« gesalbt sein.

Wo der Glaube herrscht, finden sich auch Reliquien ein. Schon zu Konstantins
Lebzeiten hat man den Stab des Moses aufgefunden, mit dem dieser auf dem Berge
Sinai Wasser aus dem Felsen schlug, und ihn dem Kronschatz von Byzanz einver-
leibt. Spätere Herrscher konnten die Tische des Königs Salomo und des Königs
David vorweisen, die gleichsam die Authentizität ihrer Nachfolge bekräftigten.
Auch Salomos Thron, offenbar ein Throngefährt, wie es altorientalische Herr-
scher besaßen, und die Gebeine Samuels gehörten zu den kostbaren Schätzen von
Byzanz.

Etwa ein halbes Jahrhundert nach der Zeitwende ist der erste Abschnitt der Ver-
christlichung abgeschlossen. Das äußert sich in einer Art Potenzierung. Der Kaiser
Marcian, ein aus dem Soldatenstand hervorgegangener Herrscher, der 450–457
regierte und 451 das Konzil zu Chalzedon einberief, ist von den Geistlichen nicht
nur als »novus Paulus« und »novus David«, sondern auch als »neuer Konstantin«
angerufen worden, seine Gemahlin als »Pulcheria« oder als »nova Helena«. Mit
solchen Bezügen glaubte man die Herrschaft fester verankern zu können, ein legi-
times Bedürfnis der Herrschenden in so unsicheren Zeiten. Wie sich die Kaiseridee
im oströmischen Teil des ehemaligen Imperiums entwickelt hat, soll hier nicht näher dargestellt werden, weil im heutigen Nahen Osten diese Bezüge zur Gegenwart verlorengegangen sind. Wichtiger ist, was sich im Westen abgespielt hat, auf
dem Boden des heutigen Europas.

Für die zivilisierte Menschheit des 5. Jahrhunderts ging im Jahre 410 die Welt
unter, als die Goten unter Alarich (354–430) die Mauern von Rom erstürmten,
in die Stadt eindrangen und sie auf schreckliche Weise plünderten. Die Antwort
auf diese politische Krise des Imperiums, der man ohnmächtig zusehen mußte, gab
der aus Nordafrika stammende Kirchenlehrer Augustinus mit seiner Schrift »De
civitate dei«, deren Auffassungen das gesamte Mittelalter beherrscht haben. Er sah
im Staat nicht einen letzten Wert, betrachtete die Kirche nicht als unlösbar mit
dem Schicksal des Imperiums verknüpft und ermöglichte späteren Generationen,
eine autonome Kirche zu schaffen. Für ihn übergriff das Christentum die Grenzen
des römischen Imperiums, und indem er die Civitas Dei von den gegebenen politischen Formen distanzierte, schuf er neue Möglichkeiten, politische Herrschaft
nach der Civitas Dei auszurichten. Das spätere germanische Königtum christlicher
Prägung ist ohne die Lehren des Augustinus nicht zu verstehen. Dabei war die
Civitas Dei, die Lehre vom Gottesstaat, nicht etwa als eine christliche Staatslehre
gemeint; sie präzisierte nur den Standort des Christen, der sich angesichts der
Wirren der Zeit auf seine geistigen Grundlagen besann.

Das Bild der Civitas Dei ist bei Augustinus von drei zentralen Ideen bestimmt,
die bis zum Anbruch der Neuzeit ihre Kraft behalten haben, nämlich von den Wer-
ten Pax, Ordo und Justitia. Kein Krieg der folgenden Jahrhunderte, keine Krönung,

keine strafrechtliche Verurteilung, die nicht geistig hier ihre Rechtfertigung gefunden hätten, denn in diesem geschlossenen System gab es keine Lücke, sondern nur jene Ordnung, die der göttlichen Vorsehung entsprach. Pax bedeutet Friede, und schon im römischen Imperium hatte es die Pax Romana gegeben, den politischen Frieden innerhalb des Imperiums. Bei Augustin ist Pax der Friede, die Harmonie der gesamten Kreatur mit Gott. Dieser Friede beruht auf dem Ordo, der abgestuften Weltordnung; hierbei ist nicht nur die Struktur des gesamten Kosmos, sondern auch die in Christus verankerte Heils- und Erlösungsordnung einbezogen. Pax und Ordo bedingen einander, und der Friede ist hier nicht in der Herrschaft der Waffen begründet wie unter der Pax Romana, sondern in der »caritas«, der urchristlichen Gesinnung. Der Kirchenlehrer wußte, daß der vollkommene Friede auf Erden nicht ohne weiteres erreichbar sei, denn erst die Glorie des wiederkehrenden Christus würde den Frieden bringen. Unter Justitia verstand Augustin, hier ganz dem Apostel Paulus folgend, jene Gerechtigkeit, die aus dem Glauben und aus der Gnade erwächst. Im Sinne dieses Grundgedankens war es die Aufgabe des christlichen Herrschers, die Guten zu belohnen und die Bösen zu bestrafen, um den inneren Frieden zu sichern. Auch der Gedanke des gerechten Krieges ist aus diesem Ansatz zu verstehen, denn zwischen den Heeren des Satans und denen Christi tobte nach christlicher Auffassung von Anbeginn ein Ringen, das mit dem Höllensturz des Bösen und dem Sieg des Guten enden mußte.

Wie sind nun diese Gedanken eines Systems von großartiger Geschlossenheit auf jene verwegenen Königsgestalten übertragen worden, die am Anfang der europäischen Geschichte stehen? Diese kriegerischen Männer leiten ihre Königsmacht aus ihrer Abstammung und einer Reihe von Zeremonien ab, die dem sakralen Charakter ihres Königtums Ausdruck geben. Im einzelnen ist das Bild verworren: Da gibt es die germanischen Heerkönige, ähnlich den schon erwähnten Häuptlingen mit Sondervollmachten, die auf dem Thing gewählt werden, und die erblichen Könige, es gibt ein differenziertes Verhältnis zum Volk als der Summe der wehrfähigen Männer, die ihrerseits in einen sakralen Bezug treten, wenn der Thing einberufen ist.·

Mit dem Übertritt zum Christentum traten die Gefolgsherren in ein bestimmtes Verhältnis zum Kaiser von Byzanz, etwa wie die Indianer des 19. Jahrhunderts zum König von England oder Frankreich. Immerhin nannten sie sich jetzt »Söhne des Kaisers« und empfanden einander als Brüder. Damals arbeitete der römische Senatorenadel zum Teil schon mit den germanischen Königen zusammen, die Autorität des fernen Kaisers in Byzanz war verblaßt, nur der Papst in Rom verkörperte, als Statthalter Petri in einer ausschließlich von Glaubensfragen bewegten Welt, eine greifbare geistige Macht. Es gab damals vor allem zwei Länder in Europa, in denen die Königsidee weiterentwickelt wurde. Das waren Franken, also das ehemalige Gallien, und Spanien, wo die Goten herrschten. Alle diese Länder haben zur Ausbildung der christlichen Königsidee einen Teil beigetragen. In Spanien zum Beispiel war nach dem Tode des Amalarich im Jahre 531 das Geblütskönigtum erloschen, und auf die Dauer unterlag der Versuch, das Erbrecht beizubehalten, dem Wahlkönigtum.

Im 6. Jahrhundert gelang es einem gotischen König, seinen Hof in Toledo nach dem kaiserlichen Vorbild in Byzanz zu organisieren und seinem Reich Stabilität zu geben. Er führte das byzantinische Zeremoniell ein, ebenso die kaiserliche Barttracht und den Thron. Auf den Münzen ersetzte man den Namen des Kaisers durch den eigenen Namen, und der gesamte Staat zielte auf eine »imitatio imperii«, auf eine Nachbildung des Imperiums ab. Über diese Zeit hat der Bischof Isidor von Sevilla (599–636) eine »Geschichte der Goten« geschrieben, die gleichzeitig eine Art Staatslehre darstellt. Für ihn liegt die Substanz des Staates im Recht; der König hat, als Träger der Strafgewalt, eine Dienst- und Schutzpflicht gegenüber der Kirche, und König im echten Sinne ist überhaupt nur der Herrscher, der sich in Übereinstimmung mit dem christlichen Glauben befindet. Entscheidend ist, daß dieser Gelehrte die Königsherrschaft zum Königsamt objektiviert; für ihn ist der König im Gesetz gebunden, nicht wie in Ostrom der Gesetzesschöpfer.

In Franken und in Spanien, aber auch in Irland und im Reich der Langobarden gab es verschiedene Ausprägungen des christlichen Königsgedankens. Bei den Merowingern verschmolzen germanische Vorstellungen vom königlichen Blut und dessen magischer Kraft mit den römischen Auffassungen und politischen Formen. Als Pippin der Jüngere, bekanntlich Hausmeier der Merowinger in Franken, Burgund und in der Provence, sich 751 zum König wählen ließ, geschah dies unter Mitwirkung des damaligen Papstes. Diese Mitwirkung begründete den universalen Charakter des Frankenreiches. Christlich-antike und alttestamentliche Gedanken wurden, ausgedrückt im Ritual der Krönung, bewußt in das Leben des fränkischen Staates einbezogen. Der Vorgang selbst verdient in Erinnerung gebracht zu werden: Pippin der Jüngere, der Vater Karls des Großen, meinte auf die Figur eines schwachsinnigen Königs verzichten zu können, der ohnehin keine Macht mehr besaß. Er schickte Bischof Burchard von Würzburg und den Abt Fulrad von St. Denis zum Papst Zacharias nach Rom, um sich dessen Einverständnis zu sichern. Die diplomatische Antwort lautete: Der würde zum König ernannt, in dessen Hand die Gewalt ohnehin liege. Pippin der Jüngere ließ daraufhin dem letzten Merowinger, Childerich III., das lange Haupthaar abschneiden, das Zeichen der freien Germanen und Ausdruck magischer Königsmacht, und steckte den Entehrten ins Kloster.

Vom Heerkönigtum zur Kaiserkrönung

Der Knabe vergaß die Szene nie: Die vielen hundert Männer, die sich in Soissons versammelt hatten, die Knappen und Knechte, Pferde und Hunde, die großen Herren in ihren knielangen Kitteln, die weiten Umhänge aus grober Wolle und mit Pelz verbrämt, die mit einer kostbaren Agraffe an der Schulter zusammengehalten wurden. Sie trugen lange Schwerter mit edelsteinbesetzten Griffen, aber auch kurze Waffen, an den Fingern schwere Ringe, und ritten kleine, stämmige Pferde. Auch der bärtige, ehrfurchtgebietende Bischof mit seiner funkelnden Mütze und seinem kostbaren Ornat blieb ihm in Erinnerung, der »Apostel der Deutschen«, der den Vater, zusammen mit den anderen Bischöfen, unter ehrfürchtigem Schweigen der Menge zum König salbte, wie einst Samuel den David zum König gesalbt hatte. Auch die Chronisten haben die Szene in Soissons aus dem Jahre 751 mit knappen Worten festgehalten, als Pippin der Jüngere sich zum König von Franken wählen ließ. Es ist das einzige Ereignis aus der Kindheit Karls des Großen, das sicher überliefert ist und entweder Ende 751 oder Anfang 752 stattgefunden hat. Germanisch war der Wahlakt durch die fränkischen Adligen und die Thronerhebung. Wenige Jahre später, am 9. Oktober 768, wurde der junge Karl von der gleichen Versammlung in Noyon als König bestätigt; man hob ihn unter jubelnden Zurufen auf den Schild wie einst die germanischen Heerkönige, denn es war germanische Sitte, die Toten auf dem Schild vom Schlachtfeld zu tragen, wie es Pflicht der Könige war, bis zum Sieg zu kämpfen. Aber auch jetzt blieb es nicht bei der alten Sitte, denn die Bischöfe salbten den jungen König nach alttestamentarischem Brauch, wie sie es bei Pippin getan hatten.

Solche Handlungen waren keine leeren Gesten, sondern Symbole von höchster Bedeutsamkeit; sie stifteten Wirklichkeit wie heute ein Staatsvertrag. Noch bei den Merowingern, den Herren der Franken, hatte es keine Salbung gegeben, wenn einer zum König erhoben wurde. Damals galt ein Königtum nicht mehr als jeder andere Besitz, so war die Sache nach Väter Art geregelt worden.

Wer bei den Germanen ein Haus kaufte, erhielt einen Span aus dem Balken des Hauses, und wenn er eine Wiese übernahm, einen Grasbüschel. Man nannte das die »Gewere«, lateinisch »vestitura«, denn der neue Besitzer wurde mit seinem Erwerb bekleidet. Wer Grund und Boden erworben hatte, ging auch wohl mit Zeugen rings um die Grenzen, erst dann war der Handel vollzogen. Diese germanisch-bäuerlichen Könige aus dem Merowingergeschlecht übertrugen diese sinnbildlichen Rechtsformen auf ihr Königtum. Sie umfuhren seine Grenzen im Ochsenkarren. Damals gab es noch keine Krönung, sondern nur jene alten Bräuche, zu denen auch die Schilderhebung gehörte; die germanischen Söldner haben in Ostrom die Soldatenkaiser auf diese Weise eingesetzt.

Man versteht, wie schwer die neue Sitte wog, die einen fränkischen König in die Nachfolge der Könige Israels stellte. Damit war das Königtum fest im Christentum verwurzelt, und dieses wiederum bot politische Möglichkeiten, von denen sich die Merowinger kaum etwas hatten träumen lassen. Die geistigen Perspektiven entwickelten sich auf dem Grund der Civitas Dei, der Gottesstaatlichkeit, wie sie Augustinus formuliert hatte. Politisch ergab sich die Notwendigkeit, an die Traditionen des christlich gewordenen Imperium Romanum anzuknüpfen. Auch diese Entwicklung fand in einer Krönung sinnfälligen Ausdruck.

Karl ließ sich, wie es höfischer Brauch war, häufig aus dem »Gottesstaat« vorlesen, wenn er nicht die Heiligenlegenden vorzog oder einer der Hofdichter ein Gedicht vortrug. Kirchlicher Dogmenstreit wie der über die wahre Natur Christi oder über die Bedeutung der heiligen Bilder erschütterten die Gemüter von Konstantinopel bis Aachen, die Ergebnisse eines Kirchenkonzils etwa von Nicäa im Jahre 780 waren Äußerungen einer echten Gipfelkonferenz, und von solchen Beschlüssen hing das Schicksal ganzer Völker ab. So war das Frankenreich, seit es die Wendung zum Christentum bewußt vollzogen hatte, nicht mehr barbarische Provinz, sondern christliche Weltmacht, wenn auch am Rande einer vom reichen Byzanz beherrschten politischen Ordnung. Wie man in Frankreich selbst die Dinge sah, zeigt ein Brief des Alkuin, eines Freundes von Karl, der schon zu seinen Lebzeiten mit dem Beiwort der Große gekennzeichnet wurde. Er schreibt: »Bisher hatten drei Personen in der Welt die höchste Stellung inne. Die erste war seine Apostolische Erhabenheit, die als Stellvertreter Christi auf dem Stuhle Petri regiert, und von Dir weiß ich, was man ihm angetan hat. Die zweite ist die imperiale Würde und weltliche Macht des zweiten Roms (Anm. d. Verf.: Konstantinopel), und alle Welt spricht davon, wie ehrfurchtslos ihr kaiserlicher Inhaber abgesetzt worden ist (Anm. d. Verf.: die Kaiserinmutter Irene hatte ihren Sohn abgesetzt und sich selbst zum Kaiser ausrufen lassen), nicht von den Fremden, sondern von seinen eigenen Landsleuten. Die dritte ist die königliche Würde, die Dir durch die Vorsehung unseres Herrn Jesus Christus verliehen worden ist, so daß Du der Herrscher über die Christenheit bist. Deine Macht überragt die Ihrige, Deine Macht leuchtet stärker, Deine königliche Würde ist erhabener. Siehe, auf Dir allein beruht die Rettung der Kirche Christi« (Winston).

Karl der Große, König eines Reiches, das von den Pyrenäen bis nach Böhmen und von Kalabrien bis an die dänische Grenze reichte, war Schutzherr Roms und mußte eingreifen, als Papst Leo III. von seinen Gegnern, vermutlich mit Recht, mißhandelt und abgesetzt worden war, weil man ihm Verfehlungen noch heute unklarer Art vorwarf. Tatsächlich war Karl der Große, der Sohn des Pippin, Schutzherr der Christenheit, seit auf dem Thron von Konstantinopel eine Frau saß, die ihren eigenen Sohn hatte blenden lassen, eine Verbrecherin, welche die gesamte Christenheit gegen sich aufgebracht hatte. Die Geschichte von Karls Zug nach Rom, die mit dem Reinigungseid des Papstes, seiner Wiedereinsetzung und der seltsamen Krönung Karls ihren Höhepunkt fand, ist bekannt. Die Ereignisse selbst spielten sich nach strengem Zeremoniell ab, so spontan sie wirken mochten.

Seit der Zeit des Kaisers Diokletian gehörten zur Krönung eines römischen Kaisers die Krönung selbst, die Zustimmung durch das Volk und die Anbetung. Am Weihnachtsabend des Jahres 800 kniete König Karl, im Gebet versunken, im Petersdom, der von Adligen aus dem ganzen Reich, von Römern, Franken, Griechen, Angelsachsen und Basken überfüllt war. Karl selbst trug, ganz gegen seine Gewohnheit, eine lange römische Tunika, einen Mantel mit goldenem Gürtel und juwelenbesetzte Sandalen. Nach der Messe nahm Papst Leo III. ein goldenes Diadem vom Altar und setzte es dem betenden König aufs Haupt. Wie auf ein Zeichen brach die Menge in Jubel aus und huldigte dem neuen Kaiser mit dem Ruf: »Carolus Augustus, dem von Gott gekrönten großen und friedbringenden Kaiser der Römer, Leben und Sieg!« Dann warf sich der Papst vor dem neuen Kaiser zu Boden und küßte nach byzantinischem Brauch den Saum seines Mantels. Damit war Karl der Große der erste Kaiser des weströmischen Reiches, des Heiligen Römischen Reiches Deutscher Nation, das tausend Jahre später endete, als Kaiser Franz II., der Enkel Maria Theresias, im Jahre 1806 die Krone niederlegte.

Der Krönungsvorgang selbst übrigens ist von einem Rätsel belastet, das man bis heute nicht hat aufklären können. Der Chronist Einhard behauptet nämlich, Kaiser Karl habe von der Absicht des Papstes nichts gewußt und hätte die Kirche nie betreten, wenn »er des Papstes Absicht hätte vorher wissen können«. Wie auch immer die Gefühle Karls gewesen sein mögen, der aus einem fränkischen König zum Kaiser der Christenheit geworden war, er handelte, wie man von ihm erwartete, und trug sich sogar mit dem Gedanken, die Kaiserin Irene zu heiraten, um die beiden Hälften der Christenheit wieder zu vereinen.

Karls letzte öffentliche Amtshandlung war wiederum eine Krönung. Im Dom zu Aachen, unter Anwesenheit aller Großen seines Reiches, nahm Karl der Große am 11. September 813 die Krönung seines Sohnes Ludwig vor. Diesmal wurde niemand wie ein germanischer Heerkönig auf den Schild gehoben, auch kniete kein Papst vor dem neuen Kaiser. Karl der Große selbst, mit einem goldenen Diadem geschmückt und mit einem eher priesterlichen Ornat bekleidet, ein Greis von über

Karl der Große *widmet das Modell der Pfalzkapelle Aachen der Muttergottes. Am Weihnachtstag des Jahres 800 wird Karl zum Kaiser des Heiligen Römischen Reiches gekrönt: Ihm ist die Neubelebung des antiken römischen Imperiums zu danken in Verbindung mit dem Gedanken des christlichen Gottesstaates. Detail aus dem Karlsschrein. Goldtreibarbeit, 1215. Domschatzkammer des Aachener Domes, Aachen.*

70 Jahren, schritt mit seinem Sohn zum Hochaltar der achteckigen, hellen Kirche. Dort lag eine goldene Krone, wie dreizehn Jahre zuvor eine ähnliche Krone auf dem Altar des Petersdoms gelegen hatte. Aber diesmal nahm der Kaiser selbst, der Herrscher im Sinne des Gottesstaates, der Staat und Kirche regiert, die Krone vom Altar und setzte sie seinem Sohn aufs Haupt.

Von den Kleinodien, die Karl der Große selbst getragen oder überliefert hat, ist kaum etwas erhalten. Im Dom zu Aachen steht allerdings noch heute der einfache Thron, den der Kaiser selbst benutzt haben muß. Der Legende nach stammt das Eichenholzbrett des Sitzes von der Arche Noah. Unter dem Sitz befindet sich ein Hohlraum, in dem bei feierlichen Anlässen die heute in Wien aufbewahrte »Stephansbursa« Aufnahme fand. Es handelt sich um eine hölzerne, mit Goldblech überzogene Pilgertasche, die mit Edelsteinen geschmückt ist und heilige Erde enthielt. Es sei dies, so die Legende, Erde gewesen, die mit dem Blut des Märtyrers Stephan getränkt gewesen sei. Nach der heutigen Erkenntnis ist die Bursa im ersten Drittel des 9. Jahrhunderts entstanden, also immerhin zu Lebzeiten des Kaisers. Weder von der heiligen Erde noch von sonstigen Inhalten dieser Tasche ist etwas erhalten. Dafür stammt aus der Zeit Karls des Großen das sogenannte Reichsevangeliar, eine Handschrift der Evangelien auf 236 Pergamentblättern, die mit Purpur gefärbt und mit kostbaren Initialen geschmückt sind. Wahrscheinlich stammt die Handschrift aus der Palastschule zu Reims, und es gilt als sicher, daß Kaiser Karl sie benutzt hat. Bei späteren Krönungen gehörte dieses Evangeliar zu den Schätzen, die der Handlung die nötige Weihe gaben. Auf die erste Seite des Johannesevangeliums legten die Nachfolger Karls des Großen ihre Hand, wenn sie schworen. Der Abdruck dieser stets auf dieselbe Stelle gelegten Hände ist noch heute deutlich zu erkennen.

Die sogenannten Reichskleinodien, Krone und Schwert, Reichsapfel und Mantel, wie sie Dürer gemalt hat, stammen nicht von Karl dem Großen, obwohl man dies im Mittelalter geglaubt hat. Walther von der Vogelweide hat den vielversprechenden Philipp von Schwaben, der 1208 in Bamberg vom Pfalzgrafen Otto von Wittelsbach ermordet wurde, im Glanz dieser Krone gesehen, die er wie jedermann für die Krone Karls hielt. Die alte Krone ist verschollen, die Reichskleinodien, die heute in Wien zu sehen sind, wurden 1424 bis 1796 in Nürnberg aufbewahrt, ebenso 1938 bis 1945. Ferner wird in den Schatzkammern des Vatikans noch heute ein Mantel aufbewahrt, den Leo III. am Weihnachtsabend des Jahres 800 dem Kaiser bei der Krönung umgehängt haben soll, aber diese Überlieferung ist legendär, ebenso wie die vom »Säbel des Kaisers«, einem ungarischen Krummsäbel aus dem 9. Jahrhundert, der erst später seine Bedeutung erhielt.

Die Gekrönten

Mit Gebärden und Sinnbildern drücken sich Könige aus, deren Existenz nicht nur symbolisch das Heil des Volkes verkörpert. Die politische Aufgabe ist nach Auffassung früherer Jahrhunderte nicht Zweck, sondern Wirkung des Königtums, das in der Ordnung des Kosmos wurzelt und von dort seine magische Kraft bezieht. Die herrscherliche Gebärde der erhobenen Hand, die »mächtige Hand«, bezieht sich bei den Herrschern des Abendlandes auf Christus, der ja doch in wörtlichem Sinne »Heiland« heißt. Michelangelo hat sie in der Sixtinischen Kapelle bei der Erschaffung des Adam dargestellt, wie es Isaias verkündet: »Meine Hand hat den Erdboden gegründet, und meine Rechte hat den Himmel ausgespannt; was ich rufe, das steht alles da.« Gottes Hand schafft Leben, ebenso der Segen des Heilands, der die Hand auflegt. Die Gebärde des Heil-Grußes, von den neuen Barbaren des Faschismus pervertiert, bezieht sich auf uralte Gebräuche bei Assyrern, Persern und Babyloniern, auch der römische Soldat grüßte so seinen Feldherrn und dieser die Götter – eine Urgebärde, die wirkt, als spiegle die Hand die höheren Kräfte. In Rom mußte sich der Priester der Fides Publica, des öffentlichen Vertrauens, das als Göttin verstanden und verehrt wurde, dem Altar mit verhüllter Hand nähern, weil das Vertrauen, auch als Glaubwürdigkeit oder Redlichkeit begriffen, ständig geschützt werden müsse, und sein Sitz, einschließlich der rechten Hand, heilig sei.

Die »mächtige Hand« bezeichnet also die Heilkraft der Könige, nicht nur im gleichsam medizinischen Sinn, und steht überdies im Zusammenhang mit uralten Menschheitsgebärden. In Byzanz hieß es in einem alten Gebet, das an den Herrscher gerichtet wurde: »Möge deine Hand mächtig sein, möge deine Rechte erhaben sein.« Eusebius von Caesarea, um 314 Bischof und Hoftheologe Kaiser Konstantins, schreibt über seinen Herrscher, er habe geherrscht, indem er seine heilbringende rechte Hand gegen alle Bedürftigen ausgestreckt habe – eine legendenhafte Überhöhung, die doch offenbar dem Glauben der Zeit entsprach. So erscheint die »magna manus«, die große Hand, auf Bildnissen und Münzprägungen, und selbst die Darstellungen aus karolingischer Zeit zeigen den Herrscher mit erhobener Rechter, falls ihm nicht schon Szepter und Reichsapfel in die Hand gegeben werden.

Daß sich auch in Europa der Glaube an die Heilkraft der königlichen Hand bis in die Neuzeit erhalten hat, ist schon erwähnt worden. Vom ersten christlichen König der Franken, Chlodwig I., der dann seinen Stallmeister von Skrofeln durch Handauflegen heilte, bis zur letzten Zeremonie dieser Art, Teil eines höfischen Ritus, die 1825 unter Karl X. stattfand, reicht die ungebrochene Kette der Überlieferung. In England hat es diese öffentlichen Heilungen durch Handauflegen des Königs bis zur Thronbesteigung der Welfen im Jahre 1714 gegeben; Karl II. von England (1630–1685) soll in viereinhalb Jahren nicht weniger als 23000 Menschen berührt haben (Wolff-Windegg).

Neben der Gebärde der erhobenen Hand zeichnen auf alten Darstellungen den Herrscher des Abendlandes Szepter und Krone aus. Von diesen beiden Symbolen ist das Szepter älter als die Krone. In Rom ist der Speerwurf des legendären Romulus die sinnbildliche Handlung, die den aus dem Speer sprossenden Baum in den Mittelpunkt der Stadt und des Kosmos stellt und so die Stadt gründet. Das sind Akte des Pflanzens, die Ordnungen setzen, und die Lanze, vielleicht ihrerseits Sinnbild männlicher Zeugungsfähigkeit, steht für die Macht und das Licht.

Die vielfältige Symbolik der Lanze, beginnend mit der Gralssage und der Lanze des Heiligen Mauritius, des legendären Mohren, der bei St. Maurice mit seiner Legion liquidiert wurde, weil er als heimlicher Christ das Götzenopfer verweigerte, kann hier nur angedeutet werden. Sie findet einen Höhepunkt in der Heiligen Lanze, mit der Christi Leib geöffnet wurde und die, als historisches Requisit und freche Fälschung, gleichwohl bei dem ersten Kreuzzug eine propagandistische Rolle gespielt hat. Eine andere dieser heiligen Lanzen soll im 6. Jahrhundert in der Zionskirche zu Jerusalem aufbewahrt worden sein und nachts geleuchtet haben. Im Jahre 614 wurde diese Lanze nach Konstantinopel gebracht, später gab es heilige Lanzen in den rivalisierenden Städten Antiochia und Jerusalem, auch Armenien weist eine solche Lanze vor. Im Abendland war die Lanze vom 10. bis zum 14. Jahrhundert ein Zeichen der Herrschaft und wurde als Reichslanze der Heiligen Lanze gleichgesetzt; erst die Goldene Bulle von 1356 nennt sie nicht mehr, aber noch Philipp von Schwaben sagt 1206 in einem Brief an den Papst, in seiner Gewalt habe er nämlich das Heilige Kreuz, die Lanze, die Krone und alle Insignien. Das Szepter, der Herrschaftsstab, auch er schon in der Antike etwa für Zeus bezeugt, steht mit der herrscherlichen Lanze in unmittelbarem Bezug.

Für den heutigen Menschen sind aber vor allem Krone und Königtum unlösbar verbunden, und tatsächlich reichen die Urvorstellungen, die der eigentlichen

Kaiser Otto II. *(973–983) und seine Frau Theophanu, eine byzantinische Prinzessin, werden von Christus gekrönt. Diese zeitgenössische Elfenbeintafel veranschaulicht deutlich die damaligen Machtverhältnisse zwischen Staat und Kirche. Die ottonischen Kaiser verstanden es glänzend, die Kirche in den Dienst ihrer expansiven politischen Pläne zu stellen, eine Entwicklung, die in späterer Zeit zu den bekannten, erbitterten Kompetenzstreitigkeiten zwischen Kaiser und Papst führte. Musée Cluny, Paris.*

Krone vorausgingen, bis in die altorientalischen Kulturen zurück. Allerdings sind sie zu vielfältig, um hier im einzelnen geschildert zu werden. So zum Beispiel wird Moses mit »Hörnern« dargestellt, einem Kopfschmuck, der an die Zeit der Tiermagie erinnert, auch gibt es im Orient Helme und Mützen, die als Vorläufer der Krone gelten können, ebenso die Kopfreifen, die Diademe und die Lorbeer- und Eichenkränze der Antike. Das lateinische Wort »corona« bezeichnet ja den Kreis bzw. den Kranz, auch die Mitra, die nicht vor dem 11. Jahrhundert getragen wurde (lateinisch mitra: Binde, Mütze mit Klappen), gehört zum auszeichnenden, gleichsam erhöhenden Kopfschmuck.

Für die Bedeutsamkeit der Krone findet sich in dem beziehungsreichen Werk »Die Gekrönten« von Wolff-Windegg ein Beispiel aus Indien. Der König tritt während der feierlichen Riten auf einen Goldreif, der auf einem Tigerfell liegt. Der Priester spricht dazu: »Schütze ihn vor dem Tode!« Dann legt man dem König den Goldreif aufs Haupt und spricht die Worte: »Du bist die Kraft, du bist die Siegeskraft, du bist unsterblich!« Dann heben die Priester beide Hände des Königs hoch und rufen dazu: »Goldgestaltet, beim Aufleuchten der Morgenröte, gehen beide auf, Indra und die Sonne.« Die Krone als Lichtschmuck, als Symbol des Lichts und der Macht, bannt die Geister der Finsternis, das ist der Sinn dieses Reifens aus Gold.

Eine andere Urform der Krone als das königliche Diadem, die Stirnbinde, ist charakteristisch für den hellenistisch-römischen Kulturkreis, wie der Kronreif persisch-medischer Herkunft ist. Konstantin der Große trägt deshalb als Zeichen seines Kaisertums das Diadem.

Im Abendland hat sich die Krone aus Metall durchgesetzt. Das berühmteste Werk ist die deutsche Reichskrone, wahrscheinlich für die Krönung Ottos I., des großen Sachsenkaisers, angefertigt, die im Jahre 936 stattfand. Die Krone hat, wie die Kapelle Karls des Großen, einen achteckigen Grundriß und bezieht sich damit unmittelbar auf die Städte Jerusalem und Rom, wobei die vier mit Edelsteinen besetzten Platten die Himmlische Stadt der Apokalypse bedeuten, die vier mit bildlichen Darstellungen geschmückten Platten hingegen die Roma quadrata.

Zwischen der Krone des Königs und der Stadt gibt es überhaupt sehr tiefe Zusammenhänge, da die Stadt den Palast beherbergte, also Ort der Mitte war. Die Ordnung des Achtecks, die sich in den Symbolen des deutschen Kaisertums leitmotivisch wiederholt, bietet nur die Grundordnung der Krone. Man hat herausgefunden, daß die Gestalt der Krone ursprünglich bis in die Zahl der Perlen, bis zur Wahl der Edelsteine einem Kanon folgte, der jedes Detail genau vorschrieb und ihm symbolische Bedeutung verlieh. Um nur ein Beispiel zu nennen: Es gibt genau 360 Steine und Perlen, das entspricht den alten kosmischen Zahl der Babylonier, der Zahl der Tage im Jahr, der Grundzahl der heiligen Stadt Jersualem, deren Grundzahl 12×30 heißt. Der »Waise« ist der Stein, der außerhalb des allgemeinen Zahlenschemas steht, deshalb als Waise bezeichnet; mit dem alchimistischen Stein der Weisen hat diese Bezeichnung übrigens nichts zu tun. Dieser Waise nun, über der Stirn des Herrschers, ist Zeichen des Überwinders und muß also bedeutend sein. Nach der Apokalypse besteht der Thron Gottes aus Jaspis, und ein Jaspis ist dieser Waise der Reichskrone gewesen, ebenso sein Gegenstein im Nacken, ehe beide herausgebrochen und durch einen Saphir ersetzt wurden.

Man würde sich in die Zahlenmystik des Mittelalters verlieren, wollte man allen diesen Bezügen nachgehen. Verständlich aber wird, daß die Träger solcher Insignien diese nicht als bloße Staffage betrachteten, sondern als heilige Gegenstände von höchster Kraft. Ein Kaiser, angetan mit dem Purpur des Herrschers, geschmückt mit der Reichskrone und umgeben von den uralten mächtigen Dingen der Christenheit, verkörperte mehr als ein Heerkönig früherer Zeiten, er stand für die Ordnung des Universums, für Recht und Gerechtigkeit und als Mensch in der Fülle der Gnade.

Einige Jahrtausende lang konnte die Ordnung der Menschen, die richterliche Gewalt, die Funktion einer Staatsmacht nur so legitimiert werden; nicht das rationale, sondern das mythisch-symbolische Denken ließ die Dinge überschaubar werden, bis die kopernikanische Wende alle bisherigen Ordnungen verrückte und den Menschen aus einer Welt überhöhter Bilder entließ in die Aufgabe, sein Leben aus der Vernunft heraus zu gestalten.

Besuch des Kaisers

Bevor der Kaiser des Heiligen Römischen Reiches Deutscher Nation in die freie Reichsstadt Nürnberg einzog, hatte der Rat der Stadt vieles zu bedenken. Die Kaminkehrer erhielten Anweisung, die Kamine besonders gut zu kehren, damit das Feuer Abzug hatte, alle Hausbesitzer mußten in den Wohnungen für alle Fälle Löschwasser bereitstellen, die Turmwächter durften während des hohen Besuches ihren Posten nicht wie sonst verlassen, um sich durch allerlei Nebentätigkeiten etwas dazuzuverdienen, die Wachen auf der Burg und auf den Türmen wurden verstärkt, auch richtete man Streifen durch die Stadt ein, die unter der Aufsicht der obersten Hauptleute standen – im Gefolge des Kaisers kamen allerlei Soldaten, zum Beispiel Spanier, die nicht eben im besten Ruf standen. Schon längst hatte der Rat eines seiner Mitglieder nach Bamberg geschickt, um herauszufinden, wann der Kaiser dort aufbrechen und welchen Weg er nehmen würde. Trotzdem blieb man im ungewissen, denn täglich konnten neue Umstände eintreten. Der Rat ging in seiner Vorsorge so weit, die Straßen mit Sand streuen zu lassen, auf denen der Kaiser einreiten würde, beim Morast der mittelalterlichen Straßen schon aus Gründen des Gestankes eine wichtige Maßnahme. Auf die Türme von St. Lorenz und St. Sebald wurden je drei namentlich genannte Männer befohlen, die von dort das Dächergewirr der Stadt zu überwachen hatten. Nur dann durfte die Sturmglocke geläutet werden, wenn wirklich Feuer ausgebrochen oder ein Befehl der obersten Hauptleute ergangen war.

Man stellte ein Verzeichnis aller Häuser auf, die zur Unterbringung von Fürstlichkeiten und Gesandtschaften geeignet waren; dieses Verzeichnis übergab man vorab den kaiserlichen Fourieren. Die Dörfer ringsum, obwohl ausgeplündert und teilweise schon mit Einquartierung belegt, mußten Lebensmittel und Heu liefern, und schließlich kleidete man vorsorglich zwanzig Kriegsknechte mit roten Röcken, Harnischen und geschmückten Hüten ein; diese Männer hatten dem Kaiser mit den zwei Ratsgesandten rechtzeitig entgegenzureiten. Ebenso stellte der Rat auf eigene Kosten sechs Fähnriche in Samt und Seide, die mit je einer Fahne aus der Kriegsstube am Laufer Tor Spalier stehen sollten. Man überlegte sich den Ablauf der Zeremonie, nach heutigem Sprachgebrach das Protokoll, und gab der Bürgerschaft die entsprechenden Anweisungen. Daß jedermann sein Festkleid hervorholte, war selbstverständlich, die Zünfte bekamen ihren Platz zugewiesen, und der Schuljugend übertrug man eine besondere Aufgabe: Sie mußte singen. In diesem Fall sollte sie das Tedeum intonieren, sobald Kaiser Karl V. die Kirche St. Sebald betreten würde. In dieser Kirche traf man diesmal umfangreiche Vorbereitungen. Der Chor wurde mit Teppichen und Wandbehängen geschmückt, ein Stuhl für den Kaiser aufgestellt, und auf dem Altar legte man den Reichsapfel, das Szepter und das angebliche Schwert Karls des Großen nieder. Fünfzig Bewaffnete erhielten Befehl, das Kirchenportal zu bewachen, damit das »gestreng nit zu groß werde«.

Das Zeremoniell selbst, durch vorangegangene Besuche der früheren Herrscher in seinen Grundzügen festgelegt, erfährt dennoch immer neue Ausgestaltungen und wird diesmal mit Bedacht erweitert. Die Begegnung zwischen dem Kaiser und einer freien Reichsstadt, die gelegentlich ihre eigene Politik durchsetzt, sich nicht immer den Geldwünschen des Hofes fügt, aber letzten Endes doch das kaiserliche Wohlwollen benötigt, um florieren zu können, ist ein hochpolitischer Akt. Die Gesten der öffentlichen Höflichkeit werden sorgfältig bedacht, vorausgeplant und von ähnlichen Gesten des Kaisers erwidert, man verständigt sich ohne Worte und demonstriert seine politische Grundeinstellung ganz wie bei einem heutigen Staatsempfang.

Das Zeremoniell sieht vor, daß der Kaiser in seinem letzten Nachtquartier vor Nürnberg durch eine Gesandtschaft der Stadt begrüßt wird. Wenn er sich der Stadt nähert, wird ihm eine Gruppe prominenter Bürger mit rund 300 Reitern entgegenreiten und ihn bei Sulzbach erwarten. Am Stadttor begrüßt ihn der Rat der Stadt Nürnberg, und unter einem Traghimmel, der von angesehenen Bürgern gehalten wird, zieht er in die Stadt ein. Die feierliche Messe in der Sebalduskirche wurde bereits erwähnt, sie wird Höhepunkt der kirchlichen Prachtentfaltung sein. Im späten Mittelalter gewinnt der kirchliche Teil der Zeremonie übrigens immer stärkere Bedeutung und überdeckt den weltlichen Teil. Auf der Burg schließlich übergibt man dem Kaiser Geschenke und bringt ihm die Huldigung dar; im Gegenzug wird die Stadt in ihren Rechten und Ordnungen bestätigt.

Anfangs sind solche Empfänge überschaubar gewesen. Die Könige und Kaiser nahmen an den Gottesdiensten und Prozessionen der Stadt teil, tanzten mit den Töchtern der Patrizier auf dem Rathaus und bei prominenten Hochzeiten, auch suchten sie die Handwerker in ihren Stuben auf oder ließen Nürnberger Künstler zu sich kommen. Kaiser Maximilian I. nahm sogar an einem Gesellenstechen teil, also an einem sportlichen Wettkampf, er hatte sich durch seine Ungezwungenheit die Liebe der Bürger erworben, und man weiß, daß ihn freundschaftliche Beziehungen mit Pirckheimer und Dürer verbanden. Der fremde Kaiser Karl V., der von Spanien aus herrschte, hat diesen Kontakt zur Bürgerschaft nicht mehr finden können, wenn auch der Ton oft noch recht ungezwungen war, wie eine spätere Geschichte zeigen wird.

Das Schauspiel selbst kann man sich nicht prächtig genug vorstellen. Auf der Durchreise zum Reichstag, der in Regensburg stattfand, kam Karl V. am 16. Februar 1541 zum ersten Male nach Nürnberg. Er hatte eben erst einen Gichtanfall überstanden und ritt auf einem Apfelschimmel »in einem schwartzen Röcklein, einem schwartzen spanische Heuttlein ob einem kleinen seidin schlepplein, einem hemet mit einem glatten kragen und überall gantz schlecht«. Von allen Kirch-

türmen läuteten die Glocken, an der Spitze des Zuges ritten sechs ganz in Rot ge-
kleidete Nürnberger Reiter, dann folgten zweihundert Reiter, ganz in Grau, die
als Geleit des Markgrafen von Nürnberg teilnahmen, ihnen folgten die 360 Reiter
des Kaisers mit ihren Trompetern, sodann ritten zwei Markgrafen von Branden-
burg-Onolzbach im Zug, den Herzog Karl III. von Savoyen umrahmend. Die
Deutschen trugen zu ihren hellen Rüstungen schwarze Samtumhänge. Ihnen
folgte, von zwei prächtigen Herolden angemeldet, der Reichserbmarschall Wolf
von Pappenheim, der dem Kaiser ein bloßes Schwert vorantrug. Der Kaiser selbst
war begleitet von 200 seiner Trabanten, teils Deutsche, teils Spanier, auch sie ganz
in Schwarz, dann kam ein Trupp von Fürstlichkeiten aus dem Gefolge des Kaisers,
dann 100 kaiserliche Reiter mit kurzen Hellebarden, 300 blaugekleidete Niederländer und Burgunder, deren Rosse besonders gerühmt wurden, und schließlich
die Nürnberger Reiter, bestehend aus Bürgern und Kaufleuten, die in schwarze,
samtverbrämte Röcke gekleidet und mit Federn und goldenen Ketten geschmückt
waren.

Zum ersten Male hatte man in Nürnberg eine Ehrenpforte aufgerichtet, ein
wahres Wunderwerk, das von einem bronzenen doppelköpfigen Adler gekrönt
war. Er war so konstruiert, daß er sich verneigen und die Flügel schlagen konnte.
Kaum durchschritt der Kaiser das Tor, erwies ihm der Adler mit bronzenem
Charme seine Reverenz, während die ebenfalls oben auf der Ehrenpforte plazierten
Stadtpfeifer und Musikanten »allerlay gute stuck machten«. Die Geschenke, die
man dem Kaiser überreichen ließ, bestanden aus Nürnberger Handwerksarbeiten
und boten zu phantastischen Gerüchten Anlaß. Daß es ein großes vergoldetes
Segelschiff gewesen sei, ist reine Erfindung. Tatsache ist, daß die drei obersten
Hauptleute Christoph Tetzel, Leonhard Tucher und Sebald Pfintzing dem Kaiser
am 17. Februar 1541 einen vergoldeten Pokal, mit den sieben Planeten verziert,
übergeben haben. Er enthielt 2000 neu geprägte Nürnberger Stadtgulden. Am
Tage vorher hatte man ihm verschiedene Weine der besten Sorten, darunter Mal-
vasier, sowie acht Schaff mit Fischen, größere Mengen Hafer und einiges frisch
gejagtes Wild auf die Burg schicken lassen. Eigentlich hätten es Hirsch, Reh oder
Wildschwein sein sollen, aber außer ein paar Rebhühnern und anderem Nieder-
wild hatte man nichts erlegen können.

Der politische Hintergrund des Besuches und die zu erwartende Huldigung der
Stadtväter war bedeutsamer, als der anekdotisch wirkende Vordergrund der Fest-
vorbereitungen vermuten läßt. Nürnberg beherrschte mit seinem Metallgewerbe
den europäischen Markt, Kupfer aus Böhmen, Ungarn und Sachsen wurde in den
Nürnberger Kupferhütten handelsfertig gemacht, ebenso das Kupfer aus Mans-
feld, und wie der Nürnberger Kaufmann den Kupfererzbergbau im Südosten beherrschte, hatten sich die Leinweberzünfte die Leinwandproduktion der Oberlau-
sitz gesichert. Bis nach Konstantinopel, bis nach Lissabon und Genua reichten die
Handelsverbindungen, man hatte Faktoreien in allen wichtigen Handelsstädten
Europas und vermittelte Orientwaren bis nach Krakau, Lublin und Lemberg, und
wie im 16. Jahrhundert Augsburg die große Kapitalmetropole Europas war, so
hatte noch im 15. Jahrhundert Nürnberg mit seinem Warenhandel alle Rivalen
an Umfang und Organisation übertroffen (Rörig). Ein Kaiser, der Nürnberg besuchte, brauchte Geld, und die Stadt brauchte Rechtssicherheit. Die Form, die für
einen solchen politischen Interessenausgleich den Ausdruck lieferte, hieß »Huldi-

gung« und kam in dieser Rollenverteilung etwa einem Eid auf das Grundgesetz gleich. Anläßlich eines kaiserlichen Besuches wurden noch eine ganze Reihe anderer, untergeordneter Probleme behandelt, je nachdem, wer interveniert hatte. Da saß jemand im Schuldturm, aber höchste Fürsprecher erwirkten die Freilassung, da hatte sich ein Barfüßerkloster, in seiner Religionsausübung behindert, an den Kaiser gewandt, der die Räte der Stadt zur Rede stellen ließ, und die Stadt gab ihre Absicht bekannt, eine neue Bastei zu bauen, die von den kaiserlichen Räten erst akzeptiert werden mußte, denn der Kaiser war ja, vereinfacht ausgedrückt, der Grundherr der freien Reichsstadt, jedenfalls ihr Schutzherr.

Am 19. Februar 1541 war wieder ein Festtag für die Bevölkerung, denn an diesem Tag fand die erste öffentlich durchgeführte Huldigung statt, an welcher die Bürgerschaft vollen Anteil nahm. In feierlicher Zeremonie standen sich die Parteien im großen Saal des Rathauses gegenüber, der Kaiser selbst saß auf einem Sessel neben dem sogenannten »Huldigungsstuhl«, den man früher auch »Heiltumsstuhl« geheißen hatte. Es war dies ein Stuhl, auf dem die Reichsinsignien der Menge gezeigt wurden. Bei früheren königlichen Besuchen, etwa von König Sigmund von Luxemburg oder von Friedrich III., der 1442 und 1444 Nürnberg besuchte, erfolgte die Heiltumsweisung im Rahmen einer besonderen Messe, an der auch die Könige teilnahmen. Diesmal stand der Huldigungsstuhl im Saal. Die Huldigung selbst erfolgte, indem der Kanzler des Kaisers Dr. Navis nach feierlicher Ansprache eine Eidesformel verlas, welche die Bürger mit »aufgehoben fingern« nachsprachen. Die gleiche Zeremonie fand noch einmal statt, damit das Volk auf dem Marktplatz den Eid nachsprechen konnte, der von der Tribüne aus vorgesprochen wurde. Nach Beendigung dieser Pflicht, wie man das nannte, reichte der Kaiser den Herren des Rates und auch den beiden Ratsschreibern zum Abschied die Hand und begab sich zur Burg, um dort zu speisen, ehe er nach Regensburg aufbrach.

Vor seiner Abreise hatte er dem Rat zahlreiche Bittschriften überreichen lassen, deren Verfasser aus der Stadt ausgewiesen worden waren, und die Bitte ausgesprochen, man möge sie begnadigen, sofern sie nicht Aufrührer, Notzüchter, gefährliche Mörder »oder sonst solche« seien, die »mer dann ainmal versprochen oder sonst mutwillig wider gemaine statt gehandelt«. Von den 80 überreichten Bittschriften sind 35 positiv entschieden worden. Elf weiteren freigelassenen Häftlingen wurde die Auflage gemacht, sich mit ihren Gegnern zu versöhnen, und sieben Inhaftierte aus dem Schuldturm wurden an ihre Gläubiger verwiesen. Damit war der Kaiserbesuch beendet, und man brach die Ehrenpforte ab, schloß die Mauerlücke im Rathaussaal, die man hatte brechen lassen, damit der Kaiser direkt hinaus auf die Tribüne treten konnte, und stellte eine Liste der Teilnehmer auf, die dann auf der Kriegsstube hinterlegt werden sollte. Denn spätere Zeiten sollten wissen, wie alles gewesen war, welche Männer der Stadt zur Verfügung gestanden und ihr, nicht ohne eigene Opfer an Geld und Zeit, gedient hatten.

Bei Hofe

Des Herrschers Wille ist Gesetz, sein Wunsch Befehl, seine Macht duldet keine Einschränkung – so jedenfalls sieht man es bei den altorientalischen Gottkönigen, den Herrschern von Ur und Ninive, Assur und Babylon, aber auch bei Chinas Kaisern. Wer das Ohr des Herrschers besitzt, seinem Thron am nächsten steht, übt auch, in Rivalität mit seinen Konkurrenten, den größten Einfluß aus, der um so größer ist, je weniger der Herrscher selbst sich dieses Einflusses bewußt ist. Wer ist einem König nahe? Der Mann, der ihm dient, der ihm die Speise vorlegt und sie prüft, ebentuell auf Gift, also der Mundschenk, oder der Mann, der für seine Pferde verantwortlich ist, der mit ihm reitet und jagt, der Marschall? In dem althochdeutschen Wort steckt das heutige »Märe« für Pferd und »Schalk« für Knecht, ursprünglich war es also der Pferdeknecht, allerdings am königlichen Hof, der zu Ehren kam. Dann gab es noch die zahllosen Diener bei Hofe, die Läufer und Leibwächter, die Träger der königlichen Sänfte oder die, die dem Herrscher mit einem Fächer Kühlung zufächelten, die Träger des königlichen Sonnenschirmes oder, wie im alten Ägypten vor viertausend Jahren, die »Hüter des Königlichen Afters«, jene Leibärzte nämlich, die für des hohen Herrschers Verdauung zuständig waren. Alle diese Leute, die seit eh und je in wechselnder Zusammensetzung zu einer Hofhaltung gehörten, regierte in Europa der »Truchseß«, was wörtlich heißt, der »übers Gefolge Gesetzte«. In Frankreich nannte man ihn Seneschall. An den deutschen Höfen des Mittelalters war der Truchseß der Vorsteher der Hofhaltung und Küchenmeister zugleich und gehörte zu den einflußreichsten Männern. Im Heiligen Römischen Reich Deutscher Nation gehörte dieses Amt zu den sogenannten Erzämtern, die von Fürsten verwaltet wurden. Es waren dies der Marschall, der Mundschenk, der Schatzmeister oder Kämmerer, der genannte Truchseß, auch Hausmeier genannt, und schließlich der Kanzler.

Diese obersten Palastbeamten übten in ihren Verwaltungszweigen die Gerichtsbarkeit aus. In Deutschland wurden die Hofämter die Grundlage für die Territorialherrschaften, deren Inhaber als Kurfürsten, also als Fürsten mit Wahlrecht, die eigentliche Herrschaft an sich brachten, denn sie selbst machten unter sich aus, wer zum Kaiser zu krönen war. Im Laufe des 13. Jahrhunderts schränkte sich das Recht der Königswahl auf sechs Fürsten ein, nämlich in Deutschland auf die Kurfürstentümer Mainz, Trier, Köln, Pfalzgraf bei Rhein, Herzog von Sachsen, Markgraf Brandenburg. Der König von Böhmen trat 1289 als siebenter Kurfürst hinzu. Als Träger dieser Erzämter traten sie regelmäßig zu Kurfürstentagen zusammen, zuletzt 1558, ein Jahr nach dem ersten Staatsbankrott des Hauses Habsburg und im Todesjahr Kaiser Karls V., der im Kloster starb.

In den alten Hochkulturen am Nil und Indus, am Gelben Fluß und in den Anden sind Priester die engsten Vertrauten des Herrschers gewesen. Auch in der Verteilung des Wahlrechts im Mittelalter drückt sich kirchlicher Einfluß aus: Den Fürstentümern der Grenze, nämlich Sachsen, Brandenburg und Böhmen, stehen jene gegenüber, die auf die älteste christliche Überlieferung zurückblicken wie Mainz, Trier und Köln, alle drei ursprünglich römische Garnisonen, später Erzbistümer. Dieser politischen Struktur, gebildet aus geistlicher und weltlicher Macht, entspricht eine bestimmte Art zu verwalten, zu regieren. Im Märchen läßt der König verkünden, er gibt offensichtlich allerlei Befehle, aber wer führt sie aus, wie funktioniert überhaupt ein Staat, der keine Behörden im heutigen Sinn kennt, wie wurde vor 3000 Jahren regiert, wie beherrschte ein Inka seine Untertanen?

Eine zentralisierte Verwaltung kam nicht ohne Schrift aus, ist jedenfalls ohne ein differenziertes System von Informationen nicht möglich. Oft wird die Beherrschung der Literatur, also der differenzierten Form des »Schreibens«, geradezu ein elitäres Mittel, die Herrschaft einer Kaste zu festigen, wie dies die Brahmanen in Indien, die Mandarine im kaiserlichen China mit so großem Erfolg praktiziert haben.

Auch in Europa hat es, lange vor der Renaissance, eine solche Epoche gegeben. Verwaltungsgeschichte ist allerdings zunächst Rechtsgeschichte, und so hängt die Frage, welche Eliten regieren und welche Qualifikation ein Beamter haben soll, zunächst von den rechtlichen Verhältnissen ab. In der Antike war es bekanntlich ein bedeutsamer Vorteil, römischer Bürger zu sein, etwa wie im 19. Jahrhundert Engländer oder im Zweiten Weltkrieg Amerikaner. Im Jahre 212 erhielten alle Bewohner des römischen Imperiums von Kaiser Caracalla, einem hemmungslosen Tyrannen, die Rechte eines »civis romanus«, eines Bürgers von Rom. So entstand eine römische Reichsbevölkerung, die ohne ein Reichsrecht nicht regiert werden konnte. Ohne auf Einzelheiten einzugehen, kann man sagen, daß die Verwaltungsspitze am kaiserlichen Hof in einer Bittschriftenkanzlei bestand, die von klassisch gebildeten Fachjuristen geleitet wurde. Sie verkörperte das konservative Element gegenüber der Briefkanzlei, die seit jeher die kaiserlichen Schreiben nach den Gesetzen der Rhetorik formulierte, eine Textabteilung von höchsten Ansprüchen, die alle Floskeln der Epoche beherrschte. Damals war der antike Stadtstaat, ob nun die Polis in Griechenland oder die römische Res publica, in einem zentralistischen und bürokratischen Flächenstaat (Wieacker) aufgegangen, und nicht mehr die Ideale der Polis, sondern die Organisationsformen einer geschulten Bürokratie boten die »Infrastrukturen« des politischen Lebens. Anders ausgedrückt: Es gab nicht mehr nur Königsboten und königliche Räte, Ratsversammlungen und die Demokratie des Marktplatzes, sondern ein z. T. juristisch geschultes Beamtentum, einen voll organisierten Flächenstaat, eine gesetzliche Ordnung, auf deren Trümmern nicht nur die Merowinger und Karolinger ihr Reich gebaut haben.

Diese staatliche Praxis ist ein bedeutendes Vermächtnis des römischen Weltreiches an seine Nachfolger und hat im Osten bei den Byzantinern und im Westen bei den Römern, Merowingern und vor allem Karolingern unterschiedliche Ausprägungen erfahren. Aber noch in der heutigen Gewaltenteilung zwischen denen, die Gesetze erlassen, und denen, die sie ausführen, schimmert etwas vom alten Imperium durch, denn die Trennung in zivile und militärische Gewalt stammt aus der Zeit, als Diokletian abgedankt war (305). Der Staat ist damals, aus den verschiedensten Gründen, zu einem unbeweglichen, hierarchischen Gebilde geworden, zu dem sogenannten Dominat, einem absolutistischen Beamtenstaat mit einer Ämterhierarchie, mit arbeitsteiligen und übersetzten Bürostäben, einem zur Atmosphäre gehörenden gegenseitigen Mißtrauen und entsprechend organisierten Geheimdiensten. Wer eine gewisse hellenistische Bildung besaß, also im Tribium und Quadrivium zu Hause war und aus guter Familie stammte, konnte aufsteigen und höchste Ämter erreichen. Eine juristische Fachausbildung war nicht mehr gefragt, und in dieser Hinsicht gibt es tatsächlich Entsprechungen zu den literarisch fixierten Kasten anderer Hochkulturen. Das literarisch floskelhafte Element trat übrigens gerade in der Gesetzgebung immer mehr in den Vordergrund und wurde in den Kanzleien der Merowinger und Karolinger weitgehend imitiert. Erst als während der Renaissance der Stil des Cicero neu entdeckt wurde, entledigte man sich dieses rhetorischen Schwulstes, ähnlich wie man sich aus überkommenen scholastischen Denkformen befreite.

Gedanken über den Staat

Über ihr gesellschaftliches Zusammenleben haben die Menschen zunächst nirgends auf der Welt nachgedacht, weil ihnen die Ordnung, in der sie lebten, von Göttern oder Heroen gesetzt schien. Von den Vätern waren bestimmte Verfahren übernommen, Streitigkeiten innerhalb des Stammes oder Volkes zu regeln oder Kriege zu erklären, und so erschienen Herrschaft und Gesellschaft unabänderlich wie die Natur. Wenn ein Herrscher besonders grausam oder milde, weise oder ungeschickt war, so erlebte man das als ein persönliches Schicksal, wie eine zänkische Frau oder starrsinnige Eltern, und niemand hätte daran grundsätzliche Überlegungen knüpfen mögen.

Tatsächlich hat es, außer in Griechenland, wie schon in früheren Bänden dargestellt, keine Philosophie gegeben, das heißt kein zweckfreies Denken über die Beschaffenheit der Dinge und ihre Ursache. So war auch das Ding »Staat« kein Gegenstand des Nachdenkens für den Brahmanen, für den Buddhisten, für den Gelehrten des alten China; hier gab es höchstens Hinweise, wie sich der einzelne Mensch seinem Herrscher gegenüber zu verhalten habe, also Lebensregeln, und häufig Ratschläge an Herrscher, aber keine kritische Philosophie. Sie beginnt, was das Nachdenken über die Gesellschaft angeht, mit den Sophisten im perikleischen Zeitalter. Man versteht unter einem Sophisten heute so etwas wie einen, der Haarspalterei betreibt. Wenn Denken und Sprache aber identisch sind, wie eine heutige philosophische Schule sagt, dann kann das Nachdenken nur damit beginnen, daß man jeden Begriff, jedes Wort wie eine Nuß untersucht und ihren Kern bloßlegt. Genau das haben die Sophisten in öffentlichen Streitgesprächen getan, damit Aufmerksamkeit erregt und die Menge beeinflußt, bis Sokrates ihre oft formalen Finessen entlarvte und die Menschen auf eine kritischere Weise zu denken lehrte. Damit ist die Szenerie des abendländischen Denkens über die Gesellschaft schon umrissen, und viele der damals in Ansätzen verkündeten Gedankengänge beschäftigen noch heute, als politische Theorien, alle politischen Menschen.

Die Tatsache, daß nur im klassischen Griechenland diese Art des Denkens entstanden ist, läßt sich wohl aus der politischen Situation und aus der Mentalität der wachen und gewitzten Griechen hinlänglich erklären. Im damaligen Griechenland lagen rivalisierende Stadtstaaten miteinander im Kampf um die Vorherrschaft, das heißt um Absatzmärkte und Handelszonen. Dieser Vorgang mag ihnen nicht bewußt gewesen sein, denn Einsicht in volkswirtschaftliche Zusammenhänge hat es damals noch nicht gegeben. Die Intellektuellen Athens haben aber darüber diskutiert, welche Herrschaftsweise die beste sei und wie ein Staat geordnet sein müsse, um erfolgreich zu sein. Es ist der Schritt vom Ratschlag an den Fürsten zu der Überlegung, ob eine Tyrannenherrschaft oder eine Volksherrschaft besser sei. Perikles hat, am Grabe gefallener Athener, die Prinzipien der Demokratie als Tat-

Der Gott Khonsu *verleiht dem König das Emblem des göttlichen Lebens.*
Steinrelief aus dem Tempel Seti I in Abydos, Ägypten, XIX. Dynastie.

Kaiser Marc Aurel *(161 180) wurde außer durch seine Kriege gegen die Parther und Markomannen vor allem durch seine philosophischen Schriften bekannt. Bronzene Reiterstatue des römischen Kaisers auf dem Kapitol in Rom.*

Ein toter Ägypter *wird vom Sonnengott, Isis und anderen Göttern auf seiner Fahrt ins Totenreich begleitet. Wandbild aus dem Grab des Anhurkhawi, Abydos. Ramessidische Periode.*

Die sogenannte Königsstandarte *von Ur mit Darstellungen von Kampfszenen. Einlegearbeit aus Muschelscheiben, roten Sandsteinplättchen und Lapislazuli. Um 2600–2400 v.Chr. British Museum, London.*

Votivkrone *des westgotischen Königs Rekiswinth (649–672). Die Westgoten gründeten zwischen 507 und 711 in Spanien ein Königreich nach byzantinischem Muster, dessen Hauptstadt Toledo war. Archäologisches Museum, Madrid.*

Die Westgoten *griffen bei ihrer Staatenbildung in Katalonien auf die antiken Vorbilder von Rom und Byzanz zurück. Miniatur aus dem spanischen Codex Vigilano von 976. Escorial, Spanien.*

Alexander der Große *(336–323 v. Chr.) steigt mit einer Taucherglocke ins Meer.
Bei allen Eroberungszügen Alexanders, die bis nach Indien reichen,
spielt der Gedanke einer Weltherrschaft eine bestimmende Rolle. Unter diesem
Aspekt ist auch die Einführung eines einheitlichen Währungssystems
als Grundlage für eine weltweite wirtschaftliche Entwicklung zu sehen. Französische
Miniatur aus dem Codex 9342, fol. 182, 15. Jh. Bibliothèque Nationale, Paris.*

Der fränkische König Pippin, *Sohn Karls des Großen, siegt in der Schlacht an der Theiß
in Pannonien über die Hunnen. Miniatur aus der Chronik von St. Denis, letztes Viertel
14. Jh. Österreichische Nationalbibliothek, Wien.*

lobedience du peuple de la cite pour ceste
befomurie remoura li rois atprbeus z li
abbes de m̃ richer z par ceu meismes
onnora maint relne iouel de son tresor
alentsse s̃. pere

Conment pepm laimsne filz chaff le
tiant desconfit le roy de panoie

Apzes ces choses aueilli ses
os z entra en leuglise de s̃.
pere de ronnue zipepm son
filz commandu que ul assem
blast ses os de lombardie

sache und Ideal zugleich verkündet: Gleichberechtigung, Geltung nach Verdienst, Freiheit, Toleranz und öffentliche Diskussion über die Staatsgeschäfte (Zippelius).

Auf diesem Boden entstanden die ersten Gedanken über den Staat. Dabei ist die Verknüpfung mit dem Recht selbstverständlich schnell deutlich geworden, so daß eine Klärung der Begriffe notwendig erscheint. So sagt eine Stelle in den Werken des kritischen Sophisten Protagoras: »Das Schöne und das Schlechte, das Gerechte und Ungerechte, das Fromme und Frevelhafte, was in diesen Dingen der Staat für eine Meinung faßt und dann als gesetzmäßig feststellt, das ist es nun auch für jeden in Wahrheit; und in diesen Dingen ist nicht der eine weiser als der andere und nicht dieser Staat klüger als jener.«

In der abendländischen Geistesgeschichte wird man diesen Gedankengängen immer wieder begegnen; sie werden als Rechtspositivismus bezeichnet. Dem positiven, d. h. als durch Mehrheiten zustande gekommenen Recht steht der Gedanke vom Naturrecht gegenüber, von dem später noch zu reden sein wird. Damals wurde auch erstmals formuliert, daß von Natur alle Menschen gleich seien, da sie doch alle durch Mund und Nase atmeten und Hände zum Essen benutzten. Gegen die natürliche Gleichheit verstießen alle Standesunterschiede: »Die Natur hat niemanden zum Sklaven gemacht.« Gewiß lieferte das Naturrecht dieser Art die Begründung für die Auflösung bestehender Herrschaftsformen, aber es hätte auch die Begründung für ihre Aufrechterhaltung liefern können, denn von Natur sind die Menschen auch ungleich, was Kraft oder Mut, Ausdauer oder Intelligenz angeht. Wenn man der Natur ihren Lauf ließe, würde der Starke den Schwachen tyrannisieren. »Die Natur selbst beweist, daß es gerecht ist, daß der Stärkere mehr habe als der Schwächere und der Fähige mehr als der Unfähige.«

Der Sophismus lieferte also Begründungen für jedes System, und seine Überlegungen beschäftigen die Menschen noch heute, wenn auch in differenzierterer Form. Noch immer steht die Lehre von der Gleichheit aller – z. B. vor dem Gesetz – im Gegensatz zu der, die auf den Kampf ums Dasein, die biologische Auslese der Stärkeren, auf das Leistungsprinzip als Kriterium verweist. Das Recht des Stärkeren hat noch Nietzsche verkündet. Mystifiziert hat es den nationalen Demagogen vor allem im Zweiten Weltkrieg als Rechtfertigung für ihre Barbareien gedient und findet sich auch in der Industriegesellschaft als typische Mentalität.

Platon und Sokrates haben den Relativismus der Sophisten in Frage gestellt und die Fragen tiefer gefaßt. Nach Platons Ansicht sind die Ideen der Dinge das, worauf es ankommt, denn die Wirklichkeiten in ihrer Mannigfaltigkeit verweisen auf die Identität des Allgemeinen. So hat der einzelne nicht nur teil an der sinnlich wahrnehmbaren Welt, sondern an der Ideenwelt. Dem Menschen sind nach Platon auch bestimmte Vernunftwahrheiten angeboren, und dem Naturrecht der Sophisten wird zum ersten Male ein Rechtsidealismus entgegengestellt; selbstverständlich meint der Begriff Idealismus hier nicht eine gewisse Selbstlosigkeit, sondern ein Denken, das sich an Ideen orientiert und glaubt, daß die Wirklichkeit nach Ideen gebildet und von ihnen bestimmt sei.

Die sogenannte Stephansbursa soll im Besitz Karls des Großen gewesen sein. *Die mit Goldblech überzogene und mit Edelsteinen besetzte Pilgertasche wurde im ersten Drittel des 9. Jhs. angefertigt. Weltliche Schatzkammer, Wien.*

Platon hat nun, um den bestehenden Verhältnissen, die er als fragwürdig erkannte, etwas entgegenzustellen, seine Schrift über den Staat geschrieben, die praktisch einen Idealstaat zeichnet, einen konservativen Dreiständestaat, dessen radikaler Utopismus schon viele Leser befremdet hat. Der aristokratische Konservative Platon hatte den Zerfall der athenischen Demokratie erlebt und dargestellt. Daß aus maßlos genossener Freiheit die Tyrannei entstehen müsse, war seine Angstvorstellung; so stattete er seinen Idealstaat mit streng hierarchischen Zügen aus, um dieser Gefahr zu begegnen. Auch dem Menschen, den er züchten wollte, wie der Mensch Pferde und Rinder züchtete, läßt Platon nicht viel Spielraum; alle werden dem Staat untergeordnet, dessen Gedeihen oberster Leitsatz ist.

Platon hat den Konflikt zwischen Freiheit und Ordnung, der jedes gesellschaftliche Leben bestimmt und der gerade heute zur Diskussion gestellt ist, als erster Denker formuliert und ausgezeichnete Analysen geliefert; seine Therapie, seine Gedanken und Vorstellungen, gingen weit über die Verwirklichungsmöglichkeiten seiner Zeit hinaus. Weder in Griechenland noch in Syrakus hat er übrigens seine Ideen politisch realisieren können, obwohl er es versucht hat.

Daß der Weise die Macht haben müsse oder der Mächtige weise sein solle, war schon im alten Orient wünschenswert erschienen, und so hat man gelegentlich die Herrscher die Weisen um Rat bitten lassen. Da entstand in der Märchen- und Legendenliteratur das Thema vom König, der Ratgeber sucht oder prüft, ein höchst reizvolles Thema. Doch ist es außerhalb der Märchenwelt den Weisen wie Platon ergangen; sie haben sich mit dem Mächtigen kaum verständigen und nicht praktisch wirken können, doch haben ihre Ideen oft ganze Jahrhunderte beherrscht.

Aristoteles, der umfassendste Denker der Antike, hat sich auch über das gesellschaftliche Leben geäußert. Nach seiner Auffassung strebt der einzelne seiner natürlichen Zweckbestimmung folgend, die in ihm angelegt ist, zur Entfaltung und Vollendung. Sein Ziel ist, die Anlagen seines Geistes und Charakters zu entwickeln, und darin liegt auch sein Glück. Da er sich nicht ohne andere Menschen verwirklichen kann, kommt es darauf an, ein Gemeinwesen zu schaffen, das in sich gegliedert und nach allen Seiten ausgewogen dem einzelnen diese Möglichkeiten bietet. Aristoteles hält es übrigens für wichtig, daß auch die Besitz- und Vermögensverhältnisse ausgewogen seien, damit weder zwischen einzelnen Menschen noch zwischen Staaten Neid entstehe. Die Spannung zwischen Ordnung und Freiheit, zwischen Norm und Billigkeit, hat er auf eine noch heute gültige Weise formuliert. Er sagt, eine Norm könne vom Gesetzgeber nicht immer so formuliert werden, daß sie ausnahmslos allen Situationen gerecht werde. Für den Durchschnittsfall passe sie, aber es gäbe immer Fälle, die nicht in die Norm paßten. Das sei nicht Schuld der Herrschenden, sondern läge in der Mannigfaltigkeit des Lebens, die kein Gesetz voll erfassen könne. In solchen Fällen muß man so verfahren, wie der Gesetzgeber verfahren wäre, hätte er nur über diesen einzelnen Fall zu entscheiden: »Das Wesen der Billigkeit liegt also darin: das Gesetz da zu berichtigen, wo es durch seine allgemeine Fassung lückenhaft ist.«

Von diesen bedeutenden Denkern ist ein Mann wie Epikur, ein Zeitgenosse des großen Alexander und Zeuge der Nachfolgekämpfe um Alexanders Thron, durch Jahrhunderte getrennt. Sein Ausgangspunkt ist nicht das positive Recht oder die Idee vom Staat, sondern die Verhaltensweise des Menschen. Mit zwanzig Jahren kam der in Samos als Sohn eines griechischen Kolonisten geborene sympathische

Sokrates *war der Lehrer Platons und vermittelte entscheidende Impulse an die zeit-genössische griechische Philosophie. Er entwickelte eine ethische Lehre, die in der Erkenntnis gipfelte, die Tugend als Wissen sei lehrbar und veranlasse den Menschen zu einsichtigem Denken und damit auch zum vernünftigen Handeln. Marmorherme nach dem Original des 4. Jh. v. Chr. Museo Nazionale Archeologico, Neapel.*

junge Mensch zum Wehrdienst nach Athen, wo er mit dem bekannten Komödiendichter Menander im Heer diente. Eine eigene philosophische Schule eröffnete er in einem von ihm erworbenen Gartengrundstück, entsprechend seiner Lehre, in deren Mittelpunkt wie bei den Hippies die Lust und die freie Entfaltung der Persönlichkeit stand. Sie sei, sagt Epikur, »unser erstes, angeborenes Gut, sie ist der Ausgangspunkt für alles Wählen und Meiden, auf diese Seelenregung gehen wir zurück und nehmen sie zur Richtschnur zur Beurteilung jedes Gutes.« Mit Lust meint Epikur nicht physische Lust, sondern Freisein von körperlichem Schmerz und von der Unruhe des Gemütes. Gesetze beurteilt Epikur nach diesem Gesichtspunkt; es käme darauf an, einander keinen Schaden zuzufügen. Wahrhaft gerecht sei nicht das gleiche für alle, sondern nur, wenn es dem wechselseitigen Nutzen in der Gemeinschaft am besten diene. Praktisch rät Epikur, sich möglichst aus politischen Problemen herauszuhalten und im verborgenen zu leben. Seine Philosophie ist, bevor das Christentum neue Maßstäbe setzte und die Verantwortlichkeit für den Nächsten, die christliche Anteilnahme und Barmherzigkeit zur ethischen Forderung erhob, zur Auffassung der herrschenden Kreise bis zum Zerfall des Imperiums geworden und hat in vergröberter Form die Rechtfertigung für jeden Luxus und für hemmungslosen Egoismus geliefert.

Schließlich muß noch die stoische Auffassung erwähnt werden, begründet von Zenon (350–264 v. Chr.). Man handelt hier nicht der öffentlichen Meinung wegen, sondern nach bestem Wissen und Gewissen. Mit Vernunft fügt man sich in die Verhältnisse und nimmt, was einem begegnet, als etwas Notwendiges, Vertrautes hin. Vernunft ordnet den Kosmos, in der Natur sei das Gesetz der Vernunft enthalten, und dieses natürliche Recht sei unzerstörbar.

Die Idee einer alles durchwaltenden Weltvernunft und eines allen Menschen gemeinsamen, eingeborenen Sinnes für Recht und Unrecht hat ebenfalls bis in die Gegenwart gewirkt. Damals bezog man sich übrigens nicht mehr auf die Polis, den griechischen Stadtstaat, sondern man fühlte sich als Kosmopolit, als Weltbürger. In dieser Situation hat Cicero sein Werk »Über den Staat« geschrieben und die drei klassischen Formen der Gesellschaft untersucht, die Monarchie, die Oligarchie, also die »Herrschaft einer Gruppe«, und die Demokratie. Da sie alle ihre Vorzüge, aber auch ihre Schattenseiten haben, empfiehlt er eine gemischte Staatsform. Dieser geistreiche Denker und Politiker, der als Autor die griechische Denkweise in Rom einbürgerte und als Politiker höchst lesenswerte Schriften verfaßte, hat das politische Denken seit der Renaissance neu befruchtet und bis in die Gegenwart gewirkt.

Im Dienste der Kronen

Adelskasten

Edel sei der Mensch, fordert Goethe in seinem Gedicht, und orientiert sich gesellschaftlich am Adel; denn edel, also dem adligen Vorbild entsprechend, bezeichnet die Tugenden einer Kaste, die sich Stolz und Großmut, Selbstbeherrschung und Zurückhaltung, Fairneß und Verläßlichkeit leisten kann. Der edle Mensch hat es ja, im Gegensatz zu dem auf seinen Gewinn bedachten Bauern und Krämer, nicht nötig, jeden Vorteil für sich auszunutzen; sein Stolz und seine Großmut sind nur möglich auf der breiten materiellen Basis des adligen Lebens, er kann es sich leisten, feinfühlig und großartig zu sein, weil er von den Leistungen seiner Leibeigenen und Hörigen lebt und zur feudalen Elite gehört.

Wie entsteht Adel überhaupt? Ist er eine Folge wirtschaftlicher Entwicklungen, politischer Herrschaftsformen, wie etwa des Königtums, oder nur eine spezielle Form der Elitebildung, die bei den sogenannten Hochkulturen vorkommt, nicht aber bei den Naturvölkern? Gemeinsam ist den Adelskasten der ganzen Welt, daß sie ihre Privilegien ihrer Geburt verdanken und an ihre Nachkommen vererben. Zwar sind diese Kasten auf verschiedene Weise zustande gekommen, aber sie alle versuchen, ihre bevorrechtete Stellung ihren Nachkommen zu erhalten. Diesem Ziel dienen Vorschriften und Rechtshinweise, die Darstellungen der Kunst oder die Kleidung, mit der die besondere Würde des Adligen akzentuiert ist – undenkbar, daß jemand, der einer höheren Gesellschaftsschicht angehört, genauso aussähe wie Menschen niederer Schichten. Schon im Sprachgebrauch »hoch« und »niedrig«, »edel« und »gemein« verfestigt sich die Wertskala, die von der herrschenden Gruppe aufgestellt ist und das Denken der Menschen bestimmt. So heißen bei dem Nomadenvolk der Kasachen in Mittelasien die Abkömmlinge der Fürsten, die einen privilegierten Stand bilden, »die weißen Knochen« und die übrigen Menschen »die schwarzen Knochen«. Wie hautnah und körperlich selbst in Europa der Adel empfunden wird, zeigt die Redensart vom »blauen Blut«.

Man hat inzwischen durch die Tierverhaltensforschung gelernt, daß auch Tiergesellschaften Rangordnungen kennen und Kämpfe austragen müssen, um diese Rangordnung zu ermitteln. Beim Menschen sind solche Kämpfe um die Rangordnung nicht im Erbgang fixiert und als Instinkt verwurzelt, sondern werden auf die verschiedenste Weise vernunftmäßig begründet. Jedenfalls aber geht es um die Macht, die beim Menschen eine viel größere Verfügungsgewalt enthält als bei jeder Tiergattung. Eben die Tatsache, daß der Mensch seine gesellschaftlichen Probleme aus der Freiheit lösen muß, die ihm die Vernunft verschafft, macht seine Versuche so außerordentlich gefährlich, denn kein Instinkt schützt ihn vor Extremen. So heißt es in einem indischen Gesetzbuch um 200 v.Chr., dem Buch des Manu: »Ein Brahmane ist, mag er nun gelehrt sein oder ungelehrt, eine mächtige Gottheit, so wie das Feuer eine mächtige Gottheit ist, mag es nun geweiht sein oder nicht ... Alles, was sich auf der Welt findet, ist Eigentum der Brahmanen.

Schlägt ein Brahmane einen Schudra (Anm. d. Verf.: Mann tieferer Kaste), so soll er dieselbe Buße tun, wie wenn er einen Hund, eine Katze, einen Marder, eine Dohle, einen Frosch, eine Eidechse, eine Eule oder eine Krähe getötet hat.« Diese Anmaßung steckt in der menschlichen Natur. Bei den japanischen Samurais des 18. Jahrhunderts galt es als Frevel, den Tee anders als in betonter Devotion zu servieren, das heißt mit niedergeschlagenen Augen. Wenn einer jungen Frau das Blatt eines Baumes auf das Tablett geweht war, während sie dem Gebieter den Tee anbot, hatte der Samurai das freilich nie wahrgenommene Recht, die Unglückliche auf der Stelle zu enthaupten. Auf Polynesien sind die Adligen die einzigen Menschen, denen man eine Seele zuerkennt; der gemeine Mann heißt der »Mann ohne Seele«, und er verschwindet nach seinem Tode spurlos. Wenn die christlichen Missionare etwas anderes behaupteten und jedermann seiner unsterblichen Seele wegen zu taufen versuchten, war das eine Herausforderung für den polynesischen Adel.

So wirken die gesellschaftlichen Vorstellungen bis weit ins Religiöse hinein, und Moral entwickelt sich auf der Grundlage einer konkreten Rangordnung. Stets war es aber schwierig, die Eigengesetzlichkeit derartiger gesellschaftlicher Entwicklungen zu unterdrücken. Der Sippengedanke bildet zum Beispiel im frühen China die Grundlage für die Entstehung der Adelskaste. Man hat sich die Shang-Könige als Großgrundbesitzer vorzustellen, deren Sorgen um die Ernte und um die Vermehrung der Herden kreisten. Je größer der Besitz wurde, desto näher lag es, Angehörigen der eigenen Familie Land zur Bewirtschaftung zuzuweisen. Von Zeit zu Zeit kamen diese Vasallen zur »Morgenbelehrung« an den Königshof. Ursprünglich waren diese Vasallen Verwandte des Königs, mit der Zeit aber wurden die Verwandtschaftsbeziehungen zu Adelsrangbezeichnungen, es finden sich aber auch Ansätze eines Kriegeradels. Wer sich nämlich beim Bogenschießen ausgezeichnet hatte, bekam wohl auch Grafschaften an der Grenze, wo er seine Fähigkeit gegen die »Barbaren aus dem Norden« beweisen konnte. Während der 336 v. Chr. beginnenden Sozialreformen im feudalen China kam man auf eine einfache Idee, die ein Chronist so beschreibt: »Man setzte die hohen und niederen Rangstufen, jede gemäß ihrer Funktion im Staat fest. Das auf den Namen eingetragene Besitztum, das Gesinde und die Kleidung wurden nach Familiengruppen abgestuft« (Eichhorn). Um dem Dilemma zwischen Erbanspruch und individueller Tüchtigkeit auszuweichen, haben die praktischen Chinesen übrigens bei dieser Gelegenheit eine sehr weise Lösung gefunden: Sie setzten nur Sippenangehörige des Herrscherhauses, die sich im Heeresdienst ausgezeichnet hatten, auf die Verwandtschaftsliste.

Der Kriegeradel ist in den meisten Fällen so entstanden, daß ein Nomadenvolk sich ein Bauernvolk unterwarf und sich selbst als Kaste gegen die Ureinwohner abgrenzte. Das berühmteste geschichtliche Beispiel sind wohl die »Aryas«, die sich Indien unterwarfen. Die von ihnen entwickelte Kastengesellschaft hat sich über Jahrtausende gehalten und bildet bekanntlich heute eines der großen Hemmnisse für einen sozialen Fortschritt in diesem Subkontinent. Die Spitze dieser Pyramide wird aber nicht etwa von ritterlichen Kriegern wie in Europa, sondern von Geistlichen eingenommen, denn die Brahmanen übertreffen an Vornehmheit jede andere Kaste. Priester als Elite des Landes hat es schon im alten Ägypten gegeben; auch die Leviten im alten Israel sind eine solche geistliche Oberschicht, ohne daß man von ihnen als von einem Adel sprechen könnte. Es fehlt der Landbesitz oder überhaupt die an die Kaste gebundene wirtschaftliche Überlegenheit, die eine Elite des Adels etabliert.

Besitz zeichnet den Adel eines Volkes seit jeher aus, und es muß nicht immer Landbesitz sein. Der Völkerkundler Birket-Smith zeichnet das Bild eines afrikanischen Lehnsadels, der aus den Nomadenstämmen der Baganda, Bakitara und Banyakole in Uganda hervorgegangen ist. Hier haben diese Hirtennomaden, die sich die Bauern unterwarfen, das Recht zur Haltung einer Hornviehherde wie ein Lehen unter sich selbst verteilt; niemand sonst durfte Vieh halten, und ihr König herrschte mit Hilfe von Statthaltern und Unterstatthaltern. Standesgemäß waren bei diesen Hirtenstämmen wie üblich nur jene Beschäftigungen, die mit dem Halten von Vieh und mit seiner Verarbeitung zusammenhingen. Die Bauern, die eine sehr fortschrittliche Landwirtschaft mit künstlicher Bewässerung und Düngung betrieben, stellten auch die Handwerker, z. B. Töpfer und Schmiede. Bei dieser Form der Koexistenz konnte der König sogar an reiche Bauern das Lehen der Viehhaltung vergeben; diese politische Möglichkeit, vergleichbar der Schaffung eines Beamtenadels in anderen Hochkulturen, stellt einen ersten Schritt auf dem Wege zu einer differenzierten Staatenbildung dar. In China und im Abendland hat sich diese Form des Adels mit der Notwendigkeit ergeben, einen großen Territorialstaat zu verwalten.

Solche soziologischen Muster erklären freilich nicht die »Kulturmuster« eines Volkes, die »patterns«, wie die amerikanische Völkerkunde die Grundbilder einer Kultur nennt, aber sie scheinen doch oft in einem engen ursächlichen Zusammenhang zu stehen. Das chinesische Wort für Kultur zum Beispiel stammt aus dem Radikale »Pietät«, und jahrtausendelang hat sich China als ein Volk verstanden, das auf die Ahnen und ihre Mythen bezogen war. Die Sippen- und Ahnengemeinschaft ordnete sich nach dem Vorbild der königlichen Dynastie. Der älteste Sohn der Hauptfrau wurde Nachfolger des Königs, alle übrigen Söhne der Hauptfrau wurden erbliche Lehnsfürsten, ebenso die Söhne der Nebenfrauen. Die Nebensöhne der Lehnsfürsten wiederum wurden erbliche Lehnsfürsten einer niedrigeren Rangklasse, aus der noch Minister und Würdenträger hervorgingen, und deren Nachkommen wiederum bildeten den niederen Adel; der chinesische Begriff für diese Leute bezeichnet später den »Krieger«, aber auch den »Gelehrten«. Aus den Nachkommen des niederen Adels ging das Volk hervor, aber in China hat es nie eine Kastenteilung gegeben wie etwa in Indien, wo sich eine dünne Erobererschicht gegen die Volksmassen der dunkelhäutigen Ureinwohner abgrenzen mußte.

Für den Inder ist die Folge seiner Handlungsweise entscheidend, nicht die Ursache, sein Denken richtet sich über große Zeiträume hin nach vorn, während der Chinese, ebenso weite Räume umspannend, sich in der Vergangenheit verwurzelt sah. In beiden Kulturen repräsentiert der Adel diese Vorstellungen in ihrer höchsten Form, wie überhaupt der Begriff solcher Eliten meint, daß die politische Herrschaft einer Kaste nach der von ihr geschaffenen Wertskala auch geistig motiviert wird.

Für den Europäer ist Adel untrennbar mit dem Typ des gepanzerten Reiters, des Ritters, verbunden. Diese Verbindung galt auch für die Hochkulturen Asiens, für Indien und China. So enthält die legendäre Vorgeschichte des Chin-Staates deutliche Hinweise darauf, daß man es mit einem Volk von Vieh- und Pferdezüchtern zu tun hatte. Von einem Wagenlenker Tsao-fu mit seinen vier berühmten Pferden ist die Rede, der ebenfalls als Vorfahr des Herrscherhauses betrachtet und so in die Ahnenverehrung einbezogen wird, und von dem schon häufig erwähnten ersten Kaiser der Chin, dem gewalttätigen Shi-huang ti, der ein besonderer Pferdeliebhaber war; man kennt sogar die Namen seiner berühmten Pferde, z. B. »Windhascher«, »Weißhase« oder »Schattenspur« (Eichhorn). Reiter sind auch die griechischen und germanischen Helden, wie die Götter Reiter sind. Hoch zu Roß sitzen Könige und Feldherrn, Adlige und Herrscher, und wie das Pferd, so ist der Kriegswagen Symbol der Herrschaft.

Vom Reiter zum Ritterstand

Zu Pferd war ein Mann jedem überlegen, der zu Fuß und allein kämpfen mußte. So nutzte die Herrenkaste ihre Überlegenheit, um den Schwächeren, gerade auch den Bauern, zu überfallen. Die Spiele der Aristokratie sind seit jeher grausame Spiele gewesen, ob im antiken Griechenland oder in der arabischen Wüste, wo die Razzia (arabisch ghasija: Kriegszug), der blitzschnelle räuberische Überfall, zu den Zerstreuungen des Reiteradels gehört. Im Griechenland Homers fährt der Adlige auf dem Streitwagen in die Schlacht, allen Bewaffneten voran, und nur hier kann er seine Tugenden unter Beweis stellen. Zu seinen Vorrechten gehört die Jagd, die sonst nur dem König vorbehalten ist. Das entspricht dem Bild auch anderer Kulturen und reicht im Abendland bis weit in die Neuzeit hinein; Adel und Jagd gehören hier so zusammen wie das Rittertum mit der Reiterei. In allen Kulturen, in denen ein Reiteradel existiert, gibt es deshalb sportliche Wettkämpfe zu Pferd, und das Abenteuer als Spielform des Kampftriebes beherrscht das Denken der an Helden orientierten Männer. Nicht die Kraft und Geduld des Ackerbauern, sondern das hitzige, reaktionsschnelle Ideal des aggressiven Reiters bestimmt die Maßstäbe adligen Lebens, und es führt ein weiter Weg vom aufbrausenden Schwertkämpfer der Merowingerzeit zum Staatsdiener in der Verwaltung Preußens und zum disziplinierten Soldaten.

Im fränkischen Reich bezeichnet Adel ursprünglich keine eigene Kaste, keinen Stand, sondern den vollbürtigen, voll erbberechtigten Bauern; mit »odal« ist das freie Stammesgut gemeint. Das Problem der Bauernschaft ist, sobald der Boden Eigentum war, seit jeher die Erbfolge gewesen. Nur der erstgeborene Sohn konnte das Stammgut erben, die anderen Söhne mußten als »Hauskerle« in anderen Hofgemeinschaften arbeiten, frei, aber nicht wirtschaftlich unabhängig. Oft schlossen sie sich der Gefolgschaft eines großen Herrn an. In Zeiten der Fehden und des Faustrechtes war es wichtig, von einem Mächtigen geschützt zu werden, etwa wie es heute in der Demokratie wichtig ist, seine Interessen in einem Verband zur Geltung zu bringen. Also hatte der freie Grundbesitzer Pflichten, die ihm aus seiner Gefolgschaft erwuchsen. Der Uradel der Grundbesitzer und die Freien, die das Schwert führen durften, beherrschten den Thing und damit das Land.

Der mächtigste Grundbesitzer war der König, sein Gefolge übertraf das der anderen Mächtigen an Zahl und Schlagkraft. Herr und Gefolge waren einander durch Eid verpflichtet. Am Herrenhof lebte nur ein Teil des Gefolges, das Heimgefolge. Draußen im Land saßen auf den Lehen die Männer, die dem König geholfen hatten, das Land zu erobern. Aus dem eroberten Land hatten sie eigenen Besitz erhalten, und sie verteilten es ihrerseits an ihre Männer – so entstand die mittelalterliche Grundherrschaft. In der karolingischen Zeit war der voll gerüstete, zu Pferd kämpfende Krieger der »Ritter« – und jeder freie Mann, der sich Pferd, Waffen und Zeit zum Kriegsspiel und standesgemäßen Leben leisten konnte, war Ritter, also jeder, der zum damaligen Adel zählte. Mit den Ministerialen – das waren in der karolingischen Zeit die Beamten, die sogar Unfreie sein konnten und zum höheren Verwaltungsdienst herangezogen worden waren – verschmolzen sie im Laufe des 12. und 13. Jahrhunderts zum niederen Adel. Wenn Grundbesitz in Form von Lehen die Grundlage des Adels war, dann war der Besitz von Pferden die Grundlage des Rittertums. Reitende Kämpfer waren lange so etwas wie die Panzerwaffe, eine schnelle Truppe, und ihre militärische Überlegenheit sicherte ihnen ihre Bedeutung.

Nach und nach setzte sich die Regel durch, daß der Sohn eines Ritters den Schwertschlag erhalten durfte, mit anderen Worten, es bildete sich eine eigene Kaste mit bestimmten Vorurteilen heraus und mit einer Exklusivität, die durch Prüfungen aufrechterhalten wurde. Im 11. Jahrhundert war dieses System in Frankreich voll ausgebildet und fast erstarrt, ebenso in Deutschland, während sich in England so unbedingte Klassentrennungen niemals haben durchsetzen können.

Der Ritterstand war schon zu Zeiten Karls des Großen kosmopolitisch und damit international, die Herkunft spielte keine Rolle, das Bekenntnis zum Christentum allerdings bildete die Grundlage ritterlicher Lebenshaltung, wie sie im Band »Magie · Mythos · Religion« geschildert worden ist. Um ein Beispiel zu nennen: Die Paladine Karls des Großen, d. h. die führenden Männer des karolingischen Reiches, das von der Elbe bis zu den Pyrenäen reichte, waren Bayern, Dänen, Friesen, Normannen, Engländer und Welsche. Auch die Kreuzzüge bewiesen, daß die Standeszugehörigkeit für den Ritter bedeutsamer war als jede andere Bindung, die Religion ausgenommen. Ihre Ideale, ihre Vorurteile, ihre Gesinnungen und Wünsche waren identisch, ob sie nun am Hang der Pyrenäen oder im Schwäbischen, an der Küste von Cornwall oder in der Provence aufgewachsen waren. Abenteuerlust und ein ständisches Weltbürgertum, religiöser Fanatismus und Sinn für die ritterliche Geste sowie höfische Form zeichneten diese Männer aus, deren Bildung gering und deren Tapferkeit groß war.

Ihre Bedeutung verloren sie nicht etwa, als man das Schießpulver »erfand«, d. h., seit man es etwa um 1313 in Europa benutzte, um mit Kanonen zu schießen. Der eigentliche Feind der ritterlichen Rüstung war die Armbrust. Diese Superwaffe des 12. Jahrhunderts hatte solche Durchschlagskraft, daß auf dem zweiten Lateranischen Konzil, von Papst Innozenz II. im Jahre 1139 nach Rom einberufen, der Gebrauch der Armbrust gegen Christen untersagt wurde. Ein Jahrhundert später entstanden in Schlesien die ersten »Schießbäume« mit Scheiben, nach denen die bäuerlichen Schützen mit der Armbrust Schießübungen veranstalteten. Im 14. Jahrhundert entwickelten die Engländer den langen, mannshohen Bogen. Dadurch sahen sich die Ritter gezwungen, sich vollständig zu panzern, wenn sie dem Pfeilhagel gewachsen bleiben wollten. Andererseits nützte diese Sicherheit, die durch Schwerfälligkeit zu teuer bezahlt war, nichts gegen die neuen Waffen. Schon die Schlachten bei Crécy in der Nähe von Abbeville bewiesen die Überlegenheit der Engländer gegenüber dem gepanzerten Ritterheer der Franzosen.

Vierzig Jahre später fiel die Blüte der österreichischen Ritterschaft im Kampf gegen die eidgenössischen Bauern.

Der Untergang des Rittertums wurde durch die wirtschaftliche Entwicklung beschleunigt. Statt des Tauschhandels breitete sich die Geldwirtschaft aus, und als im 14. und 15. Jahrhundert das Münzgeld bewußt verfälscht und entwertet wurde, traf der Verlust am härtesten die, deren Vermögen sich nicht so schnell erneuern ließ wie das der Kaufherren. Die Herzöge und Fürsten, die aus dem Grundbesitz und aus ihrem Zollrecht immer größere Einkünfte zogen, schüttelten ihre alten Verpflichtungen ab und hielten sich Söldnerheere. So geriet das Lehnswesen in Verfall, und der junge Adlige konnte nur bei Hofe Karriere machen, nicht als fahrender Ritter wie zu Zeiten Karls des Großen oder Heinrichs I., als der Wert eines Mannes noch von seiner Waffentüchtigkeit und seinem Mut abhing.

Ritterliche Tugend

Der junge Herr Lusignan oder von Hohenstaufen lernte schon früh, was seinem späteren Beruf entsprach. Er spielte nicht nur in Wiese und Feld wie die Bauernjungen, sondern lernte Brettspiele, Puff und Schach. Mit sieben Jahren gab man ihn als Pagen zu einem benachbarten Ritter. Er arbeitete wie ein Knecht am Hof, lernte aber außerdem noch Jagen, Falconieren, Reiten und Fechten (Nicolson). Es gab eine ziemlich umfangreiche Literatur für diese Pagenerziehung. Was zu tun und zu lernen war, schrieb die Etikette bis ins einzelne vor. Der Page war auch eine Art Kammerdiener. Er bekleidete seinen Herrn, kämmte ihn, reichte ihm, was er brauchte, begleitete ihn bei allen Gelegenheiten und brachte ihn zu Bett: »Halte Bett, Kopftuch und Kissen bereit, und wenn er im Bett liegt, ziehe die Vorhänge um ihn herum zu und sorge dafür, daß das Nachtlicht die Nacht über reicht. Jage Hund und Katze hinaus, indem du ihnen einen Klaps gibst. Verabschiede dich von deinem Herrn wortlos durch eine tiefe Verbeugung und ziehe dich zurück.«

In Wolfram von Eschenbachs »Parzival« heißt es, der junge Knappe müsse »auf harten Fliesen bei seinem Meister nächtens liegen«, auch »im Schnee saß er und lag den Abend und den Morgen«. Von Laufsport ist die Rede, von Springen und Ringen, Steinwerfen und »Schäfte schießen«. Bogenschießen und der Umgang mit Speer und Schild beim ritterlichen Turnierzweikampf rundeten die Erziehung ab. Im »Parzival« wird geschildert, wie der Fürst dem jungen Herrn beibringt, wie man »den Schaft gehörig senkt« und »Schildesamt verwaltet«. »Dann ließ er Ritter kommen schnell, / Daß er mit ihnen tjostierte. / Seinen Gast er selber führte / Ihnen entgegen in den Ring. / Da brachte dieser Jüngling / Seinen ersten Tjost durch einen Schild, / Daß es wohl für ein Wunder gilt, / Und daß er hinters Roß verschwang / Einen starken Ritter groß und lang.« Mit zwanzig Jahren etwa wird der Knappe zum Ritter geschlagen. Ursprünglich war entscheidend, daß er mit dem Schwert umgürtet wurde; oft bot die Bewährung auf dem »Blachfeld«, also im ritterlichen Kampf, den Anlaß, die Ritterweihe durchzuführen. So heißt es in einer alten Chronik, in der von der Eroberung Friesacks in der Mark Brandenburg die Rede ist: »Schildesamt und Schwert empfingen allda 50 Edelknecht. Hin zog Herzog Albrecht mit seinen neuen Schwertdegen. (Er gab ihnen) Roß, Kleider und Gereite (d. i. Reitzeug) und was ein Ritter haben soll zu seiner Schwertleite.«

Von diesem Tag hatte der gepanzerte Ritter, der zu einem Stande gehörte, auch ein »Amt« – nicht im Sinne einer festen Anstellung, sondern als einen unverbrüchlichen Auftrag, der unabdingbar mit seinem Stand verbunden war. Seit nämlich das große Reich der Karolinger verfallen war, herrschten in allen Ländern Gewalt und Unfriede. Die Klostergüter, der friedliebende Klerus und schließlich die Bevölkerung selbst, die nicht zum kämpfenden Gefolge der Herren gehörte, litten unter den Schrecken dieser Zeit. So riefen die Bischöfe alle Ritter, d. h. alle gepanzerten Reiter der Grundherren, ob frei oder Ministeriale, ob selbst Grundherren oder abhängige Leute, um Gottes willen auf, die friedliche Kirche zu schützen. Diese Bewegung ging von Burgund aus und erfaßte die ganze Ritterschaft. Die Kirche nahm ihrerseits eine positive Haltung zum Krieger- und Rittertum ein. Bei der Schwertleite war sie mit einem Priester vertreten, der dem einzelnen Ritter den Segen der Kirche verlieh: »Segne dieses Schwert, mit dem dieser dein Knecht umgürtet zu werden wünscht, damit er Verteidigung und Schutz sei für Kirchen, Witwen und Waisen, für alle Diener Gottes gegen das Wüten der Heiden, und den Feinden Angst und Schrecken einflöße.« Damit ist das Schwertamt des Ritters in Beziehung gesetzt zum Schwertamt der Kaiser und Könige, die allein bisher solchen Schutz wahrzunehmen hatten. Zwar bleiben die Herren, wie sie sind, und streben nach Ruhm und Ehre, aber sie fühlen sich nun doch verpflichtet, jedem unschuldig Angegriffenen, jedem Redlichen ihre Hilfe zu leihen wie der Sheriff im Wilden Westen; ihre Waffe wollen sie nur für eine gerechte Sache führen, und wer unterliegt, darf Großmut von ihnen erwarten. So wird das altgermanische Ehrgefühl, dieses am Kodex einer Elite orientierte Selbstwertgefühl, an die christliche Ethik gebunden. Seither ist Ritterlichkeit im Abendland eben das, was man noch heute darunter versteht.

Nun wären die Dinge einfach, wenn man eine solche Haltung ohne jeden Rest aus ihren soziologischen Voraussetzungen erklären könnte. Aber offenbar sitzt der Kodex der Ritterlichkeit psychologisch tiefer und entspricht einem eingewurzelten, bei Eliten auftretenden Spielbedürfnis, oder er ist überhaupt an eine ganz bestimmte feudale Gesellschaftsstruktur gebunden. Großmut gegenüber dem Gegner und Sinn für Fair play sind nämlich offensichtlich keine besonderen abendländischen oder gar germanischen Vorzüge. Im chinesischen Adel herrschte das Gesetz des »li«. Dieses unübersetzbare Wort meint eine tief im Kosmos begründete Sittlichkeit, eine Noblesse, die nicht Geste, sondern Ausdruck innerer Reinheit ist. Im Jahre 650 v. Chr. standen die Gefolgsleute eines Herzogs von Sung einer mächtigen feindlichen Armee gegenüber. Während der Feind die reißende Strömung durchwatete, drangen die Offiziere des Herzogs in ihn, er solle doch angreifen lassen. »Das könnt ihr nicht!« erwiderte der Herzog mit Bestimmtheit. Ein zweites Mal bat man ihn um den Angriffsbefehl, als sich das feindliche Heer zur Schlacht zu ordnen begann. Auch dieses Mal lehnte er ab, ohne sich auf Diskussionen einzulassen. Schließlich, als sich der Gegner geordnet hatte, ließ der Herzog angreifen und wurde vernichtend geschlagen; er selbst trug eine Wunde am Schenkel davon. Als man ihn wegen seiner unbegreiflichen Torheit tadelte, erwiderte er kühl: »Der Weise zerschmettert nicht den Schwachen und stürzt nicht auf den Feind, solange dieser nicht formiert ist.«

Ritterlichkeit, die einem höheren Wissen verpflichtet zu sein scheint, eine Art Arroganz der Tugend? Als sich Mao Tse-tung in ähnlichen Lagen befand, soll er des öfteren bemerkt haben, er sei nicht der Herzog von Sung (Bloodsworth). Auch bei den Naturvölkern, bei den Indianern Nordamerikas und bei den Maoris, gab es Beispiele von »Ritterlichkeit«; es scheint, als habe das Bewußtsein einer höheren Ordnung auch die Regeln des Kampfes geprägt, und aus reinen Zweckmäßigkeitsgründen zu handeln, also etwa Wohnviertel von Großstädten oder Flußdeiche zu bombardieren, wäre allen diesen Menschen als ein Gipfel der Barbarei erschienen.

Anmut, Zartheit und Milde, die »Höfischkeit« ergänzte im Abendland das Idealbild des christlichen Rittertums. Viele ritterliche Tugenden sind im Typ des Gentlemans erhalten geblieben, und die ritterliche Formsprache hat noch bis in das 20. Jahrhundert hinein das Bürgertum beeinflußt. Das Duell des 19. Jahrhunderts, die Ordensorganisation eines Pour le mérite, die Verkleidungsspiele von Bürgervereinen sowie einige kavaliersmäßige Formen des Benehmens Damen gegenüber lassen ahnen, wie groß die gesellschaftliche Kraft gewesen sein muß, die vor Jahrhunderten in ganz Europa wirksam war.

Adelsleben

Man lebt auf dem Felde, in Wäldern und in jenen Felsennestern. Die uns Nahrung schaffen, schreibt der Ritter Ulrich von Hutten, sind ganz arme Bauern, denen wir unsere Äcker, Weinberge, Wiesen und Wälder verdingen. Der Ertrag, der von ihnen kommt, ist für die Arbeit, die darauf verwendet wird, gering und schmal, aber mit großer Mühe und großem Fleiß wird gearbeitet, damit er reich und lohnend werde, denn wir müssen sehr sorgfältige Haushälter sein. Zur Ritterzeit ist das Leben der Herren rauh. Ulrich von Hutten sagt in seinem um 1500 verfaßten Brief an Pirckheimer, die Behausung des Ritters sei »nie zur Behaglichkeit, sondern zum Schutze erbaut«, er beklagt sich über den Gestank des Schießpulvers in der Burg und über den Unrat der Hunde, die allerdings rudelweise herumliefen. »Reitersleute kommen und gehen, auch Raubgesindel, Diebe und Wegelagerer, denn gewöhnlich stehen unsere Häuser offen, und unsere Leute wissen selten, wer einer ist, oder fragen nicht viel danach. Man hört das Blöken der Schafe, das Brüllen der Ochsen, das Bellen der Hunde, das Schreien der Feldarbeiter, das Rumpeln und Gerassel der Karren und Wagen, ja, in unserer Gegend, wo die Wälder nahe sind, auch das Heulen der Wölfe. Der ganze Tag ist mit Angst und Sorge um den nächsten, mit fortgesetzter Bewegung und dauerndem Sturme ausgefüllt.«

Für sich allein ist der Adlige nichts. Er muß sich in Abhängigkeit von einem Fürsten stellen, damit ein gewisser Schutz gewährleistet ist. Denn wer keines Fürsten Schutz genießt, gegen den glaubt man sich alles erlauben zu können. Freilich hat auch der Schutz seine üblen Seiten und ist, wie Hutten schreibt, mit Furcht verbunden, denn »sobald ich aus dem Hause trete, so bin ich in Gefahr, daß ich jenen in die Hände falle, mit denen der, welcher mein Schutzherr ist, Händel und Fehde hat«.

Gemessen am Wohlstand der Patrizier, an der behaglichen Sicherheit der Städter, war das Leben der Herren höchst unbequem. Da sie das Kriegshandwerk gelernt hatten, taten sie, was jeder entlassene Soldat unternimmt, der im Leben nicht mehr Fuß fassen kann und sich schadlos halten will: »Rauben und Reiten ist keine Schand, tuns doch die Besten im ganzen Land.«

Der Romantiker Joseph von Eichendorff, der schlesische Freiherr, Freiheitskämpfer und langjährige Regierungsrat in Berlin, der 1857 vergessen in Neiße an der Oder starb, hat die Entwicklung in seiner Arbeit »Deutsches Adelsleben« mit ein paar Worten skizziert: »Die mächtigeren Vasallen kauften Landsknechte und wurden Raubritter im großen; die Kleineren, die in der allgemeinen Verwirrung oft selbst nicht mehr wußten, wem sie verpflichtet, folgten dem größeren Glücke oder dem besseren Solde. Und als endlich die Wogen sich wieder verlaufen, bemerkte der erstaunte Adel zu spät, daß er sich selbst aus dem großen Staatsverband heraus auf den ewig beweglichen Triebsand gesetzt hatte: Aus dem freien Lehensadel war unversehens ein Dienstadel geworden, der zu Hofe ging oder bei stehenden Heeren sich einschreiben ließ.« Zur Zeit Friedrichs des Großen und Maria Theresias dienten die jungen Herren bei Hofe, um sich eine mehr oder minder fette Mitgift zu erobern. Ihre Schulden machten sie am Spieltisch, ihre sexuellen Bedürfnisse befriedigten sie bei Mägden und »Mamsells«, und ihre Gespräche drehten sich um Pferde und Weiber, allenfalls um ihre Auseinandersetzungen mit den Alten, die draußen auf dem Land das Gut verwalteten. »Vom Ritterwesen hatten sie einige verworrene Reminiszenzen ererbt und auf ihre Weise zurechtgemacht: Vom ehemaligen Frauendienst die fade Liebelei, von der altdeutschen Ehre einen französischen »point d'honneur«, vom strengen Lehnsverbande einen kapriziösen »Esprit de corps«, der nur selten über den ordinärsten Standesegoismus hinausreichte. Es war die hohe Schule des Junkertums, an die selbst Fouqués Recken mit ihren Gardereiterpositionen und ausbündig galanten Redensarten zuweilen erinnern« (Eichendorff). Zu allen Zeiten erschien die Vergangenheit verklärt. Damals empfand man die Zeit von vor 50 Jahren schon als »einfach und still« und verklärte sie in der Erinnerung: »Von ausschweifenden Liederlichkeiten hörte man von der Noblesse zu diesen Zeiten nicht viel, wenigstens wurden sie nicht öffentlich bekannt . . . Die Noblesse hatte keine anderen Zusammenkünfte, als jene, so sie zuweilen durch Visiten anstellte. Hier wurde zu selbigen Zeiten, d.h. vor 50 Jahren (Anm. d. Verf.: ca. 1720) selten gespielt, Karten sah man wenig; vom Kartengeld, wenn auch zuweilen gespielt wurde, wußte man gar nichts. Bei den Visiten, wo mehrere Dames zusammenkamen, beeiferten sie sich, schöne Bilder auszuschnitzeln oder Seide zu zopfen; viele brachten ihre Arbeitsbeutel mit und nähten oder strickten; man gab Visiten um 3 oder 4 Uhr, und um 7 Uhr war man wieder zu Haus. Mittags pflegte man um 12 Uhr und abends um 7 Uhr zur Nacht zu essen. Bei Sommerszeiten pflegte man abends nach dem Souper kleine Promenaden auf dem Paradeplatz zu machen, längstens 10 Uhr retirirte sich alles. Von Spectacles wußte man nichts; zuweilen ließ sich eine Bande mit einem Hanswurst oder Seiltänzer auf ein paar Wochen sehen« (Graf Boos zu Waldeck im ›Rheinischen Antiquarius‹).

Der Adel war zum Beispiel in Deutschland durchaus keine in sich geschlossene Kaste, sondern bekanntlich, wie heute auch, in die verschiedensten Gruppen gegliedert. Da gab es den altfürstlichen Adel wie Welfen, Lothringer, Askanier, Wettiner, Wittelsbacher, Habsburger und Zollern sowie reichsunmittelbare Grafen, Freiherrn und Reichsritter, ferner die geadelte Oberschicht der freien Reichsstädte, man unterschied Schwertadel, Verdienstadel und Geldadel, aber diese fein abgestuften Nuancen der gesellschaftlichen Herkunft und Geltung spielten nur hinsichtlich ehelicher Verbindungen eine Rolle. In der Praxis des 18. Jahrhunderts muß man unterscheiden zwischen dem Landadel, der in Europa vom Baltikum bis in die Provence unter den unterschiedlichsten Bedingungen seine Güter bewirtschaftete, und dem Hofadel, der sich dem Landadel an Einfluß und Bildung weit überlegen fühlte.

Tatsächlich lebte man auf den Landsitzen weitab vom Schuß. Kaum jemals erreichten andere Nachrichten den abgelegenen Herrenhof, als das Gesinde mitbrachte oder der Nachbar erzählte, und Zeitungen verirrten sich selten in diese Idylle. Eichendorff hat sie unübertroffen geschildert: »Das bißchen Poesie des Lebens war als nutzloser Luxus lediglich den jungen Töchtern überlassen, die denn auch nicht verfehlten, in den wenigen müßigen Stunden längst veraltete Arien und Sonaten auf einem schlechten Klavier zu klimpern und den hinter dem Hause gelegenen Obst- und Gemüsegarten mit auserlesenen Blumenbeeten zu schmücken. Gleich mit Tagesanbruch entstand ein gewaltiges Rumoren in Haus und Hof, vor dem der erschrockene Fremde, um nicht etwa umgerannt zu werden, eilig in den Garten zu flüchten suchte. Da flogen überall die Türen lärmend auf und zu, da wurde unter Gezänk und vergeblichem Rufen gefegt, gemolken, gebuttert, die Schwalben, als ob sie bei der Wirtschaft mit beteiligt wären, kreuzten jubelnd über dem Gewirr, und durch die offenen Fenster schien die Morgensonne heiter durchs ganze Haus über die vergilbten Familienbilder und die Messingbeschläge der alten Möbel, die jetzt als Rokoko wieder für jung gelten würden.«

Gesellschaftlich steht der Hofadel allerdings höher. Aber diese Würde des Amtes wird mit Intrigen erkauft, der Herren Gunst wechselt schnell, mit Dankbarkeit kann der Staatsdiener, der vom Wohlwollen seines Fürsten abhängt, kaum rechnen, denn natürlich sind diese regierenden Fürsten schon ihrer ganzen Situation nach und auf Grund ihrer Prinzenerziehung meist unglaubliche Egozentriker. Wer ihr Mißfallen erregt, ist schnell fallengelassen. In der bürgerlichen Literatur des 18. Jahrhunderts ist dieser Adel oft geschildert worden, man denke an »Kabale und Liebe« von Schiller oder an den »Barbier von Sevilla« des Beaumarchais. Der zügellose junge Mann von Adel, der sich über Moral und Sitte hinwegsetzt, ist schon im »Don Juan« zum Typus geworden; in dieser Figur artikuliert sich der Adelshaß am reinsten, weil elementare Gefühle getroffen werden. Aber auch der wirklich edle Mann wird dargestellt, so der Major von Tellheim in Kleists »Minna von Barnhelm«, eine idealisierte Offiziersgestalt, die heute kaum noch nachempfunden werden kann.

In der Gesellschaft gibt der Adel den Ton an, und wer auf sich hält, imitiert adlige Lebensformen, ob auf dem Lande oder in der Stadt. So beginnt ein berühmter Roman der deutschen Literatur, in dem psychologisch nuanciert die erotische Verwirrung eines Ehepaares im Dreiecksverhältnis mit tödlichem Ausgang dargestellt wird, mit einer ländlichen Idylle: »Eduard – so nennen wir einen reichen Baron im besten Mannesalter – Eduard hatte in seiner Baumschule die schönste Stunde eines Aprilnachmittags zugebracht, um frisch erhaltene Pfropfreiser auf junge Stämme zu bringen. Sein Geschäft war vollendet; er legte die Gerätschaften ins Futteral zusammen und betrachtete seine Arbeit mit Vergnügen, als der Gärtner hinzutrat und sich an dem teilnehmenden Fleiße seines Herrn ergötzte. ›Hast du meine Frau nicht gesehen?‹ fragte Eduard, indem er sich weiterzugehen anschickte. ›Drüben in den neuen Anlagen‹, versetzte der Gärtner. ›Die Mooshütte wird heute fertig, die sie an der Felswand, dem Schlosse gegenüber, gebaut hat. Alles ist recht schön geworden und muß Euer Gnaden gefallen‹.« Allerdings entsteht in diesen ersten Sätzen der »Wahlverwandtschaften« von Goethe der Eindruck eines weitläufigen Besitzes, vom Schloß und von der Baumschule ist die Rede, auch von der damals in Mode gekommenen romantischen Hütte, aber Eduard ist seiner ganzen Natur nach kein Adliger, er trägt nur den Namen eines Barons – der Schrifststeller Goethe wird gewußt haben, weshalb er dieses Drama edler Seelen in höheren Kreisen ansiedelte.

Vom Zauber der Schlösser

Der junge, wahnhaft verwirrte König Ludwig II., der sich in Wagners Opernwelt hineinspielt und Schlösser über Schlösser baut, »um der Schönheit auf der Erde eine Heimstatt zu geben«, ist nur der letzte einer langen Reihe von fürstlichen Kunstliebhabern aus regierendem Haus. Da gab es den Kurfürsten und Erzbischof von Mainz, Bischof von Bamberg und Reichskanzler Lothar Franz von Schönborn, den ersten Fürsten des Reiches, einen allseits geschätzten und liebenswürdigen Mann, über den es heißt: »Er ist ein weiser, urteilsfähiger Herr, der mit seinem eigenen und aller Mächte von Europa Vorteil wohlbekannt ist« (Wolff-Windegg). Von sich selbst sagt er, er sei vom »Bauwurmb« besessen, und hat in Franken, zwischen Bamberg und Erbach, das prachtvolle Schloß Pommersfelden gebaut. Diese mit plastischem Schmuck reich ausgestatteten Fassaden, diese Trakte und Treppen, Prunkräume und Kabinette, die doppelläufige Treppe, die zum Marmorsaal führt und ein Kleinod barocker Architektur ist, sind mit nüchternem Wirklichkeitssinn geplant und gebaut: 1711 begann der Bau, schon 1716 war das Äußere vollendet.

Man sammelte damals nicht mehr wie früher Raritäten, sondern Kunst. Die Diplomaten des Reichskanzlers reisten durch ganz Europa, sie hielten die Augen offen und verschafften ihrem Fürsten die Möglichkeit, mit Verstand und Kunstsinn zu kaufen. Das Ergebnis war eine stattliche Galerie. Übrigens hat er alle Gebühren, die ihm bei der Erteilung von Titeln zuflossen – die Anträge gingen durch seine Kanzlei – in Bilder gesteckt und sich auch in Bildern bezahlen lassen. Der flandrische Maler Jost van Cossiau ging als Galeriedirektor nach Gaibach, der vorherige Leiter der Galerie des Grafen Czernin in Prag, Rudolf Byss, wurde Galeriedirektor in Pommersfelden, das auch heute noch die größte Privatsammlung Europas darstellt.

Ähnlich großartig ist die im Krieg zerstörte und mühsam wieder aufgebaute Residenz des Fürstbischofs Friedrich Karl von Schönborn in Würzburg. Die sogenannte Favorite in Mainz, aber auch auch das Schloß Gaibach in Franken hat der Fürst ausgebaut. In Gaibach wurde der Grundstock zu jener Bibliothek gelegt, die später nach Pommersfelden gekommen ist. Ähnlich großartig war das Bauvorhaben der Residenz in Würzburg, die zwar dem Fürstbischof Friedrich Karl von Schönborn gehören sollte, aber eine Art Familienunternehmen war, denn verschiedene Schönborn haben sich am Ausbau des Schlosses beteiligt. Überhaupt war die Baulust so etwas wie eine Familienkrankheit, so daß der Kurfürst von Mainz sagen konnte: »Das Bauen ist eine Lust und kostet Geld, aber einem jeden Narren die eigene Kappe gefällt.« In Österreich errichtete Lukas von Hildebrandt (1668–1745), neben Fischer von Erlach der bedeutendste Baumeister des österreichischen Barock, der das Belvedere in Wien geschaffen und Schloß Mirabell umgebaut hat, das Schloß Schönborn bei Göllersdorf, und der Kardinal Hugo Damian, von der Familie seiner geistlichen Würde wegen »das rote Käppele« genannt (Sayn-Wittgenstein), baute Schloß Bruchsal.

Man kennt die Namen der großen Schlösser Europas von Versailles bis Schönbrunn, doch schon nicht mehr die kleinen süddeutschen Residenzen, etwa die der Grafen Hohenlohe, die in Oehringen hofhielten und noch heute dort leben. Als der junge Schiller seine »Räuber« mit der Widmung »In tyrannos« versah, gehörte das Schloß Oehringen zu den glänzendsten Residenzen seiner Zeit und wurde vom Herzog Karl Eugen zu Württemberg neidvoll bewundert. »Der Fürst Hohenlohe hielt sich einen Hofmarschall, mehrere Hofkavaliere, viele Geheim- und Hofräte, die hübsche Uniformen trugen, an die hundert Grenadiere, Pagen, Haiducken, Läufer, Husaren, Tafeltrompeter und Hofpauker.« So stark war die Position der Grafen Hohenlohe, daß Oehringen auch nach Verlust der Selbständigkeit im Jahre 1806 noch das Recht behielt, »daß der kleine Hof noch ferner Hofräte solle ernennen dürfen«.

Es gab viele solcher Residenzen, deren Erbauer meist den sogenannten Reichsständen angehört hatten. Ein »Reichsstand« war eine Person oder eine Gemeinde, die ein reichsunmittelbares Land besaß und deshalb Sitz und Stimme in der Reichsverwaltung hatte. Die Details dieser Verhältnisse interessieren heute nur noch den Historiker. Reichsstände waren Kurfürsten, Fürsten, Reichsprälaten, Grafen und Herren, Reichsritterschaft und Reichsstädte. Wenn die Reichsstände zusammentraten, ordneten sich die Fürsten und Grafen, Reichsgrafen und Prälaten nach einem strengen Zeremoniell, bei dem die Titulaturen eine bedeutsame Rolle spielten. Da gab es eine schwäbische und eine westfälische Grafenbank, man hielt streng auf die Rangordnung der Genealogie und hatte die Etikette bis zur Absurdität verfeinert. Solche Tage boten Anlaß zur Selbstdarstellung einer Lebensauffassung, etwa wie heute eine Industriemesse die Industriegesellschaft repräsentiert, und die Frage, wer etwa dem Kaiser die Speisen auftragen dürfe, war Anlaß zu scharfsinnigen Überlegungen, wenn die Tradition keinen Hinweis gab. Als zwei junge Grafen von Pappenheim, die damals noch nicht zur fränkischen Grafenbank gehörten, dem Kaiser aufzutragen wünschten, gab es erhebliche Aufregungen. Man bedeutete ihnen, daß man »einer Wahl des Reichserbmarschalls Pappenheim zum Kaiser« mit Freude zustimmen würde, aber ihre Teilnahme an der Bedienung des Kaisers unmöglich zulassen könne.

Die Pappenheim saßen damals auf Burg Pappenheim, einer mittlerweile von der Geschichte vergessenen fränkischen Residenz im Altmühltal. Auch diese kleine, wohlgeordnete Herrschaft ist 1806 einem größeren Fürstentum, dem Königreich Bayern, einverleibt worden, hat aber in ihren Bauten den Charakter einer Residenz

Schloß Neuschwanstein *wurde 1869/86 für König Ludwig II. von Bayern erbaut. Der König, der Richard Wagner verehrte, teilte dessen Vorliebe für das mittelalterliche Deutschland, welches seit der Romantik als Inbegriff des Deutschtums galt und damit Symbol für die Schaffung eines einheitlichen deutschen Nationalstaates war.*

bewahrt. Die Bayern haben damals die Residenz mit Militär besetzt und das gesamte Personal der Regierungskanzlei und des Justizamtes verhaftet, mußten dann aber auf Intervention des im Ausland weilenden regierenden Grafen abziehen. Die Bevölkerung feierte die Rückkehr des angestammten Herrschers, indem sie die bayerischen Wappen abriß. Sie hat sie ein halbes Jahr später, als die Rheinbundakte in Kraft trat, dulden müssen, denn im September 1806 huldigte man in feierlicher Weise dem allerdurchlauchtigsten großmächtigsten Fürsten und »Herren«, dem König Maximilian von Bayern.

Oehringen und Pappenheim stehen für viele solcher kleinen Herrschaften, deren einziges, nun immer kostbarer empfundenes Erbe die Residenzen und Schlösser sind. Mit ihren Gemälden und Sälen, Gärten und Plastiken, mit ihrem Mobiliar und ihren Erinnerungsstücken sind sie zu Schatzkammern der Bevölkerung geworden, deren Fleiß und Sorgfalt sie hervorgebracht hat, und zu fortdauernder Erinnerung an die Kunstpflege des Adels.

In Durchlauchts Nähe

Das Schloß, Residenz genannt, war der Mittelpunkt des kleinen Städtchens und des Ländchens, das nicht mehr Einwohner zählte als heute ein Wohnsilo in Paris oder Rom. Vom Hofe hingen unzählige Existenzen ab, angefangen von den Lakaien und Bediensteten aller Art bis zum Hofapotheker und Hofkonditor, der übrigens von Berufs wegen meist ein bildender Künstler war, oft ein Franzose. In Weimar zum Beispiel unterrichtete der Hofkonditor Ernst Preller Erbprinzen im Modellieren, diese Kunst gehörte zur Berufstradition, als die Zuckerbäcker für die ritterlichen Tafeln ganze Städte und Schlachten als Schaustücke herstellen mußten. Auch der Hofkoch war eine angesehene Persönlichkeit, dessen Erfindungen Schule machten. Jedermann in der Stadt kannte die Persönlichkeiten bei Hofe vom Oberhofmarschall bis zum letzten Läufer und Haiducken. Man nahm Anteil an allem, was die fürstliche Familie betraf, und befriedigte so ein Bedürfnis, das heute durch die Massenpresse auf indirekte Weise befriedigt wird. Wenn der regierende Fürst ausfuhr oder die Fürstin spazierenzugehen wünschte, hing in den kleinen, verwinkelten Häusern jeder, der Zeit hatte, hinter der Gardine und sah zum Fenster hinaus, um den glänzenden Zug ja nicht zu versäumen – es passierte ja sonst nichts in der kleinen Residenz.

Wenn die Fürstin spazierengehen wollte, wurde dies vorher der Noblesse, wie man die Gesellschaft damals nannte, bekanntgemacht. »Die Regentin erschien gewöhnlich im Reifrock und mit dem ganzen Hofe; der Oberhofmarschall ging voraus; ein Page trug ihr die Schleppe. Hinter diesen folgte die niedere Hofdienerschaft; sie bestand aus Läufern, Haiducken und einem Zwerg. Auch viele Honoratioren eilten zur Esplanade, weil sie außerdem ihre Fürstin nur selten so nahe zu Gesicht bekamen.« Solche Gelegenheiten boten sich sonst nur bei Redouten, also öffentlichen Festlichkeiten, wie sie gelegentlich in einem großen Saal stattfanden. Ein Besucher eines solchen Festes schildert: »Die Herzogin war prächtig en domino und brillierte auch sonst mit ihrem Schmuck von Juwelen. Die Herzogin tanzt sehr schön, leicht und mit vielem Anstand; die jungen Prinzen, die en Zéphir und Amour maskiert waren, tanzten auch sehr gut.« Man geht immerhin ungezwungen miteinander um. Selbstverständlich kennt trotz Verkleidung und Maske jeder Bürger seine Fürstlichkeiten, aber man wahrt den Anstand. Die hier genannte Herzogin von Sachsen-Weimar beispielsweise spielt am Spieltisch das sogenannte Pharao. »Da sie aber sehr gerne tanzte, spielte sie auch nicht lange. Sie tanzte mit jeder Maske, die sie aufnahm, und blieb bis früh um Drei, da fast alles aus war.«

Die Langeweile an solchen Fürstenhöfen wurde oft lebhaft beklagt, jede Abwechslung war willkommen. So nahm man auch Theatertruppen mit offenen Armen auf, nicht anders als die Dorfleute die Seiltänzer, Feuerschlucker und Bärenführer bestaunten. Das hatte sich seit Jahrhunderten so abgespielt, man kennt die Szenen etwa aus Shakespeares »Hamlet«, wo die Theatertruppe in die höfische Intrige einbezogen wird, auch Goethes »Wilhelm Meister«, am Vorabend des Nationaltheaters geschrieben, läßt noch etwas von dieser Welt der Zerstreuungen ahnen. Häufig richteten sich die Fürsten aber doch auch eigene, nur dem Hof zugängliche Bühnen ein, auf denen wechselnde Truppen oder feste Ensembles spielten. Am weimarischen Hofe spielte der seinerzeit berühmte Ekhof, ein allgemein bewunderter Mann, verwandlungsfähig wie kaum ein anderer, der bestes, niederdeutsches Platt sprach und vom komischen Charakterfach bis zur Heldenrolle, vom Bauernstück bis zum Königsdrama alles spielte. Die zwei »Aktricen« seiner Truppe erschienen in streng modischer Kleidung, welche Rolle sie auch spielten. Als Madame Brandes, die Gattin des gleichnamigen Schauspielers, im Jahre 1775 erstmals ein Gewand trug, das man damals als griechisch ausgab, da es jedenfalls kein Rokokokleid war, machte das Sensation.

Für Untertanen eines solchen Fürsten wurde die damals grassierende Bauwut häufig zu einem Alpdruck. Man kennt die berühmten Beispiele, etwa Peter den Großen oder in Preußen König Wilhelm I., den Vater Friedrichs des Großen, den sogenannten Soldatenkönig. Er befahl seinen Hofschranzen und Generälen, an der nach ihm benannten Wilhelmstraße ihre Paläste zu bauen. Arbeitskräfte, sprich wie Sklaven gehaltene Soldaten, und Material stellte der König, die Kosten hatte der Günstling zu tragen: »Der Kerl hat Geld, soll bauen!«, war der ingrimmig geäußerte Befehl. Aber auch die kleineren Höfe brauchten, dem Vorbild Ludwigs XIV. folgend, ihre Gartenschlösser und Solitüden, ihre Triumphbögen und Orangerien. Was heute an Main und Donau, Rhein und Weser zur Attraktion für den Fremdenverkehr geworden ist, wurde mit Aufbietung letzter wirtschaftlicher Kräfte geschaffen. Tatsächlich beherrschte der Zwang, sich immer neues Geld beschaffen zu müssen, das Denken des Herrschers wie seiner Minister. Man verfiel auf immer neue Steuern, schröpfte die Untertanen auf immer neue Weise, und da es keine wissenschaftlich begründete Volkswirtschaft gab, sondern nur ein paar heillose und gefährliche Theorien, endeten solche Versuche oft genug im Staatsbankrott.

Wie der verschuldete Junker sich nur durch eine reiche Heirat sanieren konnte, so auch mancher Fürstenhof, und so hatte am Hofe das große Wort, wer dem Fürsten neue Geldquellen zu erschließen versprach, ob es sich um Goldmacher, gewitzte Minister oder sonstige Günstlinge handelte. Andererseits lebte die kleine Residenz wirtschaftlich vom Hofe. Jeder Kammerherr brauchte seine Galakleider, jede Hofdame ihre Zofe, die Tische der Herren wurden, wie zum Beispiel in Dresden unter August dem Starken, mit Leckerbissen aus aller Welt beliefert, und man benötigte Tabatièren, Hirschfänger, Pferde, Kutschen aller Art. So bemühte man sich um eine Stellung am Hof, denn schon mancher Page oder Diener, manches flinke und muntere Mädchen hatte am Hofe sein Glück gemacht, wenn es dort nicht verdorben worden war – kurzum, der Hof war ein wirtschaftlicher Faktor und setzte viele Hunderte von Menschen vom Hofbibliothekar bis zum Stallmeister, vom Lakaien bis zum Sekretarius in Lohn und Brot.

Graf San Salvatore schreibt: »Wenn man einen guten Freund bei Hofe hatte, kam man leicht zu seinem Geld. Es brauchte gar kein großer Herr zu sein, der beim Fürsten in besonderer Gunst stand; es genügte ein Sekretär, ein Kämmerer, ja ein Kammerdiener, der seine Rolle zu spielen wußte.« Die Kammerdiener waren am Hofe des starken August überhaupt gesuchte Leute, die meist in allen Sätteln gerecht waren und zu den verschiedensten Zwecken verwendet wurden. Man benutzte sie gerne als Zuträger, zu allerhand geheimen Geschäften, und vertraute ihnen wichtige Dinge an, so daß die Herren nachher in den Händen ihrer Bedienten waren. Damals schrieb die Herzogin von Orléans über den Hof von Versailles: »Die Herren jetziger Zeit haben sich zu gemein gemacht mit den Lakaien, brauchen sie zu allerhand Infamien, dürfen ihnen nachher nichts sagen, die Lakaien spielen den Meister.« Lakaien wurden nicht nur mit Geld, sondern mit immer höheren Aufgaben belohnt und erreichten sogar, in seltenen Fällen, den Adelstitel. So wurde der Lakai Angelo Constantini, der seinem Herrn französische und italienische Schauspielerinnen besorgte, Schatzmeister der »menus plaisirs«, Aufseher der Schmuckkammer und schließlich geadelt. Auch der Lakai Hoffmann, Stammvater der Grafen von Hoffmannsegg, ist bei August dem Starken Lieferant für Damen gewesen, ehe er den Grafentitel erhielt.

Alle spielten sie ihre Rolle, oft bewußt, und umgaben den Fürsten mit einer solchen Devotion, daß nur ein Mann, der von seinem Gottesgnadentum überzeugt war, ein Mann von erbbedingter Berufseitelkeit, diese Wolken von Lobhudeleien und Schmeicheleien ertragen konnte. Daß jeder Untergebene seinen Vorgesetzten betrog, war die Regel, das ging bis in die höchsten Ränge. Zivilcourage und Wahrheitsliebe waren der Karriere hinderlich. Deshalb war ein Mann wie Goethe, ein avantgardistischer Dichter und Bürgerssohn aus wohlhabendem Haus, an einem Hofe wie Weimar eine ganz ungewöhnliche Erscheinung, wie ja auch der junge Herzog mit seinen Allüren durchaus aus dem Rahmen fiel. Wichtig war, daß man die hohen Herrschaften zerstreute. Das war auch des jungen Doktors Goethe Bestreben, der im übrigen ein feines Gefühl dafür hatte, wann und wo sich etwas anbringen und ausgestalten ließ.

In Weimar zum Beispiel hatten seit 1776 statt der Berufskomödianten die Angehörigen des Hofes Theater gespielt. Nun kam man auf die Idee, doch auch draußen in der schönen Landschaft Thüringens ein Freilichtspiel aufzuführen. Angeregt durch Goethes »Götz von Berlichingen« und dessen Zigeunerszenen verfaßte ein Herr von Einsiedel ein nicht unbegabtes Stück, das an einem Sommerabend des Jahres 1780 beim Schloß Ettersburg gegeben wurde: »Als Karl August (mit seinen Waidgenossen) mit Hörnerklang zurückkehrte, fuhren gerade die Wagen ein, die aus der Stadt die geladenen Gäste brachten. Als es dunkel wurde, gab Herzogin Amalie mit Händeklatschen das Zeichen, daß das Spiel beginne. Und sogleich leuchteten bunte Laternen auf, die den Weg vom Schlosse zum ›Naturtheater‹ zeigten, und die Zuschauer gingen nun in den Wald hinunter zu einem Platze, der

Das fürstbischöfliche Schloß *der Schönbornschen Familie zeugt von der Baufreudigkeit barocker Feudalherren. Hier ist die Gartenfront zu sehen, die 1738 nach Plänen von Lukas von Hildebrandt errichtet wurde.*

teils vom Mond beleuchtet, teils von unten her durch Fackeln und ein Herdfeuer beleuchtet war. Um diesen roh aus Rasenstücken erbauten Herd war ein Zigeunerlager angedeutet; in der Nähe waren Strohschütten als Nachtlagerstätten erkennbar. Den Hauptmann der Zigeuner (oder Räuber) spielte Goethe. Er sang hier selber sein ›Wille wau wauwau withou‹.« Goethe als Zigeuner, das mag immerhin eine literarische und etwas romantische Erscheinung sein, bezeichnet aber doch die Situation an Fürstenhöfen. Am preußischen Hof, vielmehr am deutschen Kaiserhof entarteten solche Spiele zur Peinlichkeit. So tanzte der Chef des Militärkabinetts General Graf Dietrich Hülsen-Haeseler mit Gazeröcken und Trikot vor Kaiser Wilhelm II. als Primaballerina – immerhin ein beleibter Mann mit einem prachtvollen Schnurrbart. Er starb in Ballerinentracht an einem Herzschlag im November 1908 auf Schloß Donaueschingen, als Fürst Max Egon Fürstenberg den Kaiser zu einer der üblichen Wildmetzeleien eingeladen hatte.

Für die Atmosphäre bei Hofe, vielleicht nicht unähnlich der, die heute gelegentlich in Vorstandsetagen und Ministerien herrscht, mag eine Anekdote bezeichnend sein, die nicht nur komisch ist. In seinen späteren Jahren umgab sich der Herzog Karl August lieber mit seinem Oberstallmeister und Generalmajor von Seebach als mit dem schwierigen Goethe. Aber auch der mußte manches an Demütigungen und Ärger schlucken, obwohl Karl August als verständiger Mann galt. Eines Tages kamen sie vom Ausritt zurück und saßen, die Hunde zwischen sich, beim Frühstück. Noch immer arbeitete der Ärger in dem Generalmajor, der ohne Gegenwehr und Rache diesmal nicht auszukommen glaubte. Da sah Seebach auf seinem eigenen Hund einen kapitalen Floh. Er ergriff ihn mit spitzen Fingern und setzte ihn auf den Hund des Herzogs – so war die Blutrache vollbracht.

Alles in allem hat der Höfling aber nicht nur die Rolle des servilen Speichelleckers, des korrupten Intriganten gespielt. Aus den alten ritterlichen Tugenden entwickelten sich neue Formen des Kavaliertums, in zunehmendem Maße wurden bürgerliche Schichten bei Hofe hinzugezogen, und der gebildete Weltmann setzte Maßstäbe auch für das Bürgertum, das seine kulturellen Ambitionen am Hof orientierte. Politik allerdings gab es am Hofe nicht, es gab historische Ereignisse, etwa den Fürstenbesuch größerer Vettern, eine glanzvolle Hirschjagd für gekrönte Häupter oder eine Fürstenhochzeit, wer aber die Verhältnisse auch nur andeutungsweise in Frage stellte, galt als Revolutionär. Der Abstand zum Volk, mochte er auch von noch so viel Wohlwollen und Leutseligkeit verdeckt werden, blieb unüberbrückbar. Diese Bäcker und Schuster, Knechte und Mägde, Gärtner und Kutscher waren Wesen von einer anderen Welt, aber keine gleichberechtigten Bürger, die vor dem Gesetz soviel gegolten hätten wie ein Prinz aus dem Fürstenhaus oder einer der Herren vom Hofadel.

So kreiste das Leben in der Residenz um die Zentralsonne, Seine Durchlaucht, und was immer geschah, ob die Gründung einer Industrie, die Bestallung eines Konsistorialrates, die Verpflichtung einer Theatertruppe oder die Entwässerung einiger Wiesen, alles hing vom guten Willen dessen ab, der allein die Macht hatte, die weder durch Parlamente noch durch sonstige Instanzen kontrolliert wurde. Andererseits bot ein solcher Herrscher aber auch ein Beispiel in allem und jedem, seine Rolle gebot ihm vor allem, das Schaubedürfnis zu befriedigen – kein Wunder, daß die Fürsten sich sogenannte Eremitagen bauten, um sich aus den verständlichsten Gründen vor den Augen und Ohren ihrer Zuschauer, die zugleich ihre Untertanen waren, verstecken zu können.

Wie stark der Schauzwang war, zeigt die Fürstenhochzeit, etwa die der russischen Großfürstin Maria Paulowna, die 1804 im damaligen St. Petersburg den weimarischen Erbprinzen Karl Friedrich heiratete und im gleichen Jahre nach Weimar kam. Endlose Kolonnen russischer Fuhrwerke rollten quer durch Deutschland nach Weimar, um die Mitgift der jungen Prinzessin heranzuschleppen, die dann öffentlich ausgestellt wurde. Jeder Bürger konnte sich an Kommoden, Spiegel, Harfe, Küchengerät und Schmuck ein eigenes Bild verschaffen. So heißt es: »In den Fenstern stehen vier Behälter mit Glasdeckel, jedes so groß wie eine breite Bank, ganz gefüllt mit Brillanten . . . Zwei Toilettentische sind gefüllt mit tausend Dingen von massivem Gold. In ihrem Wohnzimmer ist ein Kamin, ein Sofa, ein Arbeitstischchen davor, ein Flügel und ein kleiner, hübscher Schreibtisch. Ihr Flügel stand offen und war voll von Noten von Haydn und Mozart. Brillanten und Edelsteine hat sie ungemein viel . . . An der Wand hängen der Eltern

Bildnisse, des Kaisers und Konstantin Paulowitsch Büsten und einige andere Familienzeichnungen und ihres Gemahls, des Erbprinzen, Bild in Lebensgröße.«

Ausbeutung und Korruption, kulturelle Teilhabe und die Verfeinerung der Sitten, unglaublicher Luxus und lächerliche Despotie gehören zum vielschichtigen Bild eines Fürstenhofes jener Zeit, der im besten Falle um einen aufgeklärten Herrscher kreist. Politisch ist diese Kleinstaaterei, wie man weiß, zu einer schweren Hypothek für Deutschland geworden, die erst durch die Revolution von 1918 abgeschüttelt werden konnte. Kulturell freilich hat sich die Tatsache, daß es auf so engem Raum so viele ehrgeizige Fürstenhöfe gab, durchaus anregend ausgewirkt.

Genies in Livree

Der überglückliche Dichter Horaz, der ein Landgut zum Geschenk erhalten hatte, verherrlichte in leuchtenden Versen seinen Gönner Maecen, den einflußreichen Berater des Kaisers Augustus und profilierten Politiker, einen aus etruskischem Königsgeschlecht stammenden Liebhaber der Dichtung und der Künste. Er pflegte erfolgreiche Dichter an sich zu ziehen und inspirierte sie, sich zum Lobe des Kaisers zu äußern, so Vergil und Properz, aber eben auch Horaz, dessen diesbezügliche Lyrik zum Bildungsgut, d. h. zur Schullektüre geworden ist.

In der Tat ist mit diesem Beispiel ein Kulturmuster gegeben; Macht und Einfluß ziehen die Künste an sich, eine Banalität, und diese wiederum erhöhen das Prestige des Gönners. Zunächst sind es in der arbeitsteiligen Gesellschaft ja vor allem Handwerker, besonders geschickte Waffenschmiede oder Goldschmiede gewesen, die der Adlige schätzte, so wie er tüchtige Pferde oder tapfere Knechte schätzte. Die Protektion des Künstlers, seine Entwicklung vom begabten Handwerker zur Persönlichkeit mit Genie und Anspruch, gestützt und gefördert vom Adel, hat es nur in Europa gegeben, wo man sich seit der Renaissance auf die antiken Vorbilder besann. Das ist nicht selbstverständlich, denn auch in anderen Hochkulturen, etwa in Japan, gab es einen kultivierten Schwertadel, die Kaste der Samurais, die über Macht und Einfluß verfügten, um Künstler fördern zu können. Aber der Status des Künstlers wurde, soziologisch gesehen, vom Handwerker in diesem Feudalstaat nie erreicht.

Das Interesse des Adels an Kunst äußerte sich zunächst in Aufträgen und Ankäufen – die Entwicklung vom handwerklich gearbeiteten Auftragsstück zum freien Kunstwerk ist im Band »Spiel · Sport · Kunst« dargestellt worden. Bald spielte aber auch die typische Protektion eine Rolle, die heute als »Begabtenförderung« bezeichnet werden würde – eine Investition in die Zukunft. Wer über Rang und Namen verfügte, war sich derlei schuldig, und einen begabten Jungen zu fördern hieß, sich für eigene Interessen jemanden heranzuziehen, der seine Dankbarkeit durch Leistung würde zu erweisen haben.

Heute, da der Staat an die Stelle fürstlicher Personen getreten ist, sichert ein System von Vorschriften und Prüfungen eine gewisse Objektivität und Gerechtigkeit bei der Vergabe von Mitteln. Vor wenigen hundert Jahren war das Fortkommen eines begabten Jungen – vom Mädchen sprach ohnehin niemand – von ganz subjektiven Momenten bestimmt und hing am seidenen Faden persönlichsten

Wohlwollens. Bücher, Musikstücke, wissenschaftliche Werke wurden Gönnern gewidmet, um einerseits zu zeigen, daß dieses Werk schon die Förderung und das Interesse hochgestellter Persönlichkeiten gefunden haben, und um andererseits diese selbst gleichsam moralisch zu verpflichten: ein Werk ohne »Protektion« stand außerhalb des Kulturbetriebes. Um nur ein Beispiel für viele zu geben, sei hier eine Widmung zitiert, die Baron Grimm in Paris für Mozarts Opus I im Jahre 1764 getextet hat. Die Gönnerin dieses Werkes war die unbedeutende Prinzessin Victoire de France, während schon Opus II der Gräfin de Tessé, der Hofdame der Dauphine, zugeeignet worden ist.

Für Opus I heißt es: »Madame, die Versuche, die ich Ihnen zu Füßen lege, sind ohne Zweifel nur mittelmäßig. Da mir aber Ihre Güte erlaubt, sie mit Ihrem erlauchten Namen zu schmücken, ist an dem Erfolg nicht mehr zu zweifeln, und das Publikum wird mit einem Komponisten von sieben Jahren, der unter Ihrem Schutz steht, Nachsicht haben. Ich wünschte, Madame, die Sprache der Musik sei die der Dankbarkeit; ich wäre dann weniger verlegen, von der Empfindung zu sprechen, welche Ihre Gütigkeit in meinem Herzen hinterlassen hat. Ich werde die Erinnerung daran in meine Heimat mitnehmen, und solange mir die Natur, die mich gleich den Nachtigallen als Musiker geschaffen hat, Eingebungen schenkt, bleibt der Name Victoire unauslöschlich in meinem Herzen eingegraben, wie er es im

König Friedrich Wilhelm I. *von Preußen und seine Frau Dorothea empfangen August den Starken, Kurfürst von Sachsen, im Schloß Monbijou in Berlin, 1728. Gemälde von A. Pesne. Schloß Charlottenburg, Berlin.*

Herzen aller Franzosen ist. In tiefster Ehrfurcht, Mamade, bin ich Ihr untertänigster, gehorsamster kleiner Diener J. G. Wolfang Mozart.« In solchen Floskeln leben die Schutzfunktionen des Adels weiter, die einige Jahrhunderte zuvor Leib und Leben des Lehnsmannes und Hintersassen umfaßten; nun stellt man sich nur noch symbolisch unter den Schutz des Gönners, es geht um den Erfolg, nicht um Leben und Gut.

Es ist unmöglich, etwa die Namen der Adelsgeschlechter aufzuzählen und im einzelnen zu würdigen, deren Investitionen in die Kultur sich ausgezahlt haben, beginnend mit den Medici und Sforza, den d'Este und Borgia, von den regierenden Fürstenhäusern ganz zu schweigen. Es finden sich ungarische Magnaten in dieser Ahnentafel, süddeutsche Fürstbischöfe, preußische Adlige und französische Herzöge, und nur in den seltensten Fällen betätigt man sich deshalb als Gönner, weil man von Kunst wirklich etwas verstanden hätte. Viel häufiger übernimmt man eine Rolle, die gesellschaftlich vorgeschrieben ist, ähnlich wie die Rolle des munteren Liebhabers oder des mannhaften Jägers, und erfüllt seine Pflichten als großer Herr, so gut man kann.

Man kennt die Beispiele, den Lebenslauf des Joseph Haydn, der die Domestikentracht der Fürsten Esterhazy trug, und den Glanz solcher Höfe wie Weimar und Dresden, man kennt die unzähligen Namen adliger Gönner. Um ein Beispiel für viele zu geben: Der Vater Georg Friedrich Händels gehörte als Leibchirurg dem Hofpersonal des damaligen kursächsischen Herzogs an, der in Weißenfels residierte, einem heute vergessenen Städtchen im Bezirk Halle (DDR). Als eine Art Wunderkind wurde Händel in den Kreis der Hofmusiker eingeführt, man erlaubte ihm sogar, an Stelle des Organisten beim Hofgottesdienst das Orgelpostludium, das Nachspiel zu extemporieren. Dem Herzog fiel die Leistung auf, er ließ Vater und Sohn zu sich kommen und empfahl dem Vater dringend, den Sohn zu einem tüchtigen Musikus zur Ausbildung nach Halle zu schicken. Dieser Anregung, deren Mißachtung dem Hofchirurgen Ärger bereitet hätte, konnte sich der Vater nicht entziehen, und so kam Händel zu dem Organisten der Liebfrauenkirche zu Halle, Fr. W. Zachow, in die Lehre.

Man fördert einen Künstler auch weiterhin, nimmt seine Widmungen an und belohnt sie durch Dotationen, zieht ihn an den Hof und versucht ihn zu halten. Die Konkurrenz zwischen den Fürstenhöfen bietet dem Musiker, Dichter, Maler in dieser Epoche einen gewissen Spielraum wie heute der Wettbewerb der Universitäten dem Wissenschaftler. Für den Adel freilich sind derlei Existenzen Randerscheinungen, durch Geblüt und Herkommen fühlt man sich von bürgerlichen Künstlern getrennt, und keine Komtesse wäre auf den Gedanken gekommen, etwa einen Musikus oder Dichter zu heiraten, von wirtschaftlichen Bedenken ganz abgesehen. Mit anderen Worten, man förderte die Künste, aber man vergaß nie, daß Künstler nicht eigentlich standesgemäß waren. Wenn ein Graf Platen dichtete, ein Heinrich von Kleist Dramen schrieb, ein Achim von Arnim Volkslieder sammelte, war das schon so etwas wie bürgerlicher Dilettantismus. Überhaupt ist dieser Dilettantismus ein Zug der Zeit. Ursprünglich wetteiferten Fürsten und Kirchenfürsten als Kenner und Liebhaber, als Dilettanten im ursprünglichen Wortsinn (lateinisch dilettare: sich zerstreuen), und so werden sie zum Vorbild weiter bürgerlicher Kreise.

Wie die Schauspieltruppe in Goethes Wilhelm Meister vom Grafen protegiert wird, so dient sie andererseits Wilhelm Meister selbst dazu, eine höhere, kultiviertere Lebensform zu finden, und wie Goethe selbst ein Hofmann seines Freundes Ernst August ist, so gerät ihm der Dr. Heinrich Faust zum überlebensgroßen Dilettanten, der sich in allem und jedem versucht. Man sammelt Antikes, begeistert sich an besonders gelungenen Kupferstichen, versteht sich auf Münzen und Gemmen, liebt das Konzert und versteht sich aufs Schauspiel, das man wohl auch selbst betreibt. Ohne die fürstlichen und adeligen Launen, die das Muster lieferten, hätte sich dieser bürgerliche Kunstsinn kaum entwickeln können. Nun allerdings erwartet man vom Künstler nicht mehr so sehr, daß er zum Ruhm seines Gönners beitrage, als vielmehr, daß er die bürgerlichen Tugenden preist. Erst die Romantik, die erste provokative Bewegung der europäischen Geistesgeschichte, hat andere, rein ästhetische Maßstäbe geschaffen.

Im Dienst des Königs

»Von jung an lieber im Sattel als bei den Büchern, war er erst nach zweimaliger Scheiterung siegreich durch das Fähnrichsexamen gesteuert und gleich danach bei den brandenburgischen Kürassieren eingetreten, bei denen selbstverständlich auch schon sein Vater gestanden hatte. Seine Jahre bei den Kürassieren waren im wesentlichen Friedensjahre gewesen; nur Anno vierundsechzig war er mit in Schleswig, aber auch hier, ohne zur ›Aktion‹ zu kommen.« Es kommt für einen Märkischen nur darauf an, überhaupt dabei gewesen zu sein; das andere steht in Gottes Hand. »Und er schmunzelte, wenn er dergleichen sagte, seine Hörer jedesmal in Zweifel darüber lassend, ob er's ernsthaft oder scherzhaft gemeint habe.« Die Romanfigur Fontanes, der märkische Junker Dubslav von Stechlin, Major a. D. und »ein gut Stück über Sechzig hinaus«, stellt den Typus des preußischen Adligen dar, der erst eine Generation später von dem lauten, aufgeblasenen »Jardeoffizier« verdrängt worden ist.

Fontane nennt ihn einen Adligen »von der milderen Observanz, eines jener Originale, bei denen sich selbst die Schwächen in Vorzüge verwandeln. Er hatte noch das ganz eigentümlich sympathisch berührende Selbstgefühl all derer, die ›schon vor den Hohenzollern‹ da waren, aber er hegte dieses Selbstgefühl nur ganz im stillen, und wenn es dennoch zum Ausdruck kam, so kleidete sich's in Humor, auch wohl in Selbstironie, weil er seinem ganzen Wesen nach überhaupt hinter alles ein Fragezeichen machte. Sein schönster Zug war eine tiefe, so recht von Herzen kommende Humanität, und Dünkel und Überheblichkeit (während er sonst eine Neigung hatte, fünf gerade sein zu lassen) waren so ziemlich die einzigen Dinge, die ihn empörten.« Dorf, Pfarrhaus und Schule gehören in die Welt des Herrn von Stechlin wie das Schulzenamt und der »Krug«, »dieser letztere zugleich Eck- und Kramladen mit einem kleinen Mohren und einer Girlande von Schwefelhölzern im Schaufenster«. Eine Kastanienallee führt an der Feldsteinmauer des Friedhofs vorbei zum Schloß, das man über eine hölzerne Bohlenbrücke erreicht. »Diese Brücke ist sehr primitiv. Jenseits derselben aber steigt das Herrenhaus auf, ein gelbgetünchter Bau mit hohem Dach und zwei Blitzableitern.« Dubslav von Stechlin sprach nie von seinem Schloß, er nannte es das Haus und hielt es für einen alten Kasten. Er lebte dort mit seinem knorrigen Diener Engelke, hält Freundschaft mit dem Oberförster Katzler, dessen Frau eine fabelhafte Geborene ist, streitet sich mit dem Lehrer und Kantor Krippenstapel und vertraut sich seinem alten Freunde Baruch Hirschfeld an, der im benachbarten Städtchen Gransee einen Tuchladen am Markt hat und Modesachen von Gerson führt. In dieser engen Welt kreist das Denken um familiäre Probleme, um Beförderungen bei Hof und beim Regiment, das so etwas wie eine Heimat ist, man spricht über allerlei, über Politik gewiß nicht, und ist so zufrieden wie in Thornton Wilders Kleinstadt, denn hier wie dort bilden Genügsamkeit und Bescheidenheit, Fleiß und Sparsamkeit, kurz, durchaus akzeptable Tugenden die Grundlage eines geordneten und überschaubaren Daseins, weitab von den Problemen des Elends und der Ausbeutung.

Der preußische Adel, der unter Kaiser Wilhelm II. schließlich zum Zerrbild seiner selbst geworden ist und in seiner militanten Form die Tugenden Deutschlands bis zum extremen Ende durchexerziert hat, ist bekanntlich ein Gutsadel gewesen, dessen jüngere Söhne im Heer und in der Verwaltung ihr Lebensziel fanden. Bürgerliche Berufe wie Professoren und Ärzte, Rechtsanwälte und Künstler waren von Friedrich Wilhelm I., dem Soldatenkönig, vom Militärdienst freigestellt. Die Masse der Soldaten stammte daher vom Lande und war auf jenen Gütern aufgewachsen, die den von Dohna und von Dönhoff, von Lehndorff und von Dewitz, von Wedel und von Itzenplitz gehörten. Dieser Adel hatte über die Bauern die Patrimonialgerichtsbarkeit, er verfügte über die Landpolizei, er hatte das meist nicht mehr wahrgenommene Recht, den Heiratskonsens zu erteilen und über die Ausbildung der Bauernkinder zu verfügen, er beutete die Bauern aus und sorgte zugleich auf patriarchalische Weise für ihr Wohlergehen.

Die Nachteile eines solchen feudalen Systems liegen auf der Hand, die Vorteile bestanden in der persönlichen Verantwortung. Hier verfügte kein Bürokrat über Wohl und Wehe von Menschen, die ihn nichts angingen, sondern ein Mann, dessen Familie man seit Generationen kannte, der als Kind mit den Dorfjungen gespielt hatte. Bei aller Willkür hatte diese überschaubare ländliche Ordnung doch nicht nur Schattenseiten und erklärte sich aus dem Begriff der Pflicht, einem kategorischen, nach Kant interpretierten Begriff. Sorge für deine Untergebenen, heißt es in einer väterlichen Anweisung aus jenen patriarchalischen Tagen, als ob sie entfernte Mitglieder deiner Familie wären. Das Herrenrecht bestand vor allem aus Pflichten, auch gegenüber denen, die sozial abhängig waren, und einem Mann wie Dubslav von Stechlin hätte man nur mit einiger Anstrengung Ausbeutung vorwerfen können – was nicht bedeutet, daß politisch gesehen das System solcher Adelswirtschaft nicht zum Untergang verurteilt gewesen wäre.

Daß der preußische Adel zur Stütze des Staates wurde und seine Existenz schließlich mit dem jeweiligen König identifizierte, ist nicht selbstverständlich gewesen. Überall in Europa zwangen die Herrscher, die den von Beamten verwalteten Flächenstaat anstrebten, den widerspenstigen adligen Großgrundbesitzer zur Räson. In einem königlichen politischen Testament aus dem Jahre 1722 heißt es denn auch über den Generalkriegskommissar, wenn er dem König treu dienen wolle, müsse er den gesamten Adel gegen sich haben. Diese Kriegskommissariate waren die Anfang des 18. Jahrhunderts geschaffenen Vorläufer der späteren Staatsverwaltung. Der Große Kurfürst hatte das Recht durchgesetzt, im Lande Truppen einquartieren und verpflegen zu lassen sowie Garnisonen in die Städte zu legen. Um die Unterbringung und Verpflegung des stehenden Heeres zu si-

Friedrich der Große *(1740–1786), König von Preußen, war ein Bewunderer der Aufklärung. Er festigte sein Land durch innenpolitische Zentralisierung, die Schaffung neuer Rechtsgrundlagen und besonders durch den Ausbau des stehenden Heeres zum größten in Europa. Holzschnitt (1840–1842) von Adolph von Menzel.*

chern, hatte er besondere Behörden geschaffen, die in scharfem Gegensatz zur ständischen Selbstverwaltung der adligen Ritterschaften standen. Zunächst gab es weder im Landesrecht noch im politischen Gefüge Platz für diese unbequemen Kommissariate, hinter denen gleich ein kommandierender Offizier der Armee und die militärische Exekution stand. Es ist ein ganz ähnlicher Vorgang, wie er zur Zeit

Heinrichs IV. und seines Nachfolgers in Frankreich zur Ausbildung des Intendanten geführt hat (Hintze). Entscheidend war die Frage, wer in der Steuerverwaltung das letzte Wort zu reden hatte, die Stände, d. h. also die Ritterschaften oder der Staat mit seinen Kommissariatsbehörden. Der Staat als das fortschrittliche System setzte sich durch, und Schritt für Schritt wurde die ständische Selbstverwaltung zurückgedrängt, denn die Kommissariate übernahmen mit der Kontrolle über die Finanzen die Sorge für die öffentliche Ordnung, für das Bau- und Feuerlöschwesen, für die städtische Lebensmittelversorgung und für die Gewerbe, überhaupt für »Verkehr und Konsumtion«.

Im Jahre 1702 erhalten die Herren »Directores und Kriegskommissarii« auf ihr Ansuchen den Titel Landrat, weil er damals vornehmer klang. Später ist dieses Landratsamt auf die übrigen Provinzen Preußens übertragen und ausgebaut worden. Zwar sind die Landräte nachgeordnete Bezirksbeamte, die vom König, von den Generalkriegskommissariaten, später von den Ministerien Weisungen erhalten, und doch blieben sie vornehme Herren, in erster Linie Rittergutsbesitzer, nicht Beamte, nicht bloß dem fürstlichen, sondern auch dem Landesinteresse dienend, Führer und Vertreter ihrer Standesgenossen im Kreis. Die Nachfolger des Großen Kurfürsten haben auf diese Posten nur sehr ungern Herren aus dem märkischen Adel berufen, und noch Friedrich Wilhelm I., der Vater Friedrichs des Großen, hat adeligen Landräten mißtraut. Viel lieber besetzte er diese Posten mit ehemaligen Offizieren oder Bürgerlichen, die er geadelt hatte, denn unter seiner Herrschaft war die Aufsässigkeit des Adels durchaus noch nicht gebrochen. Damals mußten alle »Kriegs- und Domänenkammern« Listen von den Edelleuten ihres Bezirkes anlegen und den König über ihr Tun und Treiben informieren. Es war dem Adel verboten, wie seinerzeit noch durchaus üblich, in fremde Dienste zu gehen, und ohne königliche Erlaubnis durften sie weder ins Ausland reisen noch ihre Söhne auf Reisen oder auf fremde Universitäten schicken.

König Friedrich Wilhelm I. hat das alte, ritterschaftliche Vasallenverhältnis durch das Treueverhältnis des Offiziers zum König ersetzt. Damals galt es im Adel noch als eine lästige Pflicht, die Offiziersstellen im Heer zu besetzen, auch dienten im Heer viele auswärtige Offiziere. König Friedrich Wilhelm I. setzte seinen Ehrgeiz darein, den Ersatz seines Offizierskorps aus dem einheimischen Adel zu holen. Er selbst trug nur Uniform, behandelte die Offiziere als Gleichgestellte, prägte ihr Pflichtbewußtsein und weckte ihr Staatsbewußtsein, kurzum, er schuf aus dem Adel jenen »Kader des Absolutismus«, als der er sich bis zum Untergang verstanden hat. Um den Söhnen aus dem vielfach armen Gutsadel der Ostprovinzen die Möglichkeit standesgemäßer Erziehung zu geben, gründete er in Berlin, Magdeburg und Stolp Kadettenhäuser, wobei die Eltern häufig mit Gewalt gezwungen wurden, ihre Söhne herzugeben. Namentlich in Ostpreußen ließ er die Söhne truppweise durch Unteroffiziere und Landpolizei abholen und den Eltern versichern, es sei dafür gesorgt, daß ihre Söhne gut unterhalten, in reinlichen Kammern logiert und in allen Künsten unterwiesen würden, auch werde man sie zu guten Christen erziehen. Friedrich der Große hat dann in seinem politischen Testament vom Jahre 1752 gesagt, er habe immer darauf gehalten, daß die Offiziere sich nicht als Märker, Pommern oder Brandenburger, sondern als Preußen bezeichneten. Erst unter seiner Herrschaft wurde das Offizierspatent Privileg des Adels, auch die Ministerien und Präsidenten der Kollegien waren durchweg von Adel. Nach zwei

Generationen hatte sich aus einer rebellierenden Kaste ein Stand entwickelt, der den absolutistischen Staat trotz gewisser Reserven bejahte.

Ein Beispiel für die Wandlung liefert der Großvater des später bekannten konservativen Friedrich August Ludwig von der Marwitz. Dieser ältere August Gebhard von der Marwitz hatte bei der Garde gedient und als Hauptmann seinen Abschied genommen, um seine Güter zu bewirtschaften. Er sorgte für Flurbereinigung, entwässerte große Brüche, vergrößerte sein Land durch Kauf und Pacht, führte in Berlin ein großes Haus und liebte Repräsentation – aber war, bei allem ständischen Selbstbewußtsein, in erster Linie Offizier des Königs. Wenn er im Winter zur Opern-Saison oder zum Karneval nach Berlin fuhr, rollte die Kutsche mit einem Sechsergespann durch die Dörfer, ein Läufer eilte voran. Der Kirchenbesuch wurde auf seinen Dörfern scharf kontrolliert, Säumige traktierte man mit Geldbußen oder Stockhieben. Streng, aber gerecht nannte man das, und seine Selbstherrlichkeit brachte ihn gelegentlich mit dem Staat in Konflikt. 1729 verdonnerte er als Gerichtsherr einen aufsässigen Bauern zu vier Wochen Karrenarbeit und forderte vom König, dieser möge die Strafe auf der Festung Küstrin vollstrecken lassen. Er handelte sich einen Verweis ein, derlei Dinge gehörten vor das königliche Criminal-Gericht, wo der Bauer Gelegenheit habe, in eigener Sache auszusagen. Das war die Schattenseite des Patriarchats, eine unbefangene Willkür, die sich überall dort ausbreitet, wo niemand die Ausübung der Macht kontrolliert. Andererseits verlieh die wirtschaftliche Unabhängigkeit dem Offizier vom Adel eine gewisse innere Freiheit.

Der Generalleutnant Johann Friedrich Adolf von der Marwitz hatte als Kommandeur des Regiments Gensdarmes von Friedrich dem Großen die Erlaubnis erhalten, als Repressalie für einen Übergriff der Sachsen Schloß Hubertusburg zu plündern. Gelegentlich fragte der König bei Tisch, ob denn dies nun geschehen sei, was Marwitz verneinte. »Warum nicht?« fuhr der König auf. »Weil dies sich allenfalls für Offiziere eines Freibataillons schicken würde, aber nicht für den Kommandeur Seiner Majestät Gensdarmes.« Der König stand empört von der Tafel auf und schenkte das Mobiliar des Schlosses Hubertusburg dem Obersten Quintus Icilius, der bald darauf alles ausplünderte. Marwitz, in Ungnade gefallen, trat mit 46 Jahren in den Ruhestand. Nach seinem Tode wurde er in der Kirche von Friedersdorf in der Mark Brandenburg beigesetzt. Sein Grabstein, später von seinem Neffen gesetzt, lautete: »Johann Friedrich Adolf. Er sah Friedrichs Heldenzeit und kämpfte mit ihm in allen seinen Kriegen. Wählte Ungnade, wo Gehorsam nicht Ehre brachte.« Dieser Grundsatz ist, zum Unglück Deutschlands, später weithin in Vergessenheit geraten und drückt doch eine Haltung aus, die zu allen Zeiten gefragt sein wird, selbst in demokratischen Staaten.

Politische Utopien

Wenn ich die heutigen Staaten, schreibt Thomas Morus, an meinem Geiste vorüberziehen lasse, so finde ich, bei Gott, so etwas wie eine Verschwörung der Reichen, die im Namen und unter dem Rechtstitel des Staates für ihren eigenen Vorteil sorgen. Alle möglichen Schliche und Kniffe ersinnen sie, damit sie zunächst das, was sie durch ihre Machenschaften zusammengerafft haben, unbehelligt und ohne Verlust zusammenhalten und dann die Mühe und Arbeit der Armen möglichst billig kaufen und ausnützen können. Der Verfasser der »Utopia«, dieses »Landes Nirgendwo«, eines Entwurfes für einen Idealstaat, wurde nach steiler politischer Karriere unter König Heinrich VIII. am 6. oder 7. Juli 1435 enthauptet, weil er den Eid auf die königliche Oberherrschaft über die Kirche in England verweigerte. Als Humanist war er mit Erasmus von Rotterdam in Verbindung getreten und hatte seine Freundschaft erworben, und wenn er die politischen Mißstände anprangerte, wußte er, worüber er schrieb.

Damals wurde zum erstenmal die Frage nach dem Besitz, d. h. dem Privatbesitz an Grund und Boden in voller Schärfe gestellt. Die Hochkonjunktur für Wolle ließ es jedem englischen Grundbesitzer ratsam erscheinen, die Landpächter von den Höfen zu verdrängen, um Schafweiden anlegen zu können. Genauso war es in Spanien geschehen, wo die Schafzucht die Agrarstruktur des Landes ruinierte. In Spanien war die feudale Schicht der Adligen politisch stark genug, um ihren Willen am Hof durchsetzen zu können; in England griff der Staat ein und erließ Gesetze gegen diesen Bodenwucher. Thomas Morus hat die Verhältnisse in klassischer Klarheit beschrieben: »Damit ein einziger Prasser, in seiner Unersättlichkeit eine Pest für sein Vaterland, einige tausend Morgen zusammenhängenden Ackerlandes mit einem einzigen Zaun einfriedigen kann, werden die Pächter vertrieben; mit Lug und Trug und Gewalt nimmt man ihren Besitz oder schikaniert sie so lange, bis sie verkaufen. Und dann gehen diese Unglücklichen auf Wanderschaft: Männer, Frauen, Ehemänner, Ehefrauen, Witwen und Waisen, Eltern mit einer mehr zahlreichen als wohlhabenden Familie . . . Sie verschleudern ihren Hausrat, weil sie ihn loswerden müssen; der Erlös ist binnen kurzem auf der Wanderschaft verbraucht. Was bleibt ihnen am Ende anderes übrig, als zu stehlen und – natürlich nach Recht und Gerechtigkeit – gehängt zu werden oder aber herumzustreunen und zu betteln und dann wegen müßigen Herumtreibens als Landstreicher ins Gefängnis zu kommen? Keiner will sie dingen, auch wenn sie sich noch so eifrig anbieten.«

Diese soziologische Analyse traf ins Schwarze und läßt erkennen, daß auch ein überzeugter Katholik wie Thomas Morus, der 1935 heiliggesprochen wurde, nicht mehr in den mittelalterlichen ständischen Kategorien dachte. Man begann zu ahnen, daß die sozialen Mißstände mit dem Privateigentum zusammenhingen, und man sah plötzlich in den Adligen nicht mehr die christliche Ritterschaft, sondern Menschen, die »faul wie Drohnen von anderer Leute Arbeit leben und ihre Landpächter bis aufs Blut schinden, um höhere Einkünfte zu erzielen.« In seiner »Utopia« zeichnete Thomas Morus einen kommunistischen Agrarstaat und kommt damit zu ganz ähnlichen politischen Lösungen wie Platon, der ja auch schon den Zusammenhang zwischen dem Privateigentum einzelner und der Armut der Massen erkannt hatte, »mag das Volksvermögen noch so groß sein«.

Diese Epoche, in der sich die bis heute wirksamen Grundlagen des abendländischen Denkens formten, hat nicht nur den ethisch orientierten Erfinder der »Utopia« hervorgebracht, sondern auch den Realisten der Macht Niccolò Machiavelli (1469–1527). Charakteristisch für ihn ist seine Aussage über Savonarola, den eifernden Bußprediger, der 1498 gefoltert, erpreßt, gehängt und verbrannt worden ist. Machiavelli sagte knapp, dieser Mann sei »ein Prophet ohne Waffen« gewesen – auch hier erfaßte er mit einem Blick das Problem der Macht. Wie man sie handhaben müsse, bildet den Kern seiner Überlegungen. Die ethischen und philosophischen Gesichtspunkte des Problems interessieren ihn ebensowenig, wie den Naturwissenschaftler gefühlsbetonte Meinungen über seinen Forschungsgegenstand interessieren. Machiavelli will herausfinden, wie man Macht handhaben muß, um bestimmte Wirkungen zu erzielen, und vor allem, wie man Macht bekommt und behält. So kommt sein fast melancholischer Satz zustande: »Wer in allen Dingen nach der Moral handeln will, muß unter so vielen anderen, die sich nicht nach ihr richten, zugrunde gehen. Ein Herrscher, der sich behaupten will, muß daher auch verstehen, außerhalb der Moral zu handeln und das Gute zu tun und zu lassen, wie es die Umstände erfordern.« Daß der Fürst den Menschen und die Bestie müsse spielen können, um seine Macht zu behaupten, erscheint diesem klugen Beobachter der politischen Szenerie nichts als logisch zu sein – und so formuliert er ohne besondere Erregung, was ihm prinzipiell wichtig erscheint. Daß man Machiavelli zu einem Ausbund politischer Bosheit und Gesinnungslosigkeit verteufelt hat, beweist nur, daß die Menschen manche Wahrheiten nicht ertragen wollen.

In Machiavellis Gedanken steckt die Nüchternheit des Technikers, wie überhaupt der Einfluß des naturwissenschaftlichen Denkens zunehmend sichtbar wird. Manche Denker verstehen den Menschen nicht mehr von seiner theologischen Situation her, sondern als eine Art Tier mit höheren Affekten. Der Engländer Thomas Hobbes zum Beispiel, ein vielseitig interessierter Mann, der als Hauslehrer in der Familie des Grafen von Devonshire lebte und mit Entsetzen Zeuge des Bürgerkrieges wurde, vor dem er 1640 nach Frankreich floh, hat den Menschen als ein von Gier und Furcht regiertes Lebewesen erlebt. Er sieht selbst in der Anlage zur Geselligkeit nur Eigennutz, interpretiert jede menschliche Eigenschaft auf diesen einen Punkt hin und kommt zu deprimierenden, gewiß nicht falschen, aber ergänzungsbedürftigen Schlüssen. Sein Staatsmodell, im »Leviathan« (1651) am deutlichsten dargelegt, geht davon aus, daß im Naturzustand »jeder ein Recht auf alles« hätte. Aber eben dieses Recht kehrt sich gegen jeden, der nur dann Sicherheit erlangen kann, wenn er seine Willkür einer schützenden Ordnung opfert.

»Die Fundamente dieser Staatsphilosophie, die in ihrer harten und klaren Unsentimentalität und ihrer rein naturwissenschaftlichen Wertung der politischen Phänomene noch beträchtlich über Machiavelli hinausgeht, sind so, wie sie bei einem so konsequenten Denker wie Hobbes nicht anders sein können: eine nihilistische Ethik: an sich ist nichts gut oder böse, ein bestimmter Maßstab der Moral ist erst im Staat gegeben; eine materialistische Ontologie: alles Sein ist Körper, alles Geschehen Bewegung, auch Empfindungen sind hervorgerufen durch körperliche Bewegungen« (Friedell). Daß man den Staat so organisieren müsse, daß er eine politische Stabilität garantieren könne, war eine Forderung, die bestimmte Konsequenzen hatte. Denn nach der Auffassung Hobbes' mußte der

Die deutsche Reichskrone *wurde wahrscheinlich für die Krönung Ottos I. (963) angefertigt. Mit ihr wurden alle deutschen Kaiser bis zum Jahr 1806 gekrönt. Weltliche Schatzkammer, Wien.*

Heinrich II. *(1002–1024) wird von Christus zum deutschen Kaiser gekrönt.
Der letzte Sachsenkaiser gründete das Bistum Bamberg, um die Missionierung der
Mainslawen voranzutreiben. Sakramentar Heinrichs II., Clm. 4456, fol. 11r.
Entstanden in Regensburg zwischen 1002 und 1014. Bayer. Staatsbibliothek, München.*

Die Wächterfiguren *vor dem Tempel des Emmeral Buddha im Areal des Königspalastes sollen vor dem Eindringen böser Geister bewahren. Steinfiguren mit glacierten Ziegeln überzogen, letztes Drittel 18. Jh. Bangkok.*

Der Sultan und sein Diwan halten in einem speziell hierfür erbauten Prunksaal im Serail Staatsrat. Kolorierter Stich von Joh. H. Löschenkol (1753–1807). Heeresgeschichtliches Museum, Wien.

Die indischen Herrscher Akbar, Jahangir und Shan Jahan bei Beratungen mit ihren Ratgebern. Miniatur des Malers Bichitr, um 1630. Chester Beatty Library, Dublin.

Das Dorf Kawloon in der Nähe von Hongkong war die Geburtsstätte von Li Schih-min, dem Begründer der chinesischen Tang-Dynastie (618–906).

a ce saint service ordenes et les dus dies representeront et
les dictes escriptures devant le Prince et son conseil et
celles qui au dit Prince et conseil sembleront estre din-
gnes de ramentevoir les dus clers les mettront en escri-
pt ordens un livre le quel sappellera le livre des avene-
mens aus chevaliers de la compaignie du sainct esperit
au vray desir. Et demora le dit livre tous iours en la
dicte chappelle.

Item se la saincte eglise de romme ou au i
cuns Princeps des crestiens en prent le
voyage doultre mer pour la terre saincte
la ou est le sepulcre de nostre seignour a
recouvrer et le getter hors des mains des
mescrans chascun chevalier de la dicte
compaigne sera tenus dy estre en propre
personne si pourrout bonnement et se chose
fust que le Prince de la dicte compaigne
ou qui le dit heritage doit estre raisonnable
ment emprent le dit voyage ou passage a lerre de la i
saincte eglise et des autres Princeps crestiens ou le dit
Prince y alast personnelment en la compaignie dautrui
chascuns des dus chevaliers seront tenu de aler personne
lment et de demorer continuelment tant comme le i
dit Prince ydem aura salve se aucune expresse et i
tant necessite ne le contredeist.

Einschiffung zu einem Kreuzzug. *Unter der Flagge Frankreichs ziehen die Ritter
gegen Osten, um die heiligen Stätten des Christentums aus den Händen der Ungläubigen
zu befreien. Miniatur aus Ms. fr. 4274, fol. 6, Bibliothèque Nationale, Paris.*

Der persische König Khosrow *mit seiner Hofhaltung. Miniatur aus einer
Handschrift des Khamsa von Nizami, 1524/25. The Metropolitan Museum of Art,
Gift of Alexander Smith Cochran, New York.*

Augsburger Bürger *liefern beim »Einnemer Ambt« Steuern in Form von Naturalien ab. Aquarell von Jörg Breu d.J. aus dem Ratsbuch der Stadt Augsburg, 1545 (Ausschnitt). Bayer. Nationalmuseum, München.*

Staat darüber entscheiden, was den Bürgern zuträglich sei und was nicht – nicht der »mündige Bürger«, sondern der stets gefährdete letztlich unreife Untertan sei das Individuum eines solchen Staates. Hobbes, wie viele andere nach ihm, wählt die »autoritäre Lösung«, er setzt sozusagen einen weltlichen Papst ein, der über alle Streitigkeiten zu entscheiden habe.

Wie in der Kindererziehung die Eltern Fehler meiden, die ihnen selbst in ihrer Kindheit Schwierigkeiten gemacht haben, dafür aber nun selbst neue Fehler machen, die ihnen gar nicht zu Bewußtsein kommen, so geht es auch den politischen Denkern. Meist ist ihr System eine Antwort auf die politischen Verhältnisse ihrer Epoche, eben deshalb aber enthält ein solches System schon von vornherein Fehler, die unter geänderten Verhältnissen hervortreten. Wer wie Hobbes die Anarchie erlebt hat, wird die Ordnungsmacht stärken, wer unter dem Druck eines mächtigen Staates gestöhnt hat, wird mehr Freiheit wünschen.

Der Engländer John Locke (1632–1704), der die bewegteste Epoche der englischen Geschichte von Cromwell bis zur Thronbesteigung Wilhelms von Oranien miterlebt hat, mißtraute der Macht des Staates. Nicht ihre Festigung, sondern ihre wirksame Kontrolle war sein wichtigstes Ziel. Die erbittert geführten Religionskriege vor Augen, in denen es um die Auslegung der Heiligen Schrift, um Glaubens- und Gewissensfragen, um nichts als bestimmte moralische oder theologische Grundsätze zu gehen schien, forderte er dem Geist der Aufklärungsepoche entsprechend Toleranz – vor allem in religiösen Fragen. Das lag in der Luft und prägte für einige Zeit die Maßstäbe politischen Denkens und Handelns. Locke hatte übrigens den Begriff der Gewaltenteilung eingeführt, der von dem Franzosen Montesquieu, eigentlich Baron de la Brède et de Montesquieu (1689–1755), vertieft worden ist und lange als ideales Muster für den modernen Verfassungsstaat galt. Zur heutigen parlamentarischen Wirklichkeit verhält sich die Lehre von der klassischen Gewaltenteilung etwa so, wie sich das Humanitätsideal Wilhelm von Humboldts zur modernen Schulwirklichkeit verhält.

Der Grundgedanke war, dem einzelnen im Staat ein Höchstmaß an Freiheit dadurch zu sichern, daß man die Gewalten, die über den Staat verfügen können, in ein labiles System gegenseitiger Abhängigkeit bringt. Er unterscheidet, wie andere vor ihm, die gesetzgebende Gewalt (Legislative), die vollziehende Gewalt (Exekutive) und die richterliche Gewalt, und er sieht, daß es für den einzelnen keine Freiheit geben kann, wenn zwei dieser Funktionen in nur einer Hand liegen, wie etwa beim Großgrundbesitzer des Mittelalters, der zugleich »Gesetzgeber« und oberster Gerichtsherr auf seinem Grund und Boden war.

Solche einfachen Verhältnisse sind heute nicht mehr gegeben, und deshalb ist zwar Gewaltenteilung nach wie vor notwendig, aber die Frage, welche Gewalten denn im Staat wirksam werden, müßte neu überdacht werden. Zum Beispiel haben Industrie und Ministerialbürokratie oft wirksamere Machtmittel als die Parteien selbst, die im Bundestag Gesetze erlassen. Man wird in diesem Zusammenhang die Umrisse des Denkens über den Staat, wie sie sich im 18. und 19. Jahrhundert entwickelt haben, nicht einmal grob nachzeichnen können. Von verschiedenen Gesichtspunkten aus wurden Versuche gemacht, verbindliche Ordnungen zu begründen. Bei Kant ist es das »moralische Gesetz in uns«, das den einzelnen den rechten Gebrauch der Freiheit lehrt. Das Recht regelt diesen Gebrauch im Verhältnis der Bürger zueinander. Es sind idealistische und formale, streng philosophische

Kriterien, nach denen der Denker vorgeht. Man merkt dem Preußen, der durch seine Philosophie das europäische Denken so entscheidend beeinflußt hat wie etwa später Hegel, das politische Milieu an. Denn er betrachtet, aus streng logischen Gründen, jede Widersetzlichkeit als das höchste Verbrechen in einem Gemeinwesen, und zwar auch dann, wenn das Staatsoberhaupt die Rechte verletzt und seine gesetzgeberische Qualifikation eingebüßt habe.

So durchzieht die Frage, wie Freiheit und Ordnung zu vereinen seien, als Grundfrage das gesamte Denken über den Staat, und je nachdem, welche Vorstellungen man vom Menschen oder welche Auffassungen man über die Welt hat, werden die Gewichte verschoben; Hegel erkennt im Staat das Wirken dessen, was er als »objektive Vernunft« bezeichnet und was nach seiner Ansicht auf Verwirklichung des Menschengeschlechtes zielt. »Die Weltgeschichte ist die Darstellung des göttlichen, absoluten Prozesses des Geistes in seinen höchsten Gestalten, dieses Stufenganges, wodurch er seine Wahrheit, das Selbstbewußtsein über sich erlangt. Die Gestaltungen dieser Stufen sind die welthistorischen Volksgeister . . .«

Aus der Beschäftigung mit Hegels Philosophie ist die Lehre von Karl Marx gewachsen, der mit naturwissenschaftlicher Konsequenz nach Gesetzen suchte, denen die menschliche Geschichte unterworfen ist, und den Schlüssel beim Begriff der Arbeit und des Besitzes findet. Seine Theorie über den Staat ist in einer Zeit formuliert, als der Frühkapitalismus die sozialen Verhältnisse in den europäischen Staaten zestimmte und niemand die Struktur eines modernen Industriestaates voraussehen konnte.

Von der Rache zum Recht

Die Waage der Gerechtigkeit

In der Staatlichen Sammlung ägyptischer Kunst zu München ist ein sogenanntes Totenbuch zu sehen, ein Papyrus, der den Weg der Seele im Jenseits illustriert. Die entscheidende Station ist das Totengericht: Der Tote steht vor dem Thron des Osiris und sieht zu, wie sein Herz gegen die Wahrheit, symbolisiert durch eine Feder, aufgewogen wird. Diese uralten Vorstellungen vom Totengericht lassen einen bedeutsamen Zug zur Demokratisierung erkennen, der wiederum die religiöse Umwälzung jener Epoche widerspiegelt. Denn vor dem Totengericht des Osiris, des Gottes, waren alle Menschen gleich. So hatte auch der einfache Mann eine Chance, nach seinem Tod zur Erlösung und ewigen Seligkeiten zu kommen, wie er zu Lebzeiten dank des Gerichtes eine Chance hatte, auch gegen den Mächtigen zu seinem Recht zu kommen. Bezeichnend ist der Katalog der 42 Delikte, die ein Ägypter nicht begangen haben durfte, wenn er sich den Weg in die Seligkeit nicht versperren wollte. Zusammengefaßt waren dies Meineid, Unzucht, Diebstahl, Lüge, Verleumdung, falsches Zeugnis und Schmähung, also vor allem Verhaltensweisen, die erst bei dichter Besiedelung und unübersichtlichen Gesellschaftsverhältnissen zu Unheil führen können.

Eine Kultur muß schon lange bestehen und sich weit entwickelt haben, um zu solchen Vorstellungen zu kommen, denn das Rechtsleben mit seinen Grundsätzen entwickelt sich schrittweise aus der Differenzierung der gesellschaftlichen Bedürfnisse. Ganz sicher steht am Anfang der menschlichen Kultur nicht der besitzlose Zustand, in dem allen alles gehört. Der Besitz, verhaltenspsychologisch wohl im Brut- und Revierinstinkt begründet, genauer gesagt, der Eigentumsbegriff findet sich in allen Völkern der Erde, mögen sie auch auf noch so niederer Stufe stehen, und Gemeinbesitz und Sonderbesitz sind dabei nur Ausdrücke für zwei verschiedene Richtungen innerhalb der Gesellschaft (Birket-Smith). Ordnung innerhalb der Gemeinschaft ist zuallererst auch eine Ordnung der Besitzverhältnisse. Ein erfahrener schwarz-afrikanischer König formulierte diesen Grundsatz so: »Jedem Mann seine Frau und jedem Hund seinen Knochen, dann herrscht Frieden im Dorf.«

In einer überschaubaren Gemeinschaft von wenigen Menschen braucht man keine Markierung, kein Zeichen, um zu wissen, welcher Gegenstand, welche Waffe oder welches Tier wem gehört. Erst in Siedlungen, die unüberschaubar sind, werden auch die Eigentumsverhältnisse unüberschaubar. In jenen frühen Zeiten, in der nicht nur Menschen, sondern auch Tiere und Dinge auf besondere Weise »kraftgeladen« oder auch beseelt erlebt werden, haben die Eigentumsverhältnisse nur Bedeutung, wenn sie die unsichtbaren, aber wirksamen Kraftfelder in der Gemeinschaft berühren. Der König, der aus der kunstvoll geschnitzten Kokosschale trinkt, hat diesen Gegenstand mit seinem »mana«, seiner Seelenkraft, geladen. Jedem anderen Menschen würde es, so glaubt man, den Tod bringen, wenn er den Gegenstand berührte. So erhält er ein Tabuzeichen, ein Warnzeichen. Die Besitzzeichen der Eskimos in Alaska haben diesen Tabucharakter, aber auch die ca. 4000 Jahre alten Tonsiegel aus Uruk in Mesopotamien, die ältesten Siegel, die man kennt.

Eigentumsverhältnisse können nun innerhalb der Stammes- oder Dorfgemeinschaft strittig werden, aber auch zwischen den verschiedenen Gemeinschaften. Das Eigentumsrecht ist deshalb zu einem Hauptstück des Rechtslebens geworden, wobei man sich unter diesem Begriff durchaus noch nicht das Zusammenspiel zwischen Kläger und Beklagtem, zwischen dem Richter und dem Gesetz, zwischen Gericht und Polizei vorstellen darf.

Jeder Rechtsfall beginnt als Streitfall. Ein Zustand ist verändert worden, und zwar auf eine Weise, die das Gleichgewicht der Gemeinschaft stört. Das Recht ordnet die Art und Weise, wie dieses Gleichgewicht wiederhergestellt wird. Ein Beispiel: Ein Trupp von Wüstenreitern schwärmt im Schutze der Nacht auf schnellen Pferden aus, um einen Überfall auf einen feindlichen Stamm zu wagen. Solche Raubzüge sind bei Nomadenvölkern, etwa bei den Tuaregs, aber auch bei den Kasaken und Turkmenen, ein durchaus anerkannter Erwerbszweig gewesen. Man findet das Lager, vermag die Wachen lautlos zu überwältigen und jene zu töten, die sich wehren. Die Überlebenden werden gefesselt und sind für den Sklavenmarkt vorgesehen. Im Schatten der Zelte steht diese frierende, zitternde Gruppe von Menschen, die in dieser Nacht alles, auch ihre Freiheit, verloren haben. Unter ihnen befindet sich eine hochgewachsene, junge Frau, welche die Blicke aller Männer auf sich zieht. An ihren Hand- und Fußgelenken klirren schwere Silberreifen, sie trägt Ohrringe und hat das Haupt mit einem schwarzen Schleier verhüllt. Diese Frau möchte jeder der Krieger besitzen, aber jeder weiß, sie gehört dem, der den Überfall anführte, das ist uralte Sitte. In der Sprache des römischen Rechts heißt dieser Anspruch das »jus occupationis«, das »Recht aus der Besitzergreifung«. Der Jäger hat den Anspruch auf das beste Stück aus dem Wild, das er erlegte, die Frau einen Anspruch auf die Beeren und Früchte, die sie sammelte, der König auf die Beute seines Heeres. Wenn in einem Nomadenstamm jemand wagen sollte, dieses Recht des Anführers auf die Beute streitig zu machen, wird kein Staatsanwalt einen Strafantrag stellen, kein Kläger einen Schriftsatz verfassen, kein Gericht urteilen. Denn dieser Streitfall wird nur zwischen den Betroffenen ausgetragen – so kann der Zweikampf zu einem Mittel der Rechtspflege werden.

Selbstverständlich entwickelt jede Gesellschaft die unterschiedlichsten Mittel, das Recht durchzusetzen, dabei sind die Sanktionen, die sich aus Sitte und Glaube ergeben, mindestens ebenso starke Instrumente der Rechtspflege wie später, in reifen Gesellschaften, Polizei und Strafvollzug.

In China nahm das geschriebene Recht seit der Zeit des Konfuzius eine gänzlich andere Stellung ein. Nur wenn die Menschen nicht mehr imstande waren, ihre Konflikte durch Kompromisse zu regeln, trat das Gesetz in Kraft. Man war in China der Meinung, Gesetze sollten nicht bekannt sein, damit niemand dazu verführt würde, auf Rechte zu pochen. Nicht die Rechte des einzelnen, sondern seine Pflichten gegenüber dem nächsten sollten sein Verhalten regeln, und falls es zu einem Prozeß kam, galt allein dies schon als Versagen der Beteiligten (David-Grasmann). Die Rechtswissenschaft interessierte deshalb den chinesischen Denker kaum; im Mittelpunkt seines Denkens stand die Moral. So beruhte das Zusammenleben dieses uralten Volkes ursprünglich nicht auf Rechtsvorstellungen, sondern auf Moralgesetzen. Die Gruppe der sogenannten Legisten, die Gesetze dennoch gesammelt haben – so die zwölf Bände aus der Zeit der Tang-Dynastie, die 635 vollendete und 654 kommentierte Gesetzessammlung –, bekam erst Bedeutung, als China im Jahre 1912 als Republik den Weg des Westens zu gehen versuchte, übrigens zunächst mit dem befürchteten Ergebnis: Die Zahl der Prozesse stieg, ohne daß sich Vertrauen in die Gesetze eingestellt hätte.

Angesichts dieser Beispiele ist die Frage gegenstandslos, ob die durch Sitte und Religion gefestigte Gewohnheit, wie sie in China wie bei vielen Naturvölkern herrscht, schon als Recht im strengsten Sinn zu bezeichnen ist. Für den zivilisierten Menschen ist Recht ohne Kodifizierung, ohne schriftliche Festlegung allgemein gültiger Gesetze, undenkbar, und er kann sich kein Rechtsleben ohne staatliche Autorität und Gewalt vorstellen. Tatsächlich stellt das moderne Rechtsleben nur die Spitze des Eisbergs dar, und zwar nur eine besondere, in der Schriftkultur erstarrte Form der Rechtspflege. Daß die Schrift der Rechtspflege nicht nur unschätzbare Vorteile, sondern auch erheblichen Ballast gebracht hat, wurde schon in der Spätantike sichtbar, als Kaiser Justinian die Grundlagen des römischen Rechtes legte – davon wird noch ausführlich zu reden sein.

Was passiert also, wenn eine sogenannte primitive Gesellschaft sich gleichsam selbst überlassen bleibt, ohne jede Möglichkeit geordneter Rechtspflege, wie man sie heute versteht? Gibt es Mord und Totschlag, beraubt jeder jeden, sobald er nur kann, herrscht Anarchie? Unter den üblichen Voraussetzungen ganz sicher nicht, und zu diesen Voraussetzungen gehört, daß das Gemeinwesen überschaubar bleibt und die nachbarliche Kontrolle gewährleistet ist. Ebenso gehört dazu, daß kein akuter Mangel an Lebensmitteln herrscht, daß keine Übervölkerung eingetreten ist, unter deren Druck auch hier die Rechtsvorstellungen zusammenbrechen würden. Ein solcher primitiver Stamm lebt in einer durchaus gesicherten gesellschaftlichen Ordnung, die von religiösen wie von praktischen Vorstellungen bestimmt wird. Häufig beruht diese Ordnung auf einem System gegenseitiger Verpflichtungen.

Der Anthropologe Bronislaw Malinowski hat die Zustände auf den Tobriand-Inseln der Südsee untersucht. Hier sind die Küsteninsulaner Fischer, während die Einwohner im Inneren Gemüse bauen. Zwischen beiden Gruppen entsteht ein System gegenseitiger wirtschaftlicher Angewiesenheit, das den Interessen beider gerecht wird. Malinowski entwickelt daraus die Lehre von der »Reprozität«. Totschlag war bei diesen Tobriandern kein Kapitalverbrechen, und sie kannten, bevor die Europäer kamen, keine Diebstähle. Wenn aber jemand das Verbot übertrat, jemanden aus einem anderen Stamm zu heiraten, wenn er also die Zeugungskraft des eigenen Stammes schwächte und sich über die zwingende Sitte hinwegsetzte, brachte er den ganzen Stamm gegen sich auf. Auch wenn jemand der Hexerei überführt wurde – also eines Tatbestandes, der nach unserer Überzeugung überhaupt nicht existiert haben kann, weil es keine Zauberei gibt –, wurde dies als schweres Verbrechen empfunden, so etwa, als hätte jemand mit hochbrisantem Sprengstoff in einem Wohnviertel hantiert. Niemand wäre aber auf den Gedanken gekommen, den Verbrecher deshalb zu töten oder gar für Jahrzehnte einzusperren. Er wurde lediglich aus der Gesellschaft ausgestoßen, was allerdings den Tod bedeuten konnte.

Jeder, der die Gemeinschaft gefährdet, wird noch heute kriminalisiert, d. h. zum »Verbrecher« gestempelt, so läßt sich aus der Art der Reaktion die Situation der Gesellschaft ablesen. Folgerichtig gilt bei den Eskimos als Krimineller, wer Seehunde verscheucht, nicht wer ein Mädchen verführt, ebenso reagierten einige Indianerstämme scharf, wenn jemand die Büffel verscheuchte; auf Java bei den Otnongs wiederum wird gemaßregelt, wer es wagt, Kokosnüsse aus dem Gemeindebesitz zu stehlen (Seagle). Nicht immer ist die Gewohnheitsregel, die das Leben ordnet, in der Vernunft begründet oder mit Vernunft einzusehen. Aber weil es Gewohnheitsregel ist, wird es unbeirrt befolgt. Die Beharrung auf dem, was auch die Ahnen und Urahnen für recht und billig hielten, wird so zu einer starken, gesellschaftsbildenden Kraft.

In primitiven Gesellschaften, bei den sogenannten Naturvölkern, ist jedes Verhalten öffentlich, es gibt nichts, was den Stammesangehörigen verborgen bliebe. Damit ist auch jene totale Überwachung gesichert, wie sie später in den hochentwickelten Staaten durch Polizeiorgane künstlich hergestellt wird. Stärker noch als in der modernen Massengesellschaft werden in der primitiven Gesellschaft alle Vorgänge von Bedeutung auf irgendeine Weise ritualisiert. Die Eheschließung ist, wie die Aufnahme der mannbaren Stammesmitglieder in ihre Altersgruppe, im Grunde auch ein rechtlicher Akt, der aber von der Fülle seiner sonstigen Bedeutungen verdeckt ist. Die archaische Rechtsordnung, die diesen Riten zugrunde liegt, würde keine prozessuale Abweichung erlauben, niemand könnte auf dem Rechtswege erzwingen, was gegen Sitte und Brauch wäre, andererseits wirkt der Ritus Ordnung stiftend, d. h. Rechte bestätigend. Die Frau gehört nach der Eheschließung mit mehr oder weniger großen Einschränkungen dem Mann, wenn sie vollwertig ist, und der junge Krieger hat, sobald er in die Gemeinschaft der Krieger aufgenommen ist, Rechte und Pflichten wie jeder andere Krieger.

Aber auch die Gesellschaft der Naturvölker bietet keine »heile Welt«, auch hier bilden sich, wenn auch unter ganz andersartigen Verhältnissen, Spannungen und Konflikte, die sich ebenso aus dem Gefühlsleben wie aus sozialen Aspekten ergeben. Ein Ritual, die verletzte Ordnung wiederherzustellen, ist die Blutfehde, wie sie noch heute in einigen Provinzen Jugoslawiens oder auf Sizilien erhalten geblieben ist. Dem modernen Menschen erscheint das Verfahren barbarisch, jedenfalls barbarischer als seine eigenen abstrakten Grausamkeiten. Tatsächlich ist die Blutfehde aber so etwas wie die Mutter allen Rechtes und anfangs ein Fortschritt auf dem Wege zur Sicherung des Gleichgewichtes in der Gesellschaft.

Gesetze der Rache

Man kennt die Zwänge der Blutrache: Ein Mann wird erschlagen, seine Sippe rächt seinen Tod durch den Totschlag des Täters oder eines seiner Verwandten, dessen Sippe rächt dessen Tod durch neuen Mord, so zieht sich das durch Jahrzehnte, bis eine Sippe ausgerottet oder jeder der Sache müde geworden ist.

Tatsächlich ist Totschlag ein Delikt, das jede Gesellschaft, auch die von sogenannten Wilden, tief erschüttert und das nicht ohne Konsequenzen hingenommen werden kann. Die unmittelbare Rache der Betroffenen am Täter wird aber schon

Übeltäter *werden gefesselt vor den Richter geführt. Chinesischer Stich um 1670.*
Österreichische Nationalbibliothek Bildarchiv, Wien.

in den meisten primitiven Gesellschaften in geregelte Bahnen gelenkt. Vor allem wird dafür gesorgt, daß der Mechanismus der Blutfehde nicht durch Generationen weiterläuft und das Leben des gesamten Stammes irritiert. An einigen Stellen Afrikas, das im übrigen auch sehr weit entwickelte Rechtssysteme besaß, aber auch in Melanesien konnte ein ganzer Stamm in eine an sich unbedeutende Sache hineingezogen werden. Der Völkerkundler Birket-Smith beschreibt ein klassisches Beispiel: Ein Knabe bringt einem anderen aus Mutwillen eine Brandwunde bei, der schlägt in seiner Raserei auf ein paar Pflanzen ein, die einem Dritten gehören. Vor Wut zerschlägt dieser ein Kanu, das einem Vierten gehört, woraufhin dieser zwei andere Kanus zerstört, schließlich wird ein Haus in Brand gesteckt – und erst jetzt greift der Stamm ein und regelt durch Vergütungen die ganze Angelegenheit, bis der Friede im Dorf wiederhergestellt ist.

Unvorstellbar, wenn bei einem solchen Stamm ein Mord geschähe, ohne daß die Formeln der Blutfehde die Reaktionen in geregelte Bahnen lenken würden. Auch ist zu bedenken, daß es sich hier nicht um rein rationale Vorgänge handelt, denn es spielen auch Fragen der Ahnenverehrung, der Geisterwelt in solche Mordfälle hinein. In West-Afrika wie auf den Tobriand-Inseln kann jemand, der auf entscheidende Weise »verletzt« ist, das ihm angetane Unrecht durch Selbstmord ahnden, denn man ist der Überzeugung, daß der Totengeist des Verletzten viel wirksamere Formen der Rache finden könne als der Lebende. Andererseits wäre es gefährlich, wenn Totschlag, etwa an einem schwächeren oder gar hilflosen Mann, ungesühnt bliebe. Auch in der primitiven Gesellschaft muß jedermann wissen, welche seiner Handlungen Sanktionen nach sich zieht. So weiß jeder, daß er mit Rache rechnen muß, wenn er sich vergißt und, aus was für Gründen auch immer, seinen Gegner tötet.

Diebstahl ist bei primitiven Gesellschaften meist kein Delikt, denn der Dieb macht sich allenfalls lächerlich; alle Gegenstände des persönlichen Bedarfs sind markiert, nur am gemeinsamen Vorrat von Früchten usw. ist Diebstahl denkbar und entsprechend verächtlich. Totschlag aber ist das einzige Verbrechen, daß die Gesellschaft sozusagen zu Reaktionen zwingt. Im übrigen ist aber Mord bei von der Zivilisation unverdorbenen Primitiven durchaus selten, wenn auch nicht undenkbar.

In seinem schon klassisch gewordenen Buch »Sitte und Verbrechen bei den Naturvölkern« (1940) schildert B. Malinowski den einzigen Fall von Mord, der ihm während seines Aufenthaltes auf den Tobriand-Inseln begegnet ist. In einem Dorf lebten drei Brüder, von denen der älteste, der Häuptling des Clans, blind war. Der Jüngste nützte sein Gebrechen aus und holte die Betelnüsse von den Bäumen, ehe sie reif waren. So wurde der Blinde immer wieder um seinen Anteil gebracht. Eines Tages, als er wiederum feststellte, wie übel man ihm mitgespielt hatte, ging er nachts in das Haus seines Bruders, um ihn mit einer Axt zu erschlagen, verwundete ihn aber nur, so daß dieser fliehen konnte. Im Haus des dritten Bruders fand er Zuflucht. Dieser aber, entrüstet über die dem Jüngsten angetane Schmach, nahm seinen Speer und tötete den Blinden. In der ursprünglichen Rechtsordnung der Tobriander wäre der Mörder durch die öffentliche Meinung gezwungen worden, seinem Leben durch Selbstmord ein Ende zu setzen. Unter der Kolonialverwaltung erhielt er ein Jahr Gefängnis. Zur Blutfehde konnte es nicht kommen, weil die drei Brüder selbst den Kern des Clans bildeten. Daß während vieler Jahre dies der einzige Kriminalfall auf der Insel war, spricht für die friedensstiftende Macht der Blutfehde. Ihre Formen sind übrigens in verschiedenen primitiven Gesellschaften unterschiedlich entwickelt. In Australien zum Beispiel gibt es einen Stamm, die Dieri, die es vorziehen, den Bruder des Mörders zu töten, nicht den Mörder selbst, was bei starker verwandtschaftlicher Bindung zu unbedingter Rücksicht zwingt.

Für jede Gesellschaft stellt sich das Problem, wie sie mit den Untaten der Mächtigen und Einflußreichen fertig wird, die selbst die öffentliche Meinung der Sippe oder des Dorfes manipulieren können. Eine bizarre Form der Blutfehde, um dieses Problem zu lösen, ist auf der Gazellehalbinsel nachgewiesen, die zur größten Insel des Bismarck-Archipels in der Südsee gehört. Wenn dort ein Mann niederen Ranges von einem Mann der höchsten Kaste erschlagen worden ist, töten seine Angehörigen einen Mann, der etwas über ihrem eigenen Rang liegt. Nach dem

Gesetz der Blutfehde wird sich die Rache nun weiter nach oben fressen und, mit einiger Wahrscheinlichkeit, schließlich den ursprünglichen Mörder erreichen.

An der Verpflichtung, die Blutrache zu erfüllen, zweifelt niemand, dessen ganzes Leben vom Clan getragen und gestaltet wird; man weiß, wie streng selbst heute noch etwa in Sizilien oder Montenegro dieses Gesetz empfunden wird. Dieser Pflicht wird alles andere untergeordnet. So löst sich der Indianer Guyanas, wenn er die Blutrache durchführen muß, aus der Bindung an Dorf und Sippe, und lebt wie ein Vogelfreier, »sein Opfer wie eine Schlange verfolgend«, bis der Augenblick des Handelns gekommen ist. Die Geduld des Rächers, der sein Opfer über den ganzen Erdball hin verfolgt und seine Rache über Jahre hinweg nicht vergißt, beeindruckt noch heute, und mancher Western zieht seine Wirkung gerade daraus, daß er an diese archaischen Vorstellungen appelliert. Bei den Wikingern, bei denen die Blutrache zum Kult stilisiert war und der Ehrbegriff mit seiner fragwürdigen Verletzlichkeit das gesamte Leben bestimmte, sind Rachefahrten bis nach Byzanz oder Grönland keine Seltenheit. In den isländischen Sagas allein werden mehr als fünfhundert solcher Sippenfehden beschrieben, deren beherrschendes Moment die Blutrache ist.

Jedenfalls ist es Sache des einzelnen, wie heute zwischen Nationen, sich beim Gegner sein Recht zu verschaffen. Nicht die primitive Gesellschaft stellt den Frieden wieder her und stiftet Recht, sondern der einzelne muß Vergeltung üben und Sühne fordern. Meist ist er allein zu schwach, so identifiziert sich die Sippe mit ihm. Wenn tatsächlich die Gesellschaft eingreift, tut sie das nicht, weil Rechtsgrundsätze verletzt worden wären, sondern weil der Stammesfriede, der für alle lebenswichtig ist, in Gefahr gerät. In einem solchen Falle verwandelt sich die Gesellschaft selbst in eine benachteiligte Partei. Das geschieht, wenn Zauberei, kultische Vergehen im Spiel sind, also Dinge, die unmittelbar an das innere Leben der Gesellschaft rühren.

Eine andere Frage ist, wie man mit Gewalttätern fertig wird, mit jenen, die sich nicht in die Gesellschaft fügen können und durch Aggressionen alle gefährden. Bei den Eskimos läuft ein solcher Mann Gefahr, durch gemeinsamen Beschluß aus dem Wege geschafft zu werden. Es gibt bei den Eskimos aber auch eine ganz unblutige Methode, einen Mörder zu strafen. Der Rächer braucht ihn nicht zu töten – es genügt, wenn er den Totschläger durch zeremonielle Tänze so lange öffentlich verhöhnt, bis dieser die Sippe verläßt, in der arktischen Wildnis ein bitterer Entschluß, denn ihn wird keine andere Sippe aufnehmen.

Überhaupt ist die Ächtung das wirksamste Mittel früher Gesellschaften, mit Übeltätern, auch mit Mördern, fertig zu werden. Im Rechtsleben der Wikinger zum Beispiel hatte die Ächtung als höchste Strafe ihren festen Platz. Der Beklagte wurde »friedlos«, also vogelfrei und damit zum Feind aller Menschen erklärt. Niemand durfte ihm Schutz gewähren, jeder ihn ungesühnt erschlagen. Sein Vermögen ging in den allgemeinen Besitz über und wurde neu verteilt, seine Sippe sagte sich von ihm los und löschte ihn als Person aus. So wurde er zum Flüchtling, zum Waldgänger und »Wolfsgenossen«. Schillers »Räuber« sind die Nachfahren solcher Waldgänger, ebenso die Männer eines Michael Kohlhaas. Bekanntlich ist die Ächtung auch zum geschichtlichen Faktor geworden, der die Besiedlung Grönlands und von dort aus die »Entdeckung« Amerikas auslöste, das um 1000 n. Chr. von Björn Herjulfsson angesteuert worden war. Der »rote Erik«, ein Totschläger wie sein Vater, wurde vom Thinggericht zu drei Jahren Friedlosigkeit verurteilt – auch das gab es, als eine mildere Form der Ächtung. Er hatte die Strafe zu vollziehen, indem er außer Landes ging. Er setzte sich drei Winter lang an der Westküste Grönlands fest und erkundete sie planmäßig, so daß er nach seiner Heimkehr seine Landsleute für die Besiedelung gewinnen konnte.

Wenn die Ächtung die schwerste Strafe ist, die viele primitive Gesellschaften verhängen, so ist das »Sühnetreffen« eine andere, mildere Form, eine Sache aus der Welt zu schaffen. In Australien zum Beispiel muß sich ein Totschläger, nur mit einem Schild bewaffnet, einem Speerhagel stellen, der von den Verwandten des Erschlagenen ausgesandt wird. Sie alle sind als Jäger geübte Speerwerfer, aber ihm bleibt doch eine Chance, und sobald Blut fließt, ist die Angelegenheit gesühnt. Hier kommt es offenbar weniger auf die Verhältnismäßigkeit an, als darauf, daß Blut gegen Blut vergossen werden muß. Bei milderen Vergehen darf der Missetäter sich von seinem Clan helfen lassen, der dann auch Speere wirft – und damit ist das kollektive Duell erreicht, eine bei den Naturvölkern häufige Form, Streit auszutragen und Aggressionen abzureagieren.

Schließlich gibt es noch die Ablösung der Blutrache durch ein Blutgeld. Bei den Griechen Homers zum Beispiel steht dieser profane Aspekt, die materielle Entschädigung, so sehr im Vordergrund, daß man meinen könnte, die kultische Blutsühne sei in Griechenland kaum bekannt gewesen. Bei der Sühne reinigt sich der Täter durch Buße, d. h. im Falle der Blutsühne durch ein Opfer an die Götter, das von einem Dritten dargebracht werden muß. So bringt Odysseus in Lesbos dem Apollon ein Opfer dar und reinigt so den Helden Achill von seinem Totschlag, begangen an Thersites, dem »häßlichsten Griechen vor Troja«, der es gewagt hatte, sich in Penthesilea zu verlieben. Verwandtenmord bleibt in Griechenland der kultischen Blutsühne unterworfen, die Tragödien der Antike haben diese Vorgänge zur Kunstform stilisiert und geistesgeschichtlich bis zum heutigen Tage wirksam werden lassen, weil der Konflikt zwischen den Zwängen der eigenen Gesellschaft und dem Gefühl des einzelnen der klassische Gewissenskonflikt des Europäers geblieben ist.

Aber auch der landesflüchtige Totschläger konnte im klassischen Griechenland vom Fluch der Tat gereinigt werden. Seine Hoffnung lag in der Begegnung mit einem angesehenen Bürger, an dessen Herd er sich mit verhülltem Haupt setzte und dessen Hilfe er erbitten konnte. Eine solche Hilfe, die Durchführung der kultischen Reinigung, durfte dem Totschläger nicht verwehrt werden. Der Hausherr mußte ein Opfertier schlachten und dessen Blut über die Hände des Übeltäters fließen lassen, dann ging die Untat auf das Opfertier über und das Blut reinigte den Mann.

Von der kultischen Sühne zum Bußgeld ist es nur ein Schritt. In höher entwickelten Gesellschaften entstand schließlich ein ganzer Katalog von Bußen, die je nach Verletzung zu zahlen waren. Es wurde nicht mehr Auge für Auge genommen und Zahn für Zahn, sondern jedes Glied hatte seine Taxe, vom Daumen und Zahn bis zum Zeugungsglied. Verblüffenderweise funktionierte dieses System bei einigen Völkern gänzlich ohne Gerichte, nur aus dem Zwang der Sitte. Allerdings muß erst eine bestimmte wirtschaftliche Stufe erreicht sein; bei Jägervölkern kommt diese sogenannte »compositio« schon vor, aber erst Hirten- und Bauernvölker haben sie zur festen Einrichtung erhoben, weil hier der materielle Überschuß die

Abgeltung in Vieh und Früchten nahelegt. In dem Maße aber, in dem eine kleine Schicht von Herden- und Landbesitzern Reichtümer ansammelte, wurde diese Waffe stumpf, und es mußten neue Mittel gefunden werden, die Sicherheit von Leib und Gut auch vor den Mächtigen zu schützen.

Könige auf dem Richterstuhl

An der Nordwestgrenze Indiens gibt es einen Stamm, die Agami Nagas, bei denen das Clanwesen mit besonderer Schärfe ausgebildet ist. Zwar hausen auch hier wie anderswo auf der Welt Angehörige der verschiedenen Clans in einem Dorf zusammen, aber sie fühlen sich nicht an das Dorf, sondern vor allem an ihren Clan gebunden. Wenn das Dorf von einem fremden Stamm überfallen wird, greifen die Dorfbewohner erst ein, wenn Mitglieder des eigenen Clans niedergemetzelt werden (Seagle). Hier verkehrt sich ein Prinzip der Sippenverantwortlichkeit, das in den frühen Gesellschaften doch erheblichen Nutzen hat, zum Unsinn. Wenn nämlich, dem Gesetz der Blutrache folgend, ein Clan mit einem anderen in Fehde liegt, können alle anderen Bewohner der Gegend ohne Sorge ihren Tätigkeiten nachgehen – es wird keine Übergriffe, keinen »totalen Krieg« aller gegen alle, keine kollektive Panik geben. Wenn irgend jemand aus der Sippe angegriffen wird, reagiert das Kollektiv, wie umgekehrt das Kollektiv zur Verantwortung für das Verhalten des einzelnen gezogen wird. Dieses Denken spielt in die frühe Gesetzgebung hinein. Hammurabi machte eine Stadt kollektiv verantwortlich, wenn es ihr nicht gelang, einen Räuber zu fangen, der sich in ihre Mauern geflüchtet hatte, und noch in Hitlers Deutschland wurde »Sippenhaft« verhängt, wohl in Anlehnung an den extremen Sippenbegriff der glorifizierten Nordmänner. Keine Blutrache gibt es innerhalb der Sippe, so bleiben Taten dieser Art tatsächlich ungesühnt.

Bei den frühen Gesellschaften gab es einige wenige Verbrechen, die von keiner Sippe geahndet werden konnten, weil nur sie den gesamten Stamm in seiner Existenz bedrohten, wie etwa die unkontrollierte Magie oder bestimmte Formen des Inzests. Hier übernahm der König die Pflichten des Kollektivs, also ein höchstes Schiedsamt, dessen Ausübung zugleich seine Stellung befestigte. Manche dieser Vergehen galten nun als Verbrechen gegen den König selbst. Bei den Kaffern Südafrikas wurde die vorsätzliche Tötung eines Menschen als Verbrechen gegen den König angesehen, weil nach ihrer Auffassung alle Untertanen Eigentum des Königs waren. Bei den Ashantis wie in Dahomey war der Selbstmord ein Verbrechen gegen den König – er entzog ihm einen rechtmäßigen Besitz.

Die Prinzipien, nach denen primitive Gesellschaften organisiert sind, gleichen nicht starren Regeln, sondern sie sind flexibel, so wird auch, wenn die Ordnung gestört ist, das Recht nicht aus abstrakten Normen gewonnen, sondern aus Übereinkünften. Man kann die Blutsverwandtschaft oder Clanzugehörigkeit durch Fiktionen ausdehnen, etwa durch Adoptionen, aber auch überschreiten, man mildert unter gewissen Umständen die Bestrafung, man verstößt zwar einen Übeltäter, aber man weiß, daß er nach einiger Zeit zurückkehren wird, und man drückt ein Auge zu; die Reaktionen einer primitiven Gesellschaft können grausamer und unvernünftiger, aber auch spontaner und menschlicher sein als die der Zivilisation.

Friede im Dorf und Friede in der Sippe ist das Ziel aller dieser Maßnahmen und Reaktionen. In den frühen Kulturen ist die Sippenorganisation identisch mit der Rechtsorganisation, d.h., es gibt außerhalb der Sippen keine Instanz, kein Urteil, keine Rechtswirklichkeit.

Es lag in der Natur der Dinge, daß sich zwischen den Sippen Rivalitäten bildeten, daß eine sich als stärker erwies als die andere, so daß schließlich, aus den verschiedensten, schon geschilderten Zusammenhängen das Königtum entstand. Der Schritt vom Häuptlingstum zum Königtum ist auch der Schritt in ein neues Recht. Der König ist nicht nur der Regenmacher, der Spender der Fruchtbarkeit für Vieh und Mensch, sondern auch der Stifter des Friedens. Wenn in Westafrika der König starb und Trommeln seinen Tod bis in die letzten Winkel des Landes verkündeten, floh das Volk von den Märkten und öffentlichen Stätten, um ein Versteck aufzusuchen, denn die große Unsicherheit brach herein, es war auch der Friede gestorben. Der allgemeine Friede, oft gegen den Willen rivalisierender Sippen erzwungen, war das politische Geschenk des Königtums an seine Untertanen; der König als höchster Richter hatte diesen Frieden zu wahren. Das bedeutete nicht, daß mit einem Schlage die bisherigen Formen der Sühne abgeschafft worden wären, sondern nur, daß sich schrittweise die Vorteile des Königsfriedens durchsetzten. Beim Aufbau einer gesetzlichen Ordnung war der Königsfriede der entscheidende Faktor.

In der christlichen Überlieferung steht der Name Salomo noch heute für richterliche Weisheit. Das hebräische Wort heißt »Friedensmann«, und ein salomonisches Urteil fordert auch in strittigen Fällen einen allen einleuchtenden Spruch. Berühmt ist der Fall, bei dem zwei Mütter um ein Kind klagen; Salomos Urteil befahl bekanntlich, das Kind zu teilen, woraufhin sich die falsche Mutter bloßstellte: Sie willigte ein.

Wenn vorher die meisten Vergehen von den Betroffenen selbst oder von ihren Sippen gesühnt und geregelt wurden, so blieb das auch unter einem König so, nur fiel ihm gleichsam von selbst die Rolle einer Berufungsinstanz zu, und gerade gegen die mächtigen Feudalherren konnte sich oft nur durchsetzen, wer das Ohr und die Gunst des Königs gewann. Auf diese Weise wurde der König von vornherein der natürliche Verbündete des gemeinen Volkes gegen die Herren, so etwa im europäischen Mittelalter.

Im christlichen Abendland war der König der oberste Gerichtsherr. Karl der Große hatte der alten »Landgemeinde«, wie sie in der Schweiz noch lebendig ist, die Schöffengerichte zur Seite gesetzt, wobei übrigens die Schöffen selbst, ursprünglich aus dem Volke gewählt, nach und nach zu amtlichen Werkzeugen der Gerichtsverwaltung abgeschwächt worden sind (Heinemann). Wenn das Urteil der Schöffen »gescholten« wurde, so ging die Sache an das kaiserliche Gericht. Im Mittelalter galt der Grundsatz »ubi imperator, ibi curia«, das heißt: wo sich der Herrscher aufhält, ist auch das Gericht für jeden offen. Aus der Rechtsunsicherheit jener Zeit, die vor allem den Mann des niederen Volkes ohne Schutz ließ – Adlige und Herren halfen sich leichter –, ist die Legende von der Schlange zu verstehen. Als Kaiser Karl der Große gerade im Chorherrenhaus von Zürich beim Mahl saß, begannen die Glocken zu läuten. Man forschte nach und fand eine Schlange, die sich um den Glockenstrang gewickelt hatte, um den Kaiser zu rufen. Der Herrscher sei, so heißt es, dem Ruf der Schlange bereitwillig gefolgt. Tatsächlich führte die

Schlange ihn zu ihrem Versteck, wo eine Kröte auf den Eiern der Schlange hockte. Auch der Schlange, seit dem Sündenfall das elendste Tier unter der Sonne, versagte der Kaiser sich nicht und überantwortete die eingedrungene Kröte mit ordentlichem Rechtsspruch dem Feuertod. Diese Legende spricht für sich; wie die Geschichte vom Müller von Sanssouci drückt sie die Sehnsucht des Volkes aus, die Herrschaft der Mächtigen möge auch dem Geringsten sein Recht zukommen lassen.

Übrigens war das Berufungsverfahren weise geordnet, denn es belastete den, der es ohne Not anstrengte, mit erheblichen Kosten. Es gab zwei Möglichkeiten: Entweder wartete man, bis der Herrscher im nächsten Ort die Gerichtsbank bestieg und selbst Recht sprach – der Name »Kaiserstuhl« geht auf diese geschichtliche Erinnerung zurück –, oder man mußte das Urteil dem Kaiser zur Überprüfung schicken. Dies mußte der Richter auf eigene Kosten tun; der Sachsenspiegel schrieb vor, sechs Knechte und acht Pferde müßten den Boten begleiten, offenbar nicht nur aus Sicherheits-, sondern aus Prestigegründen, auch gab es Vorschriften über die Versorgung. Der Bote sollte drei Gerichte am Tag bekommen, die Knechte zwei, doch erhielt der Bote einen Becher Wein. An die Pferde hatte man täglich fünf Garben zu füttern. Falls der Kaiser das Urteil bestätigt hatte, mußten die Kläger den Richter schadlos halten und seine Kosten tragen. Im anderen Falle blieb er auf seinen Auslagen sitzen, die nicht klein waren – er hatte also ein hohes materielles Interesse daran, daß es möglichst keine Berufungen gab.

Vom Königsbann zum Gottesfrieden

Das Ziel des Königs Hammurabi (1728–1686 v. Chr.) war es, »die Bösen zu demütigen und zu verhindern, daß der Starke den Schwachen schädige« – so jedenfalls steht es am Ende seiner Gesetzessammlung. Der Friede, den er brachte, ist kein Königsfrieden gewesen, sondern allenfalls eine gewisse Rechtssicherheit. Für den Frieden hat es in jenen frühen Kulturen noch keinen Rechtsbegriff gegeben. Er hätte auch nicht der gesellschaftlichen Wirklichkeit entsprochen. Auch darf man nicht annehmen, der König habe bei seinen Untertanen Frieden erzwungen, weil er weiser gewesen wäre als sie und ihm ihr Wohl am Herzen gelegen hätte. Vielmehr waren es meist die eigensten Interessen, denen er diente, wenn er sich zum Schiedsrichter berufen fühlte – ganz abgesehen davon, daß ein Teil der Bußgelder seinen eigenen Wohlstand mehrte.

Was indessen zum Frieden gehörte, bzw. wodurch er gebrochen wurde, blieb wechselnden Auffassungen unterworfen und war von der Macht bedingt, die der Herrscher ausübte. Auch im europäischen Rechtsleben wurden Vergehen, die des Königs Würde berührten, strenger geahndet als sonst üblich. Nach fränkischem Recht mußte für die Vergewaltigung eines Mädchens, das in königlichen Diensten stand, die Buße an den König gezahlt werden, nicht an die Sippe des Mädchens. Nach lombardischem Recht wurde bestraft, wer einen auf der Reise zum König befindlichen Untertan anfiel, und in Skandinavien galt es sogar als Bruch des Königsfriedens, einen Mann zu verwunden, nur wenn der König zufällig in demselben Bezirk weilte. Erst im europäischen Mittelalter hat sich der Gedanke, daß der Schutz des Königs Frieden stifte, langsam durchgesetzt und zu übergreifenden Friedensvorstellungen entwickelt.

Der spätere Landfrieden stellt im Grunde nichts anderes dar als eine politische Ausweitung des Königsfriedens, wie er zum Beispiel im Bann seinen Ausdruck findet. So besagt eine Bannliste aus fränkischer Zeit: »Acht Bannstrafen, die nach dem Willen unseres Herrn 60 Schillinge kosten. 1. Kirchenschändung. 2. Unrecht gegen Witwen. 3. Unrecht gegen Waisen. 4. Unrecht gegen Arme, die sich nicht selbst verteidigen können, die man unvermögend nennt. 5. Frauenraub, das heißt gewaltsame Entführung einer freigeborenen Frau gegen den Willen der Eltern. 6. Wer im eigenen Land Feuer legt, das heißt Haus oder Scheuer eines anderen anzündet. 7. Wer harizhut begeht, das heißt, wer eines anderen Mannes Zaun oder Türe oder Haus vorsätzlich erbricht. 8. Wer sich dem Kriegsdienst entzieht. Verstöße gegen die acht Bannrechte des Königs werden jeweils mit 60 Schillingen bestraft.«

Im Jahre 785 erläßt Karl der Große eine Sondergesetzgebung für die rebellischen Sachsen, in der es heißt: »Alle Grafen sollen nach Kräften untereinander Frieden und Eintracht bewahren. Falls aber dennoch unter ihnen Zwiespalt und Verwirrung entsteht, dann sollen sie unseren Beistand und unsere Entscheidung in der Streitfrage (anzunehmen) nicht verweigern.« Es gab im fränkischen Recht keinen speziellen Königsfrieden, der dem Palast des Königs und seiner Sicherheit gegolten hätte. Aber es gab den zitierten Friedensbann, unter den königliche Beamte, Witwen, Waisen, Juden, Kaufleute und gewisse geweihte Stätten fallen konnten, etwa bebaute Felder, bestimmte Wälder oder Wohnstätten. Auch der Pflug ist, wie der Herd, später unter Bannrecht gefallen. Ebenso konnte der König Personen unter seinen speziellen Schutz stellen; wer solche Personen angriff, beging ein Vergehen gegen den König.

Als nach dem Zusammenbruch des fränkischen Reiches der Feudaladel immer mehr Macht gewann, erhielten die großen Grundherren die Immunität, d. h. die eigene »Unverfolgbarkeit« und zugleich die Lehnsgerichtsbarkeit. Der Königsfrieden erlebte dadurch einen Bedeutungswandel: Nun galt er als verletzt, wenn jemand in ein Lehen eindrang und so die Privilegien des Feudalherrn in Frage stellte. Je schwächer die Königsmacht wurde, desto barbarischer entwickelten sich die Zustände, die allgemein zur Blutfehde und zum Faustrecht führten. Schließlich waren Kirchen und Klöster gefährdet, die Friedlosigkeit drohte in eine allgemeine Anarchie umzuschlagen, deshalb entschloß sich die Kirche, ihre ganze Autorität in die Waagschale zu werfen.

So wurde um 1037–1041 der Gottesfrieden von Arles verkündet, 1083 der Gottesfrieden in der Kölner Kirchenprovinz. Einige Strafen gegen Friedensbrecher verweisen auf weltliche Gerichtssitten, doch ist der entscheidende Punkt, daß der Gottesfrieden von den Herren beschworen und seine Verletzung durch Exkommunikation bestraft wurde. In Arles wird verheißen: »Alle, die diesen Frieden und diese Gottesruhe beachten und sicher halten, sollen vor Gott, dem allmächtigen Vater, und seinem Sohne Jesus Christus und dem Heiligen Geiste und der heiligen Maria mit den Chören der Jungfrauen und vom heiligen Michael mit den Chören der Engel und vom heiligen Apostelfürsten Petrus und allen Heiligen jetzt und immer und für alle Ewigkeit von ihren Sünden losgesprochen sein.« Für die, die den Gottesfrieden brechen, ist Verdammung vorgesehen »wie Judas, der den Herrn verraten hat, und sie seien in den Pfuhl der Hölle geschleudert wie Pharao mitten in das Meer, wenn sie nicht, wie es beschlossen ist, zur Buße kommen«.

Inhaltlich besagt der Gottesfrieden von Arles, »von der Vesper des Mittwochs bis zum Sonnenaufgang am Montag soll zwischen allen Christen, Freunden und Feinden, Nachbarn und Fremden, fester Frieden und unverbrüchliche Waffenruhe herrschen, so daß in diesen vier Tagen und Nächten alle Christen zu jeder Stunde sicher sein und alles tun können, was nützlich ist, frei von aller Furcht vor Feinden und sicher in der Ruhe dieses Friedens und Waffenstillstandes«. Heinrich IV. rief 1085 den Gottesfrieden für das ganze deutsche Reich aus, und das Konzil von Clermont beschloß ihn 1095 für die gesamte Christenheit. Kein Zweifel besteht daran, daß die »treuga dei«, wie es im Kirchenlatein heißt, im Interesse der kirchlichen Feudalherren lag, die nur auf diese Weise auch für ihren Besitz den Frieden sichern konnten.

Unter dem Eid des Gottesfriedens standen Kirchen und kirchliches Vermögen, geweihte Orte und heilige Männer, schließlich sogar Bauern, Haustiere und der Pflug, der zur Freistätte für alle gemacht wurde, die sich zu ihm flüchteten. So barbarisch die Strafjustiz des Mittelalters anmutet, so human wirkte sich ein System aus, das auch für den Verbrecher immer noch eine Chance bereithielt – und sei es nur zur Freistatt, die ihn einstweilen der Verfolgung entzog.

Der weltliche Friede ist, entsprechend dem Gottesfrieden, im späten Mittelalter neu belebt worden. Kaiser Heinrich IV. hatte 1103 den ersten Landfrieden für die Dauer von vier Jahren erklärt. Friedrich Barbarossa erklärte 1158 einen allgemeinen Landfrieden. Der Sinn dieser Maßnahme war, zwischen dem Fehdewesen und dem Verbrechen zu unterscheiden, gewissen Personen, die für die Gesellschaft lebenswichtig waren, Schutz gegen Fehdemaßnahmen zu sichern und bestimmte Plätze wie Kirchen, Hauptstraßen und Dörfer dem Terror adeliger Raubzüge zu entziehen. Man ließ den Landfrieden beschwören, und aus diesem durch Eid gesicherten Rechtszustand baute sich die Vorstellung, ein Bruch des Friedens sei verbrecherisch, auf. Der Landfriedensbruch blieb denn auch Straftatbestand bis in die heutige Zeit, obwohl im Grunde schon durch den Fortfall des Fehdewesens gegenstandslos geworden.

Zwischen Palaver und Gottesurteil

Wer heute einen Prozeß führt, führt einen Schriftwechsel. Gemessen an den Aktenordnern eines solchen Rechtsstreites, ist hier die Mündlichkeit nur ein Formalismus und nahezu bedeutungslos. In frühen Zeiten ist das genau umgekehrt gewesen. Bei primitiven Gesellschaften gibt es kein Recht, das in Form von Gesetzen aufgezeichnet worden wäre, der Prozeß wird in aller Breite mündlich geführt, und auch das Urteil wird nur mündlich verkündet, nicht aufgeschrieben.

Bei den Naturvölkern gibt es übrigens niemanden, der sich verpflichtet fühlen würde, eine Straftat zu verfolgen, sofern es keinen Kläger gibt, der sie vor das Gericht bringt, deshalb heißt es bei einem afrikanischen Volk: »Der Häuptling hat kein Auge.« Der Anwalt, der für den Staat und seine Gesetze spricht, ist noch nicht erfunden, auch wird niemand dadurch bestraft, daß man ihn einsperrt. Ein gesellschaftlicher Zustand, so scheint es, bei dem jeder in Versuchung geraten muß, die

Ordnung zu brechen und ungestraft Unrecht zu tun. Kein Staatsanwalt verfolgt, kein Gesetz bietet die Handhabe der Verurteilung, keine jahrelange Zuchthausstrafe zwingt den Verbrecher zur Sühne und führt ihn durch Arbeit und strenge Ordnung in die Gesellschaft zurück. In Wirklichkeit ist bei den Naturvölkern ohne Gesetz und Gerichtswesen das Verbrechen nicht so allgegenwärtig wie in der modernen Industriegesellschaft, und wenn wirklich einmal eine Untat geschieht, so wird der Prozeß, an dem das ganze Dorf teilnimmt, zur begeistert begrüßten Abwechslung vom täglichen Einerlei.

Jemand, der bestohlen worden ist, läuft zum Häuptling und beklagt sich. Was geschehen ist, geht wie ein Lauffeuer durch das Dorf, und alle versammeln sich im Freien vor der Hütte des Häuptlings oder auf jenem Platz, der für alle öffentlichen Angelegenheiten vorgesehen ist; das kann ein Baumstamm sein, ein Stein oder auch, wie in frühgermanischer Zeit, der heilige Hain, später »Holzgericht« genannt. Oft fand die Gerichtssitzung, das Tageding, unter dem Baum Wotans statt, der heiligen Linde, oder unter einer Eichengruppe, wobei hier die Zahl der Bäume der Zahl der Urteiler entsprach. Im Norden galt die Esche als heiliger Gerichtsbaum, weil nach dem Volksglauben der Gott Thor mit den Nornen unter seinen Zweigen zu Gericht saß.

Die Gerichtssitzung ist öffentlich, und bei den Naturvölkern ist die Dorfgemeinde im Grunde auch der Gerichtshof. Meist gibt es aber den Rat der Ältesten oder sonstige Ratgeber, die mit dem Häuptling Recht suchen. Die Schöffengerichte sind von Karl dem Großen eingeführt worden und setzen die altgermanische Rechtstradition fort, nach der die sogenannten Bidermänner oder auch Rachinburgen vom Volk selbst gewählt oder ausgelost wurden. Im Mittelalter hat der Richter den Gerichtsstab, das Zeichen seiner Würde, in der Hand. Auch der Richterstuhl und der übergeworfene Mantel sind Würdezeichen.

Das Gericht konnte auf verschiedene Weise einberufen werden. Im Urwalddorf sammeln sich die Bewohner, sobald es der Häuptling gebietet, in der zerstreuten Landgemeinde liegen die Dinge schwieriger. Entweder wird ein Bote ausgesandt, ein unbescholtener Mann aus dem Kreis der Geschworenen, der übrigens auch gewisse Rechte genießt, oder man gibt ein Zeichen. In germanischer Zeit wurde vom Richter ein Hammer weitergegeben, der von Hand zu Hand zu allen Feuerstätten die Runde machte, bis er wieder zum Richter zurückkehrte, womit das Gericht als geboten galt. Im Mittelalter durfte die Stimme der Kirche nicht fehlen, so erklangen die »Bannglocken«, drei Schläge vom Turm, welche die Bevölkerung zu Gericht wie sonst nur zur Brandstätte aufboten.

Bei allen Gerichten, auch bei den Naturvölkern, spiegelt die räumliche Ordnung die Situation des Rechtsstreites wider; der Richter mit seinen Helfern übernimmt den Vorsitz, die beiden Prozeßparteien sammeln sich einander gegenüber, das Volk bildet den Kreis. Das Palaver ist endlos, denn jeder bringt in aller Breite und mit ungehemmten Emotionen seine Ansicht der Sache zur Geltung, wobei auch frühere Ereignisse eine Rolle spielen – hier ist alles erlaubt, wenn es nur das Gericht zu überzeugen verspricht. Bei den Germanen durften, gewiß nicht nur aus tieferen Gründen, Richter und Geschworene noch nichts zu sich genommen haben – das kürzte ganz ohne Zweifel das Verfahren ab und half zu schneller Urteilsfindung.

Nach dem Vortrag des Klägers und des Beklagten wurden die Zeugen vernommen. Bei einigen Stämmen der afrikanischen Goldküste vereidigte ein besonderer Gerichtshelfer, der auch Beisitzer des Gerichtes war, die Zeugen, anderswo wird die Vereidigung vom Gerichtsherrn selbst vorgenommen. Dieser Eid zur Bekräftigung der Wahrheit ist von Priestern erfunden worden und hat sich vor Gericht bis in die heutige Zeit gehalten – bekanntlich selbst in einer verweltlichten Form, ohne Anrufung Gottes. Die Beweislast bei einem derartigen Prozeß liegt bei dem, der beschuldigt wurde, nicht beim Kläger. Niemand käme in einer primitiven Gesellschaft auf den Gedanken, aus nichtigen Gründen jemanden zu beschuldigen und das ganze Dorf in Aufregung zu versetzen. Der »Verlust des Gesichtes«, die Minderung des öffentlichen Ansehens, wird hier mehr gefürchtet als die Körperstrafe oder sonstige Repressalien, und so nimmt man an, daß niemand riskiert, als Kläger aufzutreten, wenn er nicht gute Gründe dafür hat. Wenn die Zeugen vernommen, die Beweise geprüft und die Parteien angehört sind, kann das Urteil gesprochen werden – was aber, wenn die Beweise unklar oder die Meinungen der Beisitzer widersprüchlich sind, so daß niemand mit gutem Gewissen urteilen kann?

Ein Beispiel: Ein Hirte, der draußen in der Einöde einen Mann erschlug, wird verdächtigt, ihn vorsätzlich umgebracht zu haben. Nur mit einem Eid kann er die Glaubwürdigkeit seiner eigenen Aussage erhärten, daß es Notwehr gewesen sei. Hier will sich der Beklagte zwar mit einem Eid von der Beschuldigung reinigen – aber ist dieser Eid glaubwürdig? Im Mittelalter half sich der Beklagte, indem er Eideshelfer beibrachte – das waren nicht etwa Männer, die den Inhalt der Aussage beschwören und die Aussage erhärten konnten, sondern ehrenhafte Freunde, die mit ihrem Eid bezeugten, daß der Eid des Beklagten ernst zu nehmen sei. Wenn sich eine Gruppe angesehener Männer mit dem vollen Gewicht des Eides hinter einen Mann stellte, der beschuldigt war, dann konnte, so glaubte man, dessen Eid kein Meineid sein. Man braucht nicht viel Phantasie, um sich auszumalen, welche Fehlurteile durch dieses Verfahren denkbar waren, wie man überhaupt die bedingte Rechtssicherheit des modernen Staates erst schätzen lernt, wenn man die Unsicherheiten früherer Zeiten kennt.

Die Zahl der Eideshelfer hatte ursprünglich religiöse Hintergründe. Im Mittelalter genügten zwölf angesehene Männer, entsprechend der Zahl der Apostel, um dem Beklagten die Reinheit des geschworenen Eides zu bezeugen; einem Landfahrer oder einem, der unehrliches Gewerbe trieb, dürfte es kaum gelungen sein, so viele Eideshelfer aufzutreiben. Solche Eideshelfer anzurufen war nur in Kriminalfällen üblich. Wenn die Anklage auf Mord lautete, mußten im Mittelalter bis zu 72 Eideshelfer aufgeboten werden, je nach der Forderung der Gerichtsbarkeit.

Ein anderes Verfahren, das in einer undurchschaubaren Prozeßlage Klarheit verschaffen sollte, war das Gottesurteil. In Afrika, wo das Rechtsleben auf einer hohen Stufe stand und sich durch zahlreiche, differenzierte Verfahren auszeichnete, hat man ein ebenso einfaches wie beunruhigendes Mittel gefunden, einen Prozeß zu Ende zu bringen: Der Zauberer des Dorfes bereitet ein giftiges Getränk, das der Kläger und der Beklagte zu trinken gezwungen werden. Dies geschieht in aller Öffentlichkeit, und an dem Schuldigen erweist sich, wie man glaubt, die Macht des todbringenden Giftes. Im Mittelalter ist der Glaube an das Gottesurteil biblisch fundiert. Wenn Gott, so glaubte man, die drei Jünglinge aus dem Feuerofen unversehrt hervorgehen ließ, so werde er auch in die Unentwirrbarkeit eines

Die Femegerichte *oder heimlichen Gerichte beanspruchten im Mittelalter die Zuständigkeit über todeswürdige Straftaten im ganzen Reich. Die Freischöffen konnten jede ihnen bekanntgewordene Tat selbst vor Gericht bringen, welches entweder in öffentlicher oder nichtöffentlicher Sitzung das Urteil beriet. Lavierte Federzeichnung, Mitte 15. Jh. Stadtarchiv, Soest.*

Prozesses hinableuchten und seine Macht dem Unschuldigen leihen. So wurden Opfer des Gottesgerichtes meist solche Personen, die nicht die nötige Anzahl Eideshelfer aufbieten konnten, also Knechte oder auch Frauen, die ja ohnehin nicht eidesfähig waren. Im Mittelalter konnte sich kaum jemand der Überzeugung entziehen, daß durch ein Gottesurteil tatsächlich die Wahrheit ans Licht kam. Denn wenn Gott wirklich allmächtig war, wie konnte er zulassen, daß eine unschuldige Frau die Probe nicht bestand. So wurde, was der Wahrheitsfindung dienen sollte, zum Beweis gegen den Angeklagten, und die Evidenz des Ergebnisses bestätigte das Vorurteil.

Meist wurden beim Gottesurteil Feuer und Wasser herangezogen, um die

Wahrheit ans Licht zu bringen. So mußte der Angeklagte seine Hand in kochendes Wasser oder glühendes Blei tauchen. Wenn seine Hand unversehrt blieb, hatte ihm göttliche Macht Beistand geleistet. Manchmal mußte der Beklagte auch in einem Leinenhemd über einen flammenden Holzstoß schreiten, wobei das Hemd nicht zu brennen anfangen durfte. Eine Variante war ein mit Wachs imprägniertes Hemd, das weder Feuer fangen noch tropfen durfte. Ebenso häufig kommt die Probe vor, glühendes Eisen mit bloßen Händen zu tragen oder über glühende Pflugschare zu gehen. Die Kaiserin Kunigunde, die Gemahlin Heinrichs II., die 1033 im Kloster Kaufungen bei Kassel gestorben ist und schon 1200 heiliggesprochen wurde, war des Ehebruchs verdächtigt worden. Sie mußte sich dieser Feuerprobe unterziehen und, von zwei Mönchen geführt, über einen glühenden Rost gehen.

Das Gottesgericht, auch Ordal genannt, das schon in der Antike verbreitet und auch bei Naturvölkern üblich gewesen ist, wird noch 1693 von Balthasar Becker, einem erbitterten Gegner des Hexenwahnes, ausführlich beschrieben: »Der Priester, in vollem Ornate, legte einen eisernen Bolzen, welcher wiederholt mit Weihwasser besprengt war, auf den Altar auf glühende Kohlen und sang darauf den Gesang der drei Männer im feurigen Ofen, steckte dem Angeklagten die Hostie in den Mund, beschwor ihn und bat, daß Gott seine Schuld dadurch offenbaren möge, daß der glühende Bolzen, welcher in seine Hand gelegt, ihn verbrenne; oder seine Unschuld dadurch, daß er nicht verletzt werde. Der Angeklagte mußte den glühenden Bolzen neun Schritt weit tragen, dann verband der Priester die verletzte Hand und versiegelte den Verband.« Wenn die Wunde eiterte, so galt dies als Schuldbeweis, während Brandblasen nicht als Beschädigung galten. »Drei Tage hernach besah man die Hand, ob sie gesund und unbeschädigt sei. War dies nicht der Fall, so wurde der Angeklagte seiner Schuld überführt.«

Die Schrecken dieser Prozedur, bei der eine junge Frau zu beweisen hatte, keine Hexe zu sein, die Angst vor dem endgültigen Urteil und der Selbstgerechtigkeit derer, die auf diese Weise das Verfahren durchführten, beschäftigen die Einbildungskraft des heutigen Menschen, dem doch die eigene Grausamkeit und Unempfindlichkeit gegenüber dem Leid anderer nur selten zum Bewußtsein kommt. Hexen konnte man auch auf andere Weise überführen, weil die Geistlichkeit gegen die Feuerprobe war. Sie argumentierte, daß jemand auch vom Teufel, dem Herrn des Höllenfeuers, geschützt worden sein könne, wenn er die Feuerprobe bestand. Die Wasserprobe entkräftete dieses Argument. So fesselte man die unglücklichen Frauen, wie dies auch von der Agnes Bernauerin berichtet wird, warf sie ins Wasser und wartete ab, ob sie untergingen und den Beweis ihrer Unschuld erbrachten oder ob sie auf dem Wasser trieben; in diesem Falle hatte das »reine Element« sie ausgestoßen (Coing). Selbst Kinder wurden übrigens der Wasserprobe ausgesetzt, wenn auch mit umgekehrten Erwartungen. Nach altkeltischer Sitte klärte man die Frage, ob ein Kind ehelich oder die Frucht ungesetzlicher Liebe war, auf eine einfache Weise, indem man das Kind nackt auf einem Schild ins Wasser setzte. Wenn das Kind unterging, war der Beweis der elterlichen Zügellosigkeit erbracht. Schließlich kennt man noch einige Gottesurteile, die über psychologische Mechanismen wirksam werden, weil man davon ausgehen kann, daß ein schlechtes Gewissen seine Wirkungen hat. So sollen die Wunden eines Ermordeten zu bluten anfangen, wenn der Mörder an die Bahre tritt. Wo dies geglaubt wird, wird sich der Mörder dieser Probe zu entziehen versuchen. Es gibt von diesem Schema die verschiedensten Varianten, die alle auf diesem einen psychologischen Trick beruhen.

Eigentümlicherweise ist das Gottesurteil nicht überall auf der Erde verbreitet. Man findet es nur bei den fortgeschrittensten Naturvölkern, nämlich im Europa des Mittelalters und auf dem afrikanischen Kontinent. Weder im alten Amerika noch in China und Japan sind Gottesurteile bekannt gewesen, ebensowenig wie in Griechenland und Rom (Seagle).

Ein anderes Mittel, Recht zu finden, ist der Zweikampf, der nur im christlichen Europa üblich gewesen ist. Der Grund für dieses sonst nirgends bekannte Verfahren liegt in der ritterlichen Macht zur Zeit des Interregnums, als niemand die Macht der Feudalherren brechen konnte. In dem Maße, wie die Macht des Staates wuchs, verschwanden auch die Gottesurteile. Der Priesterschaft wurde vom IV. Lateran-Konzil die Teilnahme verboten. Reinigungseid und Zweikampf hielten sich länger. In England schaffte man sie, nachdem sie jahrhundertelang außer Gebrauch waren, formal erst Anfang des 19. Jahrhunderts durch Parlamentsakte ab.

Frühe Gesetze

Den Juden hat Moses die Gesetzestafeln vom Berge Sinai gebracht, während Donner vom Berg herabtönte, die Blitze zuckten und starker Posaunenschall ertönte. Auch den Ägyptern ist das Recht von einem legendären Herrscher offenbart worden, dem umstrittenen Menes, von dem es heißt, er sei der erste menschliche König Ägyptens gewesen. Ähnlich liegen die Dinge bei den Hindus. Hier wird als Schöpfer des Rechtes der göttliche Manu genannt, der Stammvater der Menschen. In den griechischen Stadtstaaten ist der Gesetzgeber kein Gott, aber doch auch eine legendäre Gestalt. Die Kreter glaubten, Zeus selbst habe die Gesetze dem Minos gegeben, der als Held verehrt wurde, und der Gesetzgeber Spartas soll Lykurg gewesen sein.

Der Sinn dieser Mythen ist klar. Wie bei vielen Naturvölkern die Sitten durch religiöse Vorstellungen und Tabus verfestigt werden, so führt man dort, wo Gesetzesrecht besteht, einen höheren Gesetzgeber ein, um die Bedeutung der Gesetzesnormen zu erhöhen. Dieser Zug, die Wirklichkeit zu überhöhen und die Frage nach dem Ursprung des Rechtes ein für allemal zu beantworten, zeigt sich selbst dort, wo die Gesetzgeber eindeutig Menschen sind. In diesem Fall setzt man wenigstens voraus, daß sie nicht einfach nachgedacht, sondern Reisen in ferne Länder gemacht haben, wo sie die Lehren und Gesetze anderer Völker studierten. Bei den Griechen wird oft geschildert, daß die Väter des Rechtes ihre Gesetze von anderen übernommen hätten, und auch die Römer kennen diese Legende. Noch Livius berichtet, die Römer hätten eine Kommission nach Griechenland geschickt, ehe die Zwölftafelgesetze niedergeschrieben wurden.

Die älteste und zugleich reifste Gesetzessammlung, die aus den frühen Jahrtausenden der Menschheitsgeschichte bekannt ist, stammt von dem babylonischen König Hammurabi (1728–1686 v. Chr.). Auf einer schwarzen Säule aus Diorit sind die Gesetze des Königs eingemeißelt, eindrucksvolle Zeugnisse eines Versuches, in Babylon eine einheitliche Rechtsprechung nach königlichem Willen zu sichern.

Die Rechtsvorstellungen des Hammurabi knüpfen, soweit man erkennen kann, an sehr viel ältere sumerische Urbilder an. Sein Kodex formuliert das Gesetz der Vergeltung, das sogenannte »lex talionis«, von dem schon die Rede war und das in der biblischen Formulierung »Auge um Auge, Zahn um Zahn« bekannt ist. Barbarische Strafen sollen die Bösen abschrecken, aufgeklärte Gesetze belohnen den, der dem königlichen Willen und seinen Moralvorstellungen entspricht. Das Gottesurteil wird legalisiert, und es gibt scharfsinnige Formulierungen, mit denen die eheliche Tyrannei gemildert oder die Besitzgier in Schranken gehalten wird. Insgesamt 285 Titel regeln Fragen des Grundbesitzes, des Handels und der Geschäfte. Besondere Sorge verwendet der Gesetzgeber auf die Familie, auch die Arbeitsverhältnisse werden im Umriß geregelt. Die Sprache dieser Gesetze ist einfach, aber die Formulierungen des Gesetzgebers verraten Menschenkenntnis und das Bemühen, der Gerechtigkeit Genüge zu tun.

So wird unter Hammurabi das unbedingte Scheidungsrecht des Mannes eingeschränkt. Eine unfruchtbare Frau durfte nicht mehr nur deshalb verstoßen werden, weil sie unfruchtbar war, sondern der Mann mußte sie unterhalten, konnte sich aber eine Nebenfrau nehmen. Wenn ein Mann die Ehe aufhob, mußte er die Mitgift und einen gewissen Schadensersatz zurückzahlen, ebenso hatte er für die Kinder zu sorgen. Nur wenn die Frau nachweislich untreu gewesen war, den Haushalt vernachlässigt oder den Mann beleidigt hatte, durfte der Mann sie ohne weiteres verstoßen. Auch die Frau erhielt Rechte. So hieß es: »Ist eine Frau widerspenstig gegen ihren Mann und sagt: ›Du darfst mich nicht berühren‹, so soll man den Grund dafür prüfen. Hat sie triftige Gründe, wenn ihr Mann sich herumtreibt und sie in hohem Maße vernachlässigt, so hat die Frau das Recht, ihre Mitgift an sich zu nehmen und in das Haus des Vaters zurückzukehren. Ist sie dagegen nicht schuldlos, sondern streift umher, läßt es in ihrem Hause drunter und drüber gehen, und vernachlässigt sie ohne Grund ihren Mann, so soll man diese Frau ins Wasser werfen.«

Die angedrohten Strafen waren stets drakonisch. So heißt es: »Wenn eine Kneipenwirtin überführt wird, daß sie ihre Getränke zu hoch hat bezahlen lassen, so soll man sie ins Wasser werfen.« Das Gesetz der Vergeltung beherrscht das Denken, allerdings modifiziert, denn es gibt keine Rechtsgleichheit zwischen dem Mann aus dem Volk und dem Mann der höheren Klasse, den man mit einem ehrenden Wort, ähnlich einem »Hochwohlgeboren« anredete. So sagte der Kodex: »Wenn jemand seinen Vater schlägt, soll man ihm die Hände abhacken. Wenn ein Sklave ungehorsam ist, soll man ihm die Zunge abschneiden. Wenn eine Amme ohne Wissen des Vaters und der Mutter ein anderes Kind unterschiebt, so soll man ihr die Brust abschneiden.« Um der Gerechtigkeit zu dienen, sah der Kodex Hammurabi schon Höchstpreise und Mindestlöhne vor, allerdings konnte das Gesetz nicht durchgesetzt werden; man weiß, daß die Arbeiter in der Regel kaum die Hälfte des ihnen gesetzlich zustehenden Lohnes erhielten.

Die Gewohnheit, gesetzliche Verträge mit einem Amtssiegel zu versehen, geht übrigens auf Hammurabi zurück, dessen Gesetzessäule die Worte enthält: »Jeder unterdrückte Mann, der einen Grund zur Klage hat, soll vor mein Bildnis treten, bin ich doch ein König der Gerechtigkeit! Lasset ihn die Inschrift auf meinem Denkmale lesen. Lasset ihn meine schwerwiegenden Worte befolgen! Möge meine Bildsäule Licht bringen in seinen verworrenen Handel, möge er Recht finden und sein Herz beruhigen (indem er ausruft): ›Hammurabi, wahrhaftig, er ist ein Herrscher, der wie ein wirklicher Vater zu seinem Volke ist . . .‹.«

Der Schritt zum schriftlichen Gesetz ist übrigens keine Erfindung des Hammurabi gewesen, sondern hat sich aus gewissen Voraussetzungen zwingend ergeben. Ursprünglich haben die Rechtshistoriker angenommen, das kodifizierte Gesetzesrecht sei entstanden, wenn ein Volk die Schrift entdeckt oder übernommen habe und das Bedürfnis geweckt gewesen sei, sein Gewohnheitsrecht aufzuzeichnen. In Wirklichkeit ist das schriftlich aufgezeichnete Recht, das immer auch Bruchstücke des bisherigen Gewohnheitsrechts enthält, ein Zeichen gesellschaftlicher Umwälzungen; es soll ein neues Recht anstelle des bisher geltenden Rechtes setzen. So ist auch der Kodex Hammurabi in Zeiten des Umbruchs entstanden; er ist akkadisch verfaßt, also in der Sprache des Herrschers, während die religiöse Sprache das Sumerische blieb, und hatte wohl das Ziel, die beiden Kulturen miteinander zu verschmelzen.

So groß auch die Bedeutung des mündlichen Gewohnheitsrechtes selbst in hochentwickelten Kulturen gewesen sein mag, auf die Dauer ließ sich die Kodifizierung kaum vermeiden. So mußten selbst die Chinesen, die das geschriebene Gesetz verachteten und nach den sogenannten Riten, den Moralgesetzen des Konfuzianismus lebten, die Grenzen einer nur nach Moralvorstellungen geordneten Gesellschaft erkennen. Es stellte sich nämlich heraus, daß Barbaren, d. h. Nichtchinesen und das einfache Volk, unfähig waren, nach den Riten zu leben. Also mußten für sie Gesetze geschaffen und schließlich auch aufgeschrieben werden. So enthält die große Gesetzessammlung aus dem Jahre 654 n. Chr. in zwölf Büchern das Beamtenrecht, Finanzrecht, Strafrecht, Verwaltungsrecht und Prozeßrecht. Ebenso enthalten die unter chinesischem Einfluß um jene Zeit verfaßten japanischen Rechtsdokumente eine Reihe von Verbotsnormen und Verwaltungsanordnungen, die der Ideologie des Feudalstaates entsprachen.

In Europa gibt es zwei große Rechtsfamilien, die ihren Einfluß auf viele Teile der Welt ausgedehnt haben, die sogenannte römisch-germanische Rechtsfamilie und das Common Law Englands. In der Gegenwart ist in Europa eine neue Rechtsfamilie entstanden, nämlich die der sozialistischen Staaten, die zwar auf alten Formen aufgebaut ist und deren Terminologie übernommen hat, aber doch entsprechend ihren revolutionären Zielen neue, charakteristische Züge zeigt: Das sozialistische Recht will nicht die alte Ordnung erhalten, sondern die gänzliche Umwandlung der Gesellschaft vorbereiten. Die römisch-germanische Rechtsfamilie hat über den portugiesischen und spanischen Kolonialismus Südamerika erobert, sie hat sich in großen Teilen Afrikas – mit Hilfe des französischen und belgischen Rechts – sowie im Nahen Osten durchgesetzt und herrscht im heutigen Japan und in Indonesien, dem ehemals holländischen Kolonialbesitz. Das Common Law hat die Länder des ehemals englischen Kolonialbesitzes geprägt und in den USA eine eigene Entwicklung erfahren.

Daß es zur Ausbildung der sogenannten römisch-germanischen Rechtsfamilie gekommen ist, hat mit geschichtlicher Logik wenig zu tun und erinnert auf den ersten Blick an ein absurdes Stück, dessen Hauptrolle nur durch einen Irrtum zustande gekommen ist. Um aber wenigstens den Ablauf zu verstehen, der dem Kaiser Justinian diese Hauptrolle zuweist, muß man die Vorgeschichte kennen.

Plädoyer auf dem Forum

Auf den Stufen der Basilika Julia drängen sich die Menschen, die heute den Auftritt des berühmten Advokaten Caecilianus erleben wollen. Neulich erst hat ihm der Literat Martial ein Epigramm gewidmet, in dem er auf dessen Redesucht anspielte: »Schreiend verlangst du sieben Klepshydren für dich, Caecilianus, und der Richter hat sie dir, wenn auch widerwillig, gewährt. Und nun sprichst du endlos, neigst dich zurück und schluckst das laue Wasser, das man dir in Kristallflaschen hinstellt. Um deine Schwatzsucht, deinen Durst zu stillen, trink doch aus der Klepshydra, Caecilianus!« Den Witz verstand jeder: Auf dem Tisch standen die Wasseruhren, die man Klepshydra nannte, und bemaßen dem Redner die Zeit. Zwanzig Minuten dauerte es, bis so eine Wasseruhr abgelaufen war, und sechs Uhrlängen durfte ein Plädoyer dauern.

Rom ist damals von der Prozeßsucht befallen gewesen. Rund 230 Zivilprozesse beschäftigten die Öffentlichkeit. In den Hallen des Stadtpraetors und des Fremdenpraetors, vor dem Sitz des Stadtpräfekten drängten sich die Massen, ebenso vor der Basilika Julia, wo die Zivilkammer tagte, das Gericht der Centumvirn. Das waren nicht, wie der Name angibt, hundert, sondern hundertachtzig Beisitzer, die sich würdevoll rechts und links neben dem Amtssessel des praetor hastarius niedergelassen hatten, des »Praetors mit der Lanze«, dem altrömischen Würdesymbol (Carcopino). Es gab Sitzungen, bei denen die Centumvirn geschlossen tagten, und solche, bei denen sie in vier Kammern getrennt tagten. Jede Kammer umfaßte 45 Beisitzer mit einem Decemvirn. Zu Füßen des Gerichtes waren die Prozeßparteien versammelt, dazu ihre Bürgen und Zeugen, die Verteidiger und die Zuschauer. Der Lärm zwang jeden, sich laut schreiend zu verständigen, auch brandete immer wieder das Klatschen bezahlter Claqueure auf, die für das Plädoyer ihres Auftraggebers Stimmung zu machen hatten. Für einen jungen Rechtsanwalt muß der erste Auftritt vor einem solchen Gericht eine Qual gewesen sein; von ihm wurden nicht nur Sachkenntnis und Schlagfertigkeit, sondern eine zähe Konstitution verlangt.

Der Stand des Rechtsanwaltes ist nicht in allen Hochkulturen entstanden, also kein selbstverständlicher Bestandteil eines geordneten Rechtslebens. Im alten Ägypten war es den Rechtskundigen, wenn man dem griechischen Historiker Diodor (1. Jh. n. Chr.) glauben darf, grundsätzlich verboten, vor Gericht zu plädieren. Man forderte, er solle seine Plädoyers schriftlich einreichen, weil die Beredsamkeit eines persönlich auftretenden Anwalts den Gerechtigkeitssinn der Richter verwirren könne. Auch in China und Babylon, in Indien oder im klassischen Griechenland, selbst in der frühen römischen Republik gab es keine Rechtsanwälte nach heutigem Begriff, obwohl die verschiedenen Funktionen der Rechtsberatung und des Rechtsbeistandes durchaus wahrgenommen wurden.

In Rom hat sich der Beruf des Rechtsanwaltes aus dem alten Sippenrecht entwickelt. Denn für den Klienten, den wirtschaftlich Abhängigen, trat der Grundherr vor die Schranken des Gerichtes, und wenn er für seinen Klienten sprach, dann nahm er im Grunde seine eigenen Interessen wahr. Gewiß lagen auch in Rom Prophezeiung, also die Erstellung von Auspicien, und die Erteilung von rechtlichem Rat in den Händen der Priester. Aber unmerklich ging die Beratung in Rechtsfragen in weltliche Hände über, und in dem Maße, in dem sich die Öffentlichkeit für Prozesse interessierte, war auf dem Forum Ruhm und Ehre zu gewinnen. Mancher reiche Patrizier, der sich einer verfahrenen Rechtssache annahm und sie zum glücklichen Ende brachte, legte damit den Grundstein zu seiner politischen Karriere; das galt vor allem für die sogenannten »oratores« oder »patroni«, die auf dem öffentlichen Forum auftraten und so zu den Vätern des Anwaltsberufes geworden sind. Diese frühen Anwälte lebten nicht von ihrem Auftreten vor Gericht, sie waren nicht in Kammern organisiert, empfanden sich nicht als Stand und durften nach der 203 v. Chr. erlassenen Lex Cincia Honorare überhaupt nicht annehmen. Aber sie erfüllten die Forderung der Menge, das Unrecht müsse als Unrecht angeprangert, die Unschuld müsse geschützt werden, sie waren »Lautsprecher« des öffentlichen Empfindens, und sie boten den Massen, die auf den Straßen herumlungerten, ein fabelhaftes Schauspiel – immerhin war Rhetorik ein klassisches Lehrfach.

Aus dem freien Rechtsberater ist dann im Laufe der Kaiserzeit eine Art Beamter geworden. Ursprünglich als Gegengewicht zu einer mächtigen Beamtenschaft entstanden, ist dieser Beruf vom Kaisertum »gleichgeschaltet« worden. Im 4. Jahrhundert n. Chr. ist dieser Berufsstand zum Sinnbild der Gewinnsucht und Gemeinheit geworden, und als im Umbruch der Völkerwanderung die politische Ordnung des Imperiums zerfiel, verschwand auch der Anwaltsberuf. Erst in der Neuzeit hat er sich, auf dem Boden des übernommenen römischen Rechts, neu gebildet.

Das Recht, das auf dem Forum in Rom verkündet wurde, war das der XII Tafeln. Das alte römische Gewohnheitsrecht wurde von Mund zu Mund weitergegeben wie bei allen Völkern, und es wurde wie überall von der sogenannten lex talionis beherrscht, vom Vergeltungsrecht, wie es bereits geschildert worden ist. Das lateinische Wort »lex« verweist übrigens auf diese archaischen Zustände, denn es heißt »Lesung«. Damit etwas rechtswirksam wurde, mußte es gesprochen werden. Ein Rest dieser Praxis hat sich ja bis heute erhalten, denn auf die mündliche Urteilsverkündung verzichtet auch heute kein Gericht.

Mit dem Jus, dem die Juristen dienen, ist im Lateinischen der Ort des Gerichtes gemeint. Bei diesen Verhandlungen ging es um zivile Streitigkeiten, nicht um so schreckliche Dinge wie die Verletzung heiliger Bräuche, die Kränkung von Gottheiten. Man sagte, eine Handlung sei ius, wenn sie keinem anderen Menschen schadete; das Gegenteil war die »iniuria«, während die Handlung, die den Göttern schadete, »fas« war. Wer sich eine »nefas«, eine Gottesverletzung, hatte zuschulden kommen lassen, war dem Gott verfallen und vogelfrei – es durfte ihn jeder töten, falls er nicht durch ein Sühneopfer von der Gottesrache befreit war. Im Falle eines Rechtsstreites fällten die Priester ein Urteil; dieses Recht war also ein Fallrecht, und in manchen modernen Formen hat sich diese Art der Rechtsordnung bis auf den heutigen Tag erhalten, nämlich soweit Gerichtsentscheidungen die Gesetze ersetzen oder ergänzen.

Das ius regelte so die Zugriffsrechte des einzelnen auf Personen und Sachen, wozu bekanntlich auch die Sklaven gehörten. Die Schranken der Gewalt regelte das Recht nicht. Der römische Familienvater, der Vorsteher der Kultgemeinschaft, hatte unbeschränkte Macht über Leben und Tod seiner Angehörigen; nur religiöse Vorschriften und Tabus, nicht weltliche Gesetze engten diese Macht ein. Machtmißbrauch galt als Sittenverstoß und wurde von den Censoren, den Wächtern der römischen Sitten, geahndet, als die sakralen Ordnungen ihre Macht über die Römer verloren hatten.

Die Zwölftafelgesetze verdanken ihre Entstehung dem Klassenkampf zwischen dem Volk und den Patriziern. Die Plebejer forderten Rechtsgleichheit. Schon 462 v. Chr., so berichtet die römische Überlieferung, habe der Volkstribun C. Terentilius Arsa die Aufzeichnung des Rechtes gefordert. Nach langem Widerstand habe man drei Bürger nach Athen geschickt, die Solons Gesetz abschreiben und die Gesetze der anderen griechischen Stadtstaaten studieren sollten. Diese Überlieferung ist wie gesagt legendär, entspricht aber der Mentalität der Epoche. Jedenfalls regelt dieses Zwölftafelgesetz offenbar das Privatrecht, das Strafrecht und das Polizeirecht für die römischen Verhältnisse des 5. vorchristlichen Jahrhunderts. Die gerichtlichen Verfahren und die sakrale Ordnung werden als bekannt vorausgesetzt. Offenbar beschränkt sich das Gesetz auf jene Bereiche, in denen die meisten Streitfragen entstanden, also etwa auf Fragen der Nachbarschaft, des Wegerechtes, des Bauens und ländlicher Grenzstreitigkeiten, und läßt den Schutzzweck deutlich hervortreten – wo die Gefahr für den sozial Schwachen am größten ist, wird das Gesetz am ausführlichsten. Bezeichnenderweise wird bei den kriminellen Delikten der Diebstahl härter bestraft als der Totschlag. Feldfrevel, Saatzauber und Brandstiftung gelten als private Straftaten, ebenso Richterbestechung und das Herüberzaubern der Fruchtbarkeit vom fremden Feld auf den eigenen Acker. Das Zwölftafelgesetz ist nicht etwa überliefert wie der Codex Hammurabi. Man hat keinen originalen Text, sondern nur Bruchstücke, die in der römischen Literatur zitiert werden und noch zu Ciceros Zeiten auswendig gelernt wurden.

Bis um 300 v. Chr. lag die Rechtspflege in den Händen der Priesterschaft. Ergänzende Gesetze sind nur sparsam erlassen worden und spielen insgesamt keine entscheidende Rolle. Dieses Recht der XII Tafeln ist aber nicht das römische Recht, das die Rechtsprechung fast ganz Europas geprägt hat, sondern nur sein Vorläufer.

Die verwickelte Rechtsgeschichte Roms nachzuzeichnen, ist hier nicht der Platz. Es ist selbstverständlich, daß die Weltmacht Rom, die Herrin so vieler unter Besatzungsrecht lebender Provinzen, mit dem alten bäuerlichen Recht der XII Tafeln nicht auskam. Offenbar hat Caesar geplant, einen reformierten Kodex zu schaffen, hat diesen Plan aber nicht verwirklichen können. Es hatte inzwischen eine Reihe privatrechtlicher Gesetze gegeben, die z. B. dem Schutz Minderjähriger oder bestimmten Fragen der Bürgschaftsgewährung galten. Schließlich hatte Kaiser Augustus Gesetze über die Ehe erlassen, die der Moral dienen sollten, und Gesetze über die Freilassung von Sklaven, die eine Einschränkung privater Rechte darstellten und im Interesse der herrschenden Klasse lagen. Im Grunde war das ius civile aber nichts anderes als das Gewohnheitsrecht der römischen Bürger.

Der höchste Gerichtsbeamte in Rom war der Praetor. Seine Sache war es, die prozessualen Formeln vorzuschreiben, nach denen die Klage erhoben werden konnte. Jährlich gab er eine Verordnung heraus, in der die Grundsätze und Regeln seiner beabsichtigten Amtsführung niedergelegt waren. Auf diese Weise gewann der Praetor immer größere Macht über die Gesetzgebung. Kaiser Hadrian hat 125 n. Chr. diese Macht des Praetors beschnitten und den Juristen Julian beauftragt, den praetorianischen Edikten eine feste Form zu geben. Seitdem konnte das Recht nur noch durch juristische Interpretation und durch kaiserliche Erlasse fortentwikkelt werden. Als Rom nun eine Weltmacht geworden war, mußte es sich auch

Goldmedaille *mit dem Bildnis Kaiser Justinians I. (527–565). Dem großen byzantinischen Herrscher ist vor allem die Kodifizierung des römischen Rechts, des Corpus juris civilis, zu verdanken. Nach einem Abguß des verlorenen Originals. British Museum, London.*

rechtlich mit allen jenen Bürgern auseinandersetzen, die nicht Römer waren. Man löste das Problem, indem man 247 n. Chr. einen Praetor für Ausländer ernannte, der nun in seiner Rechtsprechung das römische Recht den besonderen Verhältnissen anpaßte. Mit der Zeit hat dann dieses praktikablere Recht, das den Grundsätzen der Billigkeit besser entsprach, das alte ius civile verdrängt. Und eben dieses »Fremdenrecht«, ius gentium genannt, das vom Praetor peregrinus geschaffen wurde, vom »Fremdenpraetor« ist schließlich zum Corpus juris civilis des Kaisers Justinian geworden.

Dieser Kaiser, der von dem Gedanken besessen war, die Herrlichkeit des alten römischen Reiches wiederauferstehen zu lassen, befahl im Jahre 529 seinem höchsten Verwaltungsbeamten, das römische Recht, das ja auch in Konstantinopel galt, zu reformieren und aufzuzeichnen. Die allgemeinen Prinzipien des römischen Rechtes faßte man unter dem Titel »Imperatoris Justiniani Institutiones« zusammen. Es handelt sich aber nur um eine neuere Ausgabe des Gajus, eines älteren römischen Kommentators. Die Gesetze wurden im Codex zusammengefaßt. Der wichtigste Teil aber kam zustande, indem man aus den großen juristischen Autoren der klassischen Zeit Exzerpte zusammenstellte, also eine Auswahl traf. Diese Arbeit leistete eine gelehrte Kommission, der die hervorragendsten Juristen jener Epoche angehörten. Insgesamt 2000 Bücher, also Papyri, mit rund 3 Millionen Zeilen wurden gelesen und auf 150 000 Zeilen konzentriert. Dies sind die sogenannten Digesten, denen sich die »novellae«, die neu erlassenen Gesetze, anschlossen. Kaiser Justinian, dem daran lag, das alte römische Recht unverfälscht zu erhalten, hat bei Strafe verboten, diese Sammlungen neu zu kommentieren, weil er das Chaos der tausendjährigen juristischen Gelehrsamkeit kennengelernt hatte. Aber gerade das hat er nicht verhindern können, und eben über die Kommentare des Mittelalters ist dieses Recht, das mit dem Zwölftafelgesetz kaum etwas zu tun hatte, in Europa aufgenommen worden.

Tatsächlich ist dieses römische Recht, das man lange für universal hielt, durchaus nicht in allen römischen Provinzen anerkannt worden, und der griechisch-orientalische Einfluß ist unverkennbar. So ist einer der auffallendsten Züge jenes römischen Rechtes, das Formularverfahren, auf griechischen Einfluß zurückgeführt worden. Für viele Jahrhunderte jedenfalls blieb das Corpus juris civilis dem Abendland unbekannt, und wenn es im Reich Ostroms Geltung hatte, so berührte das die Verhältnisse im Reich der Franken nicht.

Das Recht der Väter

Für den modernen Menschen ist es selbstverständlich, daß für das gleiche Verbrechen im Grundsatz die gleiche Strafe verhängt werden müsse, auch seien vor Gericht alle Bürger gleich. Im Mittelalter galten ganz andere Grundsätze, und was damals in rechtlicher Beziehung ein Fortschritt war, nämlich die Einschränkung der Willkür durch königliches Dekret, scheint dem heutigen Menschen himmelschreiende Ungerechtigkeit zu verewigen. So heißt es etwa im Lex Francorum aus der Zeit Karls des Großen zum Wergeld: »Wer einen freigeborenen Franken tötet, zahlt 600 Schillinge Wergeld; davon erhält der König 200 Schillinge als Buße für Friedensverletzung. Wer einen gewöhnlichen Freien tötet, zahlt 200 Schillinge, wovon der dritte Teil dem König zukommt. Wer einen Halbfreien, Freigelassenen tötet, muß 100 Schillinge zahlen, davon ein Drittel dem König . . . usw. Wenn ein Graf in seiner Grafschaft getötet wird, muß das dreifache Wergeld, was ihm nach seiner Geburt zukäme, bezahlt werden. Wenn ein königlicher Sendbote umgebracht wird, der auf einer Amtsreise begriffen war, soll für ihn ebenfalls das dreifache Wergeld bezahlt werden. Für einen auf der Reise befindlichen Mann muß, wird er umgebracht, 600 Schillinge an den König gezahlt werden.«

Ein Strafkatalog, der offensichtlich eine gewisse Ausgewogenheit zu erreichen versucht und doch einen der modernen Rechtsgrundsätze, der durch blutige Revolutionen erkämpft wurde, auf fundamentale Weise vernachlässigt. Daß die Menschen vor dem Gesetz gleich seien, diese Vorstellung wäre Menschen des Mittelalters absurd erschienen. Wie konnte für einen Schankwirt oder Pferdeknecht das gleiche gelten wie für einen geistlichen Herrn oder adeligen Ritter, wie konnte überhaupt gleich sein, was von Gott doch unterschiedlich geschaffen war? Das Recht galt nicht für alle gleich, sondern für jeden nach seinem Stand. Der Adel lebte nach adligem Recht, der Bauer nach dem Recht seines Grundherrn. Die Besitzverhältnisse wurden durch das Lehnsrecht geregelt, die Rechte des Bauern bestimmte das Hofrecht, schließlich gab es noch für die Bürger das Stadtrecht, das z. B. für den Kaufmann oder Handwerker maßgebend war.

Aber auch diese ständische Gliederung war nicht für alle einheitlich, denn von Herrschaft zu Herrschaft, ja von Hof zu Hof herrschte unterschiedliches Recht. Diese örtlichen Verschiedenheiten führten im Laufe der Jahrhunderte zu unerträglichen Verhältnissen, weil schließlich in einem Dorf gelegentlich, verursacht durch verwickelte Besitzverhältnisse und Abhängigkeiten, verschiedenes Recht herrschte. So unübersichtlich waren Lehns- und Dienstmannenrecht, daß Eike von Repgau aus Reppichau bei Aken an der Elbe, der um 1220–1235 den »Sachsenspiegel« verfaßt hat, sich dieses Thema zu behandeln nicht zutraute. Andererseits bildeten sich im Laufe der Zeit bestimmte Abhängigkeiten vor allem unter den Städten, denn die Rechtsordnung von Lübeck oder Magdeburg wurde beispielhaft für viele andere Städtegründungen, die das Recht der älteren Stadt übernahmen und dadurch für Zweifelsfälle eine Instanz mit Erfahrung besaßen.

Nicht das Individuum mit seinen »Grundrechten« interessierte die Menschen der damaligen Zeit, sondern die Stellung der Gruppe, etwa der »natio« oder »universitas« bei den Studenten, die des Klosters oder der Familie, der Zunft oder Stadt. Die Rechte und Pflichten einer solchen Gruppe regelte das Privileg, und die Erteilung von Privilegien bot dem Herrscher die Möglichkeit, eine Gruppe gegen die andere auszuspielen und jenes Gleichgewicht der Kräfte herzustellen, das er brauchte, um seine Ziele durchzusetzen. Die eigene Gerichtshoheit war ein solches Privileg, um das oft erbittert gerungen wurde. Zunächst galt ja die Regel, daß jedermann nur von Gerichten des eigenen Standes abgeurteilt werden könne – im heutigen Ehrengericht der Berufsstände, selbst in den Sportgerichten, leben solche Anschauungen fort. Über Adlige konnten nur Adlige, über Geistliche nur Geistliche urteilen, und als lokale Instanzen amtierten die Schöffengerichte unter der Gerichtshoheit des Gaugrafen, der diese ursprünglich vom König erhalten, aber schließlich ganz an sich gezogen hatte. Wenn bei einer Streitsache eine geistliche Partei beteiligt war, etwa ein Kloster oder ein geistlicher Würdenträger, kam die Sache vor ein geistliches Gericht, außerdem gab es besondere Lehnsgerichte oder bäuerliche Hofgerichte, die wiederum in Abhängigkeit vom Grundherrn standen. Der oberste Richter aber blieb der König. Er residierte noch nicht in einer Hauptstadt, sondern zog durch seine Länder und hielt Gerichtstag, wobei er von seinen Räten unterstützt wurde. Dabei konnte er, ohne daß von seiten der betroffenen Gerichte Einspruch möglich gewesen wäre, jede Sache an sich ziehen (Coing).

Das Recht war nicht eigentlich von Menschen gemacht, es war von den Vätern überliefert, von den Grundsätzen der christlichen Kirche geheiligt und gestützt und allgemein bindend. Auch der König konnte das Recht nur wahren, nicht Recht setzen. So ist der König in der Phantasie des Volkes immer wieder zum Verbündeten des armen Mannes geworden, der auf das gute alte Recht pochte und sich gegen die Herren auflehnte, die es zu ihren Gunsten ändern wollten. Übrigens war dieses Recht noch nicht in Gesetzen formuliert, ja nicht einmal schriftlich festgelegt, soweit es sich um das alte, überlieferte Gewohnheitsrecht handelt, das in oft feierlichen Stabreimen von Mund zu Mund überliefert wurde. Nur die Privilegien wurden selbstverständlich in höchst gravitätischer Form von den Kanzleien ausgefertigt und beurkundet.

Kein Zweifel, die Mannigfaltigkeit des Rechts förderte die Rechtssicherheit nicht, und selbst mächtige Herren hatten Mühe, sich mit ihren Ansprüchen durchzusetzen, ganz zu schweigen vom einfachen Mann. Im 14. Jahrhundert wurden die Femegerichte berühmt, die aus den fränkischen Grafengerichten hervorgegangen waren und sich als königliche Gerichte verstanden. Das ging so weit, daß sie die Zuständigkeit für todeswürdige Verbrechen auch dann beanspruchten, wenn diese außerhalb des eigenen Gerichtsbezirkes begangen waren und der ordentliche Richter die Behandlung der Sache verweigerte. Sie verdankten ihre Macht zunächst also der herrschenden Rechtsunsicherheit und entwickelten sich erst mit der Zeit zu jenem Geheimbund, der überall in Deutschland Schrecken verbreitete und im 15. Jahrhundert an den Abwehrbündnissen der Landesherren und der Städte zerbrach.

Die verworrene rechtliche Situation bot also Voraussetzungen für die sogenannte Rezeption, die Aufnahme des römischen Rechts. Diese schrittweise sich entwickelnde Aufnahme geschah überall dort, wo die gesetzgebenden Organe zu schwach, die Berufungsinstanzen zu machtlos waren. In Britannien, Skandinavien und einigen Kantonen der Schweiz sowie in den Königreichen Aragon und Kastilien hat sich das römische Recht nicht durchsetzen können, wenn es auch die dortige Rechtsprechung beeinflußt hat.

Vom Sachsenspiegel zum Corpus juris

Die Rezeption des römischen Rechts, von den nationalen Rechtshistorikern des 19. Jahrhunderts verdammt, andererseits als Triumph römischer Nüchternheit und Verstandesklarheit gefeiert, ist von Zufällen abhängig gewesen und ein im Grunde fabelhafter Vorgang geblieben. Was geschehen ist, kann man sich am besten klarmachen, wenn man sich vorstellt, aus irgendwelchen Gründen sei eine viele hundert Jahre alte Gesetzessammlung, etwa aus Alexandria, die altorientalisches Recht überlieferte, zur Rechtsquelle für die Gelehrten in Italien geworden. Tatsächlich war es Justinians Gesetzessammlung, die an den Universitäten zum Gegenstand des juristischen Studiums gemacht wurde. In der Provence, in der Lombardei, in Ravenna und in Bologna beschäftigte man sich mit dem Codex Justinianus, und weil die dortigen Formulierungen mit der Rechtswirklichkeit nicht übereinstimmten, mußte man Kommentare schreiben, sogenannte Glossen. Allerlei scharfsinnige Juristen, deren Namen hier nur den Fachmann interessieren, paßten durch immer neue Glossen dieses Recht den Zeitverhältnissen an. Sie glaubten übrigens, es sei das alte, römische Recht, was sie behandelten, und dieses Recht habe im alten Imperium gegolten. Nur so ist überhaupt verständlich, daß sich die italienischen Juristen mit solchem Eifer dieser Gesetzessammlungen annahmen; sie glaubten, aus dem alten römischen Recht, dessen Klarheit sie beeindruckte und dessen weltweite Geltung für sich zu sprechen schien, in jenen Fällen Nutzen zu ziehen, in denen das eigene Recht mit seinem begrenzten Geltungsbereich sie im Stich ließ.

Die Lehrmethode in Bologna während des etwa siebenjährigen Studiums bestand darin, die alten Texte Stück für Stück vorzulesen und auszulegen, ganz so, wie man auch mit der Bibel verfuhr. Die Fakultät hatte sich auf diese Weise einen bestimmten, wenn auch sehr vagen Lehrplan gegeben und die Art des Vortrages und der Examination organisiert. Es kam darauf an, möglichst umfassende Textkenntnisse zu besitzen und diese durch eine genaue Kenntnis der einschlägigen Glossatoren zu vertiefen. Niemand erwartete von diesen Juristen praktische Tätigkeiten; das Ausbildungsziel eines solchen Studiosus war es, Magister zu werden und selbst Juristen zu schulen. Dieses System wurde von all den Rechtsschulen in Europa übernommen, in Montpellier, Toulouse, Orléans, in Angers und Avignon, aber auch im Heiligen Römischen Reich Deutscher Nation, zuerst in Prag, dann in Wien, Heidelberg, Köln und Erfurt, später in Leipzig, Rostock und Greifswald.

Die erste Nachricht in Deutschland über einen gelehrten Juristen ist satirischer Art. Im »Carmen satiricum«, das um 1282 in Erfurt geschrieben worden ist, taucht ein Advokat Heinrich von Kirchberg auf, der in Italien studiert hat. Um 1300 kommt das Wort Jurist zum ersten Male vor, und ein gelehrter Jurist wird um die Mitte des 13. Jahrhunderts als Leiter der Stadtkanzlei in Hamburg genannt.

Tatsächlich werden Juristen zuerst von der Kirche im Rahmen der eigenen Gerichtsbarkeit und Verwaltung eingesetzt. Sie hatte das eigene Gerichtswesen nach kanonischem Recht reformiert und die Forderung aufgestellt, daß die Gerichte mit gelehrten Richtern zu besetzen seien. Das mag verschiedene Gründe gehabt haben; die Verbindung Roms zu den italienischen Fakultäten mag eng gewesen sein, um solche Maßnahmen nahezulegen, auch stellte die Kirche ja eine durchaus internationale Organisation dar, besser gesagt, eine übergreifende Macht, die ihre Autorität ja auch juristisch untermauern mußte. Den Ansprüchen nach dem geltenden Lehns- und Gaurecht, Stadtrecht oder Königsrecht hatte sie nun den Hinweis auf das kanonische Recht entgegenzusetzen.

Zu den wichtigsten Rechtsquellen des Mittelalters gehört das sogenannte kanonische Recht, das Corpus juris canonici. Es bestand aus einer Sammlung kirchlicher Rechtsquellen, wozu gewisse Dekrete der Päpste und spätantike Texte von Kirchenvätern gehörten. Den Schwerpunkt bildeten jene Entscheidungen, welche von den Päpsten in kirchlichen Gerichts- und Verwaltungssachen getroffen worden waren. Sie entsprachen in der Form etwa dem Codex des Corpus juris civilis, der die entsprechenden Entscheidungen der römischen Kaiser enthielt. Auch das kanonische Recht war mit allem Scharfsinn glossiert worden, und so gehörte die Kenntnis beider Rechte, des weltlichen und des geistlichen Rechts, zum Fachwissen der Juristen.

Die kirchlichen Gerichte hatten weitgespannte Befugnisse. Sie waren zuständig in Ehe- und Testamentssachen – Ehen und Todesfälle gehörten in die Zuständigkeit der Geistlichkeit, also auch die juristischen Folgen–, und sie hatten in allen Fällen zu urteilen, in denen eine Partei geistlich war. Solche Fälle waren zahlreich, und so taten die Fürsten gut daran, sich der Dienste von Juristen zu versichern, welche der Auseinandersetzung mit den gelehrten Juristen der Kirche gewachsen waren. Seit der Herrschaft Rudolfs I. von Habsburg (1218–1291), der 1237 in Frankfurt zum König gewählt wurde, finden sich im Rat der Krone gelehrte Juristen, im 16. Jahrhundert waren alle Obergerichte mit Juristen besetzt, und für das 1495 gegründete Reichskammergericht war vorgeschrieben, daß die Hälfte aus gelehrten Juristen, die andere Hälfte aus Mitgliedern des Adels bestehen müsse. Daß sich das römische Recht zwangsläufig durchsetzte, weil es das reifere und umfangreichere Recht war, verglichen mit dem geltenden Gewohnheitsrecht, ist die Folge dieser Entwicklung. Diese gelehrten Doctores und Magister hatten in Padua oder Bologna, in Prag oder Montpellier nichts als das römische Recht gelernt. Sie wandten es an, wenn sie mit dem geltenden lokalen Recht nicht mehr weiterwußten. Das Corpus juris, das angeblich schon zur Zeit der alten deutschen Kaiser in Gebrauch gewesen war, wurde zum Schatzhaus der Weisheit, und man verstand es als ratio scripta, als Vernunft, die durch die Niederschrift Gesetz geworden ist.

Man hatte sich auch in Deutschland, unter dem ersten Eindruck der italienischen Gelehrsamkeiten, zur Niederschrift des Gewohnheitsrechts aufgerafft. Der »Sachsenspiegel« des Eike von Repgau und der hierdurch angeregte »Schwabenspiegel«, um 1275 in Augsburg von einem unbekannten Geistlichen zusammengetragen, sind Ausdruck dieser Tendenz, die in Frankreich von Philipp de Remi, Sire de Beaumanoir, mit seinen »Coutumes de Beauvoisis«, in England von einer entsprechenden Abhandlung Henry de Bractons repräsentiert wird. Schließlich hatte das Corpus juris, das spätrömische, mit altorientalischen Gesetzesnormen verwässerte und von vielen Generationen immer neu kommentierte Gesetzeswerk, fast überall in Europa Eingang gefunden. Als das Reichskammergericht gegründet wurde, erhielt es den Auftrag, nach dem gemeinen Recht des Reiches zu entscheiden – und eben dies war das Corpus juris. Man nannte das Digestenrecht in Deutschland Pandektenrecht, es beschäftigte noch den jungen Referendar Goethe und behielt bis weit ins 19. Jahrhundert seine Gültigkeit.

Man hat für die Aufnahme des römischen Rechts verschiedene Gründe genannt. So sollte das römische Recht es den Feudalherren erleichtert haben, den Bauern ihr Land zu nehmen, oder der auflebende Fernhandel soll die Aufnahme des römischen Rechts begünstigt haben. Im Volk lief die Redensart um »Die Juristen sind böse Christen«, die solche Ansichten bestärkt. Tatsächlich spielen diese Gründe wohl keine entscheidende Rolle, denn die Blüte der Hanse mit ihrem weitgespannten Handel liegt zeitlich vor der Rezeption, und die Bauern sind auch ohne Rechtsvorwände deklassiert worden. Die entscheidende Voraussetzung für die Aufnahme des Corpus juris liegt in der Zersplitterung des Rechts in Deutschland, die wiederum getreues Abbild der politischen Verhältnisse war (Seagle). Was man ursprünglich, zur Zeit der großen Glossatoren im 12. und 13. Jahrhundert, als römisches Recht kennenlernte, war ja weniger das Corpus juris Justinians als die Weisheit der oberitalienischen Kommentatoren, von denen man gesagt hat, sie räsonierten, »als ob noch immer Herr Justinian sein Schwert über Italien schwänge«. Als Recht wurde nämlich nur anerkannt, was in der Glosse stand, und so verschwand der ursprüngliche Text unter einem Wust von Gelehrsamkeiten.

Ursprünglich hat man übrigens geglaubt, das lokale Gewohnheitsrecht solle nur in Fällen gelten, für die das Corpus juris keine Regelung enthielte. Die Rechtswirklichkeit sah anders aus, und als im 13. Jahrhundert das staufische Kaisertum zusammenbrach, mußten sich die Juristen den veränderten Verhältnissen anpassen. So entstand die Theorie von der subsidiären Geltung des römischen Rechts, das also nur dann herangezogen wurde, wenn das örtliche Recht im Stich ließ.

Während der Renaissance entstand eine vom Humanismus beeinflußte Schule von Juristen – Namen wie Andrea Alciati in Italien, Ulrich Zasius in Deutschland, Hugues Doneau in Frankreich stehen für diese Tendenz –, deren Ziel es war, ein kritisches und historisches Studium des unverfälschten römischen Rechts zu fordern. So erkannte man, was im überlieferten Recht aus dem Mittelalter und was aus der Antike stammte. Damit war der erste Schritt zu einer Reform des europäischen Rechts getan, um es den Erfordernissen der Neuzeit anzupassen.

Fortschritt durch Juristen

Im Mittelalter galt einer, der einen Menschen totgeschlagen hatte, als Totschläger, ganz gleich, aus welchen Motiven er gehandelt, auf welche Weise er den Mord begangen hatte. Nicht der Staat verfolgte diesen Mann, der weder Ehre noch Ansehen verlieren mußte, sondern die Sippe des Toten brachte die Sache vor Gericht. Unter dem Vorsitz des Richters hielten die Schöffen Gericht, vor dem beide Parteien eine Art unblutiges Duell austrugen. Laut Corpus juris war der Prozeß, der einem Mörder gemacht wurde, ein Versuch des Gerichtes, durch Befragung und andere Mittel, zu denen die Folter gehörte, die objektive Wahrheit herauszufinden. So spricht die von dem Bambergischen Hofrichter, dem Freiherrn Johann von Schwarzenberg und Hohenlandsberg, formulierte Constitutio Criminalis Bambergensis (1507) von dem »fursetzlichen Morder« und dem »unfursetzlichen Todtschleger« und erklärt, daß ein »fursetzlicher mutwilliger morder mit dem Rade unnde ein ander, der einen todtschlag unfursetzlich oder aus gecheit unnd zorn gethon . . . mit dem schwert vom leben zum tod gestraft werden soll«. Man bemüht sich um Gerechtigkeit, genauer gesagt, die Fürsten, die sich nach Luther als »Gottes Zorn und Gottes Rute« verstehen, haben die heilige Pflicht, für Gerechtigkeit zu sorgen.

Die italienischen Rechtsgelehrten haben strafrechtliche Grundfragen der Justiz wie Vorsatz und Beihilfe, Schuld und Rechtfertigung begrifflich geklärt und so die Voraussetzungen für eine gerechte Justiz geschaffen. Zum ersten Male gibt es einen Indizienbeweis, und die schriftliche Prozeßführung, wie sie nach byzantinischem Muster nun üblich wird, sichert eine geordnete Behandlung der Materie. So tritt an die Stelle eines ganzen Wustes von alten Weistümern und Satzungen, von uralten Statuten zivilrechtlicher und strafrechtlicher Art jenes klarer durchdachte, einheitlich geordnete römische Recht, das die Verhältnisse überschaubar macht.

Neu war allerdings, daß die Zeugen in Abwesenheit der beiden Prozeßparteien vernommen wurden und daß der Richter, nach gründlichem Aktenstudium, sein Urteil geheim fällte, ohne daß die Öffentlichkeit ihn kontrollieren konnte. Im Inquisitionsverfahren, das ja ein bestimmtes Prozeßverfahren darstellt und nur im übertragenen Sinn die Ketzerprozesse meint, erhielt der Angeklagte keine volle Kenntnis des gegen ihn vorliegenden Materials. Er hatte zwar Gelegenheit, sich zu verteidigen, aber das Urteil fiel in geheimer Sitzung. Andererseits wurde ein wesentliches Element der Rechtsunsicherheit beseitigt, nämlich das Richten nach Gnade. Das Gnadenrecht stand nach mittelalterlicher Auffassung nicht nur dem König und dem Landesherrn sowie den übrigen Trägern der richterlichen Gewalt zu, sondern auch dem Gericht selbst, das sich auf Bitten des Schuldigen wie auf Intervention Dritter entschließen konnte, nicht nach Recht, sondern nach Gnade zu richten. So hatte der Fronbote bei Massenhinrichtungen das Recht auf den

»zehnten Mann«, und wenn sich eine Jungfrau den Todeskandidaten zur Ehe erbat, war er frei. In Villich bei Bonn durfte die Äbtissin einen Verurteilten noch auf der Leiter zum Galgen begnadigen, obwohl sie selbst nicht einmal im Besitz der Hochgerichtsbarkeit war. Härtefälle wurden freilich auf diese Weise gemildert, mehr noch aber wurde die Willkür beim Gericht zu Gast geladen, und es mögen häufig nicht eben lautere Motive gewesen sein, die ein Gericht veranlaßten, Gnade vor Recht ergehen zu lassen.

Im Volke fand das neue Recht zunächst Sympathie, weil es die Rechte der Ritter und Herren beschnitt und mancher Willkür ein Ende setzte. So drängten die streitenden Parteien oft selbst nach dem sogenannten »Kaiserrecht« oder nach dem »päpstlichen Prozeßgange«, und wenn die Schöffen sich diesem Wunsch nicht fügen wollten, fand sich schnell ein Rechtskundiger, der die Sache an sich zog und außerhalb des Schöffenamtes regelte. Schließlich riefen die Schöffen selbst den gelehrten Juristen, der gegenüber dem alten Recht den Fortschritt verkörperte. Auch bei Hofe setzten sich diese Vorstellungen durch, und so beendete die Einsetzung des Reichskammergerichts am 7. August 1495 die Epoche des Mittelalters in der Rechtspflege. Es war die Zeit, als die Konquistadoren sich anschickten, fremde Erdteile zu unterwerfen und die abendländische Lebensform unter dem Kreuz zum Gesetz für Indios und Afrikaner machten.

Die Rezeption des römischen Rechtes, die im Bereich der Strafjustiz wirksam wurde, fand ihren Höhepunkt in der berühmten Peinlichen Halsgerichtsordnung Kaiser Karls V., der Constitutio Criminalis Carolina von 1532, die das verworrene Strafrecht und Strafverfahren einheitlich für das Reich regelte und die in deutscher Sprache abgefaßt war. Seither wird das Strafverfahren von Amts wegen betrieben: Ein Angeklagter darf nur dann verurteilt werden, wenn er eine Tat gestanden hat – eben die Erlangung des Geständnisses war Ziel der Folter – oder wenn zwei Zeugenaussagen ihn überführen. Nur bei gewissen Indizien ist die Folter angezeigt, die auf diese Weise eingeschränkt wird. Nur wo Schuld vorhanden ist, darf gestraft werden, und der Richter wird energisch an seine Pflichten gemahnt. Mit diesen Rechtsvorstellungen ist die Grundlage für eine Entwicklung gelegt, die den Interessen der Fürsten entspricht, und aus dem Dunst der Geschichte treten die ersten Umrisse moderner Staats- und Rechtsauffassung hervor.

Mit der Klarheit italienischen Rechtsdenkens, das sich am Corpus Juris Civilis geschult hatte, kam freilich auch der Gedanke der peinlichen Befragung, der »inquisitio«, nach Deutschland (siehe auch den Band Magie · Mythos · Religion), und in ihrem Gefolge die Folter. Die Folter, im Altertum verbreitet – nur im alten Israel kam sie nicht vor–, ist vor allem im Rom der Kaiserzeit üblich geworden, als das Verbrechen der Majestätsbeleidigung aufkam. Sie wurde zum Terrorinstrument der Gerichte und ist von Justinian in seine Gesetzessammlung aufgenommen worden. So kam sie mit dem römischen Recht nach Europa und feierte hier schaurige Wiederauferstehung.

Die Mißstände des alten Reinigungsrechtes und der Gottesurteile lagen auf der Hand. Knechte und Unfreie waren seit alters vom Ordal ausgeschlossen; man prügelte sie so lange, bis sie gestanden. Das neue Prozeßrecht schuf in gewissem Sinne Gleichheit vor dem Gesetz, und die Folter, zunächst gegen Ketzer angewandt, wurde zur schrecklichen Waffe der Selbstgerechtigkeit. Die Einzelheiten dieser sadistischen Torturen brauchen hier nicht näher geschildert zu werden. Welche

Schrecken die Inquisition verbreitete, ist an anderer Stelle geschildert worden. Seit dem 13. Jahrhundert verbreitete sich die Folter in ganz Deutschland, durchaus ohne fremde Vorbilder, und war im 15. Jahrhundert allgemein üblich. Die Kirche, zuerst Gegnerin der Folter, hat sie auch aus moralischen Gründen sanktioniert, weil, wie es hieß, das vom Missetäter erlittene Leid ihn läutere und Gott versöhne. Die Geschichte der Folter lehrt eindringlich, wie leicht die Menschheit sich beim Einsatz von Macht an bedenkenlosen Mißbrauch gewöhnt und die Stimme der Gerechtigkeit, der Menschlichkeit und der Vernunft überhört (Schmidt).

Bald änderte sich auch die Einstellung des Volkes gegenüber dem Kaiserlichen Recht, vor allem gegenüber den Juristen, denn den Machtverhältnissen entsprechend wurden sie zu Dienern der Fürsten und Herren. Mit beißendem Spott äußern sich die großen Satiriker der Epoche über den Juristenstand, etwa Sebastian Brant im »Narrenschiff« oder der berühmte Straßburger Prediger Gailer von Kaisersberg in einer seiner Predigten. Selbst Erasmus von Rotterdam verschont in seinem »Lob der Narrheit« die Juristen nicht: »Unter den Gelehrten begehren die Rechtsgelehrten den ersten Rang, und keine sind eingebildeter als diese. All ihr Streben und Thun gleicht dem Steinwälzen des Sisyphus; in einem Atem schmieren sie eine Menge Gesetze zusammen, ohne sich weiter darum zu kümmern, ob sie zu irgend etwas taugen, häufen Glossen auf Glossen und Meinungen auf Meinungen und machen dadurch, daß ihre Wissenschaft die schwerste von allen zu sein scheint.« Welche Bedeutung der sogenannte Volljurist im komplizierten Gefüge der modernen Industriegesellschaft bekommen würde, hat Erasmus von Rotterdam nicht ahnen können. Sein Urteil über diesen Stand würde womöglich sonst noch sarkastischer ausgefallen sein.

Während nun durch die Aufnahme des römischen Rechts die bereits erwähnte römisch-germanische Rechtsfamilie entstand, entwickelte sich auf der Insel England ein Gewohnheitsrecht, das die alten Formen beibehielt. Die Anfänge sind nicht sehr bemerkenswert und bereits in großen Zügen aus der fränkischen Rechtsgeschichte bekannt. Eine starke Zentralgewalt gab es in England überhaupt erst seit 1066, als die Normannen England erobert hatten. Die englische Versammlung der Freien, der Hundred Court, wandte bei der Rechtsprechung lokales Recht an, und ebenso geschah dies durch die Gerichte der Grundherren. Nur die Kirche urteilte nach kanonischem Recht, das in der gesamten Christenheit galt. Das commune ley, das Recht für ganz England, ist ausschließlich das Werk der königlichen Gerichtshöfe, die seit dem 13. Jahrhundert nach ihrem Tagungsort Westminster-Gerichte genannt wurden. Das frühe englische Recht kennt den sogenannten »writ«, die königliche Verfügung, etwa dem königlichen Bann im fränkischen Recht vergleichbar, und wie unter den Karolingern reisten die Richter, die »missi« des Königs, im Lande herum. Alle königlichen Sprüche wurden in England ins Register of Writs eingetragen, das eine ähnliche Sammlung von Urteilen darstellt wie die Ediktsammlung römischer Praetoren. Das Common Law ist im Laufe der Jahrhunderte ein Fallrecht geblieben, d. h. ein System von Präzedenzentscheidungen. Bis in die Mitte des 16. Jahrhunderts erschienen diese Entscheidungen in yearbooks, sie sind Vorgänger jener Flut von Gerichtsliteratur, die für Common Law-Länder charakteristisch ist.

Unvernünftige Höflinge, die ihrem König Eduard I. (1239–1307) schmeicheln

Die mittelalterlichen Strafen *sind in diesem Holzschnitt geschildert. Hierzu gehören als Todesstrafen: Hängen, Köpfen, Rädern, Verbrennen und Ertränken. Bei geringeren Vergehen begnügte man sich mit dem Abschlagen der Hand oder Blenden. Blatt aus dem Laienspiegel, Augsburg 1509. Österreichische Nationalbibliothek Bildarchiv, Wien.*

wollten, verliehen ihm den Titel eines »englischen Justinian«, was ungefähr ebenso albern ist wie die Bezeichnung »märkische Schweiz« oder »nordisches Venedig«. Die Einmaligkeit des Kaisers Justinian als Rechtsschöpfer bestand darin, daß er ein reifes, viele hundert Jahre altes Recht reformieren und kodifizieren ließ. König Eduard I. indessen hat lediglich die ersten rohen Umrisse des englischen Common Law geschaffen, des »gemeinen Rechts«. Er hat nämlich, inmitten eines schon bekannten, dem fränkischen Recht entsprechenden Gewohnheitsrechtes, ein paar sogenannte Statutes of Westminster erlassen, vor allem die feudalen Immobilien betreffend. Eine Großtat war, daß er die Grundlage des Parlamentes schuf, wie es mit Oberhaus und Unterhaus heute noch besteht.

Die Grundzüge der englischen Rechtsprechung, deren weitere geschichtliche Entwicklung im einzelnen hier nicht geschildert werden kann, beruhen auf dem Unterschied zwischen Common Law und Equity. Unter Common Law versteht man, grob gesagt, jenes Gewohnheitsrecht, das etwa in der germanisch-römischen Rechtsfamilie als öffentliches Recht bezeichnet wird. Die Summe der Kanzlerentscheidungen, die im 15. und 16. Jahrhundert getroffen wurden, ergibt die »equity«, die Gesamtheit der Normen, vergleichbar dem Privatrecht. Um nämlich in früheren Zeiten in privaten Streitfällen Recht zu erlangen, mußte der englische Bürger den König anrufen. Dieser wies seinen Kanzler an, in dieser Sache nach Billigkeit eine Entscheidung zu fällen, und diese wiederum bezog sich formal auf jenes Common Law, das zunächst nicht ausgereicht hatte.

Ein geschlossenes System wie das Corpus juris civilis hat es in England nie gegeben, wenn auch bestimmte Kodifikationen von 1873 und 1875 durch die Judicate Acts. Deshalb änderte sich auch das Prozeßverfahren nicht wie auf dem Kontinent, sondern blieb wie ein Turnier der Parteien, bei dem der Richter den Vorsitz führt und die Geschworenen urteilen. Man kennt die Struktur dieser Prozesse aus dem Western. In aller Öffentlichkeit führen die Schurken und die Guten ihre Beweismittel vor, wobei keine Partei die andere verpflichten kann, ein Dokument vorzulegen, das sich in deren Besitz befindet. Mit Kreuzverhören kann die eine Partei die Zeugen des Gegners erschüttern, und der Richter, der kein Salomo zu sein braucht, sondern nur ein fairer Schiedsmann wie im Boxring oder auf dem Fußballfeld, greift nur ein, wenn der Einspruch einer Partei ihn dazu zwingt. So ist das englische Prozeßrecht zum Verfahrensrecht geworden, und es gilt der Grundsatz: »Befolgt ein geregeltes Verfahren, und ihr werdet sicher zu einer gerechten Lösung kommen.« Dieser Gedankengang will dem Juristen auf dem Kontinent nicht einleuchten; er braucht, um zu einer gerechten Lösung zu kommen, gerechte Gesetze, die ihm eine Lösung anbieten. Wenn man ihn verfahrensmäßig nicht allzusehr einengt, wird es ihm gelingen, diese Lösung zu schaffen. Bemerkenswert ist daran nur, daß man selbst in einem Gesetzesstaat auf vielerlei Weise Recht sprechen und Konflikte lösen kann, so daß man sich an die chinesische Weisheit erinnert fühlt, nicht mit Gesetzen, sondern mit Menschen werde regiert.

Kurze Not, sanfter Tod

Die Leute sind von weither gekommen und umstehen in dichten Haufen den Richtplatz draußen vor der Stadt. Auch der Magistrat und die Geistlichkeit sind anwesend. Der Verurteilte, mit dem Karren zur Richtstätte gefahren, hatte unterwegs vor dem Bildstock, der Armsünder-Kapelle, nochmals Reue bezeigen und Gottes Barmherzigkeit erflehen müssen; nun kniet er auf dem Boden, vor sich den Korb, der seinen Kopf aufnehmen soll. Der Scharfrichter tritt heran, zieht ihm mit einem Ruck die Mütze über die Augen und murmelt »Kurze Not, sanfter Tod, Gnad bei Gott«, eine Formel, mit der er den Sünder um Verzeihung bittet um seines eigenen Seelenheils willen. Er ist hinter den Mann getreten, hebt den Flamberg, das mächtige beidhändige Richtschwert, und schlägt mit einem einzigen mächtigen Schlag das Haupt vom Rumpf. Mißlingt ihm das und beherrscht er seine »Kunst« nicht, dann muß er damit rechnen, von dem erbitterten Volk in Stücke gerissen zu werden. Ein Stöhnen ist durch die Menge gegangen, die nun Gebete murmelt, während der Scharfrichter an die anwesenden Vertreter der Justiz die Frage richtet: »Habe ich recht gerichtet?« Mit fester Stimme ruft der Richter: »Du hast gerichtet, wie Urteil und Recht gegeben und wie der arme Sünder es verschuldet hat.« Darauf antwortet der Henker: »Dafür danke ich Gott und meinem Meister, der mich diese Kunst gelehrt.«

Dieser von Grauen umwitterte Beruf, obwohl »unehrlich«, das heißt nicht zunftgemäß, ahmte dennoch zünftige Formen nach, mühte sich um Ehrbarkeit. Das Volk glaubte, der Henker verfüge über unheimliche Kräfte, sauge wie der Vampir das Blut. Auf der Richtstätte reichte er Epileptikern den Becher mit dem warmen, rauchenden Blut, das sollte von Fallsucht heilen, er besorgte Amulette besonderer Art und allerlei vom Galgenberg, was für Magie und Medizin gebraucht wurde. Ein Gasthaus durfte er nur betreten, wenn niemand dagegen sprach, und nur auf einem dreibeinigen Hocker sitzen, weil auch der Galgen dreibeinig war. Jahrhundertelang blieb der ›Freimann‹ ein Ausgestoßener, mit dem kein ehrlicher Mann verkehren wollte, ein Sündenbock der Gesellschaft, die ihn doch gefordert und geschaffen hatte. Erst im Jahre 1819 läßt eine Kabinettsorder Friedrich Wilhelms III. von Preußen die Scharfrichtergehilfen zur Leistung ihrer Militärpflicht zu, um ihre bürgerliche Ehre wiederherzustellen (Danckert).

Ursprünglich ist die Todesstrafe nicht als Mittel der Abschreckung, sondern als Opfer an die Götter gemeint. Wenn ein Verbrecher gesteinigt wurde, reinigte sich die Gemeinschaft auf diese Weise von dem, der sie befleckt hatte. Noch in der Hinrichtung eines Säuglings, der als Frucht aus der Blutschande zwischen Vater und Tochter in Breslau im Jahre 1732 von zwei Feldscheren öffentlich getötet wurde, liegt dieser dumpfe Glaube an die Kraft der Reinigung durch das Blut. Wer den Unreinen berührte, wurde selbst unrein, so war die Aufgabe des Nachrichters in Griechenland und Rom Sklavenarbeit. In Rom war der »carnifex« (lateinisch: Fleischmacher) an besonderer Kleidung kenntlich, ein Glöckchen kündigte ihn an, so daß jeder ihm ausweichen konnte.

Seit jeher fürchtet man die Kräfte des Toten, mehr noch die des gewaltsam Getöteten. So schreibt schon das römische Zwölftafelgesetz vor, dem Delinquenten seien vor der Hinrichtung die Augen zu verbinden, damit sein böser Blick nicht seine Richter und Henker verzaubere. Bei den Germanen war wichtig, welcher Gott beleidigt worden war. Der lichtscheue Dieb hing im laublosen Baum, das Gesicht nach Norden, damit Wotan, der Windgott, ihn erfassen könne. An den Blitzgott erinnerte die blinkende Axt, die das Haupt abschlug. Daß das Hängen ein dem Wotan geweihter Akt war, hat man noch zur Zeit der Hanse gewußt; man nahm als Einweihungsritus dieser Gemeinschaft das »Scheinhängen« bis zur Bewußtlosigkeit vor. Mit der Einführung des römischen Rechts wurde auch der Henker notwendig, dieser Helfer des Richters, der nun durch Jahrhunderte mit aller Kunstfertigkeit marterte und folterte, wie immer es ihm aufgetragen wurde.

Im Orient waren die Scharfrichter die ständigen Begleiter der Despoten und hochgeachtete, jedenfalls gefürchtete Männer. Sie vollstreckten auf der Stelle das Urteil, das der unmutige Herrscher gefällt hatte. Noch zu Beginn unseres Jahrhunderts befanden sich die Gemächer des Henkers in Istanbul im Serail, und das Tor, das zu ihm führte, hieß »Salam«, die Pforte des Heils, des Friedens. Wenn die Todesstrafe in frühen Zeiten eine sakrale Strafe war, so war selbstverständlich jede andere Strafe eine Leibesstrafe. Überall da, wo der Staat das »Monopol der Gewalt« an sich gezogen hatte und die Todesstrafe noch in Gebrauch war, ist der Henker der Begleiter des Herrschers. Wo sein Schwert blitzt, sein Handwerk floriert, vergrößert sich der Katalog der todeswürdigen Verbrechen schnell, und die

Angst, die eigene Macht zu verlieren, läßt den Herrscher überall Bedrohungen wittern. Dennoch gibt es in einem modernen, demokratischen Staat zu diesem Monopol der Gewalt keine Alternative, wenn man nicht an die »Abschaffung des Staates« durch die Beseitigung des Klassenkampfes glauben will. So werden die Probleme der Exekutive, des elektrischen Stuhls oder des Strafvollzugs, immer drückender, und an die Stelle der Brutalität in der Strafjustiz früher Kulturen tritt die humane Grausamkeit des modernen Strafvollzugs.

Es ging aber, wenn früher der Henker zu Werke ging, nicht nur um Kopf und Kragen, nicht nur ums Halsgericht. Man kannte ja in frühen Zeiten keine Freiheitsstrafen im heutigen Sinn – sie sind Ergebnis modernen Staatswesens und puritanischer Frömmigkeit–, sondern Vermögensbußen und Körperstrafen. Solche Körperstrafen sind uralt und vielfältig abgestuft. So schlug man im alten Ägypten einem überführten Dieb einen Vorderzahn aus und kennzeichnete ihn auf diese Weise als »vorbestraft«, man schnitt im Mittelalter dem Lügner oder Gotteslästerer die Zunge ab, schlitzte Ohren und Nase bei anderen Vergehen, hackte Meineidigen oder Dieben die Hand ab, und Betrügern schlitzte man die Ohren auf, daher die Redensart vom Schlitzohr. Brandmarkungen waren häufig. Bei den Griechen brannte man dem Schuldigen einen Großbuchstaben, das TH, auf die Schulter, bei den Römern den Dieben ein F, in Frankreich zeigte die Brandmarkung das Wappen des jeweiligen Landesherrn. Unter Napoleon systematisierte man die Verbrecher wie später in den KZs die Häftlinge. Das Brandzeichen TF bedeutete Travaux forcés, Zwangsarbeit, das Zeichen GAL hieß Galeere, man markierte Lebenslängliche und zeitlich begrenzte Häftlinge, ebenso Diebe (V = voleur), VV für Rückfalldiebe, F für Fälscher (französisch: faussaire) und R für alle Rückfälligen. Frankreich hat diese Barbarei endgültig 1832 aufgegeben, Rußland erst ein Menschenalter später; hier wurde der Sträfling noch bis zum Jahre 1863 auf Stirn und Wange mit dem KAT für Katorga gebrandmarkt. Rußland hatte im Strafvollzug eine Spezialität entwickelt, die Prügelstrafe mit der neunschwänzigen Kosakenpeitsche, die ähnlich wie das Spießrutenlaufen häufig einer Todesstrafe gleichkam.

Vielfältig hat sich im Laufe der Jahrtausende und bei den verschiedenen Völkern das Antlitz des Verbrechens gewandelt. Das reicht von der Verletzung strenger Tabus bis zur Majestätsbeleidigung, vom einfachen Totschlag bis zum vorsätzlichen Massenmord aus Raubgier, vom Räuberwesen bis zum Betrug, und stets erzeugte die Gesellschaft selbst jene Schicht von Ausgestoßenen, die sie dann verfolgte und oft grausam bestrafte. Seit dem 15. Jahrhundert gibt es in Mitteleuropa eine Schicht von Bettlern und Landfahrern, die sich organisiert über das ganze Land ausbreitet. Der geflohene Schuldner, der gebrandmarkte Dieb, der unheilbare Kranke, der Blöde und Blinde, der alt gewordene Landsknecht, sie alle landen auf der Straße, auf der Kirchentreppe, sie werden per Schub über die Landesgrenze gebracht, verprügelt, verfolgt und kriminalisiert.

Die Judenverfolgungen des Mittelalters sind bekannt, die Sage vom Ewigen Juden Ahasver, dem Schuhmacher, der dem vorüberwankenden Christus die Rast verweigerte, taucht im 13. Jahrhundert in Deutschland auf, zugleich mit dem gelben Judenhut und lange vor der Errichtung der ersten Gettos (italienisch: Judengasse) im 15. Jahrhundert. Schon damals waren auch die Zigeuner recht- und friedlos. Niemand kannte ihre Herkunft aus Asien, ihre Eigenart, man sah in ihnen Spione der Türken und wußte nicht, daß es sich um Angehörige einer niederen indischen Kaste handelte, die in den ersten Jahrhunderten dieses Jahrtausends über Kleinasien und den Balkan nach Europa eingesickert waren. Hier wurde ihr Auftreten erstmals 1417 bezeugt, sie traten als geschlossene Gruppe mit 300 Köpfen in den Hansestädten der Nord- und Ostsee auf und haben sich dann schnell in ganz Deutschland verbreitet. Man hat diese wüsten, von der Sonne braun gebrannten und in bunte Fetzen gekleideten Gesellen für »Ausspäher des Türken« gehalten und sie nicht in die Stadtmauern gelassen; sie mußten draußen am Galgenberg lagern, schließlich bildeten sie gefürchtete Banden und schreckten weder vor Brand noch Mord zurück. In Kriegszeiten zogen sie im Gefolge der Heere durchs Land, vor allem im Dreißigjährigen Krieg, und manche Stadt kaufte sich durch regelrechte Gaben von der Schädigung durch Zigeuner los, so Nürnberg im Jahre 1463. Seit dem Anfang des 18. Jahrhunderts sah man dann jeden Zigeuner als Verbrecher an, verprügelte und brandmarkte sie, wies sie aus und richtete sie im Wiederholungsfalle hin. So wurden in Gießen im Jahre 1726 an zwei aufeinanderfolgenden Tagen 25 Zigeuner gerädert, gehängt oder auf ähnliche Weise umgebracht, und 1725 hängte man in Berneck in Franken 17 Zigeunerinnen im Alter von 15 bis 98 Jahren, alle ohne Prozeß (Radbruch).

Je machtloser der Staat, desto härter die Strafen, diese Regel läßt sich an den wilden Zeiten des 15. und 16. Jahrhunderts deutlich ablesen, und tatsächlich stand zu dieser Zeit einer unglaublichen und rohen Kriminalität eine ebenso rohe, aber ohnmächtige Polizei gegenüber. Kerkerstrafen waren damals noch nicht üblich. Wie im Altertum bei schweren Delikten der Besitz eines Mannes verwüstet, er selbst in die Sklaverei verkauft wurde, so schob man auch im Mittelalter den Kriminellen ab, erklärte ihn recht- und friedlos, so daß er zum Räuber wurde. Man heftete die zerstückelten Leichname an Tore und Brücken, man fand nichts dabei, etwa 1685 im Bürgerkrieg um die englische Thronfolge 300 Personen hinzurichten, darunter viele Frauen, und ihre Güter einzuziehen. Hunderte waren damals zur Deportation verurteilt, und wer die Arbeitskraft der Deportierten nutzen wollte, mußte pro Person zehn Pfund zahlen – ein gutes Geschäft für die Krone, die oft viele tausend Pfund im Jahr einnahm, wenn die Justiz ihr Werk getan hatte.

Als sich zwischen Orient und Okzident die Handelsbeziehungen festigten, wurde der Verbrecher zur Handelsware, man verkaufte ihn auf den Märkten der Türken in die Sklaverei, falls nicht die neu erworbenen Kolonien neue Möglichkeiten boten, unerwünschtes Gesindel abzuschieben. Sibirien seit dem 18. Jahrhundert und Australien seit Anfang des 19. Jahrhunderts sind die klassischen Beispiele dieser Methode.

Galeere und Kerker

Im Burgverlies hausen Ungeziefer und Ratten. Der Gefangene, mit einer Kette an die Mauer geschmiedet, sieht weder den Himmel noch das Licht, er verfault bei lebendigem Leib, wenn ihn niemand befreit oder loskauft. Es gibt keine Statistik darüber, wie viele Menschen in solchen Löchern verendet sind, ebensowenig weiß man, wie viele Menschen in den Tretmühlen der Antike oder auf den Galeeren den Verstand verloren haben. Wenn man im Mittelalter einen Mann in den Turm sperrt, der immer zugleich Wehrturm und Ausguck ist, so geschieht dies nur, um ihn bis zur Verurteilung dingfest zu machen, nicht als Strafe.

Jede Strafe wiederum hat ein Ziel, und so kann eine Freiheitsstrafe nur den Zweck haben, den Täter eben durch die Bedingungen der Haft zu bessern. Dieser Gedanke ist seltsamerweise zuerst bei der Bekämpfung des Bettlerunwesens im 16. Jahrhundert aufgetreten. Es ist die Epoche, in der zum ersten Male aus wirtschaftlichen Gründen eine »proletarische Massenkriminalität« auftritt, wie der bekannte Rechtsgelehrte Gustav Radbruch in seiner »Geschichte des Verbrechens« schreibt. Mit Reichs- und Landespolizeiverordnungen versucht man dieser Erscheinung Herr zu werden. Nur Männer wie Jonathan Swift in England erkennen, daß die Verbreitung der Schafzucht den Bauern von seinem Grund vertreibt und ihn kriminalisiert. Der Staat geht gegen das Bettlerunwesen mit Strafen vor. So droht die Bettlerakte Heinrichs VIII. von England dem arbeitsunfähigen, ohne Bettelbrief aufgegriffenen Bettler 3 Tage Block bei Wasser und Brot an; der arbeitsfähige Bettler wird ausgepeitscht.

Seit der Reformation kann der Bettler nicht mehr wie seit Jahrhunderten auf die Mildtätigkeit der Klöster hoffen, und der Christ gewinnt, vor allem von Calvin beeinflußt, ein neues Verhältnis zum Bettel und zum Almosen. Wer nicht arbeitet, so glaubt der Calvinist, entzieht sich der »innerweltlichen Askese«, die Gott von ihm fordert, und beweist sein gestörtes Verhältnis zur Religion. Nur indem man den Verstockten unter ein hartes Joch beugt, kann man hoffen, ihn auf den Pfad der Tugend zurückzubringen und die rechte Beziehung des Sünders zu Gott wiederherzustellen. Nicht um der Gesellschaft willen, sondern um seines eigenen Heils willen wird er wie ein Kind zu seinem Besten gestraft.

Es gab zu jener Zeit auch praktische Überlegungen, die zu einem neuen Strafvollzug führten. In den italienischen Stadtstaaten schmiedete man die Verurteilten an die Galeere, ließ sie also eine für die Allgemeinheit nützliche Tätigkeit verrrichten, und auch in Deutschland kennt man die »operae publicae«. In eisernen Ketten aneinander gefesselt, reinigten sie die Straßen von Unflat, schleppten Baumaterial beim Festungsbau und wurden schließlich auch an Karren geschmiedet, ja selbst zum Krieg gegen die Türken verpflichtet. Dies alles geschah ohne Aufhebens, mit einer beiläufigen Grausamkeit, die auf das Wohl des Missetäters wenig Rücksicht nahm, bis die Entschlossenheit englischer Puritaner, mit dem Bösen um jede einzelne Seele zu kämpfen, zur Gründung des ersten wirklichen Gefängnisses führte. Unter der Regierung König Eduards VI (1547–1553) wird Schloß Bridewall zu einer Anstalt eingerichtet, in die Vagabunden verbracht werden, um nützliche Arbeit zu leisten. Zunächst als »hospital« oder »workhouse« bezeichnet, erhält die Anstalt 1575 den Namen »house of correction«, und 1588 gibt es, in der Strafanstalt Bury, die erste Anstaltsordnung. Von nun an bis zum heutigen Tage müht man sich, durch eine bestimmte Zucht auf den einzelnen Missetäter so einzuwirken, daß er ein nützliches Mitglied der menschlichen Gesellschaft werde.

Wie fruchtbar solche Gedanken waren, sollte sich bald in Holland zeigen. Sieben Jahre, nachdem hier die Republik ausgerufen worden ist, wird das erste Zuchthaus der Welt gegründet, eine so revolutionäre Maßnahme wie heute die Gründung einer von Studenten verwalteten Universität oder der Bau eines Wohnsilos mit totaler Mietermitbestimmung. Aus aller Herren Ländern reiste man nach Amsterdam, um diese Einrichtung zu studieren, die als beispielhaft galt und die Öffentlichkeit deshalb ansprach, weil sich hier zum erstenmal der bürgerliche Strafvollzug gegenüber dem der fürstlichen Willkür voll durchgesetzt hatte.

Was sahen die Besucher, die mit Perücke und Schnallenschuh, gepudert und aufgeputzt, das 1595 gegründete Männerzuchthaus oder gar das zwei Jahre später gegründete Weiberzuchthaus, das »Spinhuis«, besichtigten? Man kümmerte sich um die Strafgefangenen, die nicht mehr, wie bei der Karrenstrafe der Fürsten, beim Festungsbau oder auf der Galeere elend verkamen, sondern unter strenger Aufsicht ein neues Leben begannen. Die Männer mußten mit schweren Sägen brasilianische Farbhölzer zerkleinern. In jener Zeit entwickelte sich Holland zur See- und Kolonialmacht, zum Umschlagplatz für Güter aus Ost- und Westindien; der wirtschaftliche Erfolg bestätigte dem Christen, daß Gott der Herr seine Mühen segnete. So war es nicht unbillig, daß Männer, deren Sündhaftigkeit doch auf der Hand lag, zu solchen Arbeiten herangezogen wurden, auch die Indios suchte man ja auf die gleiche Weise, durch Arbeit und Zucht, zu Christus zu führen. Man hatte damals immer zu wenig Hände, um zu sägen oder auch zu spinnen. Die Frauen waren deshalb vorwiegend mit Spinnen beschäftigt. Bis zu diesem Punkt unterschied sich die neue Methode nicht unbedingt von den operae publicae vergangener Zeiten. Was die Besucher verblüffte, waren die absolute Reinlichkeit des Zuchthauses und seine musterhafte Ordnung. In modernen, großen Gebäuden, die mit sinnigen Emblemen verziert waren, wurde auf peinliche Sauberkeit geachtet. Mit den stinkenden Verliesen früherer Zeiten hatte ein solches Zuchthaus nichts gemein.

Selbstverständlich wurde auf die Seelsorge größter Wert gelegt, deren vornehmstes Ziel es war, Zerknirschung und Reue zu wecken. Vor und nach den Mahlzeiten wurde gebetet, die Gefangenen mußten den Katechismus lernen, wobei den jüngeren Verwahrlosten noch ein besonderer Unterricht zuteil wurde, und der Sonntag stand ganz unter dem Zeichen des Gottesdienstes. Die Verpflegung war dem Zweck angemessen, für ärztliche Betreuung im Krankheitsfalle war gesorgt. Nicht jeder Arme in der Stadt oder gar auf dem platten Lande konnte sicher sein, so versorgt zu werden, wie diese Gefangenen, die sich doch das Wohlwollen des ordentlichen Bürgers erst verdienen mußten. Natürlich wurde geprügelt: wie in den Schulen und bei den Armeen, so im Zuchthaus, und hier erst recht; man erteilte die Hausstrafen mit der Peitsche, auch wurde dem Gefangenen zur Strafe die Kost entzogen, und man sperrte ihn bei Wasser und Brot in niedrige Kellerzellen, um seinen Trotz zu brechen. Geleitet wurde die Anstalt von einem Ausschuß hochgestellter Bürger, die ehrenamtlich arbeiteten und das Personal des Zuchthauses beaufsichtigten. Man ging sogar so weit, für das Zuchthaus einen Schutzheiligen zu erfinden, den St. Raspinus, auch verlangte man in Amsterdam bei der Entlassung ein Besserungsgelöbnis.

Das Beispiel von Amsterdam machte Schule, zumal in Deutschland. Bald nach 1600 sind in den Hansestädten Hamburg, Bremen und Lübeck solche Zuchthäuser entstanden, dann in Kassel (1617) und in Danzig (1629). Breslau und Wien folgten 1670, dann Leipzig (1671), Lüneburg (1676) und München (1682). Man sieht, wie die protestantischen Länder zugreifen, während man südlich der Mainlinie Jahrzehnte braucht, um sich durchzuringen. Erst im 18. Jahrhundert folgen Anstaltsgründungen in ganz Deutschland.

Noch war das Zuchthaus kein Mittel des Strafvollzuges, sondern nur eine Einrichtung, deren Vorhandensein sich die Rechtsprechung in steigendem Maße zunutze machte. So wurden in Magdeburg zwei Diebe verurteilt, der eine zu zwei

In der Tretmühle *des Gefängnisses von Gold-Bath-Fields in England müssen die Gefangenen wechselweise 10 Minuten arbeiten und wegen der Schwere der Arbeit 10 Minuten pausieren. Holzschnitt aus »Le Monde Illustré«, 20. April 1867. Staatsbibliothek Bildarchiv, Berlin.*

Jahren Zuchthaus, »damit er dort zu Erlernung eines Handwerks angehalten und im Christentum fleißig unterrichtet werde«, der andere »mit dreijähriger Vestungsarbeit«, nach deren Ablauf er außer Landes verwiesen wurde. Der Sinn dieser unterschiedlichen Maßnahmen liegt auf der Hand.

Dem Strafvollzug haben die Zuchthäuser, die sehr bald mit dem Manufaktursystem ihrer Zeit eng verflochten waren, nicht gutgetan, denn schon die Gründung der Zuchthäuser erfolgte weniger aus philanthropischen Gesichtspunkten als unter wirtschaftlichem Aspekt. In Spandau zum Beispiel, das ja auch die berüchtigte Festung besaß, erfolgte im Jahre 1687 die Gründung des Zuchthauses »zur Beförderung der Wollen- und Seyden-Manufakturen auch zugleich zur Verbesserung der bishero ermangelnden Spinnerey in unsern Churlanden«, ebenso ist das in Magdeburg und Küstrin geschehen. So führten die ursprünglich hochgesteckten Ideale der Puritaner diese Arbeits- und Zuchthäuser in die Arme des Frühkapitalismus, der die Züge des Strafvollzugs verzerrte. Jeder Pächter einer solchen Anstalt mußte auf Gewinn sehen, so sperrte man ein, was man bekam, verlor den Zweck der Besserung aus den Augen und ließ zu, daß diese Anstalten sich zu regelrechten Hochschulen des Verbrechens entwickelten.

Mit der Zeit entwickelten sich, vor allem in den kleinen Gefängnissen, so unglaubliche Zustände, daß man sich zu Reformen gezwungen sah. Im Jahre 1799 ordnete Friedrich Wilhelm III. von Preußen durch ein Rundschreiben an, daß über sämtliche Gefängnisse zu berichten sei. Das Ergebnis war niederschmetternd, zumal die Mittel fehlten, durchgreifende Änderungen durchzuführen. So mußte man, bevor durchgreifende Maßnahmen wirksam werden konnten, die Öffentlichkeit wenigstens gegen Ausbrecher und Verbrecher zu schützen versuchen. Dies geschah durch einen Vertrag mit der russischen Regierung, die sich bereit erklärte, Deportierte aus Preußen aufzunehmen. Im Jahre 1801 ging der erste Transport nach Narva ab, doch gelang es den Häftlingen bald, zu entkommen. Sie kehrten als Bande zurück und machten der preußischen Polizei erhebliche Schwierigkeiten. Weitere Deportationen sind nicht mehr durchgeführt worden.

Indessen trieb man auch die Gefängnisreform voran. Ihren Grundgedanken, angeregt durch die von John Howard (State of prisons, 1771) ausgegangene anglo-amerikanische Reformbewegung, hat eine königliche Order aus dem Jahre 1801 so wiedergegeben: »Das beste Strafgesetz wird indessen den Zweck immer nur sehr unvollkommen erreichen, wenn nicht durch zweckmäßige Anstalten für die Besserung solcher Verbrecher, die dazu noch Hoffnung geben, und deren Separation von den incorrigiblen Bösewichtern, auch dafür gesorgt wird, daß die aus den Gefängnissen zu entlassenden Verbrecher Gelegenheit und Mittel erhalten, sich ihren Unterhalt auf eine redliche Weise zu erwerben.« Man sortierte also, die Unverbesserlichen bekamen Festungsstrafe, die anderen wurden in Straf- und Besserungsanstalten gesteckt. In ganz Preußen wurden Arbeitshäuser angelegt, in denen die Häftlinge zur »korrektionierenden Nachhaft« so lange eingewiesen wurden, bis sie Gelegenheit zu einem sicheren Fortkommen nachweisen konnten (Schmidt). Diese Gedankengänge wirken fortschrittlich, gemessen an der gleichzeitigen Härte des Code Civil, der neben Todesstrafe die Deportation vorsieht. Die lebenslange Zwangsarbeit ist ein Rückfall in die mittelalterlichen Körperstrafen; der Verurteilte wurde an eine schwere Eisenkugel geschmiedet, oder man kettete zwei Häftlinge aneinander. Erst 1830 nach der Julirevolution ist die Brutalität dieser aus Revolutions- und Kriegszeiten stammenden Gesetzgebung gemildert worden.

Die Ideen der anglo-amerikanischen Gefängnisreform haben sich in Europa nur schrittweise durchsetzen können. In Preußen wurden sie unter der Last der napoleonischen Kriege beiseite geschoben, Frankreich selbst haben sie erst nach der bürgerlichen Revolution des Jahres 1848 erreicht. Schließlich ist aber der gesamte Strafvollzug bis zum heutigen Tage vom Geist des John Howard geprägt. Dieser Philanthrop, der 1790 auf der Krim gestorben ist, als er eine Reise zur Erforschung und Bekämpfung der Pest unternahm, hatte die Zustände in den Gefängnissen von England und Wales unerträglich gefunden und einen Bericht geschrieben, der zur Aufmerksamkeit zwang. Er setzte sich für die Einzelhaft ein und gab den ersten Anstoß zum Bau neuer Haftanstalten. Unter dem Einfluß des rechtschaffenen Benjamin Franklin wurde die Reformbewegung nach Amerika verpflanzt, wo alsbald die Philadelphische Gefängnisanstalt gegründet wurde. 1790 hat man in der Walnutstreet zu Philadelphia die erste Strafanstalt mit strenger Einzelhaft errichtet, ein Alpdruck von Frömmelei, der darauf zielte, den Gefangenen zur Selbsteinkehr zu zwingen; selbst die Arbeit war ihm versagt, um ihn nicht zu stören. Der nächste Schritt wurde in New York getan, wo man die Sträflinge tagsüber unter

Schweigegebot arbeiten ließ und nachts isolierte. Den Höhepunkt erreichte die Bewegung mit der berühmten Eastern Penitentiary of Cherry Hill (1829), die wie einst Amsterdam von vielen Reisenden besucht wurde. In Deutschland ist, unter dem Eindruck dieser Bewegung und unterstützt von Pietisten, die Strafanstalt Moabit im Jahre 1849 als progressive Anstalt ins Leben gerufen worden.

Um die Menschenrechte

Der Antrag des Marie Joseph de Moteir, Marquis de Lafayette, der seine Kaste verraten, dem Erbe seiner Väter, Schloß Chavaniac, den Rücken gekehrt und als Zwanzigjähriger an der Seite der Amerikaner gegen die Engländer bis zum Sieg gekämpft hatte, war eine Provokation, ein Schlag ins Gesicht aller königstreuen und gemäßigten Kreise. Am 11. Juli 1789 wagte er es, drei Tage vor dem Sturm auf die Bastille, einen Entwurf zur Erklärung der Menschenrechte einzureichen, dessen radikale Forderungen jeden vernünftig Denkenden empören mußten. Seine Ideen bezog er von der amerikanischen Erklärung der Menschenrechte, der Bill of Rights, die als erste Erklärung dieser Art, übrigens in französischer Sprache, am 27. August 1789, also wenige Wochen vor dem Ausbruch der Revolution in Paris, niedergelegt worden war. Diese Bill enthielt unglaubliche Forderungen, »verkündet von den Vertretern der rechtschaffenen Bevölkerung von Virginia«. So hatte Artikel I festgestellt, alle Menschen seien von Natur gleichermaßen frei und unabhängig und besäßen gewisse angeborene Rechte. Sie hätten das Recht auf Freiheit, Leben, auf Eigentum und Glück, auch wurde gesagt, alle Macht ruhe im Volk.

Der Marquis de Lafayette, der sich diese Ideen, beraten vom damaligen amerikanischen Gesandten Jefferson, für seine aufwieglerischen Zwecke nutzbar machte, hatte im Vorspruch zu seinem Entwurf erklärt, daß »die Unkenntnis, das Vergessen und die Mißachtung der Rechte des Menschen als die alleinigen Ursachen des öffentlichen Unglücks und der Verderbtheit der Regierungen« anzusehen seien. Man weiß inzwischen, daß die Dinge etwas komplizierter sind und die Erklärung der Menschenrechte allein noch nicht das Glück aller Menschen garantiert. Aber es ist mit dieser Proklamation etwas formuliert worden, was in der arroganten und zynischen Atmosphäre von Paris zur Zeit der Bourbonen wie Dynamit wirken mußte. In den USA nahm sich die Erklärung der Menschenrechte wie die Äußerung von biederen Männern aus, die besten Willens bestimmte Grundsätze ihres Gemeinwesens in möglichst allgemeiner und erhabener Form auszudrücken wünschten, damit auch niemand an ihrer Redlichkeit zweifle. In Frankreich, diesem Königreich unter dem noch unverblichenen Glanz der Krone und unter den Weihrauchwolken der Kirche, nahmen solche Erklärungen einen exotischen Charakter an.

Woher nahm man überhaupt die Überzeugung, daß es von Natur gewisse dem Menschen verliehene Rechte gäbe? Um die über Jahrtausende geführte Diskussion um das sogenannte Naturrecht auf einen vereinfachten Nenner zu bringen, muß man auch hier auf die Antike zurückgreifen. Platon hat leichtfertigerweise erklärt, die Gerechtigkeit bestände darin, daß jeder das Seinige bekäme. Leider hat er vergessen zu sagen, was denn dem einzelnen zusteht – etwa das, was er beansprucht?

Oder das, was jeder andere auch bekommt? Müssen die Güter der Erde an alle gleichmäßig verteilt werden, und wenn dies geschieht, müssen Verluste und Einbußen ausgeglichen werden? Aristoteles hat sich über die ungenaue Formulierung des Platon den Kopf zerbrochen und hat als das Wesen der Gerechtigkeit die Gleichheit bestimmt, was ja doch nicht selbstverständlich war.

Von dieser Gleichheit ausgehend kommt man zu den in der abendländischen Rechtsphilosophie allgemein anerkannten Grundsätzen des Naturrechts. Die vom Richter festgesetzten Bußen stellen einen Ausgleich dar für Verluste durch Diebstahl, für Einbußen durch Freiheitsberaubung, Verstümmelung und Mißhandlung, so jedenfalls sieht es Aristoteles. Was dem Menschen von Natur zu eigen ist, nämlich seine Person, soll unverletzlich, unantastbar sein, das hat man schon vor 2000 Jahren erkannt, und nur er selbst soll über sich verfügen dürfen. Daraus ergibt sich eine erste Rechtsnorm des Naturrechts: »Wer einen anderen Menschen an Leib und Leben angreift oder schädigt oder ihn mit Gewaltanwendung seiner Freiheit beraubt, ohne daß dies zur Wahrung desselben oder eines anderen mindestens gleich hohen Rechtsgutes irgend jemandes geschieht, tut Unrecht und macht sich strafwürdig« (Reiner).

Die Gedankengänge der griechischen Denker werden später vom Christentum ergänzt. Hier greift man auf die Ebenbildlichkeit des Menschen zu Gott zurück, die ein neues Selbstverständnis des Menschen begründet und damit auch seine Unverletzlichkeit sichert. Nun aber hat die »Gerechtigkeit vor Gott«, der aus der unerschöpflichen Fülle seiner Gnade urteilt und austeilt, nichts mit dem Verhältnis der Menschen untereinander zu tun. Die Gerechtigkeit unter Menschen kann nur indirekt, über eine in der Frömmigkeit begründete Haltung verwirklicht werden, nicht aus der Gerechtigkeit Gottes. Der Kirchenlehrer Augustinus (354–430 n. Chr.) hat, um das Verhältnis der Menschen untereinander zu ordnen, auf jenen uralten Satz zurückgegriffen, der sich im Matthäus-Evangelium findet und schon dem indischen König Ashoka, dem humansten König der Geschichte, als Leitschnur diente. Bei Matthäus (7/12) heißt es: »Alles nun, was ihr wollt, das euch die Leute tun sollen, das tuet ihnen auch, das sagt das Gesetz und die Propheten.« Negativ ausgedrückt läuft es auf das Sprichwort hinaus: »Was du nicht willst, das man dir tu, das füg auch keinem andern zu.«

So allgemeine Grundsätze taugen nicht, um die politische Wirklichkeit zu ordnen. Im Mittelalter geht es um die Abgrenzung zwischen der Willkür der Herren und der Freiheit der Stände, ganz bestimmter Freiheiten, die immer neu ausgehandelt, formuliert und beschworen werden müssen. Die Niederländer haben sich in ihrem Kampf gegen Spanien auf die berühmten Freiheitsrechte von Brabant berufen, die schon 1356 gegeben worden sind; immer ist es das alte gute Recht, auf das man zurückgreift, um sich heute seiner Haut zu wehren, und stets steckt in der gegenseitigen Verpflichtung zwischen dem Landesherrn und den Einwohnern ein Stück jener unveräußerlichen Freiheit, von der schon in der Antike die Rede war.

So hat sich schon 1188 in Spanien die ständische Versammlung der Bischöfe, Magnaten und Bürger von León von König Alfons IX. folgende Rechte bestätigen lassen: Das Recht aller Einwohner des Reiches auf Wahrung des anerkannten Gewohnheitsrechtes; das Recht des Angeklagten auf ein ordnungsgemäßes Verfahren auch gegenüber dem König; das Recht der drei Stände auf Beratung und

Mitsprache in allen wichtigen Fragen wie Krieg, Frieden und Verträgen; die Unverletzlichkeit des Lebens und der Ehre, des Hauses und des Eigentums. Nun ist es nicht so, daß diese Gedankengänge, prinzipiell erweitert und durch Generationen schrittweise verallgemeinert, die direkten Ahnen der Menschenrechte gewesen wären. In Spanien zum Beispiel erhielt sich die freiheitliche Tendenz keine 300 Jahre. Als der spanische Absolutismus den Höhepunkt seiner Macht erreicht hatte, konnte Philipp II. es wagen, die Absetzbarkeit der Justiz zu erzwingen und einen Inhaber dieses Amtes hinrichten zu lassen (Oestereich). Die heutige Unabsetzbarkeit der Richter, von kurzschlüssigen Kommentatoren oft als besonders beschränkte Form der Verbeamtung geschmäht, ist nichts als ein Versuch, die Freiheit zu sichern, soweit dies menschenmöglich ist. Sobald der Richter selbst nicht mehr auf der Seite der Freiheit stehen kann und zum Handlanger der Herrschenden werden muß, hilft freilich auch dieses Mittel nicht mehr.

Die Idee der Freiheit, verkörpert in gewissen Freiheiten der Person, hat die Epoche des Absolutismus überlebt, weil sie in England nicht unter die Stiefel der Könige geraten ist wie auf dem Kontinent. Die Grundlage aller späteren Entwicklungen ist in England die Magna Charta gewesen, jener Katalog von Freiheiten, welche die Barone ihrem König abgetrotzt haben. In dieser Magna Charta war auch das Recht zum Widerstand verankert, falls der König der von ihm beschworenen Charta untreu werden sollte. So hieß es dort, daß kein freier Mann verhaftet, eingesperrt oder seiner persönlichen Rechte oder seiner freien Bewegung beraubt werden oder geächtet oder verbannt oder in irgendeiner Weise geschädigt werden dürfe, außer nach gesetzlichem Urteil von seinesgleichen oder nach dem Landesgesetz. In den späten Regierungsjahren König Eduards III. von England – es ist der, der den Hundertjährigen Krieg gegen Frankreich begann, um bestimmte Erbansprüche durchzusetzen – wurde verkündet, daß niemand, wes Standes oder Ranges er auch sei, aus seinem Eigentum oder aus seiner Pachtung vertrieben oder verhaftet werden dürfe, ohne die Gelegenheit erhalten zu haben, sich in einem gesetzlichen Verfahren zu verantworten.

Die Geschichte hat nicht viele Einfälle, aber die wenigen, die sie hat, vergißt sie niemals mehr. Im Jahre 1679, im Todesjahr Thomas Hobbes, der die Lehre vom totalen Staat entwarf, verabschiedete das englische Parlament die sogenannte Habeascorpus-Akte. Auch hier geht es um die Freiheitsberaubung durch den Herrscher. Nun hatte England die Bürgerkriege des 17. Jahrhunderts hinter sich, und es hatte, lange vor Frankreich, den Kopf eines hingerichteten Königs vom Schafott rollen sehen. Hier war der Kampf zwischen Bürgertum und Absolutismus zugunsten des Volkes entschieden worden, genauer gesagt, zugunsten der Puritaner unter Cromwell (1599–1658), der sich und die Engländer für die Auserwählten Gottes hielt. Dieses Bewußtsein, das die Puritaner als »Pilgerväter« mit nach Amerika hinübernahmen, hat sich dort zu einem politischen Sendungsbewußtsein entwickelt – so kam es zu den Kreuzzügen im Namen der Freiheit, zu Unterdrückung, um eben diese Menschenrechte zu schützen.

Als die Menschenrechte in Frankreich verkündet wurden, erschütterte ihr Widerhall ganz Europa, und als man sie in Frankreich zu verwirklichen versuchte, wurde die Strenge der verkürzten Formel »Freiheit, Gleichheit, Brüderlichkeit« zum Skalpell, mit dem der unbestechliche Psychopath Robespierre die Gesellschaft zu operieren versuchte, um sie zu heilen. Radikaler als selbst die Jakobiner war

Babeuf (1760–1797), der sich Gajus Gracchus nannte und 1796 eine Verschwörung, den »Aufstand der Gleichen«, gegen das Directoire vorbereitete. Seine Utopien muten gelegentlich beklemmend aktuell an, weil erst jetzt, im Zeitalter des modernen China, seine Visionen von Realitäten nachvollziehbar werden. Sein Vorschlag war, alle Menschen sollten gleiche Kleider tragen, die gleichen Möbel besitzen, alle Kinder sollten in einem Erziehungshaus die gleiche Erziehung erhalten. Man wollte die Großstädte auflösen, weil man in ihnen Ansteckungsherde für die menschliche Gesellschaft sah, und die Künste wie die Wissenschaften auf das beschränkt sehen, was das Volk verstehen konnte. Babeufs Rettung der Revolution gegen ihre bourgeoisen Führer mißlang durch Verrat, er selbst wurde, nachdem er eine flammende Verteidigungsrede gehalten hatte, am 28. 5. 1797 hingerichtet, drei Jahre nachdem man den schwerverletzten Robespierre mit 83 anderen Jakobinern, meist Mitgliedern des Generalrates der Kommune, hingerichtet hatte.

Auch in Deutschland wurden die allgemeinen Menschenrechte diskutiert. Kant, der Philosoph des kategorischen Imperativs und der Kritik am Prinzip der reinen Vernunft, hat die Freiheit des Menschen, die Gleichheit aller Untertanen und die Selbständigkeit des Bürgers als unabdingbare Richtlinien jeder Gesetzgebung verstanden. Freiheit war für ihn freilich ohne moralische Ordnung undenkbar, für ihn lag in der Pflichterfüllung der Wert des Menschen, ihm war der Staat keine Versorgungseinrichtung, sondern das verkörperte Recht, das die Achse seines Denkens bildete.

Über das Wesen des Rechts ist im Laufe der Jahrhunderte mehr geschrieben worden als über jeden anderen Gegenstand, ausgenommen die Religion. Wie sich das Leben in der modernen Industriegesellschaft kompliziert hat, so auch das Recht, dessen Verästelungen selbst dem Juristen kaum noch überschaubar sind. Von den Gesetzen, die die Götter gaben, bis zu den Menschenrechten, die jeder in Anspruch nehmen soll, führt ein weiter, gewiß nicht umkehrbarer Weg. Im Grunde aber zielt jedes Recht, alle Ordnung doch nur darauf ab, daß die Menschen in Frieden miteinander leben können.

Kohlhaas und der Rechtsstaat

Daß einer, der vor den Gerichten sein Recht nicht bekommt, zur Selbsthilfe greift, ist verständlich. Zu welch schlimmen Folgen das führen kann, hat Heinrich von Kleist in seinem »Michael Kohlhaas« geschildert. Man weiß, der Kaufmann Hans Kohlhase aus Kölln bei Berlin geriet 1532 wegen zweier Pferde in Streit mit dem sächsischen Junker Zaschwitz, und statt sich zufriedenzugeben und den Verlust abzuschreiben, erließ er 1534 einen Fehdebrief gegen den Junker und ganz Sachsen; er wurde aus empörtem Rechtsgefühl zum Wegelagerer und Mordbrenner und brachte schließlich auch Brandenburg gegen sich auf. Man hat ihn schließlich nach langen Jahren in Berlin gefaßt und 1540 gerädert. Nicht der Wunsch, Selbstjustiz zu üben wie der einsame Reiter im Western, sondern die Maßlosigkeit, die Unbedingtheit seines Gerechtigkeitsgefühls lassen ihn, in den Augen der Herrschenden, zum Verbrecher werden. Wer in einem Rechtsstaat lebt, hat seine Möglichkeiten, Gewalt zu üben, an den Staat abgetreten und darf sie unter keinen

Umständen wieder an sich reißen – es sei denn, er wolle den Staat selbst aus den Angeln heben und neu bauen.

Der Sinn dieses Verzichtes ist klar: Die Blutrache und die Fehde hatten sich auf die Dauer als unzulängliche Mittel erwiesen, in einem komplizierter werdenden Gemeinwesen eine gewisse Rechtssicherheit zu gewährleisten. Als der regierende Fürst in seinem Staat Ordnung schuf, übernahm er die Pflicht, gleichsam alle jene Fehden zu führen, die sonst zwischen den Parteien geführt worden wären. Zuerst wurde demnach ein Strafrecht geschaffen, das mit drakonischer Strenge den Willen zur Ordnung ausdrückte und nahezu willkürlichen Charakter bekam. Der nächste Schritt war es, diesen absoluten Strafwillen, personifiziert im Herrscher des Landes, einzuschränken, ehe das Übel einer oft uneingeschränkten und willkürlichen Justiz größer wurde als das Übel der Verbrechen.

In der feudalen Gesellschaft spielte der Diebstahl im Wertgefüge keine besondere Rolle, wohl aber im bürgerlichen Gesellschaftssystem. Als sich der frühe Kapitalismus entwickelte, rückte das Eigentum in den Mittelpunkt der Ängste. Diebstahl ist das große Verbrechen der kapitalistischen Gesellschaft, schreibt der Rechtshistoriker Seagle, weil das Eigentum der zentrale Begriff dieses Systems ist, in welchem die Ansammlung von Kapital zum alles beherrschenden Ziel wird. Die Tragödie des bürgerlichen Kaufmanns Kohlhase entzündet sich denn auch am Eigentum, zwei Pferden nämlich, die im Stall des Junkers schlecht gepflegt worden sind. Nicht Ketzerei und Verrat, wie in den von Gottkönigen und Priestern beherrschten Gesellschaften, sondern Diebstahl und Mord werden die am meisten gefürchteten Verbrechen, und in dem Maße, wie der einzelne Mann an Macht und Einfluß, auch an kriegerischer Macht verliert und zum Bürger, zum Gleichen unter Gleichen wird, gewinnt der Staat an Macht. Entscheidend war, daß auch der Herrscher sich den Gesetzen unterwarf, und dies war nur zu erreichen, wenn die Richter keine Kreaturen des Hofes oder Staates, sondern unabhängig waren.

Ein Paradestück solcher herrscherlichen Einmischung, freilich mit umgekehrten Vorzeichen, ist der Fall des Müllers Arnold, nicht zu verwechseln mit dem legendären Müller von Sanssouci, dem sein Recht gegen den Willen Friedrichs des Großen zuteil geworden sein soll und dessen Ausspruch: »Es gibt noch Richter in Berlin!«, eher den Wunsch des Volkes nach Gerechtigkeit artikuliert als die geschichtliche Wirklichkeit. Der Müller Arnold hatte im Siebenjährigen Krieg dem König als wegekundiger Führer gedient und konnte hoffen, sich in gute Erinnerung zu bringen, als er 1779 in zweifelhafter Rechtslage gegen seinen Pächter, den Grafen Schmettau, zu Felde zog und sich an den König wandte. Der Wassermüller im Kreis Züllichau war die Pacht schuldig geblieben, bis ihm auf die Klage des Grafen Schmettau hin vom Gericht die Versteigerung der Mühle dekretiert wurde. Arnold machte geltend, seine Erträge seien gesunken, seit der Graf aus dem Mühlbach Wasser in einen Karpfenteich abgeleitet habe. Das Gericht wies die Klage des Müllers ab, die Sache kam vor den König, und der setzte einen Militär ein, um die Sache zu prüfen – an sich schon eine ungewöhnliche Maßnahme; wie erwartet entschied sich der Oberst für die Sache des Müllers. In Küstrin wurde die Sache daraufhin neu verhandelt, und wieder verlor der Müller. Der König witterte noch immer eine Verschwörung der hohen Herren gegen den einfachen Mann und verwies den Prozeß voll Zorn an das Berliner Kammergericht, und auch hier verlor der Müller. Der König bestellte die drei Kammergerichtsräte zum

Rapport, ließ sie auf der Stelle verhaften und entließ den anwesenden Justizminister, der zu protestieren gewagt hatte. Vom Kammergericht verlangte er die exemplarische Bestrafung der beschuldigten Richter, aber auch das Kammergericht beugte sich nicht und erstattete ein Gutachten, in dieser Sache sei nach dem Gesetz verfahren worden. Schriftlich erklärte Friedrich der Große, das Justizkollegium sei »gefährlicher und schlimmer wie eine Diebesbande« (Augstein). Dieser Akt unbeirrbarer Kabinettsjustiz wurde von der Öffentlichkeit mit Empörung aufgenommen, und nach dem Tode des Königs machte sein Nachfolger die Maßnahmen rückgängig. Welche Bedeutung unter damaligen Verhältnissen die Unabhängigkeit des Richters gehabt hätte, braucht nicht erst bewiesen zu werden.

Für Europa hat, als Ergebnis der französischen Revolution, der Code civil das Modell geliefert, der am 21. 3. 1804 verabschiedet worden ist und zum ersten Male die bürgerliche Rechtsgleichheit, die Freiheit des Eigentums und die Gewerbefreiheit in einem Gesetzeswerk verankert, das in Frankreich etwa 180 Gewohnheitsrechte ersetzte. Im Rheinland haben diese Gesetze bis 1900 gegolten; die Rheinbundstaaten Baden, Württemberg und Bayern wurden nach französischem Vorbild reorganisiert, ebenso führte das aus Hessen, Teilen von Hannover und Westfalen gebildete Königreich Westfalen die neue Gesetzgebung ein. Man weiß, wie unter dem Reichsfreiherrn vom Stein das Königreich Preußen nach seiner Niederlage gegen Napoleon darangring sich den veränderten Verhältnissen anzupassen. Im Jahre 1807 wurden die Leibeigenschaften und die Gutsuntertänigkeit formal aufgehoben, die Städteordnung von 1808 und die Herstellung der Gewerbefreiheit von 1810 waren weitere Schritte nach vorn, bis das Reformwerk im Morast der Interessen steckenblieb. Erst die Revolution von 1848 hat den Anstoß zum Abschluß der Reformen gegeben.

In all diesen Jahren hatte der Liberalismus die Forderung nach dem Rechtsstaat erhoben. Damit ist kein Himmel auf Erden gemeint, in dem Ungerechtigkeit unmöglich sei, sondern ein Staat, in dem das Verhältnis des Bürgers zum Staat durch Gesetze umrissen ist. Man ging vom Gedanken der Gewaltenteilung aus, den Montesquieu in seinem zwanzigjährigen Lebenswerk, dem »Geist der Gesetze«, als Theorie 1748 formuliert hatte. Den Staat sah man auf drei Gebieten tätig werden, auf dem Gebiet der Gesetzesgebung, auf dem der Regierung bzw. Verwaltung und auf dem der Rechtsprechung. Ursprünglich lagen die Gesetzgebung und die Regierung in der Hand des Fürsten und seiner Verwaltung, die Rechtsprechung indessen sollte unabhängig sein. Die Idee des Rechtsstaates geht nun dahin, daß zunächst die Grundrechte der Bürger verfassungsmäßig festgestellt werden. Die Regierung oder Verwaltung wird an die Gesetze dahingehend gebunden, daß sie nur in diese Grundrechte eingreifen darf, soweit dies gesetzlich ist (Coing). Die Frage, ob die Regierung bzw. Verwaltung diese Grenzen wirklich respektiert hat, soll man von unabhängigen Gerichten kontrollieren lassen können. Alle modernen westlichen Demokratien sind auf dieser Grundlage errichtet, die ein Höchstmaß an Rechtssicherheit zu bieten scheint.

Nun ist jedes Rechtssystem ein Mittel der jeweils herrschenden Klasse, um sich selbst die Herrschaft zu erhalten. Was dem gutgläubigen Bürger als eine ideale Landschaft von gesicherten Rechtsnormen und ausgewogenen Gesetzen erscheint, erweist sich bei näherem Zusehen als subtile Klassenjustiz, ein Umstand, den jeder Kenner der Verhältnisse bestätigen wird. Auch heute ist jemand, der sich von

Staranwälten vor Gericht vertreten lassen kann, potentiell stärker als einer, der unrasiert vor Gericht erscheint und sich kaum richtig auszudrücken vermag. Vor Gericht, sagt deshalb der Mann auf der Straße, seien alle Hafenarbeiter gleich.

Das feierliche Zeremoniell im Gerichtsgebäude, das heute oft so antiquiert erscheint, meint im Grunde jene Institution, die zum Schutz der bürgerlichen Freiheiten gedacht war und einen Staat verkörperte, in dem sich jeder Bürger frei und gleichberechtigt fühlen sollte. Ihm die Achtung zu versagen, hieße nach Auffassung des Gerichtes dem Staat selbst die Achtung versagen, in dem ja die Rechte jedes einzelnen festgelegt waren. So behielt man die richterliche Robe, den schwarzen Talar des Richters, die Robe des Rechtsanwalts bei, gestaltete den Einzug des Gerichts in den Gerichtssaal zu einer Demonstration staatlicher Würde und verkündete die Urteile im Namen des Souveräns, nämlich des Volkes.

Für Deutschland hat das Jahr 1871 einen entscheidenden Fortschritt gebracht, denn es wurde, aufbauend auf den Gedankengängen des großen Rechtshistorikers Carl von Savigny, das Recht kodifiziert, wobei der Gedanke des Naturrechts zurücktrat zugunsten des Rechtspositivismus. Dieser meint, daß nicht irgendwelche angeborenen Rechte hinter dem Gesetzeswerk stehen, sondern die Haltung einer Gesellschaft, die eben diese Gesetze erzwingt. Das Allgemeine Bürgerliche Gesetzbuch von 1811 wurde neu gefaßt und im Jahre 1900 verabschiedet. Es folgten das Allgemeine Deutsche Handelsgesetzbuch, die Reichsjustizgesetze, man regelte in ganz Deutschland die Prozeßordnung für den Zivil- und den Strafprozeß, gab den Gerichten eine einheitliche Verfassung, ebenso dem Wechselrecht und dem Konkursrecht. Es sind dies Rechtssysteme, die für eine bürgerliche und kapitalistische Gesellschaft unabdingbar sind. Andere Gesellschaftsformen brauchen andere Gesetze, und doch werden sie den Gedanken nicht aufgeben können, daß das Gesetz die Freiheit und Unantastbarkeit des Menschen zu schützen habe, auch gegen übermächtige Gewalt, und, laut Hammurabi, »die Bösen und Schlechten zu demütigen und zu verhindern, daß der Starke den Schwachen schädige«.

Sklaverei und Freiheit

Menschen als Besitz

Der untersetzte Mann mit dem schwarzen, glatten Haar und dem strengen Profil, der nur selten lacht, braucht sich um Wohnung, Nahrung und Kleidung nicht zu sorgen, sie stehen ihm zu, und sie sind nicht schlechter als Wohnung, Nahrung und Kleidung jedes anderen Einwohners dieser Stadt, wenn es nicht gerade hohe Würdenträger sind. Seine Aufgabe ist es, die Aufsicht über alle Arbeiten zu führen, die auf dem weitläufigen Besitz seines Herrn notwendig sind. Ihm gehorchen zahllose Knechte und Mägde, einige waren Sklaven wie er, andere freie Männer. Er selbst hat Ersparnisse gemacht und sich sogar selbst Sklaven kaufen können, die seine Gemüsegärten bearbeiten. Vor einigen Jahren ist sein Bruder für ihn eingesprungen und hat hier Dienst getan, sich dann aber ablösen lassen, weil seine Frau krank geworden ist und er zu Hause gebraucht wird. Wenn ein Sklave frei und reich wird, so weiß jeder, daß dies der Wille des großen Gottes ist, als dessen »liebe Söhne« die Sklaven gelten. Niemand tut hier einem Sklaven etwas zuleide, und während bestimmter Tage, die rituell in den Ablauf des Jahres eingebaut sind, bringt man den Sklaven, die alle unter dem besonderen Schutz des großen Gottes stehen, Geschenke dar. Natürlich ist dieser kräftige Arbeiter und gewissenhafte Aufseher kein Bürger oder Untertan, sondern gehört seinem Herrn wie ein Gegenstand. Durch den Glauben, durch die Sitte und durch Gesetz ist aber dafür gesorgt, daß er sorgsam behandelt wird. Er selbst ist durch einen Unglücksfall zum Sklaven geworden. Er hat als junger lediger Mann in der Stadt gelebt und als Goldschmied gearbeitet, ein Handwerk, das er von seinem Vater gelernt hat. Auf dem Markt hat er sich in ein junges Mädchen verliebt, das als Sklavin bei einem reichen Kaufmann diente. Ihr Herr war bereit, sie freizugeben, wenn der Preis für sie erlegt würde, und es hatten auch gute Aussichten bestanden, dieses Ziel zu erreichen. Bevor es aber soweit war, wurde das Mädchen schwanger und starb bei der Geburt. Nach dem Brauch des Landes mußte ihr Verlobter sich an ihrer Stelle als Sklave stellen, um den durch ihn verursachten Verlust wiedergutzumachen. Er hätte sich inzwischen längst freikaufen können, aber sein Mut war gebrochen, und er zog es vor, in seiner Stellung zu bleiben, die allerdings beachtliche Vorteile bot.

Seiner Schwester war es schlechter ergangen. Sie war mit einem Trinker verheiratet, der nicht imstande war, genug Geld herbeizuschaffen. Um der drängenden Not zu entgehen, hatte sie sich selbst als Sklavin verschrieben. Man hatte, im Beisein von vier ehrenwerten Zeugen, eine Urkunde ausgestellt, in der sie auf ihre »Persönlichkeitsrechte« verzichtete und ihren Körper, d.h. sich selbst einem wohlhabenden Grundherrn als Sklavin zur Verfügung stellte. Sie selbst hatte auf der Stelle den Kaufpreis erhalten und blieb so lange frei, wie sie ihren Lebensunterhalt davon bestreiten konnte, also in diesem Falle fast ein Jahr. Dann trat sie ihre neue Existenz als Sklavin an, nicht ohne die Aussicht, eines Tages doch wieder frei zu sein, denn es bestand Hoffnung, daß ihr Herr sie wie alle seine Sklaven nach seinem Tode testamentarisch freiließ – falls ihr Herr sie nicht heiratete. Kein Gesetz verbot die Heirat zwischen einem Freien und einer Sklavin; auch einer der größten Herrscher dieses Landes war der Ehe zwischen einem Freien und einer Sklavin entsprungen (Soustelle).

Diese Schicksale stammen nicht aus dem Land Utopia, keiner idealen, nach humanen Gesichtspunkten ersonnenen Konstruktion, sondern aus dem Reich der Azteken, in dem blutige Sklavenopfer den Kult bestimmten. Jeder Kriegsgefangene der Azteken hat ja damit rechnen müssen, von den »Meistern der Himmelswissenschaft« mit dem Obsidianmesser bei lebendigem Leibe geschlachtet zu werden, denn Uitzilopochtli – nicht jener Gott Tezcatlipoca, dessen »liebe Söhne« die Sklaven waren, sondern der oberste Gott, die Sonne selbst – brauchte immer neue Menschenopfer, um seine Kraft für sein Volk zu erneuern.

Tatsächlich war der Sinn der Kriege bei den Azteken, genug Kriegsgefangene für jene Opferzeremonien bereitzustellen. So groß war die Angst des Sonnenvolkes vor dem Stillstand des Gestirns, daß immer neue Ströme von Blut, immer neue Hekatomben von Menschenfleisch geopfert werden mußten. Grausam waren die Indios übrigens nicht. Die Folterungen, die sie bei den Spaniern sahen, diese düsteren Gebräuche der Inquisition, ließen ihnen das Blut in den Adern erstarren, während die blutigen Tempelriten des eigenen Kultes sie gleichgültig ließen. Tatsächlich wurden, nach glücklichen Feldzügen, nicht alle Gefangenen umgebracht, sondern man verkaufte die überzähligen Gefangenen auf dem Sklavenmarkt. Hier ist wohl überhaupt eine der Wurzeln der Sklaverei zu suchen, die insgesamt ein Element der frühen Kulturen darstellt.

Ursprünglich nämlich, bei schweifenden Jägerstämmen, wurden Gefangene als überzählige Esser selbstverständlich getötet. Man mag sich der Weiber nur dann bemächtigt haben, wenn die Zahl der Horde durch Verluste empfindlich geschwächt war. Es wäre unter dieser Wirtschaftsform wohl sinnlos gewesen, etwa Kriegsgefangene als Sklaven zu halten. Das änderte sich, als die Menschen gelernt hatten, in größeren Verbänden zusammen zu leben, als die eigene Arbeitskraft nicht ausreichte, den Boden zu bebauen oder die Dämme zu bauen, die Schutz vor dem reißenden Strom gaben. Hier lohnte es sich, die Gefangenen, die man aus irgendwelchen Gründen nicht opfern wollte, leben zu lassen; so ist der moralische Fortschritt zur Abschaffung des Gefangenenmordes, wie der moderne Mensch ihn sieht, wohl weniger eine Folge innerer Einkehr als das Ergebnis nüchterner Überlegung, denn Mitleid und Erbarmen sind späte Kulturerrungenschaften. Bestimmte äußere Voraussetzungen diktieren also die Entstehung der Sklaverei, und tatsächlich hat es nicht überall auf der Welt die Form sozialer Abhängigkeit, diese »Verdinglichung« gegeben, sondern nur in ganz bestimmten Gebieten, nämlich in Hinterindien und Polynesien, dazu im alten Mittelmeergebiet und in Afrika.

Damit die Sklaverei als gesellschaftliche Struktur entsteht, müssen verschiedene Faktoren zusammentreffen. Jägervölker, aber auch Nomadenstämme brauchen, von Ausnahmen abgesehen, keine Sklaven. Als Ausnahme können die nordafrikanischen Berberstämme gelten, die Negersklaven als Knechte und Handwerker halten. Sie sind aber hier nicht in dem Maße lebenswichtig für das ganze Gefüge der Wirtschaft wie dort, wo die Äcker veröden, die Bergwerke stilliegen würden, wenn es keine Sklaven gäbe.

Ein starker Bedarf an Arbeitskräften und eine ausgeprägte ständische Gliederung begünstigen deshalb die Entstehung der Sklaverei. Ursprünglich sind die meisten Sklaven, wie bei den Azteken, Kriegsgefangene oder deren Nachkommen gewesen. In Ostafrika herrschte übrigens die wirksame Sitte, daß erfolglose Ärzte als Sklaven verkauft werden durften (Birket-Smith). Eine besondere Stellung nehmen die Schuldsklaven ein. Es gibt diese sehr alte Form des Strafvollzuges schon im alten Sumer, in Babylon und auch in Israel. Schon zur Zeit Salomos gab es ein ausgeprägtes Proletariat von Sklaven, die teilweise Staatseigentum und Kriegsgefangene waren, teilweise aber auch aus den Schichten verschuldeter Juden kamen. In diesen Fällen hatten sie meist einen privaten Besitzer. Die Staatssklaven wurden in großen Lagern gehalten und zu schweren Arbeiten herangezogen.

Besser hatten es die privaten Sklaven, weil der jüdische Glaube der Willkür Grenzen setzte; es war verboten, einen Glaubensbruder zu hart zu bedrängen. Diese privaten Sklaven waren meist Opfer einer Schuldverschreibung, oft verschrieb sich, ähnlich wie bei den Azteken, ein Mann als Sklave, um die Seinen vor dem Hungertode zu retten, wenn die Ernte ungünstig war und die Preise stiegen. Das Gesetz lautete in einem solchen Fall: »So du einen hebräischen Knecht kaufst, der soll dir sechs Jahre dienen, im siebten Jahr aber sollst du ihn freilassen. Ist er mit seinem Weib gekommen, so soll sein Weib mit ihm ausgehen. Hat ihm aber sein Herr ein Weib gegeben und er Söhne und Töchter gezeugt, so sollen das Weib und die Kinder seines Herrn sein. Spricht aber der Knecht: ich habe meinen Herrn lieb und mein Weib und Kind, und ich will nicht frei werden, so bringe ihn sein Herr vor die Götter (Anm. d. Verf.: die Hausgötter der frühtestamentlichen Zeit) und halte ihn an die Tür oder an einen Pfosten und bohre ihn mit einem Pfriemen durch ein Ohr und er sei Knecht auf ewig.«

Es ist gewiß nicht jedermanns Sache gewesen, sich in den damaligen Zeiten auf das Wagnis der Freiheit einzulassen, das gewiß größer war als heute etwa das Wagnis freier Berufe, denn Sklaverei bedeutete auch Sicherheit, und die Stellung eines Hausklaven im alten Sumer oder Israel ist gewiß nicht weniger vorteilhaft gewesen als in den Baumwollstaaten der USA, verglichen mit den armen Teufeln in den Lagern und auf den Plantagen. Gewiß waren diese Sklaven keine vollwertigen Menschen im Sinn der Religion und der gesellschaftlichen Hierarchie – erst der Mithraskult und das Christentum haben zwischen Herrn und Sklaven religiös keinen Unterschied mehr gemacht –, aber sie hatten doch Rechte und standen nicht außerhalb der Gesellschaft.

Von Aesop zu Spartakus

Über die antiken Formen der Sklaverei in Griechenland und Rom gibt es eine umfangreiche zeitgenössische Berichterstattung, auch erhob sich in der Antike für die Sklaven eine erste literarische Stimme: Aesop, eine legendäre Figur, nach Herodot ein Zeitgenosse der Sappho, die im 6. Jh. v. Chr. lebte, soll der Schöpfer jener Fabeln sein, deren Moral die Schläue des Schwächeren gegenüber dem stärkeren Herrn herausstellt, aber in der Verkleidung von Fuchs und Hahn, Wolf und Ziegenbock. Zum erstenmal spiegelt die Tierfabel menschliche Zustände, und aus den Reihen der Sklaven artikuliert sich Gesellschaftskritik.

Das griechische System der Sklaverei kennt verschiedene Formen der Abhängigkeit. Am bekanntesten ist der Stand der Heloten geworden. Es handelt sich um Leibeigene des Stadtstaates Sparta. Jedem Krieger Spartas wurde ein Stück Land zugeteilt, das man in Lehen teilte. Diese Lehen ließ man durch unfreie Familien bebauen, die Heloten, die es von Generation zu Generation in ihrer eigenen Familie weiterreichten. Der Helot durfte zwar sein Stück Erde nicht verlassen, aber er stand in keinem persönlichen Abhängigkeitsverhältnis zu seinem Grundherrn. Nur den festgesetzten, gleichbleibenden Tribut und Zins mußte er ihm liefern. Die Lieferung von Korn und Öl, Feigen und Wein, Fellen und Fleisch gehörte zu seinen Lasten, im übrigen bebaute er den Boden auf eigene Verantwortung, und während er bei Mißernten für den Schaden aufkommen mußte, wirtschaftete er in guten Jahren in die eigene Tasche. Auf den Hof gehörten Esel und Ziege, deren Milch zu Käse verarbeitet wird, ferner Schweine, Schafe, Geflügel und Bienenstöcke. Vieh und Gerät waren Eigentum der Heloten, und doch blieben sie Opfer der Ausbeutung, sie durften keine Waffen tragen und keine Versammlung abhalten.

Im 4. Jh. v. Chr. muß es in dieser Schicht politisch gegärt haben, denn die höchsten Verwaltungsbeamten Spartas benutzten die sogenannten »Kryptoi« dazu, mißliebige Heloten zu beseitigen. Diese Form des Klassenkampfes erinnert an den Ku-Klux-Klan. Die Kryptoi (griechisch: die Versteckten, Verborgenen) waren Jünglinge, die während ihrer Vorbereitungszeit auf die Vollbürgerschaft ein Jahr in der Wildnis hausen mußten, nur auf sich selbst gestellt und aus dem Lande lebend wie amerikanische Rangers. Diesen jungen Männern befahl man, besonders aufrührerische Heloten ohne große Umstände zu beseitigen, eine Art Bewährungstat, die dem jungen Spartiaten hoch angerechnet wurde.

Es gab im homerischen Griechenland verschiedene Formen des Helotentums, die einander aber im Prinzip glichen. Freie Lohnarbeiter nannte man die »Theten«; sie waren mehr oder weniger frei, nur besaßen sie keinerlei politische Rechte, und darin ähnelten sie wiederum den Heloten. Im allgemeinen zweifelte man nicht daran, daß es Freie und Sklaven geben müsse. Nur ein Mann wie Euripides stellte sich auf den absurden Standpunkt, für die Freiheit eines Menschen sei seine Gesinnung, nicht sein rechtlicher Zustand wesentlich. Bei dem athenischen Redner Alkidamas (erste Hälfte d. 4. Jh. v. Chr.), einem typischen Sophisten, taucht zum erstenmal der Gedanke vom Naturrecht der Freiheit auf.

Für die konkrete gesellschaftliche Wirklichkeit des klassischen und hellenistischen Altertums waren diese Ideen ohne Bedeutung. Längst benötigten die königlichen Latifundien immer neue Arbeitskräfte, und auch das griechische Manufaktursystem konnte ohne Sklaven nicht existieren. Offiziell wünschte kein Herrscher, andere Völker zu versklaven, aber in der Praxis reichten die Kriegsgefangenen aus den zahlreichen Kriegen keineswegs, um den Bedarf zu decken. Wer auf See in die Hände von Piraten fiel, geriet unweigerlich in die Sklaverei, aber auch auf dem Landweg war der Reisende oft nicht sicher. Für die Bewirtschaftung der großen Güter im Westen, für den karthagischen und römischen Großgrundbesitz, wurde regelrechter Menschenraub organisiert, und so sollen auf dem Sklavenmarkt zu Delos zeitweise 1000 Sklaven pro Tag umgesetzt worden sein. Aus diesen Zuständen ergaben sich juristische Probleme, die mit einer differenzierten Gesetzgebung geregelt worden sind. Einerseits verstärkte man das Fahndungswesen gegen Entlaufene und regelte die Besteuerung des Sklavenhandels, andererseits fand das Asylrecht in Tempeln und an den Altären allgemeine Anerkennung.

Auch in der Spätantike war das Schicksal der Sklaven, die in den Großbetrieben, zum Teil gefesselt, ihre Arbeit verrichten mußten, unerträglich. Sie schufteten in den Felsengalerien der Kupfer- und Erzbergwerke, sie bewegten, unter Peitschen gebeugt, die schweren Galeeren, sie schürften Salz und schleppten Baumaterial, sie errichteten die Tempel und Paläste, und suchten doch, wie alle Menschen, den Druck ihrer Existenz ein wenig zu lindern, wenn sie ihn schon nicht ändern konnten. Nur selten kam es zu Rebellionen, und niemals blieben die Sklaven auf lange Sicht die Sieger. Nur der Aufstand der »Sonnenbürger« hatte kurzfristigen Erfolg. Bezeichnenderweise wurde er von einem Mann aus königlichem Blut angeführt, einem Halbbruder des Königs Attalos III. von Pergamon. Der König hatte in seinem Testament sein Reich dem römischen Staat vermacht. Aristonikos, der unebenbürtige Bruder, verwarf das Testament und erhob Anspruch auf den Thron. Die Landbevölkerung schloß sich seiner »Los-von-Rom-Bewegung« an, nicht aber die Bourgeoisie von Pergamon. Er unterlag in einer Seeschlacht, rief die Sklaven zur Freiheit auf, eine unerhörte Provokation, und besetzte mit seiner mächtig angewachsenen Armee weite Teile des Landes. Es gelang ihm, einen römischen Konsul zu besiegen, 130 v. Chr. wurde er aber von dessen Nachfolger geschlagen. Der Aufrührer Aristonikos wurde im Triumph nach Rom gebracht; dort ist er getötet worden.

Vor dem Kapitol

Nur ein Träumer wird vom Abgeordneten vollkommene Tugendhaftigkeit erwarten und vom Parlament, daß alle Abgeordneten jederzeit die gegenseitigen Reden anhören und während der ganzen Sitzung zugegen sind. Die Römer jedenfalls waren nicht tugendhaft, und im Senat herrschte ein ständiges Kommen und Gehen. Seit der Zeit des Kaisers Augustus hatte der Senat seine Sitzungstage erheblich eingeschränkt. Während des ganzen Septembers und Oktobers herrschten Ferien, und während des übrigen Jahres wurde der Senat höchstens an zwei Tagen im Monat einberufen. Praktisch bedeutete dies eine Entmachtung der demokratischen Kräfte im Staat, denn der Kaiser selbst betätigte sich eifrig als Gesetzgeber und rief den Senat zu außerordentlichen Sitzungen nur zusammen, wenn er irgendwelche Rebellionen oder Verschwörungen mit schrecklichen Strafen belegen wollte – dann war ihm der Senat gerade gut genug, die Verantwortung für diese Strafen zu übernehmen. Bei solchen Sondersitzungen des Senats herrschte in dem Gebäude, in dem nur 300 Plätze vorhanden waren, obwohl der Senat damals aus 600 Personen bestand, qualvolle Enge – ein ähnlicher Zustand übrigens wie für die Lordkammer im englischen Parlament während der Thronrede, dem einzigen Anlaß, bei dem alle Plätze besetzt sind (Carcopino).

Die Römer sind keine edlen Gestalten gewesen, keine Denkmäler ihrer selbst, sondern wie die heutigen Italiener theatralische Redner, und wenn der Senat als eine Art Staatsgerichtshof tagte – die letzte Berufungsinstanz unter dem Kaiser, der in seiner Eigenschaft als Konsul teilnehmen konnte –, dann wurden langatmige Anklagen verlesen, schwülstige Plädoyers gehalten, und man redete vom Morgen bis zum Abend. Einer dieser Prozesse hat, wie Plinius der Jüngere berichtet, volle drei Tage gedauert. Plinius der Jüngere selbst, der Neffe des bekannten Enzyklopädisten, hatte bei diesem Prozeß eine Anklage zu erheben, redete fünf Stunden und war schließlich so erschöpft, daß Kaiser Trajan ihm mehrmals riet, Kehle und Lunge zu schonen.

Es gab in Rom Bestechung und Korruption, käufliche Politiker und politische Fanatiker, es gab so intelligente Köpfe wie den berühmten Cicero, den gebildeten Reaktionär und konservativen Demokraten, den Zeitgenossen Caesars und des unbeugsamen Cato, und es gab Putschisten wie den ehemaligen Offizier Catilina, der sich in der Provinz schamlos bereichert hatte und einen Staatsstreich plante. Ciceros flammende Reden gegen diesen Mann, der den Bestand des Staates gefährdete, sind heute Schullektüre. Sie führten zur Verurteilung und Hinrichtung Catilinas. Rom ist keine Musterdemokratie gewesen, sondern ein Staat, in dem alle nur denkbaren gesellschaftlichen Kräfte, den Spätkapitalismus ausgenommen, ihre Konflikte austrugen.

In den Staaten der Neuzeit ist die Politik nicht mehr überschaubar, weil die schriftlichen Vorgänge in den staatlichen Archiven verschwinden, die Memoiren nur unzulängliche Berichte liefern und die Kompliziertheit der Probleme Sachverstand zu erfordern scheint. Rom bietet ein Modell für das, was politisch möglich ist, und am Beispiel der Brüder Gracchus, die soziale Reformen erzwingen wollten, am Beispiel Caesars, der die unfähige Demokratie zugunsten einer leistungsfähigeren Regierungsform, der Diktatur, abschaffte, kann man Politik studieren. Seit den Tagen Roms hat es in politischer Hinsicht kaum etwas fundamental Neues gegeben; die Ereignisse haben sich nur wiederholt, wenn auch in größeren Dimensionen. Es hat solche Spannungen und solche Kämpfe in vielen Hochkulturen gegeben, in Indien wie in China oder Japan, aber aus der römischen Geschichte ist europäische Geschichte gewachsen, und noch heute ernennt man Senatoren und Konsuln, baut Triumphbögen und Kapitole, spricht vom Forum und sagt: »Panem et circenses«, Brot und Spiele, welche die Massen besänftigen und ablenken sollen, wenn von Fußball und Steuerfreibeträgen die Rede ist.

Rom hat als Agrarstaat begonnen und ein Pionierzeitalter gekannt, das freilich nicht weniger rauh aussah als das Amerikas. Dieser Stadtstaat, wie es deren viele gab, unterwarf alle seine Nachbarn, beginnend mit den kultivierten Etruskern, deren Erbe den nüchternen Römern einen Hauch von Raffinesse und Kultur hinterließ. Durch seine Kriege wurde Rom ein Weltreich, und die Idee des Imperiums bot die Grundlage für das Heilige Römische Reich Deutscher Nation wie für das der »Romäer« in Byzanz, für das britische Empire wie für das Dritte Rom, das heilige Moskau.

In seinen späten Zeiten ist Rom ein Sozialstaat gewesen, der Hunderttausende von Essern mit Brot aus den ägyptischen Kornkammern nährte, weil es sich niemand leisten konnte, diese Massen hungern zu lassen. Die Probleme der bäuerlichen Demokratie wie die der Diktatur, die eines Kolonialregimes wie die eines Militärstaates sind hier, für jeden überschaubar, ausgebreitet, und als das Christentum in die Blutbahnen des Reiches eindrang und siegte, konnte es niemanden in Europa geben, der nicht auf die eine oder andere Weise auf römisches Erbe zurückgriff. Das ist der Grund, weshalb keine Revolution in Europa darauf verzichtet hat, auf die römischen Formen zurückzugreifen: Rienzo ernannte sich zum Volks-

Einzug der römischen Senatoren. *Gemälde von Joseph Heintz d. J., erste Hälfte 17. Jh.
Städtische Kunstsammlungen, Augsburg.*

tribun, Napoleon war Erster Konsul, ehe er dem Glanz des Caesar folgend Kaiser wurde.

Die Verwaltungsformen Roms und die Bezeichnungen der Positionen sind zum Teil bis heute lebendig geblieben. So nannte man Konsuln die beiden höchsten Magistratsbeamten der Stadt – auch Magistrat ist ja ein lateinisches Wort–, bis Sulla sie entmachtete. Aber auch nach dem Verlust der Amtsbefugnisse galt es in der Kaiserzeit noch als höchste Ehre, Konsul zu sein. Nur in größter Not wurden die Konsuln, die zugleich den Vorsitz des Senats innehatten, in der Staatsführung abgelöst und durch einen Diktator (lateinisch: Sprecher, der Mann, der »zu sagen hat«) abgelöst. Diktatoren wurden auf Vorschlag eines Konsuls vom Senat ernannt und hatten für Ausnahmesituationen die höchste Gewalt in Rom. Sie wurden von 24 Liktoren begleitet. Diese handfesten Männer, an ihrem Rutenbündel erkenntlich, waren eine Art Gerichtsbüttel und mußten Verhaftungen vornehmen, Geißelungen und Hinrichtungen durchführen, also mit Gewalt den Machtspruch des Diktators durchsetzen. Der faschistische Rückgriff auf das Liktorenbündel ist so zu verstehen.

Den Hintergrund für das politische Leben bildete das System der Klientel, ein Wort, das ja noch heute im juristischen Sinne gebraucht wird und die Kunden eines Rechtsanwalts meint. Jeder Römer, vom freigelassenen Sklaven bis zum Senator, fühlte sich irgend jemandem verpflichtet, aber dies war nicht nur eine gesellschaftliche Verpflichtung, auch keine Gefolgstreue wie beim ritterlichen Gefolge, sondern das »obsequium«, also eine Art »Linientreue«, die Aufmerksamkeit und Speichelleckerei verlangte. Der höhergestellte Römer, dem dieses Verhalten galt, wurde »patronus« genannt und hatte bestimmte Verpflichtungen gegenüber seiner Klientel. Er mußte sie gelegentlich zum Essen einladen, ihnen mit Unterstützungen beistehen und sie beschenken, also seine vergleichsweise bessere wirtschaftliche Situation demonstrieren. Wenn der Klient Hunger litt, so war der Patron angehalten, ihm Lebensmittel zu schenken; da sie in einem Körbchen (lateinisch: sportula) heimgetragen wurden, nannte man das später die Sporteln, heute ein antiquiertes Fremdwort für das Beamtengehalt.

Zur Zeit des Kaisers Trajan wurde diese Gabe, die längst in Geld und nicht mehr in Naturalien gegeben wurde, stillschweigend einheitlich angesetzt; es war eine Art Rente, die aber der Patron aus eigener Tasche zahlte, wie etwa heute einen Arbeitgeberanteil an Versicherungen. Das Prestige eines Mannes bemaß sich in Rom nicht wie heute nach dem Wagen, der vor der Tür stand, sondern nach der Größe seiner Klientel. Jedermann hatte Anspruch auf die Sporteln, die für den Künstler oder Schüler, den arbeitslosen Lehrer oder Advokaten oft die einzige Einnahme, für den kleinen Handwerker aber einen hochwillkommenen Zuschuß darstellten. In aller Herrgottsfrühe eilte deshalb jedermann zu seinem Patron, um noch vor Arbeitsbeginn sein Geld in Empfang zu nehmen; dieser wiederum war es sich schuldig, selbst an seine Klientel zu verteilen, um nicht an Ansehen zu verlieren. Man hat dann auch die Gebühren, die der Beamte für seine Amtshandlungen gezahlt bekam, als Sporteln bezeichnet. Wer ein Amt übernahm, wer befördert wurde, wer Urkunden ausstellte oder sonstige Dienstleistungen erbrachte, mußte bezahlt werden – ganz zu schweigen von den Schmiergeldern, ohne die sich kaum eine Hand rührte und die der Kaiser, selbstverständlich wirkungslos, einzuschränken versuchte. Der Niedergang Roms, nach Spenglers Kulturzykluslehre ein Beispiel für Europa, hat die Phantasie der Schriftsteller immer wieder gereizt, die politischen Kämpfe der Gracchen oder eines Spartakus wirken wie Vorbilder für die Revolutionäre des Abendlandes. Kaisertum und Kommunismus haben ihre Wurzeln in der Antike, und so haben fast alle Epochen auf jene Gestalten zurückgegriffen, die Rom hervorgebracht hat, vor allem im politischen Bereich: Spartakus, ein entflohener Sklave aus der Gladiatorenschule von Capua, verheerte mit 60000 Mann Unteritalien und wurde 71 v. Chr. von Crassus vernichtet. Der nach ihm benannte Spartakusbund wurde 1917 von Karl Liebknecht und Rosa Luxemburg gegründet – so nah ist die Antike.

Die Sache des Volkes

Was die Regierung schon in den ersten Jahren erreicht hatte, grenzte an ein Wunder: Die Preise fielen, die Spekulationsgewinne wurden vom Staat drastisch beschnitten. In den Kornspeichern sammelten sich die Überschüsse aus den Ernten, die Bauern brauchten keine Überfälle mehr zu fürchten, Kauflaute und Pilger atmeten auf, wenn sie die Stadtgrenze erreicht hatten, denn sie wußten, daß sie den letzten Teil ihres Weges ohne Gefahr würden zurücklegen können – das Land war sicher geworden. Deshalb hatte man auch beginnen können, die Sümpfe trockenzulegen und die Campagna zu bebauen. Auch im Staat selbst hatte sich vieles geändert. Vor allem waren vor dem Gesetz alle Menschen gleich, ein Mönch und ein Adliger wurden für das gleiche Verbrechen enthauptet, ein ehemaliger Senator wegen der Plünderung eines Handelsschiffes gehängt (Durant). Tatsächlich waren die Erfolge dieses Niccola di Rienzo Gabrini, vom Volk kurz Cola di Rienzo genannt, unglaublich, und ganz Italien staunte über die Wandlung, die das ausgeplünderte und zur trostlosen Provinzstadt herabgesunkene Rom erlebt hatte.

Rienzo hatte, lange vor den Utopisten des späteren Sozialismus, gestützt auf Leitbilder der Antike und auf seine Verbindung mit den Massen Roms, eine Utopie verwirklicht, die scheitern mußte, als es ihm nicht gelang, ganz Italien zu revolutionieren. Er war der Sohn eines Wirtes und einer Wäscherin, stammte also aus der Schicht der Unterprivilegierten. Daß er dennoch hatte studieren können, stellt seiner Begabung ein gutes Zeugnis aus. Als junger Jurist von 30 Jahren war er 1343 aus Rom nach Avignon gereist, um dem dort residierenden Papst über die Zustände in Rom zu berichten und ihn um Hilfe gegen die Adelscliquen zu bitten. Das Land war vom Fieber der Sippenkämpfe und Familienfehden geschüttelt, die Wirtschaft ruiniert, die Einwohnerzahl gesunken. Daß der junge Rechtsgelehrte es überhaupt für möglich hielt, der Papst könne wirksam eingreifen, zeugt von einer gewissen Naivität. In Avignon ist Rienzo dem berühmten Poeten Petrarca begegnet, der seine radikalen, die herrschende Ordnung in Frage stellenden Gedanken in die Formeln der Antike kleidete. Jene geistige Bewegung, die von den Kunsthistorikern des 19. Jahrhunderts Renaissance genannt wurde, war ja in Wirklichkeit ein Versuch, durch Änderung des Denkens eine ausweglose Gegenwart zu überwinden (siehe den Band »Von Dionysos zur Götterdämmerung«). Für die eigene gesellschaftliche Situation hatte man Beispiele aus der Antike, wo man heute soziologische Analysen vorweisen würde.

Beispiele haben im Mittelalter eine sinnbildliche, Ordnung stiftende Kraft gehabt, und so bedeutete es etwas, wenn der junge Rienzo sich wie ein römischer Senator in eine weiße Toga hüllte und durch das ärmliche Rom wanderte, dessen kolossale unverstandene Trümmer an eine große, fast vergessene Vergangenheit mahnten. Petrarca (1304–1374), wie Rienzo von Hause aus Jurist und der erste repräsentative Humanist, hat Rienzos Versuch, die römische Republik wiederzuerrichten, mit Wohlwollen begrüßt, ohne sich allzusehr zu exponieren. Als Rienzo nach Rom zurückgekommen war, hatte er in der Öffentlichkeit agitiert und immer wieder auf die versunkene Größe Roms, die Art der damaligen Staatsform, nämlich die Republik, und auf die wahren Schuldigen des jetzigen Elends hingewiesen. Er erinnerte das Volk an die Zeiten, als Konsuln und Caesaren von diesen Hügeln aus den Erdkreis regiert hatten, und rief das Volk dazu auf, sein politisches Schicksal selbst in die Hand zu nehmen. Nach antikem Vorbild solle man die Demokratie wiederherstellen und Volkstribunen wählen. Rienzo wurde von den herrschenden Kreisen nicht ernst genommen, man amüsierte sich über seine Drohungen, bis sich am 20. Mai 1347 das Volk tatsächlich zusammenrottete und Rienzo, begleitet vom Bischof von Orvieto, dem Stellvertreter des emigrierten Papstes in Rom, auf dem Kapitol erschien, um die Republik auszurufen.

Über vierhundert Jahre vor der großen Französischen Revolution, die bewußt auf die römische Republik zurückgriff, fast hundert Jahre vor Thomas Morus (1478–1535) mit seinen Vorstellungen über eine ideale Republik im Lande Nirgendwo, hat Rienzo die römische Republik neu geschaffen und eine Utopie realisiert. Der Erfolg war zunächst überwältigend, aber ihm entsprach eine psychologische Belastung, der sich Rienzo nicht gewachsen gezeigt hat. Er sah sich als Nachfolger der Gracchen, der Brüder aus altrömischem Geschlecht. Tiberius Gracchus (geb. 162 v. Chr.) hatte als Volkstribun eine Landreform durchsetzen wollen und war bei den Unruhen, die sich daraus ergaben, mit vielen seiner Anhänger umgekommen, ebenso Gaius Gracchus (geb. 153 v. Chr.), der den Weg seines älteren Bruders unbeirrbar fortzusetzen versucht hat und sich 121 v. Chr. selbst den Tod gab, als er sah, daß die Kräfte des Volkes unterliegen würden.

Die Ideen des Rienzo orientierten sich am altrömischen Vorbild. Seine erste Handlung kam den Armen zugute und sicherte ihm Beliebtheit. Er verordnete die Austeilung von Almosen an das Volk. Rienzo wurde zum Tribun gewählt. Als der Senator Colonna Protest erhob, mußten alle alteingesessenen Geschlechter die Stadt verlassen. Sie zogen sich auf ihre Güter in der Umgebung von Rom zurück und warteten das Ende dieses seltsamen Heiligen ab, der sich nunmehr als der »erlauchte Befreier der Heiligen Römischen Republik durch die Autorität unseres gnädigen Herrn Jesus Christus« bezeichnete. Als sein Regime auch in Kreisen anerkannt wurde, die ihm vorher skeptisch gegenübergestanden hatten, schickte er seine Botschafter durch ganz Italien und forderte die Städte auf, Abgeordnete in ein gesamtitalienisches Parlament zu entsenden. Venedig, Florenz und Mailand reagierten kühl, sie sahen keine Veranlassung, die weitgespannten Ziele dieses Narren aus Rom zu fördern.

Rienzo hatte ein Gremium von Juristen beraten lassen, ob es möglich sei, daß die Republik alle je verliehenen Privilegien, Schenkungen usw. rückgängig machen könne, da sie in Zeiten des Niederganges gegeben und daher null und nichtig seien. Als die Frage bejaht wurde, ließ Rienzo ein entsprechendes Gesetz verabschieden. Damit waren die Strukturen einer rund tausendjährigen Geschichte zur

Auflösung verurteilt. Die weiteren Ereignisse sprechen für sich selbst. Im August 1347 ließ er sich vom Parlament in den Ritterstand erheben, ein Beweis seiner Ressentiments. In aller Öffentlichkeit tauchte er, wie Durant in seiner »Renaissance« schreibt, in jenem großen Becken unter, in dem Kaiser Konstantin angeblich seinen heidnischen Glauben und seine Sünden abgewaschen hatte. Dann schlief er, in ein weißes Gewand gehüllt, nachts auf einem Lager, das zwischen den Pfeilern des Baptisteriums auf dem Lateran aufgeschlagen war. Am nächsten Morgen verkündete er, alle Städte Italiens seien frei, alle Einwohner hätten das römische Bürgerrecht, und alle hätten das Recht, sich einen Kaiser zu wählen. Auf einem weißen Roß, mit einer Toga bekleidet, die goldene Fransen trug, zog er durch die Straßen, zu Häupten ein königliches Banner. Einige Adlige, die er hinrichten lassen wollte, dann aber begnadigt hatte, rebellierten mit einer Söldnertruppe gegen Rienzo, der sie mit einem Volksheer schlug; Colonna und sein Sohn fanden den Tod.

Auch diese Ereignisse nehmen auf verblüffende Weise spätere Schlachten vorweg, als müsse die Geschichte bestimmte Abschnitte immer neu buchstabieren, bis sie im Text weitergehen kann. Ein einiges Italien lief den Interessen der Kirche zuwider, der Vertreter des Papstes konspirierte mit den Feinden der Republik, Rienzo selbst bot Angriffsflächen, sein Größenwahn irritierte die Menschen. Sein Ende war keineswegs heroisch. Als die zweite Rebellion des Adels ausbrach und die Streitkräfte auf das Kapitol marschierten, legte Rienzo die Zeichen seiner Würde ab und zog sich in die Engelsburg zurück. Von dort floh er nach Neapel, dann über die Alpen nach Österreich und an den Hof Karls IV., wo er Anklage gegen die Kirche erhob. Schließlich zog er nach Avignon, um den Papst zu gewinnen. Der setzte ihn gefangen, aber als in Rom unter einem zweiten Tribunen, einem gewissen Francesco Baroncelli, eine neue Republik gegründet und die Adligen zum zweitenmal vertrieben wurden, ging Rienzo nach Rom zurück – allerdings als Begleiter des päpstlichen Beauftragten Albornoz. Das Volk erhob sich erneut und brachte Baroncelli um, damit die Stadt dem Kardinal Albornoz übergeben werden konnte.

Man errichtete Rienzo einen Triumphbogen, Albornoz übergab ihm die politische Leitung der Stadt. Diesmal gelang ihm aber nichts mehr, die Emigration hatte ihn gelähmt und abgestumpft, nach zwei Monaten erhob sich das wankelmütige Volk mit dem Ruf: »Lang lebe das Volk! Tod dem Verräter Cola di Rienzo!« Man mochte spüren, daß dem Volkstribunen alle Härte fehlte, er handelte schwächlich und hatte Geldsorgen. Er wurde verwundet und schließlich auf der Flucht erschlagen, kein Held, aber ein Mann, der das Richtige geahnt und beinahe erreicht hatte. »Der blutige Leichnam wurde durch die Straßen gezerrt und wie ein Aas vor einem Fleischerladen aufgehängt« – auch dies ein Muster für spätere Racheakte des Volkes.

Petrarca hat sich zunächst mit Rienzo kompromittiert, dann aber rechtzeitig distanziert. Das Modell der antiken Republik wurde zunächst vergessen, während die antike Literatur die Gebildeten zu interessieren begann. Bis sich die Idee der Republik durchsetzt und die Demokratie an Stelle der Herrschaft von Fürsten und Grafen tritt, werden Jahrhunderte vergehen. Aber selbst in den Kolonien, die seit dem Ende des 15. Jahrhunderts in die europäische Sklaverei geraten, wird sich am Ende die Idee der nationalen Souveränität und der Demokratie durchsetzen, ähnlich wie sich in der kolonialen Welt das indisch-arabische Ziffernsystem und das

Alphabet durchsetzten. Auch die Prinzipien der Freiheit und Gleichheit, wie ein von seinem Sendungsbewußtsein überwältigter Cola die Rienzo sie sah, werden niemals mehr vergessen werden.

Geheimbünde gegen Tyrannei

Des Freiherrn von Knigge Werk »Über den Umgang mit Menschen«, das 1788 erschien, ist nur ein Teil seiner Wirksamkeit gewesen. Der ehemalige Hofjunker aus Brendenbeck bei Hannover, der es nach einem wirren Leben schließlich zum Oberhauptmann in Bremen brachte, ist der Werbechef und Designer des Ordens der Illuminaten gewesen – offenbar ein Mann, der alles besser wußte als seine Umgebung und jedenfalls Einfälle hatte. Wenn die Vermutungen der Historiker stimmen, geht die Gründung der italienischen Geheimgesellschaft der Carbonari auf die Illuminaten zurück, und von den Carbonari wiederum leiten sich letzten Endes die Maffiosi ab, die in den USA bekanntlich Cosa nostra heißen und überhaupt nicht existieren, obwohl jedermann von ihnen weiß.

Der niedersächsische Freiherr hatte Phantasie und zwang dem Orden, einem winzigen aufklärerischen Zirkel in Ingolstadt unter Leitung eines gewissen Weishaupt, ein gewisses Format auf. Selbstverständlich war die Geheimgesellschaft in Klassen gegliedert, typisch für die Epoche, aus der sie stammte, und der Anwärter hatte sich von Stufe zu Stufe zu bewähren. Das Ziel war eine sittliche Vervollkommnung, die den Zwecken des Bundes entsprach. Der ganze Plan des Ordens, der bewußt an die Freimaurerei anknüpfte, bestand darin, ein allgemeines Sittenregiment einzuführen, das sich über die ganze Welt erstrecken sollte. Die Menschen, die sich als Werkzeuge dieses Unternehmens betrachten durften, sollten durch Begünstigung und Belohnung gebildet und entfaltet werden. Ohne die bürgerlichen Beziehungen aufzulösen, in denen das Individuum stand, wollte man die bestehenden Systeme von innen unterlaufen, um dem Guten gegenüber dem Bösen zum Sieg zu verhelfen. Das Gute, das war eine Mischung aus bürgerlicher Vernunft und demokratischer Überzeugung, eine Tugendhaftigkeit, wie sie den Vorstellungen des Bürgertums entsprach. Auf alle Fälle widersetzten sich einige aufgeklärte Bürger in allen Dingen dem Bösen, verkörpert in despotischen Herrschern, verlogenen Jesuiten, korrupten Höfen und verrotteten Beamten.

Diese Art Geheimbündelei ist wohl der Versuch einer Klasse, sich des übermächtigen Drucks höherer Klassen zu erwehren und sich, ohne in offene Widersetzlichkeit zu geraten, gleichsam unmerklich Macht und Einfluß zu verschaffen. Den Gedanken einer blutigen Revolution überläßt man, soweit er überhaupt gedacht wird, voll Schaudern primitiven Naturen. Als gebildeter Bürger, als Weltmann und Idealist wählt man feinere, tiefere, gründlichere Methoden, die morsche Welt zu ändern. Logen und Akademien sind die organisatorischen Vorbilder, man glaubt an die Macht des Wissens und den Sieg der Weisheit, und um sich über die Plattheit dieser Vernünftelei hinwegzuhelfen, ahmt man im äußeren Gehabe jene nach, die man bekämpft, gibt sich mystisch-priesterlich und ritterhaft und spielt sich voll Würde in eine höhere Welt. So bestand die unendliche Geschäftigkeit der Mitglieder auch darin, einerseits die allerorten aufschießenden naturwissenschaftlichen Erkenntnisse zu sammeln – sie wurden dann in der Synode des

Ordens verarbeitet, die damit zum »Tempel der Weisheit« wurde –, andererseits alle Brüder scharf zu überwachen, denn ihr Leben wurde unbarmherzig durchleutet, sie selbst waren zu reuiger Selbstkritik verpflichtet.

Wer als »Priester«, nachdem er die zwei niederen Klassen durchlaufen hatte, also als Mitglied des obersten Organs, der Synode, seine Weihen erhielt, wurde mit verbundenen Augen zum Ort der Zeremonie geführt. Den Hut auf dem Haupt, das nackte Schwert in der Hand mußte er lange vor verschlossener Pforte warten. Wenn er eingelassen wurde, sah er sich in einem rot ausgeschlagenen Raum, in dessen Mitte auf einem Tisch Krone, Zepter und goldener Schmuck lagen, daneben ein schlichtes, weißes Priestergewand. Man stellte dem Anwärter frei zu wählen, eine Art psychologischen Testes. Wenn er nach der Krone griff, würde zorniges Gemurmel der Anwesenden laut geworden sein, das ihm seinen Mißgriff schmerzhaft zum Bewußtsein gebracht hätte, er wäre für ungeeignet gehalten worden, in den Kreis der geheimen Führer des Ordens aufzusteigen. Wenn er das weiße Kleid wählte, bewies er die rechte Gesinnung.

Je reaktionärer die Verhältnisse, desto lebhafter agierte die ohnmächtige Verschwörung aufgeklärter Bürger. Als der Kurfürst von Bayern Karl Theodor sich 1780 ganz dem Einfluß der Kirche unterwarf und das unter seinem Vorgänger begonnene Reformwerk zurückstellte, breiteten sich die Illuminaten mächtig aus, und auch in Weimar faßte der Orden Fuß.

Unter dem Namen Aeschylos wurde am 10. Februar 1783 Herzog Karl August aufgenommen, am nächsten Tag bekam der Dr. Goethe den Namen Abaris, und einige Monate später wurde auch der Konsistorialrat Gottfried Herder als Damasus Pontifex in den Orden aufgenommen. Viele bedeutende Persönlichkeiten jener Zeit wurden Mitglieder, andere, wie Lavater, winkten ab, da sie zu solchen Institutionen kein Vertrauen hätten. Als sich wenige Jahre später die politische Situation verschärfte und in Frankreich die Revolution ausbrach, vermuteten die Gegner der Illuminaten, daß die Drahtzieher der Revolution zum Orden gehörten, und in den Hauptstädten Europas sagte man ihnen, wie den Freimaurern, Giftmord, Ausrottung der Fürsten und des Adels, gewaltsame Beseitigung der Priester und Kampf gegen die katholische Religion nach.

Diese Verleumdungen, vielfach geglaubt und noch in Hitlers Großdeutschem Reich zur offiziellen Überzeugung erhoben, gehen auf Cagliostro, den Abenteurer und Erzzauberer zurück. Er ersann 1789, um seinen Kopf zu retten, als er wegen Magie von der Heiligen Inquisition in Rom angeklagt war, eine fabelhafte Verschwörung der Illuminaten, die er als Enthüllung vorbrachte. Bei der Kirche fand er damit wohlwollendes Gehör. Ein gewisser Abbé Barruel hat den Wahnsinn dann zur Methode erhoben und in fünf dickleibigen Bänden die fixe Idee einer Weltverschwörung produziert, die noch heute in manchen Köpfen spukt.

Die Illuminaten sind schon Ende des 18. Jahrhunderts verboten worden, aber die Wirksamkeit des Ordens hat noch lange die Phantasie beschäftigt; so bringt man, wie gesagt, auch die Gründung der Carbonari mit den Illuminaten wohl mit Recht in Zusammenhang. Während Napoleon seinen Feldzug in Rußland führte, so behauptet schon 1815 ein Konfident aus Rom, sei diese Geheimgesellschaft im südlichen Italien von den Illuminaten Neapels gegründet und von Londoner Illuminaten und Freimaurern geleitet worden. England, damals im Kampf gegen Napoleon, mag seine Hand im Spiel gehabt haben, als die Carboneria gegründet wurde, die italienische Spielart einer geheimen revolutionären Bewegung. Ihr düsterer Wahlspruch lautete: »Säuberung des Waldes von den Wölfen« – und Wölfe waren für die »guten Vettern«, wie sich die Carbonari nannten, die Tyrannen, die zum Glück auch, als Franzosen, die Feinde der Engländer waren. Man ahmte, eine revolutionäre Geste, die Ärmsten der Armen, die Köhler, nach (Carbo: Kohle), man traf sich in der »baracca«, der Köhlerhütte, auf schwarzer Decke stand ein Kruzifix, von Kerzen erleuchtet, rundum die symbolischen Gegenstände, ein weißes Tuch, ein Gefäß mit glühender Kohle, Wasser, Salz, Erde, Blätter, grüne und dürre Zweige, eine Dornenkrone, ein Zwirnknäuel und drei Bänder in Schwarz, Blau und Rot – sogar einen Schutzheiligen hatte man, den heiligen Theobald. Auch hier die bürgerliche Organisation, der idealistische Mummenschanz, wie er ein Jahrhundert später bei dem Ku-Klux-Klan weniger symbolreich, dafür drohender, und selbst bei chinesischen Geheimbünden ähnlich erscheinen wird.

Ganz offensichtlich brauchen Geheimbünde einen übermächtigen Gegner, gegen den sich die öffentliche Meinung mobilisieren läßt, sie sind die Vorläufer der Guerillas, gleichsam Partisanen der Liberalität und Demokratie, die getarnt im Milieu der Gesellschaft operieren. Ohne Mystizismus war die Sache nicht zu machen: So wurde der Novize auf einem symbolischen Lebensweg geläutert und examiniert – noch die sozialistischen Parteien kennen diesen Zug der Reinigung und des Bekenntnisses in der parteiinternen Selbstkritik –, und Zwirnknäuel und Meiler, Feuer und Salz wirken durch ihre Symbolkraft aufs Gemüt.

Wie alle Geheimgesellschaften, ob nun in Europa oder China, wo sie bis weit in die Frühgeschichte zurückreichen, vertrat die Carboneria mit Energie ein freiheitliches, radikales politisches Programm, aber eben ihr Sendungsbewußtsein ließ ihr jedes Mittel gerechtfertigt erscheinen, auch den Terror gegen den Feind. So tauchten in den Reihen der »guten Vettern« sehr bald Männer auf, die vom Blutdunst der Ereignisse angezogen wurden, und das Verbrechertum bediente sich der Masken, die ihm die Carboneria bot. Auch dies kann als typischer Zug solcher Entwicklung gelten; nicht nur die bekannten Geheimbünde in Irland, von deren Hintergründen noch zu reden sein wird, sondern auch bei den Mau Mau in Afrika oder bei den Chinesen verschmelzen die Geheimgesellschaften mit dem kriminellen Untergrund.

In China sagt ein altes Sprichwort: »Der Mandarin erhält seine Macht vom Gesetz, das Volk von den Geheimbünden.« So wurde eines der größten Verbrechen an einem Volk, das die neuere Geschichte kennt, von den chinesischen Geheimgesellschaften kontrolliert. Man weiß, wie das riesige Reich unter dem Druck der englischen militärischen Überlegenheit Unmengen von Opium ins Land kommen ließ, bis die Finanzen zerrüttet, die Menschen demoralisiert und die Wirtschaft ruiniert war (siehe auch Band »Magie · Mythos · Religion«). Um die Jahrhundertwende erlöste England aus dem in Indien angebauten und in China abgesetzten Opium 180 Millionen Goldmark – und als China, infolge dieser sozialen Spannungen, von einer Revolution erschüttert wurde, die 30–40 Millionen Menschen das Leben kostete, war dies das Werk einer Geheimgesellschaft, des »Großen Hung-Bundes«, dessen Wurzeln bis weit in die Vergangenheit Chinas zurückreichen. Auch die Hung besaßen ein geheimes Ritual wie die Freimaurer, auch ihre Ideen trugen wie bei den Carbonari radikale Züge, und während der Taiping-Aufstände verwandelte sich latente Kriminalität in einen

Statthalter Gudea von Lagasch. Neusumerische Dioritstatue, um 2050 v. Chr.
British Museum, London.

Bestrafung *eines Maß- und Gewichtefälschers. Miniatur einer Handschrift über das türkische Volksleben, erstes Viertel 16. Jh. Österreichische Nationalbibliothek, Wien.*

Hochverratsprozeß *im Oktober 1458 gegen den Herzog von Alençon unter dem Vorsitz Karls VII. Das Gericht tagte auf einem sogenannten »lit de justice«, einem Gerechtigkeitsbett. Miniatur des Jean Fouquet aus »Les cas des nobles hommes et femmes malheureux« von Boccaccio (Ausschnitt). Bayer. Staatsbibliothek, München.*

Triumphzug *des Publius Cornelius Scipio (233–183 v. Chr.). Konsul Scipio bezwang während des zweiten Punischen Krieges den Karthager Hannibal und erhielt dafür den Ehrennamen Africanus. Ausschnitt aus einer neapolitanischen Miniatur der »Geschichte Roms« des Livius, Ende 15. Jh. Österreichische Nationalbibliothek, Wien.*

Auf dem Forum Romanum *spielte sich das politische Leben des antiken Rom ab. Rechts im Hintergrund der rechteckige Bau des Senats, davor die Rednertribüne.*

Die römischen Kriegsschiffe, *die zur militärischen Festigung des Imperiums beitrugen, wurden von Sklaven gerudert. Wandmalerei des 1. Jhs. n. Chr. aus dem Haus der Vettier in Pompeji.*

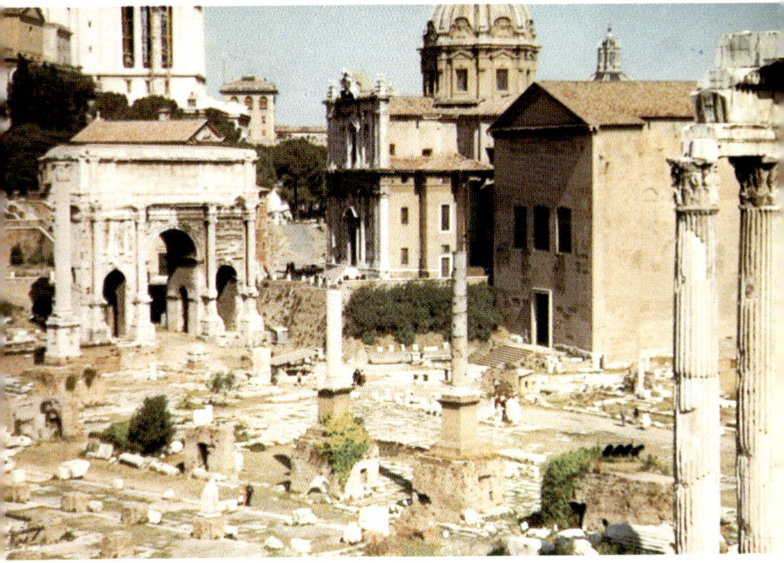

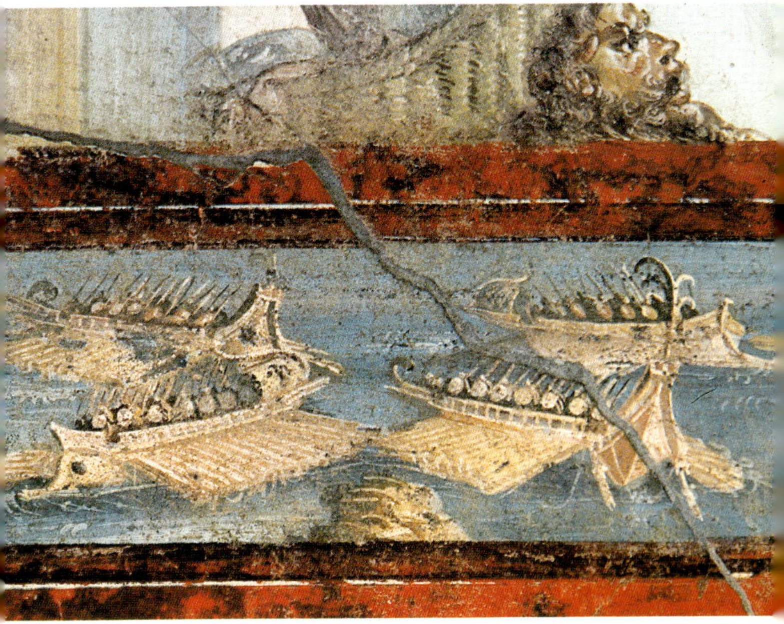

Indianer schließen mit William Penn, dem Führer der Quäker, einen Vertrag.
1683 hatten die Quäker Philadelphia und die Kolonie Pennsylvanien gegründet.
Gemälde von Benjamin West (1738–1820).
The Pennsylvania Academy of Fine Arts, Philadelphia.

Erschießung der Aufständischen in Madrid durch die Truppen Marschall Murats am 3. Mai 1808. Gemälde von Francisco de Goya. Prado, Madrid.

Die Aufbahrung der Märzgefallenen. *Gemälde von Adolph von Menzel (Ausschnitt), im Angedenken an die Opfer der mißlungenen Revolution vom März 1848 in Berlin. Kunsthalle, Hamburg.*

Blutrausch. Wie die Prohibition Amerika kriminalisiert hat, so der Opiumhandel das alte China, und es ist kein Zufall, daß sich hier wie dort ähnliche Zustände herauskristallisierten: Eine ganze Gesellschaft wurde in den Großstädten von einer Organisation unterwandert, die sich der Spielhöllen und Bars, Bordelle und Schmuggelringe bemächtigte, um erst zu Geld und schließlich auch zu Macht zu kommen. Der Boxeraufstand, d. h. die von den Geheimgesellschaften »Fäuste rechtschaffener Harmonie« und dem »Bund der Schwerter« ins Leben gerufene Widerstandsbewegung gegen die weißen Teufel, hat die Tätigkeit dieser Geheimbünde erstmalig im Blickfeld des Europäers gerückt. Die Demütigung Chinas, nachdem das europäische Expeditionskorps Peking erobert, die eingeschlossenen Europäer befreit und den Kaiserpalast in Brand gesetzt hatte, spielt im chinesischen Denken noch heute eine Rolle.

Einer der bedeutendsten chinesischen Geheimbünde hießt »Triaden«. Im chinesischen Wörterbuch ist unter diesem Stichwort nicht eine »Dreiergruppe« wie in Europa, sondern dieser Geheimbund genannt (Bloodsworth). Sein Symbol ist ein Dreieck, das die harmonische Verschmelzung von Himmel, Erde und Menschen darstellt. Jedes dieser Elemente hat seine eigene geheime Zahl, der Bund selbst ist wie eine Loge hierarchisch gegliedert, die Aufnahmezeremonien, Losungen und Kennzeichen erinnern an den Mystizismus der Freimauer. Das Mitglied des Bundes schwört seinen Genossen 36 Eide der Treue und Brüderlichkeit, er gehört von nun an zu einem weltweiten Bund von Patrioten und Erpressern. Wie die Maffia ursprünglich aus nationalen Motiven gegründet – China sollte von der Fremdherrschaft der mongolischen Mandschu befreit werden–, sind die Triaden zu einem Erpressersyndikat verkommen, das wie ein Krebsgeschwür das Land verseucht hat. So gab es in der Frühzeit der Triaden eine Rebellion, die mit dem Ruf »Stürzt die Tsching, setzt ein die Ming!« gegen die Mandschu aufstand. Die Triaden wurden geschlagen und gingen in den Untergrund. Noch im Jahre 1912, als die Republik ausgerufen wurde, geschah dies mit Unterstützung des mächtigen Geheimbundes, und Dr. Sun Jat-sen, der Gründer des neuen China, hat sich bei den Gräbern der Ming vor den Toren Pekings eingefunden, um zu melden, daß der Befehl »Stürzt die Tsching« vollzogen worden sei.

Wenn China das klassische Land der Geheimbünde ist, so ist Irland sein Gegenstück, das europäische Paradies der Geheimbündelei. Die Entstehung der katholischen Geheimorganisation geht auf spanische Vorbilder zurück. Die »Garduna«, die sich gegen Mauren und Juden in Spanien so blutige Verdienste erworben hat, war Lehrmeisterin des Rebellen Rory O'Moore, der in Spanien gelebt hat. Am 23. Oktober 1641 brach der erste Aufstand der Katholiken gegen die Protestanten aus und führte zu einem blutigen Massaker. Cromwell schlug zurück. Nach der Einnahme von Drogheda ließ er etwa 4000 Männer, Frauen und Kinder abschlachten, auch Wexford wurde dezimiert, aber die »defenders«, der Geheimbund des Katholizismus, waren nicht auszurotten. Dieser Bruderkrieg der Christen, unterirdisch geführt und von einem Fanatismus getragen, wie ihn nur unerträgliche wirtschaftliche Verhältnisse im Bund mit unerträglicher Borniertheit erzeugen, bietet bis zum heutigen Tag das Schauspiel menschlicher Mordlust, motiviert mit unbeugsamen Prinzipien und guten Gründen.

Fast alle Geheimorganisationen, wenn sie nicht rein krimineller Natur sind, haben mit edelsten Absichten begonnen, und nicht wenige sind im Laufe der Jahrzehnte im Untergrund verkommen; aber auch künftig wird es kein anderes Mittel gegen brutale Herrschaft und Willkür der Mächtigen geben, als sich zum Widerstand zu organisieren: Die Struktur der Macht bedingt die Gewalt des Revolutionärs.

Schließlich sind auch die Mysterienbünde des Christentums Geheimgesellschaften gewesen, deren Erkennungszeichen und Riten in die Katakomben führten. Nur waren die Christen damals noch die Vertreter der Gewaltlosigkeit, im Gegensatz zu denen, die wie Spartakus die Herrschaft stürzen wollten.

Profit mit schwarzem Elfenbein

Man hatte in Portugal von Seelöwen gehört, die an der Atlantikküste Afrikas leben sollten. Deshalb erhielt Antam Gonçalvez, »ein sehr junger Mann«, wie es in der Chronik heißt, im Jahre 1441 vom Prinzen Heinrich dem Seefahrer den Auftrag, an der afrikanischen Küste südwärts zu segeln und von jenen Tieren, die man irrtümlich als Seewölfe bezeichnete, eine Ladung Häute und Öl an Bord zu nehmen. Schon häufiger waren in jenen Jahren Karavellen an der Küste entlanggesegelt, so daß man den Auftrag nicht als sensationell bezeichnen konnte, eher als Bewährungsauftrag für einen noch jungen Kapitän. Gonçalvez segelte denn auch so weit nach Süden, wie er für richtig hielt, doch wollte er bei Hofe Eindruck machen und sich nicht mit der bloßen Ausführung des Befehls begnügen. »Wie wäre es schön«, sprach er zu seinen Leuten, »wenn wir, die wir nur in dieses Land gekommen sind, um eine Ladung von relativ unwichtigem Kleinkram an Bord zu nehmen, das Glück hätten, unserem Prinzen die ersten Gefangenen vorzuführen« (Davidson).

In der folgenden Nacht ging er mit neun Leuten an Land. Er stieß auf zahlreiche Fußspuren, denen er landeinwärts folgte, ohne auf Menschen zu stoßen. Als er zurückkehrte, traf er in den Dünen auf einen »nackten Mann mit zwei Wurfspießen«, der hinter einem Kamel einherschritt. Die Europäer nahmen die Verfolgung auf. »Aber obwohl der Afrikaner allein war und erkannte, daß die anderen in der Überzahl waren, hatte er doch den Mut, die Kraft seiner Waffen zu erproben, und er begann, sich nach besten Kräften zu verteidigen, und zeigte trotz seiner mangelhaften Bewaffnung eine große Kühnheit.« Es war das erste Zusammentreffen zwischen Weißen und Afrikanern südlich der Sahara. Die Männer des jungen Gonçalvez nahmen den Mann, der vermutlich ein Berber vom Stamm der Tuareg war, gefangen, ebenso ein wenig später eine »schwarze Maurin«. Das war damals üblich. Man machte bei solchen Expeditionen Gefangene, um etwas über Land und Leute zu erfahren. Zu dem Schiff des Gonçalvez gesellte sich eine weitere Karavelle, man stieß noch einmal mit größerer Mannschaft ins Landesinnere vor und kehrte mit insgesamt 12 Gefangenen zurück, davon war einer von »adliger« Herkunft. In Lissabon erklärten die Gefangenen den Europäern, wie ihr Land beschaffen sei, und so konnte Prinz Heinrich einen Sonderbotschafter zum Papst schicken, um ihn über seine künftigen Beute- und Eroberungszüge zu informieren. Der Papst begrüßte diesen neuen Kreuzzug, und als Zeichen seiner Zustimmung gewährte er »all denen, die an diesen Kreuzzügen teilnehmen, einen vollkommenen Ablaß ihrer Sünden«.

Prinz Heinrich war von vielen, auch hochgestellten Persönlichkeiten kritisiert

Sklaventransport *aus Mascate, der Hauptstadt von Oman, an der Ostspitze Arabiens gelegen. Holzschnitt von 1849 (Ausschnitt). Staatsbibliothek Bildarchiv, Berlin.*

worden, weil man die Entsendung von Schiffen in so unwirtliche Gegenden für zu riskant und ihren Totalverlust für wahrscheinlich gehalten hatte. Seit diesem Vorstoß des Gonçalvez waren aber noch andere Karavellen an der afrikanischen Westküste entlanggesegelt und hatten stets mehr Gefangene mitgebracht. Schon 1444 konnte man in Lagos an der Südküste Portugals, dem Heimathafen der Expedition von Lançarote und Gil Eannes, 235 gefangene Mauren bestaunen. Mit diesem geschäftlichen Erfolg hatte sich die Politik des Prinzen Heinrich bewährt, und der überseeische Sklavenhandel erlebte den ersten Boom.

Die Entrüstung des modernen Menschen, der den Handel mit Menschen ebenso verabscheut wie alle anderen Formen der Unfreiheit, geht allerdings an der Sache vorbei, ebenso wie die Empörung über europäische Raubgier. Die Sklaverei war zu dieser Zeit in Afrika jahrtausendealt, sie gehörte zum Wirtschaftssystem des Landes, und niemand nahm den Europäern übel, daß sie gefangene Afrikaner als Sklaven verkauften; man schätzte es nur nicht, daß sie mit ihren Karavellen an der Küste aufkreuzten und friedliche Dörfer überfielen, um sich Menschen zu beschaffen. Deshalb sorgten die Häuptlinge der Berberstämme dafür, daß die Dinge besser liefen. Sie selbst tauschten bei den Negervölkern im Landesinnern Pferde gegen schwarze Sklaven im Verhältnis 1 : 10. Auch Seidenstoffe, Silber und andere Luxusartikel waren den Negerfürsten im Landesinnern erwünscht, die mit Sklaven, kleineren Goldmengen, Elfenbein und Straußenfedern bezahlten. So entwickelte sich, über den berberischen Zwischenhandel, mit den Portugiesen ein lebhafter Güteraustausch, mit dem insgesamt jährlich etwa 1000 Sklaven von der westafrikanischen Küste eingeführt wurden. Bis nach Sizilien und Tunis reichte dieser frühe Sklavenhandel. Aus welchen Gründen sich aus diesen eher bescheidenen Anfängen so etwas wie die Ausrottung ganzer Stämme entwickelt hat, wird später zu berichten sein.

Europa hatte damals, durch das Christentum geprägt, die antike Sklaverei durch ein differenziertes System von Leibeigenschaft ersetzt, während Afrika mit seinen großen Feudalreichen der Haussa, der Fulbe, der Benin und Ashanti etwa den Status des frühmittelalterlichen Europas einnahm. Überaus groß war der Unterschied nicht, denn die sogenannten Sklavenvölker der Küstenzonen waren, wie die im Grasland des Sudans, in Wirklichkeit Leibeigene und Vasallen mit sehr geschätzten persönlichen Rechten. Wenn Portugal sich den Handel mit schwarzen Sklaven erschloß, so geschah damit nichts, was das Gewissen der christlichen Bürger auch nur im geringsten beunruhigt hätte, denn es handelte sich bei den Schwarzen um Heiden, also halb tierhafte Menschen im Stand der Unwissenheit, die zu kaufen und zu verkaufen nicht ehrenrühriger war als der Handel mit Elfenbein oder Gold.

Tatsächlich hat es in Europa Sklaverei und Menschenhandel unter dem Namen Leibeigenschaft bis weit ins 19. Jahrhundert gegeben, und noch in den zwanziger Jahren dieses Jahrhunderts sah man in Berlin sogenannte »Völkerschauen« von afrikanischen und asiatischen Familien, die sich zur Schau stellten, als seien sie exotische Tiere. Das Verständnis dafür, daß außerhalb des europäischen Kulturkreises und seiner Satelliten nicht nur »Eingeborene«, sondern Menschen eigener Kultur und Tradition leben, ist erst in den letzten Jahrzehnten gewachsen.

Die Geschichte des Sklavenhandels ist ein Kapitel der Wirtschaftsgeschichte, ehe es eines der Geistesgeschichte wurde. So hing der Bedarf an Negersklaven in den spanischen Kolonien von der Ausdehnung der Zucker- und Tabakplantagen ab. Man kennt die Geschichte Kubas und seine Entschlossenheit, sich aus den damals geknüpften wirtschaftlichen Fesseln zu befreien, nachdem Fidel Castro auf der Insel gesiegt hat.

Vor der afrikanischen Goldküste rivalisierten Portugal, Spanien und England miteinander um die Gunst der afrikanischen Häuptlinge und Fürsten, wie später England und Frankreich ihren Krieg ins Land der Indianer nach Kanada trugen. Die afrikanischen Küstenvölker müssen dieses Schauspiel, dessen Sinn sie nicht begreifen konnten, wie einen Alpdruck erlebt haben, so, als ob sich im Luftraum über der Erde ein Geschwader von Weltraumschiffen unbekannter Herkunft erbitterte Kämpfe liefern würden, deren Zweck niemand versteht. Man wußte voneinander nur das, was man sah, aber man mußte es mißverstehen. Alle Christen der damaligen Zeit waren überzeugt, daß alle Afrikaner Menschenfresser seien, und die Afrikaner konnten sich für dieses wahnwitzige Interesse der Weißen an schwarzen Sklaven mit ihrer eigenen Erfahrung nur vorstellen, daß diese verzehrt werden sollten. Die Sklaven selbst ahnten nichts vom Atlantik, nichts von den riesigen Zuckerrohrplantagen etwa der Inseln Jamaika und Barbados und wußten nicht, im Bauch der Segelschiffe zusammengepfercht, weshalb sie von den Weißen verschleppt wurden.

In England nannte man die Afrika-Kompanie, die den Sklavenhandel im großen Stil betrieb, »die für unsere Insel wohltätigste Kompanie, die je von unseren Kaufleuten gegründet worden ist«. Um 1780 bot Westindien etwa folgendes Bild: Es gab auf den dortigen Inseln etwa doppelt soviel Spanier wie Franzosen und Engländer, aber die französischen Plantagenbesitzer beschäftigten über 500000 Negersklaven, die Engländer etwa 460000, die Spanier nur 35000 Farbige. Daß die Plantagen von Negern und nicht von Indios bewirtschaftet wurden, ist bekanntlich die Folge höchst menschenfreundlicher Erwägungen gewesen. Denn es hatte sich herausgestellt, daß die Indios, als Sklaven in den Plantagen eingesetzt, dieses Leben nicht ertrugen und zu Hunderten starben. Der Dominikaner Bruder Bartholomé de Las Casas (1474–1566) hatte gegen die Versklavung und Mißhandlung der Indianer gekämpft und schließlich von der spanischen Krone den gesetzlichen Schutz dieses Volkes erreicht, ohne doch den tödlichen Mechanismus der Sklaverei selbst außer Kraft setzen zu können.

Der Handel mit Sklaven, Zucker und Fertigwaren brachte seinen Unternehmern um die Mitte des 18. Jahrhunderts oft rund 300% Profit. Man trieb Raubbau mit Menschen, wie man heute mit dem Boden und seinen Schätzen Raubbau treibt. Der unermeßliche Reichtum französischer, spanischer oder englischer und holländischer Plantagenbesitzer in Westindien wurde mit unglaublichen Opfern erkauft, nach denen niemand fragte. Ein britischer Augenzeuge stellt in der holländischen Kolonie Surinam in Westindien fest, daß »der gesamte Stamm an gesunden Sklaven, insgesamt etwa 50000, alle zwanzig Jahre vollkommen ausgelöscht ist« (Davidson). In Frankreich erläßt der König im Jahre 1670 eine Order, die jedem Franzosen die Beteiligung am Sklavenhandel ermöglicht, um auf jede nur denkbare Art diesen Handel zu fördern. »Es gibt nichts, was dem Gedeihen dieser Kolonien dienlicher ist . . . als die Arbeitskraft der Neger.«

Vor allem Frankreich und England beteiligten sich an diesem Geschäft. Frankreich hat auf der Höhe dieses Booms um 1670 jährlich etwa 3000 Sklaven von der Goldküste über den Atlantik gebracht, bis England ihm den Rang ablief. Ein Jahrhundert später gibt es in England kaum einen Kaufmann, der nicht auf die eine oder andere Weise von den Westindischen Inseln profitiert. Sie spielen eine bedeutendere Rolle als Indien. Entscheidend für den Profit war das Ringgeschäft. Man nahm an der westafrikanischen Küste Sklaven auf, die man entweder selbst fing oder arabischen Händlern und afrikanischen Häuptlingen abkaufte. Auf den Westindischen Inseln wurden sie verkauft und von dem Erlös lud man Rum. Dieser wurde in England mit hohem Gewinn abgesetzt. Dann ging es mit Glasperlen, Ketten und Messern zurück nach Afrika. Das Geschäft läßt sich an Zahlen ablesen: In Liverpool zum Beispiel betrug die amtlich verzeichnete Tonnage etwa 18000 t. Im Jahre 1792 hatte sie sich auf 260382 t erhöht. Das Kapital, das sich auf diese Weise anhäufte, ermöglichte England, die industrielle Revolution mit einem gewissen zeitlichen Vorsprung zu beginnen; die Textilien aus Lancashire sollten bald die handgewebten Baumwollwaren aus Westafrika und Indien verdrängen, und im Süden der USA entstanden die großen Baumwollplantagen.

Nach dem Zucker und dem Tabak begann nun die Baumwolle zum Schicksal der verschleppten Afrikaner zu werden, vor allem auch, als die neue Baumwollentkernungsmaschine es erlaubte, große Mengen zu pflücken und zu verarbeiten. So entstand ein festes System: In Afrika besorgten Häuptlinge, Großkaufleute und Reiche die schwarze Ware Mensch, die von europäischen Unternehmern über den Atlantik gebracht wurde, um dort die Produktion von Rohstoffen zu ermöglichen. Diese wiederum wurden nach Europa gebracht, zu bedruckten Stoffen veredelt und wiederum an jene geliefert, welche die schwarzen Sklaven beschafften. Ähnliche Verhältnisse wie im Mittelmeerraum nach dem Tode Alexanders des Großen oder wie im Römischen Imperium, nur beiderseits des Atlantiks: Wieder war der

Mensch zur Ware geworden, nur in weit größerem Umfang und unter Beihilfe christlicher Europäer, und wieder hatten sich kommerzielle Gesichtspunkte gegenüber moralischen Bedenken durchgesetzt.

Auf Einzelheiten dieses blutigen und grausamen Vorganges kann hier nicht näher eingegangen werden. Insgesamt etwa 40 Millionen Menschen sind im Laufe von 300 Jahren aus Afrika abtransportiert worden, ein Vorgang, der von den Europäern noch um 1900 bagatellisiert wurde. Man glaubte allen Ernstes, daß der Sklavenhandel auf die Wilden, die man für Barbaren hielt, für Kannibalen und Primitive, einen gewissen zivilisierenden Einfluß ausübe. Die blutigen Opferriten vor dem goldenen Stuhl der Ashantis kannte man und auch sonst allerlei Befremdliches. So glaubte man schließlich allen Ernstes, daß es einem afrikanischen Sklaven, der nach Amerika geriet, eher besser als schlechter ergehen müsse.

Des weißen Mannes Herrschaft

An jedem Marktplatz gegenüber der Kirche und dem Gasthaus gab es in der deutschen Kleinstadt des vorigen Jahrhunderts den »Kolonialwarenladen«, der führte Kaffee und Tee, Zucker und Reis, wohl auch Ananas, Kakao und Zimt. In seinem Schaufenster warb ein schwarzer, grinsender Pappneger mit phantastischem Kopfputz. Ein ähnlicher Neger, in verkleinerter Form, tauchte in der Kirche oder auch in der Aula der Schule auf: Er nickte mit dem Kopf und saß vor einer Sparbüchse, mit der für die Heidenmission gesammelt wurde. In den Industrievororten der Großstadt wurden Rohstoffe aus den Kolonien verarbeitet, etwa Wolle, Baumwolle oder Kopra, und die Erzeugnisse aus den Fabriken gingen nach Übersee. Die Kolonien waren ein fester Bestandteil des Wirtschaftssystems, wenn auch diese Kolonialreiche meist so planlos entstanden waren wie heute eine Großstadt, also von Profitinteressen gesteuert. Wenn die großen Industrienationen Europas auf dem Kontinent keine Absatzmärkte mehr fanden, suchten sie in Übersee neue Märkte zu erschließen. England hatte um 1800, Frankreich um 1830, Deutschland um 1871 diesen Zustand erreicht. Man eröffnet Handelsniederlassungen, errichtet Hoheitsgebiete, man muß die Seewege schützen, also Kriegsflotten bauen – alles dies belebt die Konjunktur, steigert den Profit, geschieht nicht aus menschenfeindlicher Absicht, sondern unter dem Sachzwang eines wirtschaftlichen Systems, das am Profit orientiert ist und sich auf die Ausbeutung von Bodenschätzen und Arbeitskräften gründet, ohne daß dies jemand durchschaute. Dieser Herrschaftsform hat bekanntlich das Römische Imperium den Namen gegeben; als Empire ist sie zum Inbegriff des Kolonialismus oder Imperialismus geworden, den man als Spätform des bürgerlichen Hochkapitalismus definiert hat. Lenin hat über dieses Thema 1915 eine Schrift veröffentlicht, die im Titel die These enthält: »Der Imperialismus als höchstes Stadium des Kapitalismus.«

Der Imperialismus zerstörte, wohin er auch kam, die alten Kulturen und brachte dafür die europäische Zivilisation und Gesittung, unterstützt von vielen hundert verschiedenen christlichen Missionsgesellschaften. Das alles ist dem weißen Kolonialoffizier kaum zu Bewußtsein gekommen, der aus was für Gründen auch immer in die Kolonien strafversetzt unter schwierigsten Verhältnissen seinen Dienst ableistete, bedroht von heimtückischen Eingeborenen, geschwächt von Tropenkrankheiten, ohne weiße Frauen und ohne jeden vernünftigen Umgang. Aber auch der »Eingeborene« der afrikanischen Steppe, in den Urwäldern Brasiliens oder in einem der gottverlassenen Dörfer am Ganges verstand nichts – er wußte nicht einmal, was für Menschen diese Weißen waren, woher sie kamen und welche Motive sie bewegten. Albert Maori Kiki zum Beispiel, der 1968 seine Biographie geschrieben hat, ein Ureinwohner von Neu-Guinea, der in die Welt des weißen Mannes übergewechselt ist, schreibt: »In jenen Tagen hatte mein Volk nämlich merkwürdige Vorstellungen von den Europäern. Angeblich waren sie unsere verstorbenen Verwandten, die ihr Aussehen ändern mußten, wenn sie zu uns zurückkehrten. Wenn sie uns, ihre früheren Brüder und Kinder, wiedersahen, weinten sie oft im Verborgenen; doch nie zeigten sie ihre Gefühle öffentlich . . . denn da gab es einen großen Mann, der sie ständig beobachtete. Wenn sie auch nur den geringsten Fehler machten oder irgendeinen Versuch, ihr Geheimnis preiszugeben, wurden sie auf die Insel der Toten zurückgeschickt.« Jeder Maori, so glaubte man, würde nach seinem Tode unter der Erde wandern, bis er zum Haus des weißen Mannes käme. Dort würde sein Körper gewaschen, bis die »schlechte« schwarze Haut abfiele. Sobald er ganz weiß sei, werde er auf ein Schiff gebracht, das zur Insel der Toten segelt.

Seltsame Vorstellungen, aber nicht sehr weit entfernt von der Legende des Weißen Gottes Kon-tiki oder von den Prophezeiungen, auf die Cortez stieß, als er Mexiko eroberte. Die Azteken meldeten dem König Montezuma, auf dem Meer führen »zwei Türme oder kleine Berge umher«. Später beobachteten aztekische Würdenträger aus dem Gebüsch diese Menschen, die an Land gingen: »Auf dem Kopf trugen manche rote Tücher, einige auch große Kopfbedeckungen wie Töpfe, vielleicht um sich vor der Sonne zu schützen. Ihr Fleisch ist sehr weiß, weißer als das unsrige, doch tragen sie meist lange Bärte, und das Haar reicht ihnen bis auf die Ohren.« Montezuma nahm diese Nachrichten mit Schrecken auf, denn er wußte, der Weiße Gott war wiedergekehrt. Das wahre Gesicht der Weißen, die in den »Wilden« überhaupt keine richtigen Menschen sahen, erkannten die Naturvölker viel zu spät, und wenn sie die Gefahr erkannt hatten, waren sie nahezu machtlos. Schon die ersten Spanier, die nach Kolumbus amerikanischen Boden betraten, plünderten und brandschatzten die Dörfer, nahmen die Einheimischen gefangen, schleppten Frauen und Kinder in die Sklaverei nach Europa – aber sie bauten auch Schulen, gründeten Orden, lehrten die Indios arbeiten, wie sie selbst es verstanden.

So wurden ganze Stämme ausgerottet oder verkamen in den Silberminen, Plantagen und Steinbrüchen. Auch Verträge wurden früh geschlossen. In Massachusetts zum Beispiel lebten seit 1620 Engländer, die von den Indianern in der Kunst zu überleben unterrichtet worden waren; man hatte den Mais mit ihnen geteilt und ihnen gezeigt, wie man Fische fängt. Es kamen aber immer neue Weiße, und 1625 baten die Siedler, man möge ihnen mehr Land geben. Samoset, ihr indianischer Verbindungsmann, war der Ansicht, alles Land gehöre dem großen Geist und könne nicht Besitz von Menschen sein. Um den kindischen Weißen aber den Gefallen zu tun, setzte er eine Art Zeichen unter eine entsprechende Urkunde. Tausende von Siedlern folgten, und ein Menschenalter später war der Stamm ausgerottet, weil er sich gegen die Aggressionen zur Wehr gesetzt hatte (Brown). Später hat Red Cloud als alter Indianerhäuptling gesagt: »Die Weißen haben uns viel

Reisende *treffen mit Monnitarri-Indianern zusammen. Radierung, 1842.*

versprochen, mehr als ich aufzählen kann, aber gehalten haben sie nur ein Ver-
sprechen; sie schworen, unser Land zu nehmen, und sie haben es genommen.«
    Die Macht des weißen Mannes beruhte weder auf seiner moralischen Kraft noch
auf seiner politischen Klugheit, sondern auf seiner Bevölkerungszahl und Technik,
auf Kanonen, Gewehren und auf seiner Entschlossenheit, sie anzuwenden, wenn
man seinem Willen nicht gehorchte. Wie der weiße Mann dachte, konnte niemand
voraussehen, denn er widersprach sich ständig, hielt keine Verträge, verlangte immer größere Leistungen und »redete mit zwei Zungen«. Bis die Eingeborenen verstanden hatten, daß es den »weißen Mann« nicht gab, sondern Angehörige verschiedener, zerstrittener Völker, und daß Händler, Missionare, Beamte und
Soldaten verschiedene Interessen hatten, waren sie bereits entmachtet und ver-
sklavt. Wer überlebte, konnte von Glück sagen. Häufig kam der weiße Mann als
Friedensstifter. So sagt der alte Häuptling der Bidjogo, der sich über das Wüten
mohammedanischer Angreifer in seiner Heimat beschwert hatte: »Dann kamen

die Weißen und versprachen uns Frieden und Recht, wenn wir gewisse Abgaben entrichteten. Um dies zu überwachen, ließen sie einige fremde bewaffnete Schwarze auf der Insel zurück. Jetzt begann unser Elend von neuem. Diese Männer raubten unsere Frauen und Mädchen und vergewaltigten sie, sie stahlen uns Vieh und was ihnen sonst noch gefiel. Wehrten wir uns aber und erschlugen diese Verbrecher in gerechter Notwehr, so bekriegten uns die Soldaten von neuem, und Hunderte von den Unseren mußten ihren Freiheitswillen mit dem Tode büßen. Für jedes Haus sollten wir eine unerschwingliche Summe zahlen und ebenso für die Erlaubnis, Palmwein von unseren eigenen Palmen zapfen zu dürfen. Kannst du es begreifen, mit welchem Recht man dies von uns verlangen konnte? Verlangen konnte, daß wir dafür zahlen, was unsere Urväter seit undenklichen Zeiten besessen und wohl gehütet hatten? Da wir kein Geld hatten, mußten wir Palmkerne liefern. Doch die Körbe voll Palmkerne, die wir Tag und Nacht von unseren Palmen holten, reichten bald nicht mehr aus, die Steuern zu zahlen. Immer mehr forderten die Weißen, so daß uns bald keine Zeit mehr zum Anbau unserer Feldfrüchte übrigblieb. Wir hatten früher soviel Reis und Getreide, doch jetzt liegen die Felder brach. Die Männer konnten keine neuen Fischzäune mehr bauen, kein Wild mehr erbeuten, die Anzahl unserer Rinder, Schweine, Hühner ist dahingeschmolzen, wir konnten nicht für sie sorgen. Wer es nur vermochte, mußte auf die Palmen klettern und Früchte für die weißen Bedrücker einsammeln« (Bernatzik).

Stimmen dieser Art ließen sich vertausendfachen. Die Kämpfe der vom Untergang bedrohten Indianer und die großen Häuptlingsnamen Little Crow, Sitting Bull, Tecumseh u. a. sind über die amerikanische Pioniergeschichte weltbekannt geworden, andere Völker starben lautlos, und erst nach dem Zusammenbruch der Kolonialreiche kam der europäischen Öffentlichkeit das ganze Ausmaß der Tragödie zu Bewußtsein.

Die Nachteile des Kolonialismus liegen auf der Hand. Dennoch muß gesagt werden, daß es in der menschlichen Geschichte kaum eine Entwicklung gibt, deren Folgen absolut negativ gewesen wären. »Zugunsten der europäischen Kolonialreiche läßt sich anführen, daß sie in Afrika, Südostasien und im Pazifik einen Rahmen abgaben, innerhalb dessen die politische Ordnung gewahrt werden konnte, zu einer Zeit, als die Macht und das Eingreifen der Europäer die einheimischen Staats- und Gesellschaftsformen in starkem Maße aushöhlten und als die Rivalitäten der Mächte untereinander dort dauernde Spannungen erzeugt haben könnten. Die Kolonialherrschaft erwies sich gleichfalls als ein Medium zur Übertragung der technischen und geistigen Errungenschaften des Westens in andere Teile der Welt« (Fieldhouse). Anders ausgedrückt: Nachdem der Kolonialismus die gewachsenen Strukturen zerstört hatte, bot er ein politisches Gerüst, mit dem die Substanz erhalten wurde. Die technischen und geistigen Errungenschaften des Westens sind in ihrer vollen Breite nur bei jenen Völkern angekommen, die stark genug waren, die Unterdrückung abzuschütteln, also in Indien und China, Ägypten und Indonesien sowie in vielen schwarzafrikanischen Staaten.

Den eingeborenen Indio in den Urwäldern Südamerikas, den Petroleumsucher vertrieben haben, den australischen Ureinwohner, der jetzt in einer Wellblechhütte am Rand von Brisbane lebt, den Reservatsindianer am Colorado haben diese Errungenschaften nicht erreicht. Für sie alle hat Black Elk gesprochen, der Indianer

Schwarzer Elch, der im Sommer 1876 als dreizehnjähriger Junge die Schlachten Sitting Bulls gegen General Custer mitgemacht hatte: »Ich wußte damals nicht, wieviel zu Ende ging. Wenn ich heute von dem hohen Berg meines Alters zurückblicke, kann ich die niedergemetzelten Frauen und Kinder verstreut und in Haufen so deutlich liegen sehen, wie ich sie sah, als meine Augen noch jung waren. Ich kann sehen, daß noch etwas anderes dort in dem blutigen Schlamm starb und vom Schnee begraben wurde. Eine Volkes Traum ist dort gestorben. Es war ein schöner Traum . . . des Volkes Rad ist zerbrochen und zerfallen. Es gibt keine Nabe mehr, der heilige Baum ist tot« (Brown).

Rund um Onkel Toms Hütte

Onkel Tom, der farbige Haussklave aus dem Süden, ist Christ. Unglückliche Umstände haben ihn von seiner Familie getrennt, nicht von seiner Sippe in Afrika, sondern von der Farmerfamilie im Süden, wo er sich zu Hause wußte. Daß jener aufrechte, fromme Mann wie ein Hund behandelt wird, empörte die frommen Leser dieses Bestsellers, der von Harriet Beecher-Stowe, einer Pfarrfrau aus dem Norden, 1852 veröffentlicht wurde. Bittere Tränen werden geweint, wenn der junge weiße Herr der alten Cloe das Ende Onkel Toms erzählt, und sie schluchzend sagt: »Genau wie ich's habe kommen sehen: Verkauft und totgemacht auf so einer alten Plantage.« Auf der Schulter ihrer Herrin weint die schwarze alte Frau sich aus: »Ach, Missis, entschuldigen Sie, Missis. Es tut ja so weh – so weh!« – »Ich weiß, Cloe, und ich kann dir nicht helfen. Aber unser Herr Jesus kann es. Er lindert unseren Schmerz und verbindet unsere Wunden.« Man weiß, daß »Onkel Toms Hütte« mit der Freilassung der Sklaven auf dieser Farm endet, mit einer Ansprache des jungen weißen Mannes an seine ehemaligen Sklaven: »Denkt an eure Freiheit, sooft ihr Onkel Toms Hütte seht. Sie soll euch mahnen, seinem Beispiel zu folgen und redliche, treue Christen zu sein.«

Wie sah es im Süden um diese Zeit aus? Die Baumwolle hatte die Staaten Alabama und Mississippi erobert, das ganze Flußtal bis Memphis und Louisiana, sogar einen Teil von Texas. Nur die Zuckerplantagen um New Orleans, die Tabakpflanzungen in Kentucky sowie einige Weizenflächen in Virginia und allerlei andere Kulturen in Nordkarolina waren vom Siegeszug des King Cotton unberührt geblieben (siehe Band Kleidung · Mode · Schmuck). Über das riesige Gebiet südlich der »Mason-und-Dixon-Linie«, das etwa der Fläche von Westeuropa ohne Skandinavien und Italien entspricht, waren 8 Millionen Weiße und 4 Millionen Farbige verteilt. Mehr als dreiviertel der Bevölkerung waren damals unabhängige Landwirte, die von der Sklaverei nicht profitierten. Die Schicht der reichen Pflanzer war klein; nur 250 Großgrundbesitzer hielten mehr als 200 Sklaven, ganze neun Plantagenbesitzer besaßen 500 bis 1000 Schwarze, und nur zwei hatten mehr als 1000 Sklaven in ihren Diensten. Insgesamt 350000 Weiße hielten rund 3,8 Millionen Sklaven (1860), wobei rund 250000 Besitzer weniger als zehn Sklaven besaßen. In einigen Gegenden des riesigen Landes hatte sich die schwarze Bevölkerung so vermehrt, daß sie die Hälfte der Bevölkerung ausmachte, so in Virginia, Südkarolina, Alabama und im Mississippital, auch an der Küste von Georgia und

Texas. Gegen Norden nahm der Anteil ab und erreichte an der Grenze des Baumwollgebietes höchstens 10% (Lacour-Gayet).

Der Lebensstil des Südens, Gegenstand unzähliger Romane, Dramen und Filme, ist in den USA idealisiert worden wie das ritterliche Leben in Europa. Die Wirklichkeit, soweit sie heute noch erfaßt werden kann, mag nüchterner und banaler ausgesehen haben. Aus der Sicht eines jungen farbigen Sklaven bekam sie eine gänzlich andere Qualität, fast wie aus der Sicht eines Hundes. Für den jungen Telemach – die reichen Pflanzer gaben ihrem Gesinde gerne klingende Namen – war die Frage, ob er Haussklave bleiben oder auf dem Feld würde arbeiten müssen. Die Szenerie der Sklaverei ist oft genug beschrieben worden: Die schwere Arbeit in den Plantagen unter der glühenden Sonne, die Fluchtversuche und die Jagd der Weißen zu Pferd und mit Hunden, die Prügelstrafe mit der Peitsche, das ganze Elend von Menschen, die täglich 15 Stunden und in der Ernte bis zu 18 Stunden arbeiten mußten. 1200 Pfund Baumwolle mußte ein Mann pro Tag pflücken, damit er rentabel blieb; gute Arbeiter konnten es gelegentlich auf 2000 Pfund bringen. Arbeitsruhe herrschte, ein Vorzug der weißen Frömmigkeit, den halben Samstag und den ganzen Sonntag. Dann durften die Farbigen auf ihre Art jagen und pirschen, selbstverständlich ohne Feuerwaffen, und sogar ab und zu scharf überwachte Feste feiern.

Telemach wünschte, wie sein Vater bei den Pferden bleiben zu können. Zum Haushalt gehörten der Haushofmeister, die zwei Serviermädchen, von denen eine zur Zeit schwanger war, die Köchin, vier Zimmermädchen, die alte Mammie, die Kinderfrau, die schon den jungen Mas'r George großgezogen hatte, ferner die Wäscherin, die Näherin, der Gärtner Pluto und sein Vater Hektor, der seit Jahren als Kutscher arbeitete. Telemach verstand sich nicht gut mit seinem Vater, der ihn oft schalt und prügelte. Unter den Sklaven gab es alle Handwerker, wie sie auch auf jedem Dorf Europas vorkamen, vom Zimmermann bis zum Schuhmacher, sie gehörten zur Kategorie jener bevorzugten Sklaven, die als Fachkräfte arbeiteten. Melker und Schweinehirten, Schmiede und Spinnerinnen, Ochsentreiber und Pflüger hatten ihre eigene Arbeit und unterschieden sich scharf von denen, die draußen auf der Plantage unter der Peitsche der Aufseher stöhnten. Dorthin wollte Telemach nicht, aber auch im Haus, etwa als Diener bei der jungen Missis, hätte er Angst gehabt. Er hätte Tag und Nacht in ihrer Nähe sein müssen, selbst wenn sie sich auskleidete oder aufstand, und er hätte nicht mehr Gefühlsregungen zeigen dürfen als ein Schrank oder Stuhl, jeder falsche Blick hätte ihm Prügel einbringen können. Gekleidet war Telemach mit Kittel und Hose, wie seine Schwestern Rock und Bluse trugen. Sie alle hausten mit ihren Eltern in einer weiß gekalkten Baracke und kochten auf einer einfachen Feuerstelle. Telemach war zufrieden, wenn er im Stall schlafen durfte, denn das Durcheinander von Menschen und Federvieh in den zu dicht belegten Räumen war unerträglich. Wie alle Sklaven lebte auch Telemach von Schweinefleisch und Mais. Zum Glück mußte Telemach nicht Sklave bei Missis Deborah sein. Sie war sehr fromm und ließ ihre Sklaven von morgens um 4 Uhr bis abends um 9 Uhr arbeiten. Sonntags ließ sie ihnen Erbauungsstunden und zur Abwechslung die Peitsche geben.

Dieses elende Leben wurde von den Afrikanern, die ihre Identität verloren und sich seit Generationen mit den Verhältnissen abgefunden hatten, nicht schwerer ertragen als jedes andere Leben. Es mußten schon unerträgliche Verhältnisse herrschen, ehe sich ein Sklave zur Flucht entschloß; seine Chancen waren nicht viel größer als die eines Deutschen, aus den Bergwerken Sibiriens zu entkommen. Die Zeitungen jener Tage brachten Suchanzeigen wie »Molly, 16 Jahre alt, ist mit R auf der linken Backe gekennzeichnet und auf der Innenseite ihrer Beine, ein Ohrläppchen ist abgeschnitten«, oder »Bandal hat nur ein Ohr«. Meist wurden die Sklaven wie Vieh gebrandmarkt, ehe man sie aufs Feld ließ, schon dies eine unerhörte Brutalität. Wenn es zu Fluchtversuchen oder gar lokalen Revolten kam, weil radikale Elemente die Schwarzen aufhetzten, hatten die Sklaven keine Chance, und ein Regiment des Schreckens erstickte jeden weiteren Versuch.

Nur die Größe des Profits bietet eine Erklärung dafür, daß biedere, durchschnittliche Kaufleute und Angestellte nach und nach jedes menschliche Gefühl verloren. Die Ungeniertheit, mit der die Händler ihre Ware prüften, Muskeln abtasteten, Reize taxierten, hat schon bei den Afrikanern ein Gefühl von Peinlichkeit hervorgerufen. Im Jahre 1700 schrieb ein französischer Unternehmer, der selbst Gefangene in der Kongomündung aufgekauft hatte: »Es ist bei Europäern, die in Afrika Sklaven kaufen, üblich, daß sie sie körperlich gründlich untersuchen, um zu sehen, ob sie gesund sind oder nicht; der König von Zaire, der dieser Prozedur zusah, brach plötzlich in Gelächter aus, und seine Berater, die um ihn herumstanden, taten das gleiche. Der französische Händler fragte durch einen Dolmetscher nach der Ursache ihres Gelächters. Und er bekam zur Antwort: Sie müßten lachen, weil sie die armen Sklaven so eingehend untersuche; aber der König und sein Gefolge schämten sich angesichts dieser Prozedur so sehr, daß sie ihn bäten, um des Anstandes willen diese Untersuchung nicht öffentlich vorzunehmen; diese Bitte zeigt, daß die Schwarzen sehr sittsam sind.«

In der Tat scheinen die Europäer ohne jedes Gefühl vorgegangen zu sein. Schon auf den arabischen Kaufmann Ibn Fadlan, der um 1000 die Sklavenmärkte der Wikinger besuchte, hat diese europäische Unbefangenheit Eindruck gemacht. Er berichtet, daß die normannischen Kaufleute ganz unbefangen mit ihren Sklavinnen den Geschlechtsverkehr vollzogen und sich auch durch Käufer kaum stören ließen. Am übelsten vermerkt Ibn Fadlan, daß sie sich danach nicht einmal die Hände wuschen. Eine ähnliche Roheit herrschte auf den Sklavenmärkten der USA. Am schlimmsten für die versklavten Afrikaner war natürlich, daß die Familien auseinandergerissen wurden, wenn der Profit es erforderte; man trennte die Mütter von ihren Kindern, die Männer von ihren Frauen, ganz so, wie es in »Onkel Toms Hütte« geschildert ist. In Virginia gab es für Sklaven Zuchtfarmen; manche Unternehmer spezialisierten sich darauf, ausgebildete Haussklaven zu liefern, andere stellten ganze in Ketten geschlagene Kolonnen von muskulösen Plantagenarbeitern.

Als der Krieg zwischen den Nord- und Südstaaten begann, hatte sich das Los der schwarzen Sklaven seit Jahrzehnten nicht gebessert. Um 1830 hatte man die Sklavenhaltung für ein notwendiges Übel gehalten, das man nach und nach zu ändern hoffte, und sich keine Mühe gegeben, die Verhältnisse, die man nicht ändern konnte, zu entschuldigen. Erst als der Süden von der Baumwolle zu leben begann und die Aufhebung der Sklaverei den Zusammenbruch der Plantagenwirtschaft bedeutet hätte, lieferten Politiker, Schriftsteller und angesehene Bürger, angeführt von den Geistlichen beider Konfessionen, schwerwiegende Argumente zugunsten der Sklaverei. Sie war in dieser Form ja im Grunde ein

Ergebnis der industriellen Revolution. Nun wies man auf die Slums in den Städten des Nordens hin und hob hervor, daß ein patriarchalisch gehaltener Sklave gewiß nicht schlechter lebe als ein Schwarzer ohne Arbeit in Harlem. Man sagte, die Yankees könnten überhaupt nicht verstehen, was in einem Neger vorginge. »Ihr Egoismus hindert sie, die Ergebenheit dieser einfachen und naiven Geschöpfe zu erkennen . . .« Die schwarze Rasse sei nun einmal von Gott geschaffen, um dem auserwählten weißen Volk zu dienen, so lautete die allgemeine Überzeugung, und die Weißen hätten an den Schwarzen eine väterliche Aufgabe zu erfüllen.

Vor allem die protestantische Kirche lieferte die theologischen Argumente, und die Pastoren auf der Kanzel wurden nicht müde, ihre Meinungen mit den Propheten des Alten Testamentes und allerlei sonstigen Bibelstellen zu beweisen. Als im Jahre 1844 Methodisten aus dem Norden forderten, ein Bischof müsse die Sklaven, die er geerbt habe, befreien, empörten sich die Methodisten des Südens und gründeten eine unabhängige Kirche; auch die Baptisten folgten wenig später diesem Beispiel. Man rechtfertigte die Verhältnisse schließlich mit dem Rückgriff auf das leuchtende Athen, das doch soviel zur Kultur der Welt beigetragen habe und dessen Wirtschaft auf Sklaverei gegründet gewesen sei. Wie in Athen Kultur und Sklaverei keinen Widerspruch darstellten, so würde dies auch bei den Südstaaten sein, ja der Dichter William J. Grayson forderte, man solle die Sklaverei auf den ganzen Westen ausdehnen, »gegebenenfalls mit Hilfe von Leibeigenen, die aus Europa importiert würden«. Einer Gesellschaft von Großgrundbesitzern sollten die Pflanzer aus dem Süden die Führer stellen, um aus den Vereinigten Staaten das Muster der menschlichen Gesellschaft zu machen.

Die Gegensätze zwischen dem Norden und dem Süden waren vor allem wirtschaftlicher Natur, sie verschärften sich am psychologischen Konflikt, den die Sklaverei bot, und führten zu den ersten Schüssen am 14. April 1861, als Fort Sumter fiel. In dem folgenden amerikanischen Bürgerkrieg, in dem aller Glanz des Südens »Vom Winde verweht« wurde, kämpften die schwarzen Sklaven treu auf der Seite ihrer Herren. Ihre formale Befreiung hat das Problem, das in den letzten hundert Jahren zum Rassenproblem geworden ist, nicht lösen können. Noch bis in unsere Tage lebten ehemalige Sklaven, die den 1. Januar 1863 erlebt haben, den Tag, von dem an alle Neger frei waren. Von den Zeugnissen, die aus dieser Zeit vorliegen, ist die Äußerung Fred James' aus Newberry in Südkarolina bezeichnend: »Ich entsinn mich, wie die Freiheit kam, da sagte Old Marse: Ihr seid alle frei, aber ihr könnt weiterarbeiten und diese Ernte Mais und Baumwolle einbringen; dann will ich mit euch teilen, wenn Weihnachten kommt. Sie alle arbeiteten, und wie Weihnachten da war, sagte Marse zu uns, daß können wir weitermachen und für uns selbst schaffen, und gab uns rein gar nix nich. Mußten wir uns eben Mais aus der Scheuer stehlen« (Botkin).

Es gibt heute rund 20 Millionen Farbige in den USA. Sie sind keine Sklaven mehr, aber auch noch nicht frei, d. h. keine gleichberechtigten Nutznießer der gemeinsamen Erträge. Man wird sich davor hüten müssen, dieses Problem anders als rational lösen zu wollen, weder moralische noch geschichtliche Kategorien sind geeignet, unzeitgemäße Diskriminierungen zu beseitigen.

Von der Bastille zur Trikolore

Die Farbe der Revolution im Jahre 1789 war zunächst nicht rot, sondern grün. Deutsche und schweizerische Söldnertruppen sollen die Hauptstadt umzingelt haben, man ist erregt und entschlossen, sich zu verteidigen. Für den Zusammenschluß braucht man ein Zeichen. Jemand reißt ein Kastanienblatt ab und heftet es an seinen Hut. Alle machen es nach, und in einem Augenblick hat die »Grüne Kokarde« Paris erobert. Ein Augenzeuge berichtet am 13. Juli: »Martin, mein Diener, kommt nach Hause und sagt mir, das Hotel de France sei gestürmt, alle Gefangenen befreit.« Das war erst der Anfang. Am 14. Juli wird die Bastillle gestürmt, wie seitdem stets bei Aufständen die Gefängnisse gestürmt werden, und eine Bewegung beginnt, die ganz Europa verändern wird. Auch hier liegt ein Augenzeugenbericht vor, der des Juristen Kerversau: »Niemals sah man in der kriegsgewohntesten Armee solche Beweise der Tapferkeit wie an diesem Tag bei der führerlosen Menge von Menschen aller Stände, von Arbeitern jeder Art, die, meist schlecht bewaffnet, und ohne jemals mit Waffen umgegangen zu sein, dem Feuer der Wälle trotzten und die Blitze, die ihre Feinde schleuderten, zu verhöhnen schienen . . . Auch die Artillerie wurde gut bedient: Cholat, ein Weinhändler, der eine im Garten des Arsenals aufgestellte Kanone befehligte, verdient ebensoviel Lob wie Georget, ein Kanonier, der am Morgen des 14. von Brest gekommen war und am Schenkel verwundet wurde.«

Die dramatische Eroberung der Festung, die Drohung des Gouverneurs, man werde mit 20 000 Pfund Pulver die Festung und das ganze Stadtviertel in die Luft sprengen, wenn das Volk die angebotene Kapitulation ausschlüge, sind häufig geschildert worden. Der Sieg des Volkes endet wie im Rausch: »Die zuerst Eingedrungenen behandelten die Besiegten menschlich und umarmten die Offiziere zum Zeichen des Friedens und der Versöhnung; als aber einige Soldaten auf den Plattformen, die nicht wußten, daß sich die Festung ergeben hatte, ein paar Salven abgaben, warf sich das Volk wutentbrannt auf die Invaliden und mißhandelte sie, einer von ihnen wurde getötet. Es war der unglückliche Béquart, dieser brave Soldat, der sich um Paris so verdient machte, als er den Arm des Gouverneurs aufhielt, der die Bastille in die Luft sprengen wollte. Béquart hatte nicht ein einziges Mal an diesem Tage geschossen. Er wurde von zwei Degenstichen durchbohrt, und ein Säbelhieb schlug ihm die Hand ab. Dieselbe Hand, der so viele Bürger ihre Rettung verdanken, trägt man im Triumph durch alle Straßen der Stadt; er selbst wird aus der Festung gezerrt und zum Richtplatz geschleppt. Die verblendete Menge, die ihn für einen Kanonier hält, hängt ihn an den Galgen, wo er stirbt, zusammen mit einem gewissen Asselin, gleich ihm ein Opfer dieses verhängnisvollen Irrtums.«

Um die Ehre, den Gouverneur der Festung verhaftet zu haben, streiten sich mehrere Bürger. Eine Eskorte, die ihn schützen will, bringt ihn durch die rasende Menge, wird aber abgedrängt, und dem Marquis de Launay schneidet man auf den Stufen des Rathauses den Kopf ab, um ihn auf einer Pike aufzuspießen, aber auch Monsieur de Lorme-Salbrai, ein Wohltäter der Gefangenen und kein brutaler Dummkopf wie de Launay, teilt dessen Schicksal. Das Leben der Verteidiger der Bastille wird geschont, die Menge läßt sich besänftigen, 22 Invaliden und 11 Schweizer werden unter dem Wutgeschrei der Menge abgeführt. »Die Unglückli-

Die Marseillaise, *das Kampflied der Französischen Revolution, wurde 1792 von Rouget de Lisle gedichtet und in Musik umgesetzt. Ein Bataillon aus Marseille sang es beim Sturm auf die Tuilerien am 10. August 1792 und machte es auf diese Weise populär. Zeitgenössischer Stich. Bibliothèque Nationale, Paris.*

chen fanden in den Zelten ihrer Sieger Essen, Zuflucht und Ruhe und machten sich am nächsten Tag auf, um zu ihren Einheiten zu stoßen.«

Diese winzige Szene aus dem dramatischen Panorama der Französischen Revolution enthält viele charakteristische Züge. Typisch ist die Tapferkeit einer Volksmasse, die für den Augenblick von einheitlichem politischem Willen beseelt ist, typisch der Unterschied zwischen der Haltung der Kämpfer und der Brutalität der Mitläufer, und daß am Ende die Schuldigen und die Unschuldigen leiden, daß die revolutionäre Gewalt Züge von Unmenschlichkeit zeigt, nachdem so lange Gewalt geherrscht hat, ist ebenso bezeichnend wie der Versuch der Revolutionäre, sich großmütiger zu zeigen als ihre Unterdrücker.

Man kann die Zustände, die zu diesen Ereignissen geführt haben, auf verschiedene Weise analysieren. Kaum eine Epoche der Geschichte ist gründlicher durchforscht, genauer geschildert worden als die, deren hervorstechendstes Datum, der 14. Juli, noch heute als Nationalfeiertag von allen Franzosen begangen wird. Zum Weltfeiertag aller Revolutionäre ist er bezeichnenderweise nicht geworden, dazu haftet ihm zuviel französischer Nationalismus an.

Es gab für diese Revolution keine Kader, keine Verschwörung von Berufsrevo-
lutionären, nicht einmal eine Ideologie, wenn man heutige Maßstäbe zugrunde
legt – es gab nur unerträgliche Zustände und eine unfähige Regierung, es gab das
Volk, mit 610 Deputierten im machtlosen Parlament, und es gab den Zusammen-
stoß zwischen Adel und Bourgeoisie. Damals war der Adel so mächtig wie heute
die großen Konzerne, und das Volk war so machtlos, um einen etwas simplen Ver-
gleich zu gebrauchen, wie die Armee der Gastarbeiter aus dem Süden Europas.
Weil es kein Programm gab, keine Vorstellungen von dem künftigen Staat, sondern nur den Wunsch nach mehr Freiheit, nach Mitbestimmung des Bürgers im
Staat, lösten die turbulenten Ereignisse in Paris und in ganz Frankreich unabseh-
bare Wirkungen aus.

Man ist im bürgerlichen Lager gewohnt, die Französische Revolution sozusagen
als eine blutige Orgie zu sehen, die ein Chaos heraufbeschwor. Die Wirklichkeit
sieht anders aus. Allerdings befanden sich im Juni 1793, dem Jahre II der Republik
der Jakobiner, 60 der insgesamt 80 französischen Departements im Aufstand gegen
Paris. Es herrschten Hungersnot und Staatsbankrott, und die Armeen der deutschen Fürsten drangen vom Norden und Osten in Frankreich ein, während die Bri-
ten im Süden und Westen angriffen. Es ist wie 1792 mit den Septembermorden
das Jahr der Guillotine, in dem auch König Ludwig XVI., Marie Antoinette und
die Gräfin Dubarry geköpft werden. In Posen wird die letzte Hexenverbrennung
durchgeführt, Herder schreibt in Weimar an seinen »Briefen zur Beförderung der
Humanität«, und Goethe liegt mit den Truppen des Herzogtums Sachsen-Weimar
vor dem eingeschlossenen Mainz. Er hat gesehen, wie die zusammengewürfelten
Haufen der Revolutionsarmee am 20. September 1792 dem Feuer der preußischen
Kanonen bei Valmy standhielten, und er hat mit seiner untrüglichen Sensibilität
formuliert, was er fühlt: Die Augenzeugenschaft dessen, der das Heraufkommen
einer neuen Epoche spürt.

Im Herbst 1794, vierzehn Monate nach dem Höhepunkt der Krise, ist die Republik Frankreich gerettet. Es gab in diesen vierzehn Monaten 17000 offizielle Hinrichtungen. Die Regierung hatte die Zügel wieder fest in der Hand, ihre Truppen
standen tief in Belgien, die fremden Heere waren hinter die Grenzen zurückgedrängt, und die Währung, Papier-Assignaten, war nahezu stabil. Diese über-
menschliche Leistung verdankte die Französische Republik den Jakobinern (Hobsbawm). Man hatte, seit die ersten revolutionären Unruhen ausbrachen, nur nach
den Sachzwängen gehandelt, und doch war Schritt für Schritt etwas völlig Neues
entstanden, von dem die Wortführer der bürgerlichen Freiheiten kaum eine Vorstellung haben können. Wie der Ausbruch eines Vulkans bringt eine Revolution
Tod und Zerstörung, aber auch im weitesten Sinne Leben und Fruchtbarkeit hervor. Nicht der Augenblick des Ausbruches ist an einem solchen Ereignis interes-
sant, so sehr er die Vorstellungskraft gefangennimmt, sondern die über Jahrhunderte reichende Wirkung. Dabei sollen die territorialen Umgestaltungen Europas,
die Herrschaft Napoleons und sein Sturz einmal außer acht gelassen werden. In
diesem Zusammenhang sind die Veränderungen gemeint, die sich auf das allgemeine Leben, auf den Alltag, auf die Schulen und Werkstätten, auf Hörsäle und
Kasernen beziehen. Auf eine knappe Formel gebracht, kann man sagen, diese
Revolution und die späteren revolutionären Bewegungen von 1829–1834 und 1848
verwandelten in Frankreich »die Welt der Dubarry in die Welt Balzacs«.

Die entscheidende Idee, die diese Veränderung zuwege brachte, ist die der »Nation«. Die Klasseninteressen der Bourgeoisie richteten sich gegen die des Adels und des von ihm beherrschten absolutistischen Staates. Man wollte keine Demokratie – das wäre zu radikal gewesen –, aber man wollte einen Staat, in dem die Eigentumsinteressen des Bürgers repräsentiert und vom Monarchen respektiert wurden. Ludwig XVI. konnte nicht mehr von Gottes Gnaden König sein, sondern laut Verfassung nur ein Monarch, denn die »Quelle aller Souveränität ist wesentlich die Nation«. Offiziell sah man eine solche konstitutionelle Monarchie als ideale Vertretung des Volkes, und hier lag der entscheidende Punkt: Die Idee der Nation und das Volk wurden identifiziert, bis die Idee des Klassenkampfes den fragwürdigen Mechanismus dieser Übereinstimmung aufzudecken begann. So wurden die Interessen der Nation allen anderen Gesichtspunkten übergeordnet, weil man glaubte, daß in ihr sich die Freiheit artikuliere. Daß die Rivalität zwischen Nationen, also die Rivalität letztlich zwischen Geschäftsinteressen, zu blutigen Auseinandersetzungen führen würde, vermochte damals noch niemand zu sehen.

Um beim politischen Bewußtsein der Menschen zu beginnen: Der Mensch war nach der Revolution nicht mehr Untertan, sondern Bürger, und womöglich Patriot. Aber zugleich war er auf neue Weise Mensch. In diesen aus den Fugen geratenen Zeiten beherrschten die »Bürgerinnen der Liebe« die Straße, und es war gefährlich, wohlerzogen zu erscheinen. Also gab man sich ordinär, begutachtete öffentlich die Reize der Schönen und achtete, nach dem Grundsatz der Gleichheit, die gemeinste Prostituierte ebenso wie den Bürger Robespierre. Der pathologische Zusammenhang zwischen Grausamkeit und Sexualität ist inzwischen erhellt und dargestellt worden, auch der zwischen politischer und sexueller Freiheit. Das berühmte Gemälde von Delacroix stellt die Prostituierte Méricourt als Göttin der Freiheit dar, sie trägt den Busen nackt, aber auf eine freiere, gleichsam menschlichere Weise als die Hofdamen Ludwigs XVI. Die Méricourt ist in Versailles hoch zu Roß eingezogen, in einem Kleid aus tiefroter Seide und glühend vor revolutionärer Leidenschaft, die so viele ihrer Liebhaber ihr eingepflanzt hatten. Ihr späteres Ende ist schrecklich gewesen. Ein paar Weiber, die sie selbst zum Kampf aufgerufen hatte, überfielen sie aus persönlicher Rivalität, rissen ihr die Kleider vom Leib und peitschten sie, bis sie bewußtlos war. Die labile und reizvolle Frau verlor über diese Exekution den Verstand und ist in der Salpêtrière, in jener Irrenanstalt, in der auch der Marquis de Sade eingesperrt war, elend zugrunde gegangen. Von ihren einstigen, jetzt mächtigen Freunden hat sich keiner für sie bemüht.

Allgemein herrschte die »Mode der Nacktheit«, man trug hauchdünne Gewänder. Wie der Nationalismus, wie die allgemeine Wehrpflicht, wie die Gleichberechtigung der Frau, so ist die Vorstellung vom Recht auf den eigenen Körper damals geboren worden. Revolutionär war auch der Gedanke, daß jedes Talent, gleich aus welchem Stand, gefördert werden müsse. Während des Directoires wurde ein System von Prüfungen eingeführt, das zum ersten Male nach Tüchtigkeit, nicht nach Geburt und Beziehungen darüber entschied, wer zum gesellschaftlichen Aufstieg zugelassen werden sollte. Der deutlichste Ausdruck jener neuen Bestrebungen war die berühmte Ecole Polytechnique, die, in den schwersten Jahren der Republik gegründet, eine neue Schicht von Führungskräften heranbildete. Allein diese Wandlung von einer geschlossenen zu einer verhältnismäßig offenen Gesellschaft, von niemandem vorhergesehen, außer von einigen Utopisten, veränderte alle Beziehungen auch innerhalb der Familie. Zugleich stärkte sie die Allmacht der Bürokratie. Die Zeiten waren vorbei, in denen ein Kabinettsrat von Schele im Königreich Hannover die Bewerbung eines jungen Anwalts um einen Regierungsposten ablehnte, weil dessen Vater Buchbinder gewesen war.

Seit der Französischen Revolution bietet die Gesellschaft verschiedene Aufstiegsmöglichkeiten, und zwar in der Armee und im Staatsdienst, im Bereich der höheren Bildung, also im Schul- und Universitätswesen, und schließlich im Geschäftsleben. So wollten die Söhne der ärmeren Schichten, die im Haß gegen den Reichtum aufgewachsen waren, zwar aufsteigen, doch nicht unbedingt auf Kosten ihrer eigenen Klasse. Meist wurden sie deshalb Pfarrer oder Lehrer, d. h. sie schafften den Sprung nach oben durch den Erwerb von Bildung, die sie weitergaben. Ein moderner Wirtschaftshistoriker hat die grundsätzliche Veränderung so ausgedrückt: »Niemand hing vom Wohlwollen anderer ab; für alles, was man von irgend jemand erhielt, gab man ein Äquivalent zum Austausch. Darüber hinaus würde das freie Spiel der Kräfte jene Positionen zerstören, die nicht auf der Mitwirkung an der Vergrößerung des gemeinsamen Wohlergehens gegründet waren.« Man glaubte an Fortschritt und Vernunft, weil man diese für natürlich hielt, und erst im Laufe der Jahrzehnte begann man, die Losung der Französischen Revolution als eine Formulierung des Widerspruchs zu empfinden, weil es unmöglich scheint, zwischen der Freiheit aller und der Gleichheit aller ein Gleichgewicht zu finden, das sich als eine allen erträgliche Ordnung stabilisiert. Um dieses Gleichgewicht ringen noch heute die revolutionären mit den konservativen Gruppen.

Völker,
hört die Signale

Maschinensturm oder Gütergemeinschaft

Zum ersten Aufstand gegen die Maschine kam es in England, dessen ganzer Wohlstand auf der Verarbeitung von Wolle beruhte. Wenn das Schaf geschoren ist, wird die Wolle gewaschen, zum Trocknen ausgebreitet und mit Stöcken geschlagen, bevor sie gezupft, gekrempelt und gefärbt wird. Alle diese Prozesse bis zum Spinnen wurden im Altertum von den Frauen geleistet, aber in England von Tagelöhnern. Das mechanische Schlagen der Wolle ließ sich ein gewisser John Kay 1733 patentieren. Zum erstenmal in einer arbeitsteiligen Wirtschaft, die auf dem Manufaktursystem beruhte, setzte die Maschine Menschen außer Brot – also zerstörten sie die Maschinen. Dies geschah 1758, aber so logisch dieser Aufstand war, so sinnlos war er auch, denn die Fabrikanten konnten auf die Maschinen nicht verzichten, und die Industrialisierung war nicht aufzuhalten. In diese Jahrzehnte fällt auch die Erfindung der Spinnmaschine, bei der ein einziger Arbeiter erst 8, dann 16 und 1780 sogar 30 Spindeln bedienen konnte. Es gab damals noch kein Industrieproletariat – das entstand erst, als die Fabrikationsbetriebe »zur Kohle« zogen –, aber es gab Männer, die ihren Verdienst verloren. Deshalb häuften sich die Übergriffe, bis die englische Regierung im Jahre 1769 durch Gesetz die Zerstörung von Fabriken und Maschinen mit der Todesstrafe bedrohte. Die Arbeiter versuchten mit Petitionen ihre Lage zu bessern, was naturgemäß mißlang. Da sie verlangten, die Fabrikanten sollten auf die Verwendung von Maschinen verzichten, befanden sie sich in einer aussichtslosen Lage, so daß neue Zusammenstöße mit dem Staat unausweichlich waren. Seit 1811 nahm diese Bewegung ein solches Ausmaß an, daß die Regierung abermals zu einem Terrorgesetz Zuflucht nahm, diesmal mit größerem Erfolg (Abendroth). Der Dichter Lord Byron hat im Oberhaus gegen dieses Gesetz eine flammende Rede gehalten, aber seine Annahme nicht verhindern können. Auch diesmal flammte der Widerstand gegen die unbegriffene Industrialisierung wieder auf, und zwar fürchterlicher als je zuvor. Schließlich zogen 1839 plündernde Horden von Arbeitern durch Birmingham und zerstörten die Fabriken mit den verhaßten Maschinen, die ihnen das Brot nahmen.

Damals handelte es sich noch nicht um organisierte Streiks, auch begriff niemand die Zusammenhänge, denn der Mann, der alle diese ökonomischen, sozialen und politischen Fragen in einen philosophischen Zusammenhang bringen sollte, war noch nicht geboren. Birmingham bot mit seinen rauchenden Trümmern, seinen geplünderten Häusern und verwüsteten Straßenzügen ein Bild des Schreckens. Der Herzog von Wellington, der in Spanien und Frankreich gegen Napoleon gekämpft hatte, um den Kaiser schließlich zusammen mit Blücher und Gneisenau bei Waterloo 1818 zu besiegen, hatte dergleichen noch nicht gesehen. Er hatte den Auftrag übernommen, die Rebellion niederzuschlagen; als er im Oberhaus über die Erfüllung des Auftrages berichtete, sagte er, er sei schon oft Zeuge der Eroberung einer Stadt gewesen, aber niemals habe er ähnliche Schrecken mitgemacht.

Diese Unruhen waren bekanntlich nicht auf England beschränkt, sondern ergriffen die Arbeiterschaft vieler europäischer Nationen. So gab es im Jahre 1831 im Textilzentrum zu Lyon den Aufstand der Seidenweber, und in Schlesien rotteten sich 1844 die Weber zu jener Rebellion zusammen, die Gerhart Hauptmann zu seinem Drama inspirierte und deren soziale Ursachen später der junge Arzt Dr. Virchow schonungslos aufgedeckt hat. Längst ehe die »Internationale« gedichtet wurde, stellte sich heraus, daß die Lage der Textilarbeiter in den Industriezentren identisch war, daß dagegen die nationale Zugehörigkeit eine weitaus geringere Rolle spielte. So gab es eine Internationale des Elends, ehe die Internationale der Sozialisten gegründet wurde.

Das Wort »Sozialismus« ist übrigens von dem heute vergessenen Franzosen Pierre Leroux geprägt worden, der ein Anhänger des Grafen Saint-Simon (1760–1826) gewesen war. Dieser Claude Henry de Rourvroy, Graf von Saint-Simon, der unter Washington in Nordamerika gekämpft hatte und mit vielen bedeutenden Männern seiner Zeit befreundet war, hat den Begriff des Eigentums zur Diskussion gestellt. Er forderte als erster die Abschaffung des Erbrechts, die Überführung der Produktionsmittel an die Gesellschaft und ihre Verwaltung nach einer Rangordnung, die auf den Fähigkeiten jedes einzelnen beruhen sollte, nicht auf seiner Herkunft oder seinem Vermögen. Grundlegend unterscheiden sich diese Gedankengänge nicht von denen des Kommunistischen Manifests, wie überhaupt die Differenz zwischen Saint-Simonisten und den Kommunisten nicht aus ihren Zielen oder Erkenntnissen erklärt ist, sondern aus der Überzeugung der Saint-Simonisten, man werde durch Aufklärung des Volkes und Bildung des Bürgertums siegen können. Die Grundgedanken des Grafen Saint-Simon sind auch, wenn auch weiterentwickelt und abgewandelt, von Auguste Comte zur Grundlage der neuen Wissenschaft, der Soziologie, gemacht worden, noch ehe Karl Marx den Begriff des Klassenkampfes herausarbeitete.

In diesem Jahrhundert, in dem die europäischen Kaufleute unter dem Schutze der Regierenden, d. h. der Kanonenboote uralte exotische Zivilisationen versklavten und in Afrika wie in Asien ihre Kolonialreiche aufrichteten, wurde Europa selbst von einer Welle von Revolutionen erschüttert. Denn die industriellen Kräfte, die dem Europäer nach außen eine absolute Überlegenheit sicherten, stellten sein eigenes Gesellschaftssystem in Frage. Nicht nur die Rohstoffe und Arbeitskräfte fremder Länder, sondern auch die eigenen Arbeitskräfte wurden ausgebeutet, und während sich der technische Fortschritt in immer neuen Leistungen bestätigte, wuchs das soziale Elend. Die Grundfrage der Epoche war, ob das soziale Elend der unumgängliche Preis für den allgemeinen Fortschritt war oder ob eine Korrektur der herrschenden Besitzverhältnisse dieses Elend zwangsläufig würde beseitigen können.

In England, wo die ersten Textilmaschinen gelaufen waren und die ersten Arbeiter diese Maschinen zerstört hatten, lernten die Arbeiter auch zuerst, wie Karl Marx es ausgedrückt hat, »die Maschinerie von ihrer kapitalistischen Anwendung zu unterscheiden und ihre Angriffe vom materiellen Produktionsmittel selbst auf dessen gesellschaftliche Exploitationsform zu übertragen«. Aus der Sprache des abstrakt formulierenden Wissenschaftlers in die des Alltags übertragen bedeutet das, sie lernten, daß sie Opfer eines Wirtschaftssystems waren, nicht Opfer der Maschinen. Von nun an suchte man nach Wegen, dieses System zu ändern, und orientierte sich an Utopien, denn wie sonst hätte man zu brauchbaren Lösungen kommen sollen, als wenn man von ethischen Grundsätzen ausging und sie zur Richtlinie der politischen Ordnung erhob?

Entscheidende Anstöße kamen von zwei Männern, die in der Baumwollindustrie ihres Landes zu Wohlstand gekommen waren, Robert Owen (1771–1858) in England und Friedrich Engels (1820–1895) in Deutschland, dessen welthistorisches Verdienst, von seiner politischen Arbeit abgesehen, die Tatsache ist, daß er über Jahrzehnte hinweg dem nach London emigrierten Dr. Karl Marx die materielle Existenz gesichert hat. In der Zeitspanne zwischen 1789 und 1848 wurden alle Probleme geboren, die noch heute zur politischen Auseinandersetzung zwingen. Die vom Kapitalismus geprägte industrielle Revolution erschütterte ganz Europa und gebar als politische Form die bourgeoise Demokratie. Zwar bot sie, verglichen mit Fürstenherrschaft und Kleinstaaterei, unbestreitbare Vorteile, aber das Proletariat

Die schlesischen Weber *revoltieren gegen unzumutbare Arbeitsbedingungen und zu niedrige Löhne. Radierung von Käthe Kollwitz, 1895–1898 (Ausschnitt). Kunsthalle, Hamburg.*

fühlte sich vom bürgerlichen Liberalismus nicht repräsentiert. In jener Epoche entstanden Worte wie »Industrie«, »Industrieller«, »Arbeiterklasse«, »Kapitalismus«, »Eisenbahn«, »Wirtschaftskrise«, »Journalismus«, »Ideologie« und »Wissenschaftler«, aber auch »Streik« und »Verelendung« (Hobsbawm). Damals entstanden jene meist weihevollen Lieder, die man heute entblößten Hauptes als Nationalhymnen zu ehren pflegt oder bei Staatsbesuchen gebraucht, um Verbundenheit zu demonstrieren. So schrieb Kurt Hoffmann, genannt von Fallersleben, 1841 auf der Insel Helgoland »Deutschland Deutschland über alles«, ein Mann, der seiner bewußt aggressiven »unpolitischen Lieder« wegen 1840 seine Professur in Breslau verloren hatte und des Landes verwiesen war. Aber auch »Die Wacht am Rhein« und das auf den Rhein bezogene und an die Adresse der Franzosen gerichtete Lied »Sie sollen ihn nicht haben« wurden geschaffen, worauf Frankreich mit dem Komponisten Musset antwortete »Nous l'avons eu, votre Rhin allemand«. Damals erhielten die Farben Schwarz-Rot-Gold und die Trikolore ihre mythische Bedeutung, und während die ersten Eisenbahnen rollten, die ersten Dampfschiffe die Ströme befuhren, rebellierten zum ersten Male jene, die nicht mehr nur als Sklaven von Menschen, sondern als Lohnsklaven an Maschinen arbeiten mußten.

Robert Owen, der die Situation kannte, machte einen ersten Vorschlag zur Lösung der Probleme. In seinem 1820 erschienenen Bericht über die soziale Situation in der Grafschaft Lanark hatte er das System einer Arbeitsbörse entwickelt, das den Austausch der Waren zum Wert der in Produktionsgenossenschaften geleisteten Arbeitsstunden ermöglichen sollte. Es waren die typischen Gedanken eines Unternehmers, der durch Reform das als schädlich erkannte System durch eine bessere Lösung ersetzen will, ohne die Frage der Macht zu Ende zu denken. Seiner Überzeugung nach würden alle, die in der Industrie tätig waren, sozusagen als »Betriebsgemeinschaften«, ihre Interessen gegenüber dem Großgrundbesitz und dem Staat zur Geltung bringen können. Der moralische Impuls der Radikalen stammt aus dem Elend, das sie täglich mit eigenen Augen sehen konnten und das der hessische Radikale Georg Büchner, Mediziner und Dichter, Redakteur des »Hessischen Landboten« (1834), in einem Brief an seine Familie im Jahre 1836 so ausgedrückt hat: »Ich komme gerade vom Christkindelmarkt: überall Haufen zerlumpter, frierender Kinder, die mit aufgerissenen Augen und traurigen Gesichtern vor den Herrlichkeiten aus Wasser und Mehl, Dreck und Goldpapier standen. Der Gedanke, daß für die meisten Menschen auch die armseligsten Genüsse und Freuden unerreichbare Kostbarkeiten sind, machte mich sehr bitter.«

Sozialistische, kommunistische und anarchistische Denkmodelle wurden entworfen und verkündet. Ganz offensichtlich griffen einige Radikale wie der Franzose Lammenais und der Deutsche Weitling auf den christlichen Urkommunismus, die Liebesgemeinschaft der Frühgemeinde zurück, die ja ihrerseits von älteren Vorstellungen beeinflußt war. Weitlings erste Schrift »Die Menschheit wie sie ist und wie sie sein sollte« war als Programmschrift für den »Bund der Gerechten« gedacht und ist 1839 erschienen. Der ehemalige Schneidergeselle, ein Autodidakt mit der Ausstrahlung eines Apostels, hatte die Geschicke des »Bundes der Gerechten« bestimmt, ehe Marx und Engels in Paris die Führung übernahmen. Seine Schrift umriß eine klassenlose Gesellschaft, in der alle allen gleich sein sollten. Abschaffung des Geldes, Gütergemeinschaft, die »gleiche Lebenslage aller«, die

Aufhebung der nationalen Grenzen und die Verbrüderung der Menschheit zu einem »Familienbund der Menschheit« waren seine Ziele. Sein Horizont war der des Handwerkers, er wünschte das »einfache, harmonische Leben in Städten und Dörfern« (Grebing) – ein Wunschdenken, das die Folgen der industriellen Revolution und ihre tiefgreifenden Auswirkungen auf die Gesellschaft außer acht ließ. Radikal war auch Weitlings Forderung nach sofortigem Losschlagen und nach gewaltsamem Umsturz. Weitling hat sich selbst überlebt. Er ist 1846 nach Amerika gegangen, nachdem er sich mit Marx und Engels überworfen hatte. Während der Revolution von 1848 kehrte er vorübergehend nach Deutschland zurück, ging dann ein zweites Mal in die Staaten und zog sich vollkommen aus der Politik zurück.

Wie stellte man sich, bevor Marx die Verhältnisse analysierte, auf der Seite der Radikalen die weitere Entwicklung vor? Die Befreiung von der herrschenden Klasse war das Ziel der Radikalen schon zu einem Zeitpunkt, als überall in Europa die Herrscher noch fest auf ihren Thronen saßen, im Besitze aller militärischen und polizeilichen Machtmittel waren und vom Großgrundbesitz und dem Großkapital gestützt wurden. Die Organisation der Radikalen war der »Deutsche Bund der Geächteten«, der sich 1836 in den »Bund der Gerechten« und 1847 in den »Bund der Kommunisten« unter Marx und Engels umbenannte. Der Wandel der Namen kennzeichnet die Veränderung der Auffassung, denn wenn zuerst romantische Namen die Phantasie angeregt hatte, so bezog man sich unter Karl Marx auf Eigentumsverhältnisse. Mit dem Blick auf eine Welt von Titeln und Orden, Privilegien und Beförderungen, auf schmetternde Paraden und glänzende Höfe, deren Bewohnerschaft geradezu die Ungleichheiten des Standes und Herkommens zum System gemacht hatte, erklärten sie: »Wir verneinen, verwerfen und verdammen alle erblichen Ungleichheiten und Klassenunterschiede, daher betrachten wir die Könige, die Aristokraten und die Klassen, die auf Grund ihres Eigentumsbesitzes Privilegien monopolisieren, als Usurpatoren. Wir bekennen uns politisch zu Regierungen, die vom ganzen Volk gewählt und dem ganzen Volk verantwortlich sind.«

Schwarzrotgold und Barrikaden

Wenn man jemandem scherzhaft drohen will, sagt man wohl gelegentlich übertreibend, er »werde erschossen wie Robert Blum«. Die Redensart ist in Vergessenheit geraten, mehr noch der Mann selbst, der ein überzeugter Demokrat und Revolutionär anno 1848 war; dieser Vorgang scheint fast symptomatisch für das bürgerliche historische Bewußtsein. Kaum ein blutiges und folgenreiches Ereignis der Geschichte ist aus dem Gedächtnis der Deutschen so erfolgreich verdrängt worden wie die gescheiterte Revolution von 1848, die noch nicht im geeinten Deutschland stattfand, sondern in Königreichen wie Baden, Preußen, Württemberg und Sachsen.

Eine Welle von Revolutionen lief damals durch Europa, beginnend im Februar mit dem Rücktritt des Ministeriums Guizot und des Königs Louis Philippe, des sogenannten Bürgerkönigs. Friedrich Wilhelm IV. von Preußen schrieb an Königin Viktoria von England: »Gott hat die Ereignisse zugelassen, die entschieden den Frieden Europas bedrohen. Es ist ein Versuch, die Grundsätze der Revolution mit allen Mitteln durch ganz Europa zu verbreiten. Die Folgen für den Weltfrieden sind klar und gewiß. Wenn die revolutionäre Partei ihr Programm durchführt, ›die Souveränität des Volkes‹, wird meine verhältnismäßig kleine Krone zerbrochen werden, ebenso aber auch die mächtigere Krone Eurer Majestät, und eine furchtbare Geißel wird den Völkern auferlegt werden, ein Jahrhundert des Aufruhrs, der Gesetzlosigkeit und Gottlosigkeit wird folgen.«

Wer im Jahre 1848 auf der Straße Barrikaden baute, dachte an die Französische Revolution von 1789 und an die Situation von 1830, als in Frankreich der letzte Bourbone verjagt und der Bürgerkönig – also eine Art »linker König« – auf den Thron gesetzt worden war. Man baut also Barrikaden und bewaffnet sich, man marschiert zum Palast oder zum Rathaus, hißt die Fahne der Revolution und verkündet eine neue Regierung, der sich das Volk anschließt, weil sie seine Interessen vertritt. Eine Nationalgarde bewaffneter Bürger wird die Ordnung garantieren, man wird Wahlen für eine verfassunggebende Versammlung ausschreiben, und schließlich wird die provisorische Regierung, sobald die Verfassung in Kraft tritt, zu einer regulären Regierung. Selbstverständlich rechnet man mit der internationalen Solidarität, und wenn in einem anderen Land eine Revolution mit ähnlichen Zielen ausbricht, wird die brüderlich unterstützt. Daß man gegen die Feinde im Innern und Äußern scharf werde durchgreifen müssen, versteht sich – auch hier hat die Französische Revolution mit ihrem jakobinischen und girondistischen Flügel Modelle geliefert, an denen sich der Revolutionär orientiert.

Der Verlauf der Revolution von 1848 in den europäischen Nationen ist Gegenstand der Geschichtsbücher. Im März erschütterten die Unruhen Berlin, Wien und Paris, tatsächlich werden die »Karlsbader Beschlüsse« aufgehoben, denen zufolge man die Demokraten verfolgt hatte, und Fürst Metternich flieht nach Großbritannien. In der Paulskirche tritt die deutsche Nationalversammlung zusammen, denn man will eine demokratische Verfassung für ganz Deutschland. Robert Blum, einer der führenden Köpfe der Demokraten, ist in der Paulskirche vertreten. Im Oktober brechen in Wien neue Unruhen aus, und man beschließt in Frankfurt, eine Deputation nach Wien zu schicken, zu der auch Robert Blum gehören wird, dazu Julius Fröbel, nicht zu verwechseln mit dem Volkserzieher Friedrich Fröbel, dem Schöpfer der Kindergartenbewegung. Der Kaiser von Österreich beauftragt den Fürsten Windisch-Graetz, die »Insurrektion« mit allen Mitteln niederzuschlagen. Es kommt zu wechselvollen Kämpfen, und am 30. Oktober schreibt Robert Blum an seine Frau, die Schlacht sei verloren. Er selbst ist durch einen Streifschuß verletzt. »Wien kapituliert eben, und wahrscheinlich wird die innere Stadt heute abend oder morgen übergeben; dadurch sind einige noch unbesiegte Vorstädte dann ebenfalls bezwungen oder werden's leicht.« Alle Hilfe der Ungarn für das revolutionäre Wien vermochte nichts gegen die Truppen des Fürsten Windisch-Graetz.

Robert Blum und Julius Fröbel wurden verhaftet, aber nur Blum bekam die ganze Schwere reaktionärer Willkür zu spüren; Fröbel ist zwar verhört und zum Tode verurteilt, dann aber über die Grenze abgeschoben worden. Robert Blums Schicksal lag in der Hand des Fürsten Felix Schwarzenberg, dessen Truppen die Revolution in Wien selbst niedergeworfen haben. In einem zeitgenössischen Schreiben, verfaßt von einem vertrauten Ratgeber des Fürsten Schwarzenberg, heißt es über Blum: »Man nannte ihn damals, halb im Scherz, halb ernsthaft, den künftigen Präsidenten der deutschen Republik. Seine ganze Erscheinung war die eines Volksaufwieglers. Ein großer Kopf, unregelmäßige, um nicht zu sagen häßliche Züge, ein durchdringender Blick, das abstoßende Gesicht, eingerahmt von blondem Haar und Vollbart, der Nacken eines Stieres und die breiten Schultern zeugten von physischer Kraft, von Selbstvertrauen, von Intelligenz, soweit Fanatiker intelligent sein können, von wilder und unbezähmbarer Tatkraft . . . Mit ihm verschwand eines der Häupter, vielleicht das hervorragendste der deutschen Republik.« Blum ahnt nicht, daß der Prozeß gegen ihn beschlossene Sache ist und Fürst Felix Schwarzenberg ihn vor ein Kriegsgericht stellen wird. Dem geht es in dieser Lage ums Exempel. »Den Kopf eines Mannes zu verlangen, widerstrebt dem menschlichen Gefühl. Wenn aber dieser Mann . . . Blut vergossen hat und höchstwahrscheinlich noch vergießen wird, so ist sein Tod, um mit einem spanischen Botschafter zu sprechen, eine Ersparung an Blut«, schreibt der engste Vertraute des Fürsten. Am 9. November 1848 morgens um sechseinhalb Uhr ist Robert Blum in der Brigittenau erschossen worden. Man hatte ihn erhängen wollen, doch fand sich kein Scharfrichter.

Blums Erschießung wird von der bürgerlichen Öffentlichkeit empört verurteilt, von den reaktionären Kreisen mit Befriedigung zur Kenntnis genommen. Die demokratischen Dichter Freiligrath und Herwegh äußern sich wortgewaltig, so Herwegh in einem längeren Gedicht: »Die Henker falten, vor Schrecken bleich, / Die blutigen Hände zusammen; / Und aus dem stürzenden Österreich / Hoch lodern werden die Flammen.« Es gibt Unruhen und Kundgebungen, während immer neue Erschießungen in Österreich die eingeschlagene Linie fortsetzen. Nur allerhöchsten Ortes ist man zufrieden, und König Ernst August von Hannover schreibt an den preußischen König: »Glaube mir, das Benehmen von Windisch-Graetz in Wien ist das einzige Mittel, Österreich zu retten, und nach meiner Ansicht die Erschießung von Robert Blum und vieler anderer, besonders der Canaillen von Studenten, werden größten Effekt haben.« Bismarck übrigens hat seine Ansicht über diese Affäre im Laufe der Jahre geändert. Im Jahre 1848 äußerte er sich mit Schärfe, man müsse einen Feind vernichten, wenn man ihn in seiner Gewalt habe, um der Meinung entgegenzutreten, die Erschießung Blums sei eine politische Dummheit gewesen. Im Jahre 1892, als er dem Sohn Robert Blums begegnete, sagte der Kanzler, er hielte dessen Vater für liberal – »sehr liberal, aber auch gut national«–, und meinte zu dem jungen Blum, der als Reichstagsabgeordneter zu den Nationalliberalen gehörte, der Vater würde, »wenn er heute noch lebte und im Reichstag säße, wohl auf denselben Bänken Platz genommen haben wie Sie« (Jessen).

Im Schicksal Robert Blums spiegelt sich anekdotisch der Verlauf, die Entwicklung einer Epoche, die mit bürgerlichen Revolutionen begann und mit der Vernichtung der europäischen Fürstenhäuser endete. Auch daß Bismarck für den Rechtsanwalt Hans Blum versöhnliche Worte hatte, kennzeichnet die Situation, denn der bürgerliche Liberalismus hatte mit dem Staat seinen Frieden gemacht; die Rolle des Sprechers der Unterdrückten ging nun an die Sozialisten über.

Den Proletariern aller Länder

Er zeigt in der Schule gute Durchschnittsleistungen, seine Mitschüler mögen ihn gern, aber fürchten seine Spottlust. Mit seinem Vater verbindet ihn ein herzliches Verhältnis, ebenso mit dem Vater seines Freundes, einem hochgestellten preußischen Verwaltungsbeamten, dessen Schwiegersohn er nach siebenjähriger Verlobungszeit werden soll. Zu seiner Mutter hat er offenbar keine starke Beziehung; sie ist eine herzensgute, aber ungebildete Frau. Er besucht das humanistische Gymnasium seiner Heimatstadt mit Erfolg und immatrikuliert sich mit 17 Jahren im Jahre 1835 in Bonn, zwei Semester später in Berlin. Weil die progressiven Burschenschaften verboten waren, wird er Angehöriger der Landsmannschaft, einer farbentragenden schlagenden Verbindung, später auch deren Erster Vorsitzender. Wegen Trunkenheit und ruhestörenden Lärms erhält er eine Kerkerstrafe, wird beschuldigt, verbotene Waffen getragen zu haben, und hat sich einmal duelliert. Der dunkelhaarige, etwas sarkastische junge Mann dichtet und interessiert sich für Literatur, er treibt seine Studien sehr gründlich, verschwendet aber sein Geld in unverantwortlicher Weise – der Vater wird ihm später mit Recht vorhalten, er habe 700 Taler im Jahr verbraucht, das entsprach dem Gehalt eines Berliner Stadtrats (Blumenberg). Vor seinem Abgang nach Bonn hat er sich an die vier Jahre ältere Tochter jenes preußischen Beamten gebunden, die noch dazu adlig ist. Weder in Bonn noch in Berlin gelingt es ihm, seine juristischen Studien ordnungsgemäß zu Ende zu führen. Er sieht sich gezwungen, die Gedanken des Philosophen Hegel durchzuarbeiten, weil sein unerbittliches Denken nach letzten Klarheiten und Ursachen sucht. Schließlich wählt er sich für seine Dissertation ein philosophisches Thema, die »Differenz der demokratischen und epikureischen Naturphilosophie«. Sein Freund Bruno Bauer, in Bonn Privatdozent, drängt auf Abschluß der Arbeit; er promoviert in Jena am 15. April 1841, acht Tage nach der Einreichung seiner Arbeit.

Dies sind die äußeren Anfänge eines Mannes, dessen Name noch heute Millionen Menschen aus allen Nationen als Bekenntnis dient, für dessen Überzeugungen viele hunderttausend Menschen gestorben sind, mehr als für jeden anderen Glauben einschließlich des Christentums, und der jeden beeindruckt hat, der ihm begegnet ist. Moses Heß, später einer der führenden Sozialisten, schrieb an Berthold Auerbach, den demokratischen Vorkämpfer der jüdischen Emanzipation: »Du kannst dich darauf gefaßt machen, den größten, vielleicht den einzigen jetzt lebenden eigentlichen Philosophen kennenzulernen ... Dr. Marx, so heißt mein Abgott, ist noch ein ganz junger Mann (etwa 24 Jahre höchstens alt), der der mittelalterlichen Religion und Politik den letzten Stoß versetzen wird; er verbindet mit dem tiefsten philosophischen Ernst den schneidendsten Witz; denke dir Rousseau, Voltaire, Holbach, Lessing, Heine und Hegel in einer Person vereinigt, ich sage vereinigt, nicht zusammengeschmissen – so hast du Dr. Marx.«

Es fällt schwer, das allbekannte Bild des Mannes mit dem mächtigen Bart und dem wallenden Haupthaar, das man von revolutionären Transparenten kennt, mit dieser Schilderung zu verbinden. Dr. Marx ist damals ein radikaler Denker, aber gewiß kein Sozialist. Die Unzulänglichkeit der damaligen Staaten liegt auf der Hand, die Gedankengänge Saint-Simons lernt er ausgerechnet durch den Geheimrat von Westphalen kennen, seinen späteren Schwiegervater. Weil ihm die akademische Laufbahn versperrt ist, übernimmt er die Redaktion der von liberalen Bürgern gegründeten »Rheinischen Zeitung«, die in Köln erscheint. Als ihn die mächtige »Allgemeine Augsburger Zeitung« angreift, weist er sie scharf zurück: Sein Blatt könne den kommunistischen Ideen in ihrer jetzigen Gestalt nicht einmal theoretische Wirklichkeit zugestehen, geschweige denn praktische Möglichkeiten. Man könne diese Ideen aber nicht »durch oberflächliche Einfälle des Augenblicks« kritisieren, sondern müsse ein lange anhaltendes und tief eingehendes Studium an die Fragen wenden.

Sein Blatt, seiner unverhüllten Liberalität wegen für die Regierung von Preußen ein Ärgernis, wurde vom zuständigen Ministerium unter Vorsitz des Königs von Preußen zum 1. April 1843 verboten. Dr. Marx kündigte, enttäuscht von der Haltung seiner Herausgeber, am 18. März und beschloß, sich an der Exilzeitschrift »Deutsch-Französische Jahrbücher« zu beteiligen, die in Paris erscheinen sollten. Im Juni 1843 heiratete er Jenny von Westphalen und traf im November 1843 mit seiner jungen Frau in Paris ein. Er war auf dem Wege zum Kommunismus und in ein persönliches Elend, das seine gewaltige gedankliche Leistung doch kaum beeinträchtigt zu haben scheint, wenn es auch zur Tragödie für seine Familie wurde.

Als Engels den Redakteur Dr. Marx in Paris besuchte, ist es zu jenem Kontakt gekommen, der das Leben beider Männer geprägt hat. Die ersten Aufsätze des Dr. Marx in den »Deutsch-Französischen Jahrbüchern« enthalten im Ansatz jene Gedanken, die sein Lebenswerk kennzeichnen, nämlich den Klassenkampfgedanken, die materialistische Geschichtsauffassung und den revolutionären Sozialismus. Als radikaler Denker hatte er sich mit Philosophie und Geschichte, auch mit der aktuellen Politik beschäftigt, allerdings noch nicht mit der Nationalökonomie, also mit jenem Gebiet, das man heute Volkswirtschaft nennen würde. Da schickte ein junger Mitarbeiter namens Friedrich Engels (1820–1895) aus Barmen, dem heutigen Wuppertal, die Aufsätze »Die Lage Englands« und »Umrisse zu einer Kritik der Nationalökonomie«. Die beiden Männer hatten sich bereits 1842 in Köln kennengelernt. Engels hatte in einem Werk in Manchester, einem Zweigbetrieb des väterlichen Unternehmens, die Lage der arbeitenden Klassen in England kennengelernt und damit Einsichten gewonnen, die für den wissenschaftlichen Sozialismus grundlegend wurden. Er selbst ist in England zum Sozialisten geworden, hat aber Marx bei seinem Besuch in Köln zunächst nicht überzeugen können. Erst als dieser in Paris mit sozialistischen Kreisen in Verbindung kam und begann, sich auch mit ökonomischen Fragen zu beschäftigen, folgte er dem wenig jüngeren Friedrich Engels, mit dem ihn eine lebenslange Freundschaft verband.

Auf Betreiben der preußischen Regierung wurde Marx auch aus Paris ausgewiesen und ließ sich in Brüssel nieder, wobei er darauf verzichten mußte, sich auf die belgische Tagespolitik einzulassen. Hier entstand die Streitschrift »Das Elend der Philosophie«, gegen Proudhon (1809–1865) gerichtet, der den Satz »Eigentum ist Diebstahl« geprägt hat, dann aber zum weltfremden Sozialreformer und schließlich zum Anarchisten wurde.

Karl Marx war Deutscher, also ein Denker von erschreckender Gründlichkeit, und er war Jude, also analysierte er scharfsinniger, hellsichtiger und logischer als die meisten seiner Zeitgenossen, von seiner besonderen philosophischen Intelligenz einmal abgesehen. Seiner ganzen Natur nach ein Gelehrter, vergrub er sich in einem Meer von Studien, ehe er seine zwingenden, doch weitschweifig formulierten Thesen vortrug. Eine Ausnahme bildet das 1847 verfaßte »Kommunistische Manifest«, das er zusammen mit Friedrich Engels schrieb und das als »Geburtsurkunde des modernen Sozialismus« bezeichnet worden ist.

Karl Marx hat sich in einer Epoche mit dem Sozialismus beschäftigt, in der man gelernt hatte, was exakte Wissenschaften bieten können. Wie zuvor Newton alle die verschiedenen der Gravitation zusammenhängenden Erkenntnisse durch eine Gravitationstheorie rational erfaßt und in Beziehung gesetzt hatte, so hatte Charles Darwin die Evolutionslehre formuliert und damit eine Theorie geliefert, die es ermöglichte, die wichtigsten Tatsachen biologischer Abstammung, den Menschen inbegriffen, in einen logischen Zusammenhang zu bringen. Entscheidend war bei diesen beiden Leistungen, daß die Theorie bewiesen werden konnte, denn nur was beweisbar war, konnte als Wissenschaft gelten. Die entscheidende Leistung von Karl Marx ist, daß er dem bisher vorwiegend utopistischen Sozialismus in allen seinen Spielarten eine wissenschaftliche Theorie lieferte. Den Rahmen bot eine materialistische Geschichtsauffassung, eben jene, die davon ausgeht, daß es keine außerhalb der Materie wirkenden metaphysischen Kräfte, also kein Wirken Gottes oder irgendeines Geistigen gäbe. Alles, was ist, ist an materielles Sein gebunden und von ihm abhängig, so etwa ließe sich diese Auffassung formulieren. Sie bildet den Hintergrund des Denkens von Marx, das sich politischen Fragen zuwendet. Er selbst kennzeichnet seine Leistung so: »Was mich betrifft, so gebührt mir nicht das Verdienst, weder die Existenz der Klassen der modernen Gesellschaft, noch ihren Kampf untereinander entdeckt zu haben. Bürgerliche Geschichtsschreiber hatten längst vor mir die historische Entwicklung dieses Kampfes der Klassen und bürgerliche Ökonomen die ökonomische Anatomie der Klassen dargestellt. Was ich neu tat, war, nachzuweisen: 1. daß die Existenz der Klassen bloß an bestimmte, historische Entwicklungskämpfe der Produktion gebunden sei, 2. daß der Klassenkampf notwendig zur Diktatur des Proletariats führe, 3. daß diese Diktatur selbst nur den Übergang zur Aufhebung aller Klassen zu einer klassenlosen Gesellschaft bilde.« (Schreiben vom 5. März 1852 an Wedemeyer.)

Die Synthese aus ökonomischer Theorie, historischer Erkenntnis und revolutionärer Überzeugung bot jedem Sozialisten die Möglichkeit, jedes Problem zu analysieren. Gewiß hat eine Mitte des 19. Jahrhunderts entworfene Theorie nicht die Verhältnisse für den Ausgang des 20. Jahrhunderts erfassen können, überhaupt ist ihr Zukunftsgehalt oft fragwürdig, doch hat sie als analytisches Instrument immer wieder ihre Schärfe bewiesen. Nur Glaubenssätze erhalten sich über Jahrhunderte unverändert; eine wissenschaftliche, also begründbare und beweisbare Theorie muß sich gefallen lassen, daß sie geprüft, entwickelt und neuen Erkenntnissen angepaßt wird. Der unscharfe Gedanke der Klasse reicht nicht aus, die Verhältnisse in einem modernen Industriestaat zu durchleuchten, auch nicht die eines sozialistischen Landes. Auch hat die Veränderung der Produktionsmittel eine Veränderung des Bewußtseins bewirkt. Für Marx war die Lokomotive der Inbegriff des technischen Fortschritts und die Revolution die Lokomotive des Sozialismus – Denkvorstellungen, die im Zeitalter der Automation und der Nuklearenergie ihren Sinn verloren haben. Dennoch wird es in Zukunft keine Gesellschaft geben, die nicht mittelbar oder unmittelbar an den Erkenntnissen von Karl Marx und Friedrich Engels gemessen wird.

Karl Marx, Chef der Internationale. (S. 231.)

Karl Marx *(1818–1883) entwickelt zusammen mit Friedrich Engels ein sozialistisch-kommunistisches Staatskonzept als Reaktion auf die Ausnützung des Arbeiters in der frühkapitalistischen Industriegesellschaft des 19. Jh. Xylografie von J. Robert. Österreichische Nationalbibliothek Bildarchiv, Wien.*

In seinem berühmten Vorwort zur »Kritik der politischen Ökonomie«, das später als Band 1 des unvollendeten »Kapitals« veröffentlicht worden ist, sagt Karl Marx: »Es ist nicht das Bewußtsein der Menschen, das ihr Sein, sondern umgekehrt ihr gesellschaftliches Sein, daß ihr Bewußtsein bestimmt.« Die »Produktionsverhältnisse« sah Marx als Grundlage dieses gesellschaftlichen Seins, und hier fand er auch die Gesetzmäßigkeit der gesellschaftlichen Prozesse. Im Revolutionsjahr 1848 ging Marx nach Deutschland und gab mit Friedrich Engels und anderen die »Neue Rheinische Zeitung« heraus, das beste Blatt der deutschen Revolution und des deutschen Sozialismus.

Im Mai 1849 hatten sich die Kräfte der Gegenrevolution so weit durchgesetzt, daß Marx ein zweites Mal emigrieren mußte, während Engels in Süddeutschland noch am Badischen Feldzug teilnahm. Marx ging nach London, in die lange Nacht des Exils, das ihn körperlich zerrüttete und seine Persönlichkeit veränderte. Geld war noch immer sein Unglück, und wenn ihn Engels auch über drei Jahrzehnte unterstützte, durchaus in angemessenem Rahmen, so wurde Marx doch nie mit dem Problem fertig, sich einrichten zu müssen. Dies war die Situation: »Meine Frau ist krank, Jennychen ist krank, Lenchen hat eine Art Nervenfieber. Den Doktor kann und konnte ich nicht rufen, weil ich kein Geld für die Medizin hatte« – geschrieben im Jahre 1852. Das zieht sich über Jahre und ist der private Hintergrund seines Lebens, dessen Bankrott unausweichlich scheint und der nur durch das Eingreifen des Freundes Friedrich Engels gemildert wird.

Marx, am 14. März 1883 in London gestorben, hat ein Werk hinterlassen, das wie das keines anderen Denkers die politischen Verhältnisse auf der ganzen Welt beeinflußt hat. Der Marxismus ist, wie der Darwinismus oder wie die Psychoanalyse Freuds, mit allen Irrtümern und Erkenntnissen seiner Zeit verhaftet. Als Mittel der gesellschaftlichen Analyse hat er dem Menschen die Augen für gesellschaftliche Probleme geöffnet und vielen, die ohne Hoffnung lebten, die Möglichkeit eines befreiten Lebens aufgezeichnet. Marx selbst hat seine Theorie als Werkzeug zur Veränderung der Welt aufgefaßt, und er hat sie verändert, mehr als je irgendein Mensch seit Christus. Man wird, ohne seine Erkenntnisse zu berücksichtigen, in Zukunft ebensowenig leben können wie ohne die Erkenntnisse der Biologie oder der Psychologie. Die letzten übrigens, die von der sozialen Befreiung erfaßt wurden, waren die Frauen, genauer gesagt, die ausgebeuteten Weiber des Proletariats wie die Damen des Bürgertums, die alle in der damaligen bürgerlichen Epoche weder Bildungs- noch Berufschancen hatten.

Das Ringen der Arbeiterschaft

Heinrich von Treitschke, Sohn eines Generals, ein Sachse, der in Berlin eine Professur als Historiker erhalten hatte und als Publizist die Politik Bismarcks unterstützte, hat 1873 als Reichstagsabgeordneter gesagt: »Ich rede nicht von dem Schlagworte der Sozialisten: ›Die Kultur der Nationen bemißt sich nach der Kürze ihres Arbeitstages.‹ Diese Tollheit führt offenbar zu dem Schlusse, daß die höchste Gesittung nur aus vollkommener Faulheit erblüht. Ich rede von den bescheideneren Weissagungen, welche heute von allen Kathedern widerhallen: Die erleichterte Produktion werde den Arbeiter dereinst in den Stand setzen, durch vier- bis sechsstündiges Schaffen seinen Anteil an der täglichen Gesamtarbeit der Gesellschaft abzutragen. Mit Verlaub, das wird sie und sie soll es nicht. Die schwere Arbeitslast der Gegenwart entspringt nicht der Habgier der Unternehmer, sondern den gesteigerten Bedürfnissen der Gesellschaft . . . Nachhaltiger Ernst der Arbeit bleibt die erste wirtschaftliche Tugend der Völker.« Der Arbeiter, sagt Treitschke, solle freilich eine Verkürzung des Arbeitstages fordern, um gesund zu bleiben, um sich »an Weib und Kindern menschlich« erfreuen zu können, und er billigt ihm sogar noch ein wenig Zeit zu, damit der Arbeiter am geistigen Leben seiner Epoche, an den öffentlichen Interessen des Volkes teilnehmen könne. »Aber wirkliche Muße gereicht jedem zum Verderben, der die Sprache der Musen nicht versteht.«

Dies also war die Sprache des Gegners, der später, nach dem berühmten Attentat des radikalen Klempnergesellen Hödel auf Kaiser Wilhelm I. am 11. Mai 1878, sagen konnte, die Sozialdemokratie sei zur Schule des Verbrechens geworden. Er wußte, daß die Sozialdemokratie sich stets gegen die Methoden der Anarchisten verwahrt, stets die unmittelbare Gewalt abgelehnt hatte.

Die Geschichte der Arbeiterbewegung ist die Geschichte von Vereinen, Gruppen, Tendenzen, von Intrigen zwischen führenden Köpfen und von Richtungsstreitigkeiten noch bis in die erste Republik hinein; noch niemals in ihrer Entwicklung sind sich die Linken einig gewesen, ebensowenig wie die Christen, und hier wie dort stifteten Auslegungsfragen und abweichende Meinungen unversöhnliche Gegensätze.

Am 13. Juli 1854 hatten sich die deutschen Länder verpflichtet, »die in ihren Gebieten etwa noch bestehenden Arbeitervereine und Verbrüderungen, welche politische, sozialistische oder kommunistische Zwecke verfolgen, binnen zwei Monaten aufzuheben und die Neubildung solcher Verbindungen unter Strafe zu stellen«. In den folgenden Jahren gab es Bildungs- und Unterstützungsvereine, die doch dem Sog der Politik nicht entgingen; nationalliberale Bürger waren an der Gründung solcher Vereinigungen maßgeblich beteiligt, die Deutsche Fortschrittspartei und der Deutsche Nationalverein kümmerten sich, in klarer Erkenntnis der Probleme, um den Arbeiter, als gälte es, einem verarmten jüngeren Bruder zu helfen, also Caritas zu betreiben. Eine deutsche Arbeiterpartei gab es zu dieser Zeit noch nicht.

Die Fotos aus den Anfängen der Arbeiterbewegung zeigen durchweg jene würdigen, bärtigen Gesichter, wie sie bis in die 90er Jahre zu sehen sind. Einige der Herren tragen Zylinder, was auf den gehobeneren Stand schließen läßt, auch die Arbeiter selbst sind auf Anhieb zu erkennen: Die Mütze, die heute durch den Schutzhelm ersetzt ist, der Kittel, die ausgebeulten Hosen, die hölzernen Pantinen zeigen, daß es sich um Proletarier handelt. Die Lebensumstände des Proletariats waren mehr als dürftig. Vom Zwölfstundentag, der Sonntagsarbeit, der Kinderarbeit, dem Lohnsystem einmal abgesehen: Man wohnte in engen Löchern, entweder in sogenannten Arbeiterkolonien, wie man sie z.B. im Ruhrgebiet noch heute sehen kann, oder noch schlimmer in Mietskasernen, in deren lichtlosen Hinterhöfen der Berliner Maler Heinrich Zille sein »Milljöh« gefunden hat. Eine besonders üble Form der Ausbeutung wurde damals von Bauunternehmern praktiziert, die sich dabei sogar noch sozial vorkamen. Wenn ein Neubau erstellt war, mußten die Wände austrocknen. Man setzte obdachlose Familien gegen eine geringe Miete in solche Wohnungen, die hier zwar ungesund lebten, aber dafür ein Dach über dem Kopf hatten. Solche »Trockenwohner« zogen von einem Neubau in den anderen.

Der Lebensstandard lag weit unter dem, was heute als selbstverständlich gilt. Man lebte von Kartoffeln mit Milch, Hering oder zerlassenem Speck, man kannte weder Obst noch Kuchen. Fleisch kam nur an Feiertagen auf den Tisch, Wurst gab es nur ausnahmsweise, das alles entsprach dem kargen Zuschnitt auch im Bürgerhaus vor Beginn der Gründerzeit, reichte doch aber zu vernünftiger Ernährung schwer arbeitender Menschen kaum aus. Schwerer noch lastete der psychologische Druck allgemeiner Mißachtung auf den Arbeiter, der seine Lage nicht begriff und mißtrauisch gegenüber allen Versprechungen blieb. Daß eine Revolution den Kaiser stürzen, die Fürsten entmachten, den Staat in die Hand des Arbeiters bringen würde, hat in jenen Jahren wohl kaum einer für möglich gehalten. Ein Landarbeiter, Franz Rehbein, erzählt: »Da lernte ich im Jahre 1886 einen Schuster namens Schröder kennen . . . Dieser Mann erzählte mir immer allerlei von der Sozialdemokratie, ohne daß ich jedoch besonderes Interesse dafür zeigte, denn einmal war das, was er sagte, meistens herzlich konfus und wenig überzeugend, dann aber auch hatte ich in meiner bisherigen Lektüre nur stets Ungünstiges über die Sozialdemokratie gelesen. Eines Tages aber hielt mir Schröder ein Blatt vor, wie mir's bis dahin noch nicht in die Hände gekommen war, den Züricher ›Sozialdemokrat‹. Ganz geheimnisvoll sagte er mir, daß dieses Blatt in Deutschland eigentlich verboten sei. Ich selbst hatte ja kaum eine Ahnung davon, daß damals das Sozialistengesetz existierte und diese Blätter nach Deutschland eingeschmuggelt wurden.«

Bismarcks Sozialgesetzgebung und Bismarcks Sozialistengesetze bezeichnen den Versuch, die seit dem Allgemeinen Deutschen Arbeiterkongreß vom 23. Mai 1863 unter Lassalle neu erstandene deutsche Arbeiterbewegung auszumanövrieren. Die geschichtlichen Ereignisse sind bekannt. Zwischen 1878 und 1890 waren auf Grund des Gesetzes »gegen die gemeingefährlichen Bestrebungen der Sozialdemokratie« alle Vereine, Verbindungen, Genossenschaften, Hilfskassen usw. verboten. Bei der Wahl vom 20. Februar 1890 erhielt die Sozialdemokratie 20 % der Stimmen, denn der verbotenen Partei war es dennoch möglich, bei dieser reinen Personenwahl eigene Kandidaten aufzustellen, Bismarck reichte vier Wochen später seine Entlassung ein. Erst die Erschütterungen des Weltkrieges, die Ereignisse der russischen Oktoberrevolution und der militärische Zusammenbruch des Kaiserreiches öffneten der Arbeiterschaft den Weg zur Macht und ließen die erste deutsche Republik entstehen. Der Kampf zwischen dem Bürgertum und den lohnabhängigen Massen, das Ringen um Gleichberechtigung war damit noch nicht beendet. Immerhin gab es in Deutschland endlich eine Republik, und das jahrzehntelange Ringen der Arbeiterschaft um politische Mitbestimmung im Staat hatte einen ersten Erfolg.

Berühmt ist die Szene, als der letzte Kanzler des Kaiserreiches, Prinz Max von Baden, dem Volksbeauftragten Friedrich Ebert die Verantwortung für das Reich überließ. Ebert hat den Prinzen als Reichsverweser halten wollen, aber Prinz Max von Baden erklärte, nicht mit den sogenannten Unabhängigen zusammenarbeiten zu können, jener Gruppe, die einen Arbeiter- und Bauernstaat auf deutschem Boden schaffen wollte. Prinz Max von Baden schreibt in seinen Memoiren: »An der Tür wandte ich mich noch einmal zurück: ›Herr Ebert, ich lege Ihnen das Deutsche Reich ans Herz!‹ Er antwortete: ›Ich habe zwei Söhne für dieses Reich verloren.‹« In dieser Szene sind Glanz und Elend, Schwäche und Stolz der deutschen Sozialdemokratie anekdotenhaft zugespitzt enthalten – nicht der Blick nach vorn, der revolutionäre Neubeginn, sondern Anständigkeit und ein fast konservatives Verantwortungsbewußtsein bestimmen die Stunde.

Die Schlacht der Suffragetten

Der Schrecken unserer Urgroßväter waren die sogenannten Suffragetten, von deren Zielen man wenig wußte. Nur in einem Punkte herrschte nicht der geringste Zweifel: Sie waren »unweiblich«. Man zitierte Schiller, wenn man von ihnen sprach – der Hinweis auf die Weiber, die zu Hyänen würden, verfehlte nie seine spaßige Wirkung–, und man war allgemein der Ansicht, daß Frauen, die Gleichberechtigung forderten, zu häßlich oder zu dumm waren, einen Mann zu bekommen. Dieses unverrückbare Vorurteil bourgeoiser Kreise um die Jahrhundertwende gehörte zum festen Bestandteil an stumpfsinnigen Meinungen, wie sie im Kasino oder am Stammtisch, in Bürgerhäusern und in den herrschenden Kreisen geäußert wurden, und erst der Zwang der Kriegswirtschaft hat im Ersten Weltkrieg 1914–1918 den Frauen einen Teil jener Rechte verschafft, um die sie seit der Französischen Revolution politisch gerungen haben. Vier Jahre lang hatten die Frauen in der Industrie und auf dem Lande, im Verkehrswesen und in der Post die zum Heer eingerückten Männer ersetzt, ihre politische Gleichstellung war in den Demokratien eine selbstverständliche Konsequenz dieser Entwicklung. Damit waren Forderungen verwirklicht, die hundert Jahre zuvor noch als Hirngespinst überspannter Literaten abgetan worden waren – denn mit literarischen Publikationen fing die Frauenbewegung an.

Im selben Jahr, in dem Mary Wollstonecrafts »Rights of Women« erschien, publizierte der Deutsche Theodor G. von Hippel, damals 78 Jahre alt, ein erfrischend sarkastisches Pamphlet »Über die bürgerliche Verbesserung der Weiber«. Die konkreten Formulierungen dieser Titel besagen nichts anderes, als daß die Gedanken der Französischen Revolution immer weitere Kreise zogen. Die Gleichheit der Bürger vor dem Gesetz war der politische Grundgedanke gewesen, der die jahrhundertelangen Ungleichheiten aufhob. Die »Gleichberechtigung« der Rassen und Konfessionen im modernen Nationalstaat war die logische Konsequenz aus dem Gleichheitsgrundsatz. Frauen hatten bei dem Sturm auf die Bastille, bei der erbitterten Auflehnung gegen das alte Herrschaftssystem eine wichtige Rolle gespielt, so lag es nahe, daß sie ihre eigene Lage zu verstehen begannen und dieselbe Gleichheit forderten, wie sie den Männern gewährt wurde.

Im Jahre 1791 hatte Olympe de Gouges ihre »Erklärung der Rechte der Frau und der Bürgerin« veröffentlicht und einen Frauenklub gegründet, der diese Rechte im Konvent durchsetzen sollte. Dieser Frauenklub bildete für die Männer eine solche Herausforderung, daß er schon 1793 vom Konvent aufgelöst wurde. Der Bürger Chamette hielt bei dieser Gelegenheit eine Rede, in der zum erstenmal jene schiefen Argumente vorgebracht wurden, die von nun an in ermüdender Regelmäßigkeit den Frauen von den Männern vorgehalten wurden. Unter dem Beifall der Anwesenden rief er: »Seit wann ist es den Frauen erlaubt, ihr Geschlecht zu verleugnen und sich in Männer zu verwandeln? Seit wann ist es Brauch, daß sie die hingebende Sorge für den Haushalt und die Wiegen ihrer Kinder verlassen, um auf öffentliche Plätze zu strömen und dort von der Höhe der Tribüne herab Reden zu halten und sich in die Armee einzudrängen, mit einem Wort jene Pflichten erfüllen zu wollen, die die Natur den Männern zugeteilt hat? Die Natur sagt zum Mann: Sei Mann! Die Wettrennen, die Jagd, die Landwirtschaft, die Politik, die Mühen aller Art sind dein Privileg. Und zur Frau hat sie gesagt: Sei Frau! Die zarte Sorge, auf die die Kinder warten, die Feinheiten des Haushalts, die süßen Pflichten der Mutterschaft – das sind deine Arbeiten! Unvernünftige Frauen, warum wollt ihr Männer werden?« Chamette hatte offensichtlich nicht verstanden, daß es den Frauen schon damals weniger darum ging, so wichtige Aufgaben wie Wettrennen und Jagden mit den Männern zu teilen, als vielmehr wie normale menschliche Wesen behandelt zu werden – zunächst in politischer Hinsicht, aber auch in bezug auf die Bildungsmöglichkeiten. Es würde in der Auseinandersetzung mit den Frauen üblich, die verschiedenen Gesichtspunkte durcheinanderzuwerfen und ihnen das politische Stimmrecht mit dem Hinweis auf ihre biologischen Funktionen abzusprechen. Daß diese Funktionen politische Bedeutung haben, hatte sich aber auch im Paris der Revolution gezeigt, denn durch die Straßen zogen Frauen mit Transparenten »Bürgerinnen, schenkt dem Vaterland Kinder! Ihr Glück ist gesichert!«

Der Ansatz des ersten republikanischen Frauenklubs war also gescheitert. Zwar nahmen die Romantiker die neuen Ideen auf, Schleiermacher veröffentlichte seinen Katechismus für edle Frauen, die gesellschaftliche Rolle der Frau spielte in der bürgerlicher werdenden Gesellschaft eine größere Rolle als je zuvor, aber Frauen hatten selbst in den Demokratien weder das Stimmrecht noch waren sie wirtschaftlich den Männern gleichgestellt. In Worcester/USA hatte allerdings schon 1850 der erste Frauenkongreß der Welt stattgefunden, bei dem es um das politische Stimmrecht der Frauen ging. Eine seiner Forderungen lautete, daß »jedes menschliche Wesen, das sich im reifen Alter befindet, auch ein Stimmrecht bei der Gesetzgebung habe«. Dieser Gedanke war nicht mehr aus der Welt zu schaffen, aber er setzte sich nur langsam durch, und es dauerte bis zur Jahrhundertwende, bis über Broschüren und Bücher hinaus ein neuer ernsthafter Vorstoß unternommen wurde, diesmal in England.

Auf Initiative von Emmeline Pankhurst, der später ihre Töchter Christabel und Sylvia beistanden, war in Manchester 1903 die Women's Social und Political Union (Soziale und Politische Frauenunion) gegründet worden. Unter den 50 Frauenvereinen mit ihrer Millionenzahl von Mitgliedern und ihren wohlgefüllten Kassen war diese Vereinigung am erfolgreichsten. Der Durchbruch wurde eingeleitet mit einer Prügelei: Nach mehrfachen Versuchen der Frauenstimmrechtlerinnen, im englischen Parlament auf dem Wege über die männlichen Abgeordneten das allgemeine Frauenstimmrecht zu erreichen, nahmen die Frauen die Sache selbst in die Hand. Am 13. Oktober 1905 hielt der bekannte liberale Politiker und Außenminister Sir Edward Grey eine Rede im Parlament. Er wurde von einem Mann unterbrochen, der ihn fragte, was er für die Arbeitslosen zu tun gedenke. Sir Edward Grey setzte ihm daraufhin den Standpunkt seiner Partei zu dieser Frage in aller Ausführlichkeit auseinander.

Zusammen mit mehreren anderen Fragestellern stand eine junge Frau auf und fragt: »Was wird die Regierung tun, um den Frauen das politische Stimmrecht zu geben?« Sie erhielt keine Antwort, während die Debatte weiterging. Sie wiederholte ihre Frage, die aber offenbar so ungeheuerlich wirkte, daß ihre Nachbarn sie auf ihren Stuhl zerren wollten. Einer der Saalordner hielt ihr sogar seinen Hut vor das Gesicht. Als sich der Sturm gelegt hatte, stand nach Annie Kenney eine andere Frau, die später berühmt gewordene Christabel Pankhurst, auf und fragte mit lauter Stimme: »Wird die liberale Regierung den Frauen das Stimmrecht geben?« Sir Edward Grey antwortete nicht, und wieder fing die Versammlung wegen dieser Störung an unruhig zu werden. Da kam ein Polizeileutnant von der Tribüne herunter und bat die Frauen, die Frage aufzuschreiben. Der Text heißt: »Wird die liberale Regierung den Arbeiterinnen das Stimmrecht geben? Im Auftrage der W.S.P.U. Annie Kenney, Vorstandsmitglied der organisierten Wollkämmer von Oldham.« Der Polizeileutnant trug den Zettel zum Redner. Sir Edward Grey las ihn, lächelte und legte ihn beiseite. Wieder stieg Annie Kenney auf ihren Stuhl und fragte noch einmal, so laut sie konnte. Nun begann der Saal zu rasen. Da kam ihr Christabel Pankhurst zu Hilfe und wehrte mit ihren Armen die Schläge ab. Die Saalordner schleppten die blutig gekratzten, verprügelten Frauen hinaus, an der Tribüne vorbei, auf der die angeblich liberalen Politiker thronten.

Daß Frauen als Demonstrationsteilnehmerinnen verprügelt werden, ist heute nichts Neues mehr. Damals, als man noch den Respekt der viktorianischen Ära vor der Dame hatte, wirkten die Gewalttätigkeiten gegen die beiden weiblichen Wesen ebenso empörend wie deren ungewöhnliches Verhalten. Draußen hielten die beiden Frauen sofort eine Protestversammlung ab, wurden aber wegen Störung des Verkehrs festgenommen. Der Richter, dem sie auf der Stelle vorgeführt wurden, verurteilte Christabel Pankhurst zu 10 Shilling Buße oder ersatzweise 7 Tagen Haft, ihre Gefährtin Annie Kenney zu 5 Shilling oder 3 Tagen Haft. Beide weigerten sich zu zahlen und wurden in die sogenannte Abteilung III gesteckt. Ihre Haftstrafe saßen sie in Gefängniskleidung ab und aßen Gefängniskost – eine Tatsache, welche die Phantasie damals mächtig anregte.

Von nun an war die Sache der Suffragetten zum politischen Sprengstoff geworden (lateinisch suffragium: Scherbe, im Altertum als Stimmzettel gebraucht). Die Suffragetten sind die ersten gewesen, die mit der Methode des gewaltlosen Widerstandes ihre Verurteilung erzwangen, und sie blieben beharrlich. Die Regierung bagatellisierte die Bewegung und behandelte die festgenommenen Frauen wie kleine Diebe oder Trunkenbolde, nicht wie politische Täter. Die Suffragetten ihrerseits verfeinerten ihre Methoden. Im Januar 1908 schlossen sich zwei Suffragetten selbst mit Ketten an die Gitter eines Hauses gegenüber dem Regierungssitz Downingstreet Nr. 10, um nicht weggeschleppt zu werden, sobald sie mit ihrer Rede würden begonnen haben. Immer wieder ließen sich die Demonstrantinnen willig abführen und einsperren, man beschimpfte und bedrohte sie wie heute die Studenten, und der damalige englische Ministerpräsident Lloyd George nannte sie »traurige Vertreter der Weiblichkeit«. Seinen Parteifreunden riet er, den Suffragetten den Mund mit einem Knebel zu schließen, und rief bei einer Wahlrede, bald werde man Säcke für diese Weiber bestellen müssen, man solle sie ohne Rücksicht hinauswerfen. Noch 1909 wurde eine Versammlung in Birmingham, auf welcher der Premierminister sprechen sollte, mit Planken und Palisaden, berittener Polizei und Geheimpolizisten vor den Suffragetten geschützt, aber es entwickelte sich eine für damalige Begriffe unglaubliche Saalschlacht, bei der Steine flogen und bei der es wiederum Verhaftungen gab.

Schließlich kam es, nach mancherlei parlamentarischen Kämpfen und Niederlagen, zu neuen radikalen Kampfmaßnahmen. Am 1. März 1912 begaben sich Miß Pankhurst und Mrs. Tuke in die Downingstreet, zwei durchaus damenhaft wirkende Erscheinungen in langen modischen Kleidern, und warfen in aller Ruhe dem Premierminister und seinen Kollegen die Fensterscheiben ein. Drei Tage später wurde der Hauptschlag geführt. Hunderte von Frauen, bewaffnet mit Hämmern und Steinen, zertrümmerten in der Londoner City und in Westend Schaufensterscheiben im Wert von 100000 Goldmark. Zweihundert Frauen wurden verhaftet, die Publicity ihrer Sache wuchs, aber auch der Abscheu der Öffentlichkeit gegen diese Methoden. Mit dem Ruf »Stimmrecht für die Frauen!« warf sich im selben Jahr eine junge Engländerin beim großen Derby vor das Pferd des Königs. Sie wurde zertrampelt. Trotz aller dieser Opfer, dieser leidenschaftlichen Versuche, ein demokratisches Grundrecht durchzusetzen, erregten die Suffragetten mehr Abscheu als Zustimmung. Sie hätten ihre Ziele auch nicht durchsetzen können, wenn die sozialistische Bewegung die Sache der ausgebeuteten Frauen nicht zu ihrer eigenen Sache gemacht hätte.

In Deutschland hat Bebels Werk »Die Frau und der Sozialismus« (1883) die theoretische Grundlage für die Solidarität mit den Frauen geliefert, und Lenin selbst berief sich auf dieses Werk, als er 1917 die vollständige Gleichberechtigung der Frau forderte. Heute gehören die Suffragetten bekanntlich der Vergangenheit an, weil in fast allen Kulturstaaten Frauen politisch stimmberechtigt, wenn auch dem Manne noch nicht in vollem Maße wirtschaftlich gleichgestellt sind. Auch vom Blaustrumpf ist nicht mehr die Rede, und lächerlicher als der Typ, den man damit verächtlich machen wollte, wirkt heute der Bourgeois, der sich dem Fortschritt entgegenstemmte. Die von den Frauen gewonnene Gleichberechtigung und ihr Recht auf Selbstbestimmung ihres Frauenschicksals haben aber auch das Verhältnis der Geschlechter tief verändert.

Heute bestehen auf der Erde alle Formen der Ehe nebeneinander, von der Raub- und Kaufehe bei Naturvölkern bis zur Mehrehe im Islam und zur strengen Einehe im christlich-abendländischen Bereich und in den sozialistischen Ländern. Niemand vermag zu sagen, wie diese Form des Zusammenlebens sich auf der übervölkerten Erde in Zukunft entwickeln wird und welche Konsequenzen sich daraus ergeben, daß in unserem Kulturkreis die Frau, zum ersten Male in der Menschheitsgeschichte politisch gleichberechtigt, wirtschaftlich weitgehend selbständig und ihre Mutterschaft selbst bestimmend, ein vom Mann nicht mehr beherrschter Partner zu werden beginnt.

Träume von Anarchisten

Schlagwörter können tödlich sein. Proudhon zum Beispiel, der französische Sozialist und Gegenspieler von Karl Marx, der spätere Anarchist, hat 1840 in seiner ersten Schrift den Satz formuliert, daß Eigentum Diebstahl sei. Wer wollte einen Dieb nicht strafen, einem unrechtmäßigen Eigentümer nicht zeigen, wie verachtenswert seine Rolle ist – also nahm man in den Subkulturen das Schlagwort zum Vorwand, sich gelegentlich das Eigentum anderer selbst anzueignen, eine gleichsam revolutionäre Geste, mit der man seine Verachtung gegenüber den herrschenden Verhältnissen auszudrücken glaubte. In Wirklichkeit hat Pierre Joseph Proudhon (1809–1865) den Begriff Eigentum, wie sich aus diesem Text ergibt, lediglich auf das Zinsen abwerfende Kapital und auf die Grundherrschaft bezogen, also auf Formen der Ausbeutung. Niemals hat er den privaten Besitz an Grund

und Boden gemeint, etwa den des Bauern, der die Erde selbst bebaut (Krämer-Badoni).

Proudhon ist Autodidakt gewesen, gewiß kein scharfsinniger Denker wie Karl Marx, und so geraten ihm seine Formulierungen nicht immer klar, ist seine Haltung nicht immer ohne Widerspruch. Jedenfalls ist er der geistige Vater des Anarchismus geworden, jener Radikalität, die alle Ordnungen auflösen will, weil sie an den absoluten Wert der Freiheit glaubt. Was Proudhon gemeint hat, steht im Schlußkapitel seines Buches »Allgemeine Idee der Revolution im 19. Jahrhundert«: »Keine Autorität mehr! Das bedeutet beglichene Schulden, abgeschaffte Knechtschaft, aufgehobene Hypotheken, zurückerstatteter Pachtzins, keine Ausgaben mehr für Kultus, Justiz und Staat; zinsloser Kredit, gleichwertiger Tausch, freie Assoziation, geregelter Wert; garantierte Erziehung, Arbeit, Besitz, Wohnung. Wohlfeilheit; keine Feindseligkeit, kein Krieg, kein Zentralismus, keine Regierungen, keine Geistlichkeit mehr. Nicht wahr, eine Gesellschaft, die aus ihrem Kreis heraustritt und auf dem Kopf marschiert, unterstzuoberst.«

Man fühlt sich an die Abschaffung des Staates bei Marx erinnert, das ist der Traum des im Nationalismus erstickten 19. Jahrhunderts. Man will heraus aus diesen Zwängen, die wie versteinert alles Leben einengen und deformieren, man rebelliert gegen die Verlogenheit der Gesellschaft und entwirft die radikale Utopie. Revolution ist hier nicht als bewaffneter Umsturz verstanden, sondern als Umwälzung der Gesellschaft – wobei Proudhon sich über die Methode, dies alles zu realisieren, den Kopf nicht zerbricht. So unerträglich wird, von einzelnen, politisch überwachen Naturen, der Druck der Gesellschaft empfunden, daß man allen Ernstes glaubt, man könne das Übel nur bei der Wurzel packen, also jede Autorität überhaupt abschaffen. Der Haß gegen alles, was Staat heißt, wird zur Zwangsvorstellung, zur einzigen Medizin.

Proudhon ist, nach einem halbfertigen Bildungsgang in der französischen Provinz, Buchdrucker geworden, wandernder Handwerkslehrling, er war arbeitslos und beherrschte doch das Lateinische so elegant, daß er die Druckfahnen eines lateinisch geschriebenen Buches stilistisch verbesserte und damit den Autor zum Freund gewann. Von der Akademie in Besançon bekam er, obwohl Arbeiter, ein dreijähriges Stipendium, dessen Frucht seine erste, 1840 erschienene Schrift »Was ist Eigentum?« war. Um den Menschen frei zu machen, muß man ihn von jeder Herrschaft befreien – auf diesen simplen Glaubenssatz ist die Anarchie begründet, die Vorstellung vom Zustand ohne Herrschaft (griechisch archē: Herrschaft) mit allen Konsequenzen. Mit Recht sind Proudhon die großen Staaten verdächtig gewesen; er hat gefordert, die Menschheit solle sich, wenn sie sich schon zusammenschließen müsse, in kleinsten ethnischen Einheiten organisieren, und innerhalb dieser Einheiten sollten wiederum Kommunen und Arbeiterassoziationen gebildet werden, das war im Jahrhundert von Königgrätz und Sedan, im Zeitalter des Imperialismus und der Versklavung ganzer Erdteile durch die Europäer, sehr weitsichtig gedacht, wirkte doch aber auf die Zeitgenossen eher lächerlich.

Den 26jährigen, unbekannten Dr. Marx hat Proudhon kennengelernt, als er selbst ein reifer Mann war, allerdings wirkte Marx nie als der Typ des bescheidenen Unbekannten, sondern eher wie ein sendungsbewußter Mensch, dessen Gleichgültigkeit gegen Umgangsformen ebenso auffallend war wie seine wild wuchernde schwarze Mähne. Der literarische Streit zwischen Marx und Proudhon ist jedem

Marxisten bekannt, denn Karl Marx hat Proudhon, was nicht allzu schwer war, literarisch vernichtet; zudem erhielt Proudhon jenes Etikett, das unter Marxisten seit jeher politische Leichenfäule signalisiert – Marx nannte ihn »kleinbürgerlich«. Der Kern des Streites mag persönlicher Art gewesen sein; Marx hatte Proudhon zu einer Art von Zusammenarbeit aufgefordert, die dieser nicht akzeptierte, und so kam es zu einem nie offen ausgetragenen Bruch. Proudhon hatte das Buch geschrieben »Das System der ökonomischen Widersprüche oder die Philosophie des Elends« – nun replizierte Marx mit seinem bekannten Werk »Das Elend der Philosophie« und zielte auf Proudhon.

Zunächst also ist der Anarchismus eines Proudhon eine Variante des Sozialismus gewesen, aber eine, die von dem unbeirrbaren Marx exkommuniziert wurde; weil Proudhon nicht auf die Linie von Marx und Engels einschwenkte, wurde er zum Bruderfeind – aber seine Ideen wirkten weiter, außerhalb der marxistischen Bewegung, und führen zu jenem Anarchismus, der mit offenem Terror arbeitete und die letzten Jahrzehnte des vorigen Jahrhunderts mit dem Krachen detonierender Bomben und der Angst vor Pistolenschüssen erfüllte: 1894 wurde der französische Staatspräsident Carnot ermordet, 1897 der spanische Ministerpräsident Canovas, 1898 erdolchten Anarchisten Kaiserin Elisabeth von Österreich und 1900 ermordeten sie den König von Italien Umberto – wie ist es zu dieser Wendung gekommen?

Der Zug zum Anarchismus ist keine Sache der Theorie, sondern des revolutionären Temperaments, und er nährt sich vom Haß auf Autorität; was sollen ihm Ideologien, Theorien, wenn es ihm um etwas so Einfaches wie die Freiheit geht? Für den Anarchismus spielt der Russe Michail Bakunin die gleiche Rolle wie Lenin für den Marxismus: Er macht Ernst, und er wäre, unter anderen Umständen, ein zweiter Babeuf geworden. Der Vater, Gutsbesitzer im Gouvernement Twer bei Moskau, ist keine Schreckensfigur, der Sohn hat ihn geliebt, und doch wird Bakunin zum Revolutionär aus Temperament – beginnend in der Familie. Er ist der Mann, der die Weiber beherrscht, bezaubert, den Schwestern die Männer ausredet, mit seiner dritten Schwester Tatjana ein vehementes Verhältnis hat, das den Begriff Inzest zu sprengen scheint: Es ist die Art Liebe, wie sie auch Thomas Mann in »Wälsungenblut« geschildert hat. Für den Bürger freilich ist damit klar, welcher Seite Schuld und Verfluchung zufallen. Wer schon vor dem nächsten Oberpostinspektor eine gewisse Achtung empfindet und auf Fahnen schwört, wird sich kaum vorstellen können, daß sich die jahrtausendelange Entwicklung der Menschheit gelegentlich aus anderen Quellen speist als aus denen der Wohlanständigkeit. Bakunin erscheint überall, wo in Europa Revolutionen aufflammen, angezogen vom Aufruhr wie ein Pyromane vom offenen Feuer.

Die biographischen Stationen sind in diesem Zusammenhang fast bedeutungslos, er konspiriert im Revolutionsjahr 1848 in Paris, in Prag, geht rechtzeitig nach Deutschland. Hier ist er als Kommandant auf den Barrikaden von Dresden zu finden, wo Richard Wagner seine revolutionäre Phase erlebt, aber er flieht nicht wie Wagner, sondern läßt sich arretieren. Hier ist er zweimal zum Tode verurteilt, doch stritten sich um ihn Sachsen, Österreich und Rußland, die ihn alle ausgeliefert bekommen wollten. Schließlich überstand er von 1851–1860 neun Jahre Sibirien und floh über Asien nach Amerika. Ungebrochen in seinem Elan wollte er in Finnland agitieren und das Baltikum aufrütteln, landete durch ungünstige

Umstände in Schweden, widmete sich 1864 der revolutionären Arbeit in Florenz – Italien hat jahrzehntelang keine echte marxistische Linke gekannt – und schickte einen Genossen nach Spanien. Bis zum Ausbruch des spanischen Bürgerkrieges war die spanische Linke anarchistisch gewesen, nicht marxistisch – so stark war die politische Wirkung dieses Bakunin und seiner Theorie der totalen Freiheit. Er lehrte, daß kollektive Freiheit und kollektives Wohlbefinden nur existieren, wenn sie die Summe der Freiheit und des Wohlbefindens der Individuen darstellen. Für ihn war Humanisierung das einzig legitime Ziel der Geschichte, und er sah es in Frage gestellt, von der Wissenschaft ebenso wie von den verrotteten Autoritäten der Kirche und des Staates und von der Familie.

Sein Ende ist das eines verwirrten, kranken Mannes gewesen, dem das Alter die Kraft und das Augenmaß genommen hat. Es gibt einen Revolutionär namens Cafiero, einen jener Reichen, deren Gewissen geschärft und deren politisches Bewußtsein geweckt worden war, so daß sie zu überzeugten Sozialisten wurden. Von Bakunin war dieser Cafiero so fasziniert, daß er ihm Blankovollmachten über sein Vermögen ausstellte, unter dem Eindruck von Bakunins Maßlosigkeit aber widerrief. Bakunin hat dann an einem dilettantisch vorbereiteten Aufstandsversuch im Jahre 1874 in Bologna teilgenommen; als die Sache schiefging, floh er in die Schweiz und ist zwei Jahre später dort gestorben. Sein Ziel hat er, unmißverständlich genug, so formuliert: »Diese Gesellschaft hat als Ziel den Sieg des Prinzips der Revolution auf der Erde, folglich die radikale Auflösung aller bestehenden religiösen, politischen, ökonomischen und sozialen Organisationen und Institutionen, und die Neubildung zunächst der europäischen, dann der universellen Gesellschaft auf den Grundlagen der Freiheit, der Vernunft, der Gerechtigkeit und der Arbeit.« Selbst wer im Prinzip dieses Ziel bejaht, wird Schwierigkeiten haben, die Ströme von Blut und Tränen zu akzeptieren, die seine Verwirklichung erfordern würde, es sei denn, Menschen bedeuteten ihm nichts – dann allerdings fehlt ihm auch jede Legitimation, im Namen der Menschheit zu sprechen. Daß Bakunin sogar die Arbeiterräte ablehnte, weil er in ihnen Herrschaftsinstrumente sah, kennzeichnet seinen antiautoritären Instinkt.

Ein anderer geistiger Vorläufer der radikalen Linken ist Peter Fürst Kropotkin gewesen (1842–1921), ein ehemaliger Kosakenoffizier, der in die Schweiz emigrierte und bis 1917 im Ausland gelebt hat. In seiner Zeitung »La révolte« schrieb er im Dezember 1880: »Unsere Aktion muß die permanente Revolte sein, mit Wort, Schrift, Dolch, Gewehr, Dynamit . . . Alles ist gut für uns, was außerhalb der Legalität ist.« Das war die radikale Konsequenz aus der Idee der totalen Freiheit. Im Jahre 1881 hatte es auf dem Londoner Anarchistenkongreß den Beschluß zur direkten revolutionären Aktion gegeben, und so explodierten bald darauf die ersten Bomben. Am 28. September 1883 sollten auf der Straße zum Niederwalddenkmal bei dessen festlicher Einweihung Kaiser Wilhelm I., der greise Feldmarschall Moltke, die Könige von Bayern und Sachsen, der Großherzog von Baden und ihre Gefolge mit Dynamit in die Luft gesprengt werden, weil der Schriftsetzer August Reinsdorf ein Drainagerohr mit Dynamit gefüllt hatte. Das Superding mißlang, denn es regnete, die Zündschnüre erloschen. Dennoch kam die Sache auf; Reinsdorf und sein Helfer Küchler wurden zum Tode verurteilt. Was Reinsdorf unter Anarchismus verstand, hat er dem Gericht erklärt: »Ich verstehe unter Anarchie eine Gesellschaft, in welcher jeder normal beanlagte Mensch imstande ist, die höchste Stufe zu erreichen. Um zu einem solchen Gesellschaftszustand zu gelangen, ist es notwendig, erstens den Menschen von übermäßiger Arbeitslast zu befreien, zweitens Not, Kummer und Elend aus der Welt zu schaffen, drittens den Menschen von jedem Zwang zu befreien, viertens alle Dummheit und allen Aberglauben aus der Welt zu schaffen . . .« (Krämer-Badoni).

Genau dreißig Jahre nachdem Reinsdorf und Küchler den Kopf auf den Richtblock gelegt hatten, brach der Erste Weltkrieg aus und forderte zum ersten Male jene Millionen Opfer, von denen heute niemand mehr genau weiß, wofür sie denn eigentlich gebracht worden sind. Aus dem Abstand von fast hundert Jahren betrachtet, wirken die Ideen Reinsdorfs vernünftiger und sinnvoller als die Vorstellungen derer, die damals in der Verbindung von Thron und Altar den Höhepunkt menschlicher Gesittung und im Krieg den Vater aller Dinge sahen.

Kriegskünste

Krieg um Köpfe

Während der Vorbereitungszeit auf das Fest weinen sich die Kinder der Bora-Bora, eines Papuastammes, vor Hunger in den Schlaf, denn alle sparen Essen und sammeln Vorräte, um beim Fest selbst möglichst viel Ansehen zu gewinnen. Monatelang streifen die Männer durch die Leere des Urwaldes, um Schweine, Baumkänguruhs oder Kleinwild zu erlegen, während die Frauen sich ganz auf die Herstellung von Sago konzentrieren. Schließlich ist es soweit, die entfernten Stämme, die fast eine Woche unterwegs sind, haben den Festplatz erreicht, die Freßorgie beginnt. Während des Festes herrscht Friede, man tauscht Erinnerungen aus und prahlt mit Erlebnissen, tanzt Kriegstänze und singt Kriegshymnen. Beim Aufbruch stellt sich heraus, daß zwei große Körbe mit Sagobrei und Känguruhfleisch übriggeblieben sind. Sie werden in Portionen geteilt und vor den Augen der satten, aber neidischen Gäste den Hunden gegeben. Damit ist der Ruhm der Bora-Bora weit und breit gefestigt, ohne daß ein Tröpfchen Blut vergossen worden wäre. Zugleich aber ist der Stolz der Ségar, die diesem Fest als Gäste beigewohnt haben, auf unerträgliche Weise gedemütigt. Sie werden versuchen, bald ein noch größeres Fest zu veranstalten, um die Bora-Bora zu überbieten. Einige Wochen später wird ein Palmenhain der Bora-Bora überfallen. Ein Mann erhält einen Pfeilschuß, ein junges Mädchen wäre fast geraubt worden, und jeder weiß: Dies war die Rache der Ségar, als sie merkten, daß es ihnen nicht gelingen würde, die Bora-Bora mit einem Fest zu übertreffen.

Dieses primitive Beispiel zeigt das Prinzip des Wettbewerbs um Ansehen und Macht, das in allen menschlichen Gesellschaften zu finden ist und auf höherer Stufe von der Völkerkunde als »Potlatch-Fest« bezeichnet wird. Die Bezeichnung, von einem indianischen Wort für »geben« abgeleitet, meint die großen Geschenkverteilungsfeste bei den Indianerstämmen der Nordwestküste Nordamerikas. Ohne hier auf den sozusagen volkswirtschaftlichen Aspekt der Sache einzugehen, kann gesagt werden, daß diese Art des Wettstreits um Ansehen sich nur in der Methode von einem »Krieg« zwischen verschiedenen Stämmen unterscheidet, der ebenfalls nur um des Ansehens willen geführt wird.

Dieses Motiv gehört aber schon zu den »höheren« Motiven. Bei den schweifenden Jägerhorden gab es keinen Zustand, den man als Krieg hätte bezeichnen können. Nur Blutrache und Frauenraub lösen eine Reaktion der Horde aus, die im übrigen ohne Warnung und aus dem Hinterhalt reagiert, wenn das eigene Jagdrevier von der fremden Horde verletzt wird. Dabei geht es wohl nicht so sehr um die Gefahr, die spärliche Beute mit anderen teilen zu müssen, als um die Verletzung von Tabus, etwa der Ahnengräber oder der heiligen Stätten.

Der australische Ureinwohner oder der Eskimo ist nicht von Natur friedlicher als andere Menschen – wobei der Begriff Natur noch genauer zu untersuchen wäre –, sondern er lebt in Verhältnissen, in denen nichts ihn zum Kampf motiviert.

Die Erfahrung, daß sich Menschen aus Unvernunft ausrotten können, ist nicht so neu, wie sie scheint. Infolgedessen gibt es bereits in frühen Kulturstufen Rituale, um die gegenseitige Ausrottung zu verhindern, das Mißtrauen abzubauen oder diplomatische Beziehungen aufzunehmen.

Bei einigen Stämmen am Amazonas, die mit vergifteten Pfeilen jagen, sind bestimmte Gebärden erforderlich, um einem plötzlich im Dschungel auftauchenden Mann die eigene friedliche Absicht glaubwürdig mitzuteilen – zu schnell flackert sonst das Mißtrauen auf, das zu Blutvergießen und zwangsläufig zur Blutrache führen würde. Bei den Indianern Nordwestamerikas gab es im heutigen südwestlichen Minnesota jene Pfeifensteinbrüche, in denen das Material für die Herstellung der kostbaren Kalumets gewonnen wurde, der Friedenspfeifen aus Katlinit, die im Rat der Häuptlinge mit Adlerfedern geschmückt reihum gingen. Auch dies, das Rauchen der Friedenspfeife bei diplomatischen Verhandlungen und Gipfelkonferenzen, bedeutete ja ein Ritual zur Friedenssicherung. Das Räucheropfer war dem Manitu geweiht, so standen auch die Steinbrüche unter einem Tabu, und niemand durfte in diesem Bereich den Frieden brechen und seinen Tomahawk erheben, auch gegen seinen erbittertsten Feind nicht (Birket-Smith).

Gegen Frauen und Kinder, wie das heute unter technisierten Staaten üblich ist, wurde kein Krieg geführt, wenn auch Frauen das Objekt eines Überfalls sein konnten. Selbst der australische Ureinwohner kannte, bevor ihn die Zivilisation verdor-

Kampfbeil *eines afrikanischen Häuptlings aus Baluba, Kongo. Museo Nazionale Preistorico Etnografico »Luigi Pigorini«, Rom.*

ben hat, eine Art Immunität, nämlich den »zwischenstaatlichen« Boten. Dieser Mann hatte das Amt, z. B. wichtige Todesfälle mitzuteilen, Einladungen zu Jugendweihen oder gemeinsamer Jagd zu überbringen und überhaupt zwischen den verschiedenen Stämmen Nachrichten zu übermitteln. Neben dieser normalen Diplomatie gab es die Sonderbevollmächtigten. Sie wurden vom Stamm geschickt, wenn es sich darum handelte, Übereinkünfte abzuschließen oder einen Frieden zu vermitteln. Wie der heutige Diplomat genossen sie Immunität, ihnen ist die Unverletzlichkeit ihrer Person garantiert, so können sie sich, auch im Feindesland, vollkommen sicher bewegen. Ihr Ausweis ist der Botenstock oder eine Platte, die gelegentlich zur Gedächtnisstütze einfache Bildsymbole trägt.

Nun ist Friede aber auch für Naturvölker kein Naturzustand. Bei den Prärieindianern Nordwestamerikas hing zum Beispiel das Ansehen des einzelnen Kriegers von seinen Taten auf dem Kriegspfad ab, von seiner »kill-rate«. Bei den Dajak auf Borneo glaubt man, ein junger Mann sei erst dann zeugungsfähig, wenn er seinen ersten Schädel erbeutet habe. In beiden Fällen hängt also das Prestige vom Blutvergießen ab, so daß allein dies ein Grund wäre, Kriege zu führen. Bei vielen sogenannten »niederen Ackerbauern« herrscht in der Tat ein latenter Kriegszustand, weil ständig aus kultischen Gründen zur Wahrung der Fruchtbarkeit neue Köpfe beigebracht werden müssen; man weiß nicht genau, ob das Skalpieren der Indianer denselben ideologischen Grundlagen entstammt wie die Kopfjagd auf Neu-Guinea. Auch die Kriege der Azteken, also die einer Hochkultur, dienten vor allem kultischen Zielen, weil stets genug Kriegsgefangene für die »Ernährung« des Sonnengottes vorhanden sein mußten.

Wo der Verzehr von Menschenfleisch zur Sucht geworden ist, vielleicht auch zum Prestigefaktor, finden ständig Überfälle statt, um Fleisch zu beschaffen. Kannibalismus konnte ja im familiären Bereich dazu führen, daß der Mann seine Gattin oder Kinder verzehrte; Beispiele sind aus allen Erdteilen überliefert, auch gibt es alle »marktwirtschaftlichen« Formen, also Lagerhaltung, Mästung, Vermarktung des lebenden Menschenfleisches und die spezielle Aufbereitung bis hin zu Wurstwaren, säuberlich gewickelten Portionspackungen und der Nutzung der Abfallprodukte wie Sehnen, Knochen und Fett, das als Brennmaterial verwandt wurde. Außer religiösen oder magischen Motiven, Menschen zu fangen und zu töten, hat es also auch ganz materielle Interessen gegeben. Christian Spiel nennt in seinem Buch über Kannibalismus verschiedene Stämme, z. B. die Marquesas der Südsee, die südamerikanischen Cobeu, die Bewohner der Küste von Bougainville, die wiederholt »Fleischkriege« gegen benachbarte Stämme geführt haben.

Bei den niederen Ackerbauern besteht überhaupt vielfach ein dauernder Kriegszustand, der freilich oft eher einem spielerischen Wettkampf gleicht als einem mit Prinzipien geführten Krieg, wie er unter zivilisierten Staaten üblich ist. Diese Kämpfe werden im allgemeinen nicht mit Haß ausgetragen, man will nichts erobern und niemanden ausrotten. Um zum Beispiel des Anfangs zurückzukehren, zur Demütigung der Ségar durch die Bora-Bora, und deren Überfall, der nun seinerseits Rache fordert: Bei Morgengrauen überfallen die Bora-Bora die Ségar, zünden die Hütten an und schütten sich aus vor Lachen, als die schlaftrunkenen Ségar wie Erdferkel in den Wald rennen. Verletzt wurde niemand, aber man weiß genau, bei nächster Gelegenheit werden sich wiederum die Ségar rächen, das Spiel geht weiter und endet nie – es sei denn, es steigerten sich die Auseinandersetzungen bis zum echten Krieg. Selbst auf dieser Insel kommt es vor, daß ein Stamm die anderen terrorisiert, daß er wie eine Erpresserbande unverschämte Ansprüche stellt – etwa den, die Frauen eines friedlichen Nachbarstammes zu besitzen –, und daß Kriege erbittert geführt werden. Die Warés auf Neu-Guinea zum Beispiel überfielen vor einigen Jahren ihre Nachbarn und ließen die Erschlagenen auf dem Schlachtfeld liegen, gekennzeichnet mit einem Büschel rot gefärbter Federn. Solche Markierungen kommen häufig vor. Sie verhindern, daß später falsche Personen als Mörder verdächtigt und in den Teufelskreis der Blutrache gezogen werden, und sie vergrößern den Ruhm dessen, der das Zeichen hinterläßt. In diesem Fall wirkten die Federn als psychologische Kriegführung, und schon bald flohen die ersten Stämme zur Küste, um den Warés zu entgehen.

Blitzkriege und Flüchtlingselend, Diplomatie und Friedensschluß, das alles gibt es schon in steinzeitlichen Kulturstufen, und so unterscheidet sich ein solcher Krieg weder im Guten noch im Bösen von dem des 20. Jahrhunderts, nur daß dem modernen Menschen Nuklearwaffen zur Verfügung stehen, seine Mittel zur Sicherung des Friedens aber beschränkt und allein in der Vernunft begründet sind.

Antiker Militarismus

Es hat in der Antike einen Staat gegeben, der weder mit seinem Sieg über seinen Nachbarn noch mit dem Frieden und der »Nachkriegszeit« fertig geworden ist. Sein ganzes Bestreben war, diesen eben in einem erbitterten Ringen niedergeworfenen Gegner niederzuhalten, und um dies zu leisten, stellte sich der gesamte Organismus des Stadtstaates auf diese Aufgabe um – wie ein Körper, der auf eine einzige Leistung trainiert wird.

Messenien, eine fruchtbare Landschaft im südwestlichen Peloponnes, hatte die Eroberungslust der Spartaner gereizt, und in zwei Kriegen war es ihnen gelungen, die Messenier zu unterwerfen. Die Eroberung sollte das Leben Spartas erleichtern, seinen Wohlstand fördern, denn bis zum Zweiten Messenischen Krieg war Sparta ein griechischer Stadtstaat wie Athen oder Theben, kein Militärstaat. Aber die Eroberung Messeniens war mit letzter Kraft gelungen, und nun blieb Sparta an seine Aufgabe geschmiedet, seine Herrschaft über die Messenier behaupten zu müssen. Toynbee, der diesem Problem in seiner Studie über den Militarismus ein Kapitel gewidmet hat, schreibt dazu, die Spartaner, die im ersten Krieg Messenien erobert hätten, um für sich zu leben, wären in der Folgezeit gezwungen gewesen, ihr Leben aufzugeben für die Aufgabe, Messenien zu halten.

Gesellschaftliche Entwicklungen, die an Selbstverstümmelungen grenzten, prägten das Leben jedes einzelnen Spartaners bis zu seinem Tode und unterwarfen es dieser einen Aufgabe. So entstand das von Toynbee so genannte »Lykurgische System«, das alle Kräfte dieses Staates dem politischen Ziel unterordnete. Das Volk wurde für den Krieg gezüchtet wie eine Herde Bracken für die Hetzjagd, man nahm weder auf Geburt und Herkunft noch auf menschliche Beziehungen Rücksicht, die außerhalb des Militärkaders lagen. Wenn es damals eine technische Rüstung gegeben hätte, wäre Sparta der erste Staat gewesen, der über Atomwaffen verfügt hätte. Mit sieben Jahren wurde der Spartaner aus dem Elternhaus geholt und einer unbarmherzigen Erziehung und Auslese unterworfen; wenn er sechzig

Jahre war, für damalige Verhältnisse ein hochbetagter Greis, entließ man ihn aus der Gemeinschaft – er hatte weder seine Hochzeitsnacht außerhalb der Kaserne verbringen noch je eine Mahlzeit zu Hause einnehmen dürfen.

Der größte Zwang wurde mit psychologischen Mitteln ausgeübt. Der »Überbau« der moralischen Werte ist folgerichtig auf die Zielsetzung des Staates geeicht. Xenophon schreibt: »Und ich will es nicht unterlassen, zu erklären, wie Lykurg dafür sorgte, daß die Spartaner danach handelten. Er sorgte dafür, indem er dem Tapferen ein sicheres Glück, dem Feigen aber ein sicheres Unglück verbürgte. In den anderen Gemeinwesen besteht die einzige Strafe eines Feiglings darin, daß er als solcher gebrandmarkt wird. Im übrigen steht es ihm frei, nach seinem Belieben mit tapferen Männern zusammen zu arbeiten und zu spielen. In Sparta dagegen würde sich jedermann schämen, einen Feigling als Messekameraden (Anm.: Messe = militärische Verpflegungs- und Wohneinheit) oder Partner bei den Leibesübungen zu haben.« Die Ächtung des Mannes, der den Anforderungen nicht entsprochen hat, ist vollkommen. Er lebt außerhalb der Gesellschaft, kann von jedem gezüchtigt werden, kann weder heiraten noch sonstige Beziehungen unterhalten und muß eine Geldbuße zahlen. »So bin ich meinerseits durchaus nicht überrascht, daß in einem Gemeinwesen, in dem Feigheit mit einer so schrecklichen Strafe geahndet wird, der Tod wünschenswerter ist als ein Leben in solcher Schande und Unehre.«

Lykurg war ein Gott, die mit seinem Namen verknüpfte politische Leistung wird nach Auffassung der Historiker wesentlich dem Chilon zuzuschreiben sein, der um 556/555 v. Chr. einer der führenden Männer Spartas gewesen ist. Man hat ihn in der Antike zu den »sieben Weisen« gezählt, und er dürfte nur Exponent jener Schicht gewesen sein, die von der Eroberung Messeniens am meisten profitierte.

Eine hochgeschraubte Rüstung mit allen ihren psychologischen Konsequenzen ist charakteristisch für einen Staat, der in einer ständigen Drohhaltung lebt. In Sparta ist diese Lebensform zum Selbstzweck geworden und hat bis zum Zusammenbruch Griechenlands über 200 Jahre existiert, nachdem Messenien schon längst für Sparta verloren war.

Schon das Beispiel Spartas zeigt alle Züge des Militarismus, der in der Geschichte immer wieder aufgetreten ist und offenbar auf bestimmte Grundsituationen zurückgeht. Auch der moderne Rüstungswettlauf zwischen den Machtblöcken zeigt diese Ausgangslage. Stets nimmt man an, der potentielle Gegner sei stärker gerüstet als man selbst, und stets unterstellt man ihm die schlechtesten politischen Absichten (Senghaas).

Die Politik der Stärke ist uralt, und sie bedient sich der ewig gleichen Argumente. Wenn du den Frieden willst, sagt ein lateinisches Wort, dann bereite dich auf den Krieg vor. Die geschichtliche Erfahrung lehrt, daß die Vorbereitung auf den Krieg den Willen zum Krieg voraussetzt und daß die Angst vor dem Gegner um so mehr geschürt wird, je stärker gewisse herrschende Kräfte von einem Krieg profitieren würden. Man hat in den vergangenen Jahrtausenden Niederlagen im Krieg dem Neid der Götter zugeschrieben, dem Strafgericht Gottes oder auch äußeren Zufällen; erst im Laufe der Zeit hat man gelernt, daß Krieg und Frieden in der Sprache des Militaristen synonym, d. h. austauschbar sind.

Es gab in Sparta keine andere als die militaristische Lebensform, keine Trennung von militärischem und zivilem Leben, keinen anderen Daseinszweck als den, sich auf den Krieg vorzubereiten – und genau diese Durchdringung des gesamten öffentlichen und zivilen Lebens mit Kriegsdrohung und Kriegsangst, ins Riesenhafte vergrößert, kennzeichnet die heutige Situation der Großmächte, die sich der Eigengesetzlichkeit des Rüstungszwanges kaum noch entziehen können. Sparta bietet indessen nicht das einzige Beispiel, was der Militarismus, diese Angstinfektion des kollektiven Bewußtseins durch die Ängste der herrschenden Klasse, in einer Gesellschaft anrichten kann.

Auch die Herrscher von Assur sind Kriegsherrscher gewesen. Ihre Kriegsmaschinerie war auf ihre Art vollkommen. Zur Zeit Assurbanipals (669–626 v. Chr.) gab es Streitwagengeschwader und halbschwere Bogenschützen zu Pferde, gepanzerte Bogenschützen zu Fuß, Schwerbewaffnete mit Speer und Schild, andere mit Brustschild und schließlich Spezialtruppen wie Pioniere, die über Sturmtürme, Rammböcke und Katapulte verfügten. Wie die spätere Armee der Spartaner war auch diese unwiderstehlich und stärker als die aller anderen Völker, die sich dem Rüstungszwang nicht in der gleichen Weise unterworfen hatten. Das Instrument, das die militärische Aggression ermöglichte, blieb nicht ungenutzt, und als Tiglatpilesar die syrischen Staaten unterwarf, hatte er die militärische Logik auf seiner Seite, wenn auch nicht die politische Vernunft. Der Konflikt mit Ägypten war unausweichlich, und er endete mit der Unterwerfung der Ägypter durch die Assyrer – aber ein Land wie Ägypten war ebensowenig auf die Dauer zu unterwerfen wie das Volk der Messenier durch Sparta oder etwa China durch Japan – die Liste ließe sich um viele Namen verlängern.

Je größer das auf Gewalt gegründete Imperium, desto fragwürdiger seine Macht, desto gefährdeter seine Existenz, desto unausweichlicher sein Sturz. Toynbee beschreibt die Symptome des Verfalls: Den Übergang vom wehrhaften Bauerntum zum stehenden Herr, die Häufung von Palastrevolutionen und Bauernaufständen, den Terror, mit dem die Militärkaste den Willen der heute Unterworfenen und der Rebellen von morgen zu brechen versucht. Die Assyrer haben Damaskus zerstört, ebenso Samaria, Sidon, Memphis und Susa. Nur Tyrus und Jerusalem blieben unzerstört, bis Ninive selbst im Jahre 612 v. Chr. durch die vereinigte Macht der Meder aus dem Iran und der Babylonier unter König Nabopolassar zerstört wurde und das Reich der Assyrer zusammenbrach. Im Neuen Testament ist der Sturz des Militarismus, der Zusammenbruch eines auf Gewalt gegründeten Reiches in der Gleichnisform früher Weisheitslehren erfaßt: »Wenn ein starker Gewappneter seinen Palast bewahrt, so bleibt das Seine in Frieden. Wenn aber ein Stärkerer über ihn kommt, so nimmt er ihm seinen Harnisch, darauf er sich verließ, und teilt den Raub aus.«

Zwischen den Stadtstaaten des Vorderen Orients herrschte ein permanenter, von der Bevölkerung als unerträglich empfundener Zustand latenter Gewalt, und jeden Tag konnte die Vernichtung über die Stadt hereinbrechen. Die Angst vor der Zukunft, gewiß nicht kleiner als die im Atomzeitalter, machte für die Einsicht bereit, daß Konflikte nicht durch Gewalt gelöst werden können und daß durch Gewalt neue Gewalt heraufgerufen wird – eben dies ist auch die Erkenntnis aller, die sich heute um Frieden mühen.

Mit ihren Leichen füllte ich die Straßen der Stadt, schreibt Sanherib, der König der Assyrer, auf der Felsinschrift nördlich von Ninive. Er spricht von der Eroberung Babylons, das er 689 v. Chr. niederwarf: »Wie ein Orkan warf ich es nieder. Die Stadt umgab ich mit einem Kordon. Abgabe und Beute eroberten meine Hände. Ihre Bewohner, ob groß, ob klein, ließ ich nicht am Leben.« Unbarmherzig und unbeirrbar haben die Soldaten Sanheribs alles umgebracht, was Leben zeigte. Vorläufer der uniformierten Mörder aller Zeiten, die den Gehorsam über ihre Gefühle stellten. »Die Stadt und ihre Häuser zerstörte, verwüstete und verbrannte ich von den Grundmauern bis zu den Dachfirsten. Die Mauern, Tempel und Götter, die Tempeltürme aus Backstein und Lehm schleifte ich, soviel ihrer waren, und schüttete sie dann in den Arahtu-Kanal. Mitten durch die Stadt zog ich Kanäle und überflutete das Weichbild des Ortes mit Wasser. Ihren Grundriß zerstörte ich. Ich machte ihre Zerstörung vollständiger, als es eine Überschwemmung vermocht hätte.« Kein Gefühl für Menschlichkeit hinderte den Herrscher, zu vernichten, was ihm im Weg stand, kein Völkerrecht bezeichnete als Völkermord, was Völkermord war, und keine öffentliche Meinung prangerte an, was niemand hätte verhindern können.

Nur selten haben die Leiden der Unterlegenen das historische Gedächtnis der Menschen beschäftigt, ihre Vorstellungskraft erschreckt. In die Predigten des Propheten Jesaja ist die Erinnerung an die Kriegswagen der Assyrer eingegangen: »Keiner unter ihnen ist müde oder schwach. Keiner schlummert oder schläft. Keinem geht der Gürtel von den Hüften. Ihre Pfeile sind scharf und ihre Bogen gespannt. Keinem zerreißt ein Schuhriemen. Ihrer Rosse Hufe sind hart wie Kieselsteine. Ihre Wagenräder wirbeln wie Sturmwind. Ihr Gebrüll ist wie das Gebrüll der Löwen, und sie brüllen wie Junglöwen. Sie brausen daher und packen ihren Raub und tragen davon, und niemand wird retten.« Auch das Buch Habakuk enthält solche Stellen. Es gibt keine Chronik, die alle Schrecken der Welt festhielte, von den Metzeleien der Reitervölker bis zu den Massakern an der eingeborenen Bevölkerung in Afrika, Asien und Südamerika.

Daß der Krieg die Bestie im Menschen entfesselt, braucht einem Zeitgenossen des Zweiten Weltkrieges und des Vietnamkrieges nicht gesagt zu werden; trotzdem bleibt es unbegreiflich, daß in gewissen Situationen die moralische Tötungshemmung versagt und Menschen, die einzeln verträgliche Wesen sind, sich in eine Art Blutrausch steigern. Der Befehl der Herrscher dient dabei nur als Alibi für die eigene Triebbefriedigung; Widerstand gegen den Willen dessen, der seinerseits in höherem Auftrag herrscht, ist undenkbar und liegt wohl außerhalb der Vorstellungswelt eines einfachen Kriegers.

Für Europa verkörpern sich alle Schrecken des Krieges in dem Namen eines Attila, eines Dschingis-Khan, für den Vorderen Orient ist es Timur Lenk, der lahme Timur, dessen Name noch nach Jahrhunderten mit Entsetzen genannt wird. Die Ursache dieses Entsetzens ist die Erfahrung, welche die zivilisierten Bauernvölker mit den mongolischen Eroberern gemacht hatten. Die Mongolen sind Nomaden, deren Reichtum in ihren Schaf- und Pferdeherden besteht. Sie jagen wie die Wolfsrudel der Steppe, geduldig und zäh den Feind beobachtend und ihn blitzschnell angreifend, um ebensoschnell wieder von ihm abzulassen. Der Raubüberfall in der Steppe beachtet bestimmte Regeln. Die Gegner werden massakriert, wenn man sie weder als Sklaven benötigt noch als Krieger einsetzt; sie über weite Strecken hin im Kriegszug mitzuführen ist oft unmöglich, auch hat das Leben für diese Menschen nicht diesen hohen Wert, den ihm der zivilisierte Mensch zulegt – die Ehre des Kriegers wog schwerer. Die mongolischen Reiter, anspruchslose Hirten, die im rauhen Leben der Steppe zu überleben gelernt hatten, beseelte nur der Wunsch nach Beute, wenn ihre Kriegslust geweckt war. Sie verstanden im Galopp zu schießen und trafen mit dem Pfeil auf 400 m ihr Ziel. Ihre Taktik, ihre Härte und Genügsamkeit sicherten ihnen die militärische Überlegenheit gegen alle Gegner, ob es nun Perser, Chinesen oder Europäer waren. Erst die Artillerie des Westens kehrte mit einem Schlage diese Überlegenheit um.

Wenn die Mongolen eine bewohnte Stadt erobert hatten, schlug ihre Kampfbereitschaft in Haß und Angst um. So viele Menschen, wimmelnd wie Ameisen, so viele Kostbarkeiten und Reichtümer, alle diese Plätze und Brunnen, Häuser und Straßen verwirrten die Krieger, die sich vorkommen mußten wie in einem Schlaraffenland für Beutejäger, bewohnt von Wesen, die keine Mongolen und somit auch keine Menschen waren. Doch von solchen Spekulationen abgesehen: Die schrecklichsten Massaker der Weltgeschichte sind nicht der Mordlust der Krieger, sondern dem sadistischen Zorn einzelner Herrscher zu verdanken.

Von Attila (gotisch: Väterchen), dem Hunnenkönig, der mit seinen Reitern ein Reich vom Kaukasus bis zum Rhein beherrschte und in Ungarn residierte, sind solche Taten nicht bekannt, wenn auch die Kampfesweise seiner Steppenreiter den Europäern das Blut in den Adern gefrieren ließ. Die Schlacht westlich von Troyes Ende Juni 451, die berühmte »Schlacht auf den Katalaunischen Feldern« verlief unentschieden, hatte aber doch zur Folge, daß Europa nicht unter mongolische Herrschaft geriet wie etwa Rußland. Der Schrecken dieser Begegnungen mit den mordenden, plündernden Tataren ist mehrfach erneuert worden und sitzt dem Mitteleuropäer noch heute in den Knochen: Attila wurde, weil so viel Entsetzen sonst nicht ins mittelalterliche Weltbild einzubauen war, zur Gottesgeißel. Im Frühling 452 brandschatzte er Aquileia, Mailand und Pavia, doch verlor er vor den Mauern Zeit. Kaiser Valerian III. verließ fluchtartig Rom. Attila aber griff nicht an, sondern ließ sich von Papst Leo dem Großen, der ihm einen Tribut und die Hand der Kaisertochter Honoria versprach, davon abhalten. Er kehrte zurück nach Ungarn und starb im Bett mit Idilko, der Urgestalt der Kriemhild.

Auch für Attila war die Vernichtung von Städten, der kalkulierte Schrecken, der geplante Terror, ein strategisches Mittel. Aquileia, das er dem Boden gleichmachen ließ, erholte sich nie wieder von dieser Vernichtung, auch die Massaker, bei denen Überlebende das Entsetzen verbreiten sollten, waren Ergebnis kalter Berechnung, nicht sadistischer Leidenschaft. Er handhabe die Angst seiner Gegner wie ein politisches Instrument, glich die zahlenmäßige Unterlegenheit seiner Reiterheere durch psychologische Kriegführung aus. In Europa herrschte seitdem Weltuntergangsstimmung, stärker als im Zeitalter der Nuklearwaffen.

Auch für China hat es einen »Attila« gegeben. Liu Ts'ung (310–318) eroberte Lo-yang, die chinesische Hauptstadt, brannte den kaiserlichen Palast nieder und nahm den Kaiser gefangen. In Chang-an wurde 312 die Hälfte der Bevölkerung massakriert. Der gefangene Kaiser wurde in die Residenz des Hunnenkönigs geschickt, wo er diesem als Mundschenk zu dienen hatte, als Zielscheibe rohen Spot-

Die Harkortsche Fabrik *auf Burg Wetter.*
Gemälde von Alfred Rethel, um 1834. Demag AG., Duisburg.

Das »Kriegerdenkmal« *der Maya in Chichén Itzá mit der liegenden Figur des Regengottes Chacmol. Erste Hälfte 2. Jahrtausend.*

Maya-toltekische Kriegerfigur *aus Ton, erste Hälfte 2. Jahrtausend. Archäologisches Nationalmuseum, Mexiko.*

Eine mittelalterliche Stadt *wird mit Hilfe eines Wandelturmes erobert. Spanische Miniatur, 13. Jh. Nationalbibliothek, Madrid.*

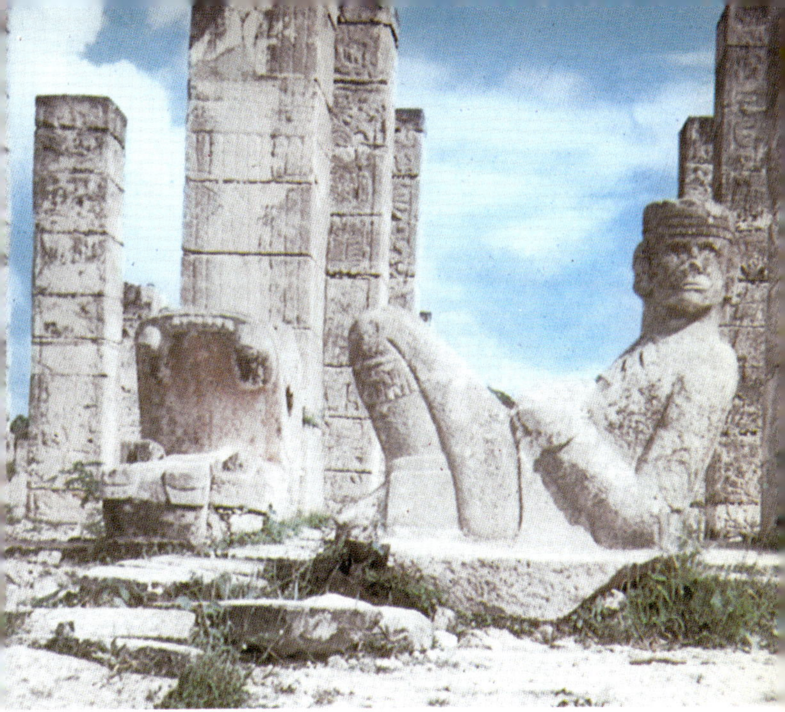

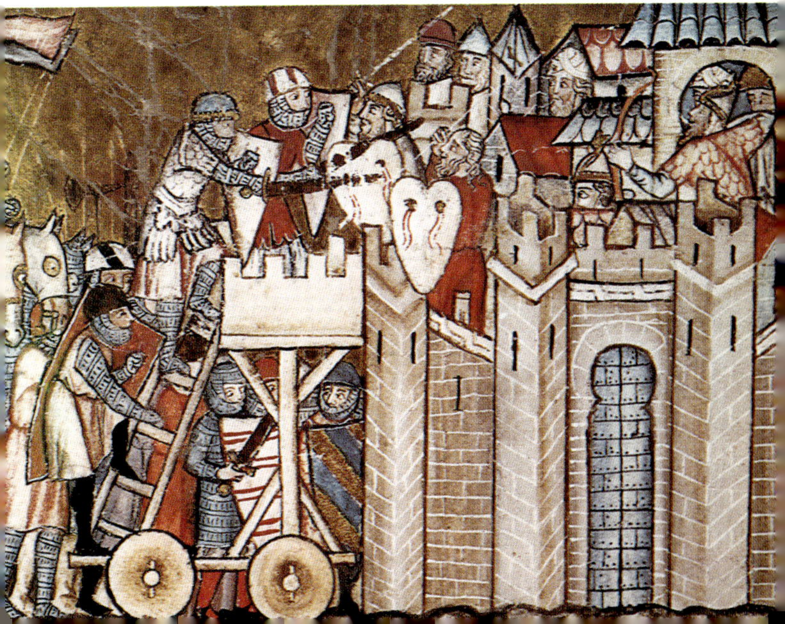

Ein römischer Kriegswagen. *Spätrömisches Bronzerelief. Konservatorenpalast, Rom.*

Zeltlager des sienesischen Feldherrn Guidoriccio da Fogliano. Fresko des Simone Martini (um 1280/85–1344) im Palazzo Pubblico in Siena (Ausschnitt).

Die Alexanderschlacht *gehört zu einer Folge von Geschichtsbildern, die Herzog Wilhelm IV. von Bayern für das Lusthaus im Rosengarten der Residenz zu München bestellt hatte. Die unmittelbare allegorische Beziehung zu Alexander dem Großen, dem bedeutendsten Feldherrn der Antike, kann nur als symbolische Verherrlichung Wilhelms IV. selbst interpretiert werden.*
Gemälde (1529) von Albrecht Altdorfer (Ausschnitt). Alte Pinakothek, München.

Die Muskete *ist ein Gewehr mit Luntenschloß und wird beim Schießen vom Musketier auf eine Gabel aufgelegt. Aus einem Waffenbuch mit Illustrationen des Jacob van Geyn, den Haag 1608.*

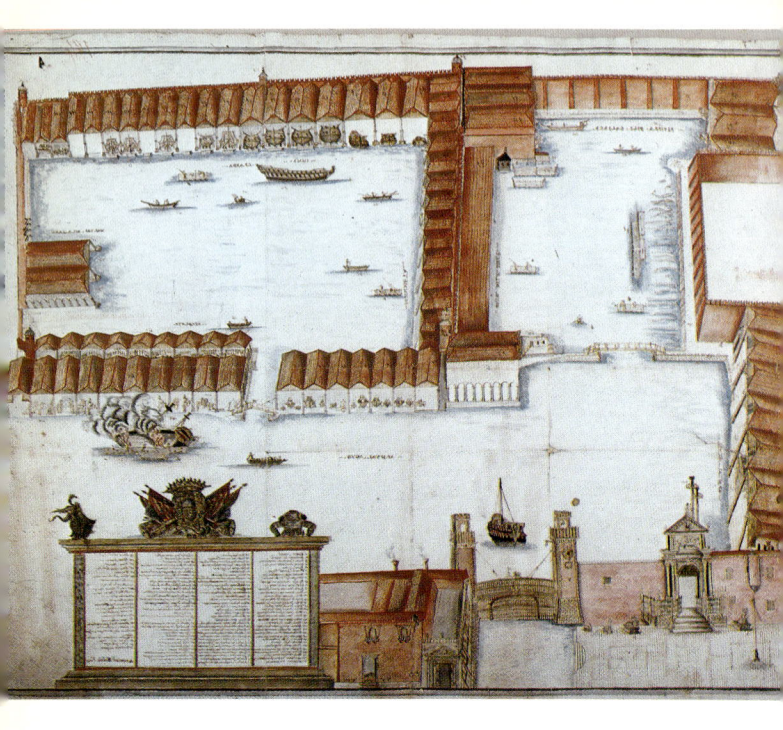

Das Waffenarsenal in Venedig. Die Venezianer besaßen eine beachtenswerte Flotte, die Italien mehrfach aus feindlicher Hand gerettet hatte.
Gemälde von Antonio Natale, 18. Jh. Museo Correr, Venedig.

tes und Opfer zahlloser Demütigungen, wie man annehmen darf, bis der Hunne ihn hinrichten ließ. Auch den nächsten chinesischen Kaiser nahm man gefangen und zwang ihn, »bei Banketten Becher zu spülen«, ehe man ihn tötete. China wich vor den »Barbaren aus dem Norden« nach Nanking zurück, wo die zweite Chin-Dynastie gegründet wurde – ähnlich wie die Erben Roms nach dem Einbruch der Germanen nach Konstantinopel auswichen (Grousset). Eine »Geißel der Menschheit« war auch Dschingis-Khan, und seine Zerstörungen im Ost-Iran übersteigen alles, was man Attila in Europa und Mihirakula in Indien zuschreibt. Viele Städte wie Samarkand und Buchara wurden vernichtet, die Bevölkerung massakriert, nur qualifizierte Handwerker transportierte man in die Mongolei. Gurgandj, das heutige Urgendji bei Chiwa, die alte Hauptstadt des Landes, wurde dem Erdboden gleichgemacht und mit den Wassern des Amu-darja überflutet, das uralte Rezept der Vernichtung. Als der Sohn des Groß-Khans Tului im Jahre 1221 die Stadt Merw einnahm, ließ er auf der Ebene vor der Stadt die gesamte Bevölkerung, Männer, Frauen und Kinder, enthaupten. Sie wurden in Gruppen aufgeteilt und den verschiedenen Bataillonen zugewiesen. Tului selbst, auf einem goldenen Stuhl sitzend, leitete das Massaker, bei dem nur 400 Handwerker verschont wurden.

Mihirakula (zwischen 502–530) herrschte im östlichen Pandschab und wird als Zerstörer Gandharas genannt, jener blühenden Provinz, in der sich hellenistische und indische Einflüsse nach Alexanders Eroberung mischten. Er soll sich nach Kaschmir zurückgezogen haben und wird in alten Quellen als Menschenquäler bezeichnet, der nach buddhistischen Texten einen schrecklichen Tod erlitten haben soll.

Wenn Attila der finstere Barbar und Dschingis-Khan der unerbittliche Feldherr gewesen ist, ein Mann nicht ohne Weisheit und Großmut, so war Tamerlan, der »hinkende Timur«, ein aufgeklärter Tyrann, aber ein Sadist. Auf ihn gehen die Schädelpyramiden zurück, diese vergänglichen Mahnmale menschlicher Brutalität. Dehli, ein Schatzhaus turko-afghanischer Sultane, die ihrerseits die indischen Rajahs ausgeplündert hatten, sollte geschont werden, aber die Bevölkerung empörte sich gegen die Brutalität der Mongolen, die ihrerseits die Menschen hinschlachteten – Pyramiden von abgeschlagenen Köpfen türmten sich an den vier Ecken der Stadt. Ebenso erging es Aleppo und Damaskus. Nachdem Tamerlan in der Schlacht bei Tschibukabad bei Ankara am 20. Juli 1402 über Sultan Bajazid gesiegt hatte – fast eine Million Menschen nahm auf beiden Seiten teil –, lag die Türkei seinem Zugriff offen; das Osmanische Reich hatte zu bestehen aufgehört. Tamerlan, der seine Hauptstadt Samarkand verschönerte und die Künste liebte, ein Mann von Kultur und Lebensart, ließ Bursa und Nizäa niederbrennen; die Festung Smyrna, die den Rittern von Rhodos gehörte, eroberte er in weniger als zwei Wochen. Daß Tamerlan die Osmanen vernichtet hatte, rettete übrigens Byzanz, das kurz vor dem Zusammenbruch stand, für die nächsten fünfzig Jahre bis zur Eroberung durch die Türken im Jahre 1453. Toynbee schreibt in seiner Studie »Krieg und Kultur«: »Für die große Zahl derer, denen der Name Timur Lenk oder Tamerlan überhaupt etwas bedeutet, ist er es eines Militaristen, welcher in einer Zeitspanne von vierundzwanzig Jahren ebenso viele Greueltaten verübt hat wie die ganze Reihe assyrischer Könige von Tiglatpilesar III. bis zu Assurbanipal einschließlich in einem Jahrhundert.« Toynbee zählt eine Bilanz der Schrecken auf, die 70000 Opfer der Isfahan, deren Köpfe zu Minaretten aufgeschichtet wurden, die 4000 Mann Besatzung von Siwas, die er lebendig begraben ließ, und die Schädelpyramiden von Takrit und Syrien.

Dem organisierten, befohlenen Massaker, das sich in neuerer Zeit der Gaskammern, der Atombomben bedient, entspricht ein Morden, das in einem Blutrausch mündet. Man kennt die Berichte aus der sogenannten Bartholomäusnacht am 24. August 1572, als 2000 Hugenotten in Paris und in der Provinz rund 20000 Menschen niedergemacht wurden. Ausgelöst wurde dieses Morden durch den Entschluß, die konfessionellen Konflikte der Einheit des französischen Staates unterzuordnen. Das Massaker selbst, das seinen Veranstaltern, der Katharina von Medici und ihren Ratgebern, die Glückwünsche aller katholischen Majestäten und die Abscheu der Protestanten eintrug, brachte niemandem Gewinn. Der Protestantismus wurde dadurch nicht ausgerottet, die Macht der katholischen Kirche nicht gestärkt.

Heinrich Mann, selbst Zeitgenosse des Völkermordes an den Juden Deutschlands, hat sich in seinem Roman »Jugend des Königs Henri Quatre«, der zwischen 1935 und 1938 in der Emigration geschrieben wurde, auf historische Quellen gestützt und ein Panorama bürgerlicher Mordlust entworfen, die von den Umständen begünstigt aufflammt, als sei sie nur eine andere Art Begeisterung: »Ihr Geschäft war überall das gleiche: töten und sterben; und es geschah mit der höchsten Emsigkeit, dem Schwung der Glocken vergleichbar und angepaßt dem Takt des Mordgeschreis. Pünktliche Arbeit, und dennoch wieviel Abwechslung und Eigenheit! Ein Kriegsknecht schleifte einen alten Mann, ordentlich an die Leine gebunden, über den Boden, damit er ihn in den Fluß würfe. Ein Bürger erschlug einen anderen mit Sorgfalt und Genauigkeit, dann lud er ihn sich auf und trug ihn zu einem Haufen, wo schon alle nackt waren. Das Volk entkleidete die Toten: das war Sache des Volkes, nicht der ehrbaren Leute. Jedem das Seine. Ehrbare Leute entfernten sich eilig mit schweren Geldsäcken; sie kannten in den Häusern der andersgläubigen Nachbarn den Ort, wo etwas aufbewahrt wurde. Manche trugen ganze Truhen, wozu sie wieder die Schultern des Volkes benötigten. Ein Hund leckte seiner erstochenen Herrin die Wunde, der gerührte Mörder mußte ihn streicheln, bevor er zum Folgenden schritt. Denn sie haben auch ein Herz. Sie morden vielleicht im Leben nur einen Tag, aber Hunde verziehen sie alle Tage.«

Es wäre erleichternd, könnte man nach diesem Überblick über weltgeschichtliche Untaten feststellen, daß derlei heute nicht vorkäme; das Gegenteil ist der Fall, die Technik hat nur die Dimensionen des Mordens vergrößert, und es scheint, als hielte nicht Einsicht, sondern Furcht den Deckel auf der Büchse der Pandora fest.

Helden und Rüstung

Lähmendes Grauen durchfährt die Trojaner, als sie den mächtigen Ajas sehen, von dem Homer sagt: »Ajas nahte und trug den Schild einem Turme vergleichbar, ehern und siebenhäutig, den Tyhios künstlich gefertigt, hochberühmt in des Leders Bereitung, aus Hyle gebürtig.« An den Waffen erkennt man den Helden, das ist bei Homer nicht anders als in der Bibel, in der Goliath geschildert wird: »Er hatte einen ehernen Helm auf dem Haupt und trug einen Schuppenpanzer, und das Gewicht seines Panzers betrug hundert Pfund Erz, er hatte eherne Schienen an den Beinen und einen ehernen Wurfspieß auf dem Rücken. Der Schaft seines Speeres war so stark wie ein Weberbaum, die Spitze seines Speeres wog zwölf Pfund Eisen, und der Schildträger schritt vor ihm her.« Seit Menschen einander bekämpfen, gibt es Kriegsruhm, der »Toten Tatenruhm«, wie die Edda sagt, als Held wird die Sonne gedacht, in Vergleichen des Kampfes sucht man die Rätsel des Kosmos zu lösen. Dies alles gilt erstaunlicherweise nur für den europäisch-asiatischen Kulturkreis, wobei man Polynesien einbeziehen muß – nur hier wird der Kampfesheld gefeiert, ohne daß man die Ursachen dieser von der Völkerkunde erarbeiteten Feststellung ausreichend übersehen könnte.

Auf dem Gipfel der Heldenverehrung, des Heldenliedes, erscheinen die Versepen des sogenannten Homer, vor allem die Schlachtenbeschreibung der Ilias (griechisch ilion: Troja). Diese sehr plastische und ausführliche Darstellung verwendet viel Zeit auf den berühmten Schild des Achill, der unversehens zu einer Kulturgeschichte frühgriechischen Lebens geworden ist, mit seinem reichen Bildschmuck. Der strahlende Mittelpunkt dieses szenenreichen Kampfes ist Hektor, der den Freund und Geliebten des Achill, den jungen Patroklos, tötet und später selbst von Achill getötet wird: »Nur wo das Schlüsselbein Hals und Schulter begrenzt, an der Gurgel, schien er entblößt, an der allergefährlichsten Stelle des Lebens. Hier durchbohrte den Stürmenden gleich mit dem Speere Achilleus. Geradenwegs durchfuhr das Genick die Spitze der Lanze.« Die Helden gepanzert, der Kampf Mann gegen Mann, das gilt nicht nur für Homer, nicht nur für die spätere Ritterzeit. Alle diese Waffen, die Homer nennt, sind uralt, seit Jahrhunderten vertraut, bereits künstlich oder künstlerisch geschmückt.

Natürlich sind die ältesten Waffen Jagdwaffen gewesen, wie im Band »Jäger · Hirten · Bauern« bereits geschildert. Wer sich in tierischer Tarnung anschleicht, etwa unter dem Büffelfell, um näher an die Herden zu kommen, benötigt übrigens keine Verteidigungswaffen. Jagd ist harte Arbeit, um Fleisch zu bekommen, dabei braucht man weder Schild noch Rüstung. Nur wenn man jagt, um seinen Mut zu beweisen, Rangordnungen zu bestätigen – des sumerischen Königs Jagd auf die mythischen Ungeheuer der Unordnung, die Löwen, die Jagd der Massai auf Löwen, die sie mit ihren Schilden umstellen –, braucht der Mann einen Schutz, anders ausgedrückt, er benutzt ihn, weil er ihn besitzt. Die Verteidigungswaffen Helm und Schild dürften erst existieren, seit der Mensch die Waffe auf den Menschen richtete. In jedem Menschen steckt der potentielle Angreifer und Verteidiger. Der Rüstungswettlauf zwischen Angriffs- und Abwehrwaffe ist der Wettlauf des Menschen mit sich selbst, bis er seine Aggressionen zu beherrschen gelernt hat. Wer mit der Lanze das Raubtier tötet, wendet sie auch gegen den Nebenbuhler, den persönlichen Feind. Wer haßt, dem wird alles zur Waffe.

Die älteste Fernwaffe, der Bogen, tritt in Europa etwa um 14 000 v. Chr. auf, weil jetzt anstelle des Wollnashorns und des Mammuts so schnelle Tiere wie das Ren und das Wildpferd gejagt werden müssen. Wann diese Waffen Kriegswaffen wurden, vermag man kaum zu sagen. In allen Hochkulturen jedenfalls, vom gelben Fluß bis zum Indus, vom Euphrat bis zum Nil, ist der Bogen im Kampf verwendet worden und zog selbstverständlich der Herstellung von Schilden nach sich. Die Griechen haben übrigens den Bogen als Kriegswaffe wenig geschätzt – sie hielten ihn für eine heimtückische und hinterhältige Waffe. Dieses Motiv tritt überall auf, wo eine neue Waffe oder Taktik die altgewohnten Vorstellungen beleidigt. Wolf

Schneider hat in seinem Buch »Vom Soldaten« zahllose Beispiele dieser Art genannt. So liefen bei Cannae 500 numidische Söldner zu den Römern über, warfen ihre Waffen weg und durchschnitten dann, mit Dolchen, die sie unter der Rüstung verborgen hatten, den kämpfenden Römern die Kniekehlen – falls dies nicht eine Erfindung der besiegten Römer ist. Kriegslist ist erlaubte List, weil der Erfolg nicht nur Gewalt, sondern auch Täuschung sanktioniert. Die Gefühle der Unterlegenen sträuben sich gegen solche Fortschritte der Kriegstechnik. So wird noch die Tirailleurtaktik der französischen Revolutionsheere von den unterlegenen Preußen als heimtückisch bezeichnet, ehe man sich ihr anpaßt, und als heimtückisch empfindet der Europäer die uralten Kampfesweisen Asiens.

Für die Jagd sind die ersten chemischen Kampfmittel entwickelt worden, die Pflanzengifte der Indios im Amazonasgebiet, die Pfeilgifte der Pygmäen. Gegen Menschen konnten diese Gifte, mit denen man die Pfeilspitzen bestrich, nur ausnahmsweise benutzt werden. In den antiken Heeren spielten die Bogenschützen, meist aus den sogenannten Barbarenvölkern rekrutiert, eine entscheidende Rolle – es war die Waffe der Steppenvölker und Steppenreiter, die wirksamste Fernwaffe bis zur Erfindung des Gewehrs und diesem noch lange an Reichweite überlegen.

Assyrer, Skythen und Perser waren Meister im Bogenschießen, Pompejus setzte 3000 Bogenschützen aus Griechenland ein, offenbar hatte man hier während der hellenistischen Epoche die Antipathie gegen diese Waffe aufgegeben, und unter dem Oberbefehl von Byzanz standen arabische Sarazenen als Söldner, sie galten zu ihrer Zeit als die besten Bogenschützen der Welt. Schließlich siegten die Engländer mit ihren mannshohen Bogen im Jahre 1346 bei Crécy über die französischen Ritter. Die Ritter begannen sich deshalb zu panzern, bis die Armbrust das Eisenblech des Harnischs durchschlug und diese Form der Rüstung sinnlos werden ließ.

Eine ähnliche, weit in die Vorzeit zurückreichende Geschichte liegt für die Lanze vor, deren erstes Exemplar auf etwa 100000 v. Chr. datiert ist. In der Phalanx der Mazedonier, im Langspieß der Landsknechte, der »Spießgesellen«, wird sie zur Kriegswaffe, der Ritter stürmt mit eingelegter Lanze auf den gepanzerten Gegner, um ihn aus dem Sattel zu heben, und noch 1914 ziehen Ulanen mit Lanzen bewaffnet, außer mit Karabinern und Säbeln, in den Krieg, stoßen deutsche Kürassiere mit Lanzen bewaffnet nach Rußland vor.

Ähnliche Entwicklungslinien ließen sich für die Schleuder nachzeichnen, für den Speer und schließlich für den kurzen Wurfspieß. Hier zeigt sich bereits, daß die Waffe für den Krieg den besonderen Zwecken angepaßt wird wie die Jagdwaffe ja auch – ein Gesichtspunkt, der bei den Nahkampfwaffen noch deutlicher hervortritt.

Keule und Schwert sind die beiden wichtigsten Waffen für den Kampf Mann gegen Mann, und beide weisen einen typischen Zug auf: Die Keule offenbart die Brutalisierungstendenz jeder Waffe für den Krieg, das Schwert den Zug zur Überhöhung, der die Mordwaffe mit Glanz umgibt. So ist eine der furchtbarsten Waf-

Babylonischer Bogenschütze *der Leibwache Darius' I. (521–485 v. Chr.). Relief aus Kunstsandsteinziegeln vom Palast in Susa. Staatliche Museen zu Berlin. Vorderasiatisches Museum, Berlin.*

fen die mexikanische Keule, die an den Kanten mit messerscharfen Obsidianklingen besetzt war und selbst die Rüstungen der Spanier aufschlitzte. Ähnlich bösartig sind die Keulen auf einigen Südseeinseln gewesen, die mit Haifischzähnen besetzt waren und schreckliche Wunden rissen. Hier wird übrigens auch der Mechanismus Angriff – Verteidigung eindrucksvoll in Gang gesetzt, denn man erfand eine mit Baumwolle gefütterte Panzerung, die dieser Hiebwaffe gewachsen war.

Auch die Streitaxt der Germanen und der Tomahawk der Indianer gehören in die Gruppe jener Nahkampfwaffen. Im Kulturkreis der sogenannten Streitaxtleute des 3. und 2. vorchristlichen Jahrtausends, dessen Zentrum zwischen dem Kaukasus und dem Schwarzen Meer lag, erhielt jeder waffenfähige Mann beim Initiationsritus eine Streitaxt. Im Süden waren dies Kupferäxte, im Norden schlug man sie aus Stein und imitierte das Metall, einschließlich der Gußfugen. Bei den Germanen hat der »sax« einem ganzen Volk den Namen gegeben, und noch im frühen Mittelalter gehörte die Streitaxt zur Rüstung des kämpfenden Mannes. Die Keule der Indianer, sichelförmig gebogen, ist erst zur Streitaxt geworden, als die Europäer den Prärie-Indianern die Metallaxt brachten. Im 18. Jahrhundert kombinierte man dann Streitaxt und Friedenspfeife, so daß der Tomahawk immer stärkeren Zeremonialcharakter bekam.

Keine Waffe aber hat kulturgeschichtlich eine so tiefe Bedeutsamkeit bekommen wie das Schwert, das wohl in der Bronzezeit aus dem Dolch entwickelt worden ist. Als Symbol der Herrschaft und des Rittertums, des Kampfes und der Freiheitsliebe ist es mit der Geschichte Europas untrennbar verbunden, als Reichsschwert gehörte es zu den Reichskleinodien des Römischen Reiches Deutscher Nation, und als Richtschwert symbolisiert es im Grunde nichts als herrscherliche Gewalt über Leben und Tod – ein langes Messer mit einem Griff, das einzig als Waffe für den Kampf gegen Männer geschmiedet wurde. Die ältesten Exemplare stammen aus minoischen Schachtgräbern des 17. Jahrhunderts v. Chr. und sind für den Stoß gedacht: Man will über den Schildrand hinweg von oben in den Hals des Gegners stoßen. Erst nach der Mitte des 2. vorchristlichen Jahrtausends werden Schwerter Waffen, die auch für den Hieb gedacht sind. Die homerischen Helden kämpfen mit Bronzeschwertern: »Und es krachte das starrende Erz um die Leiber unter dem Stoß der zwiefach schneidenden Schwerter und zwiefach schneidenden Lanzen.« Im Laufe des 1. vorchristlichen Jahrtausends hat das eiserne Schwert das Bronzeschwert verdrängt, es wurde zur Hauptwaffe der Römer (Schneider). Nordischen Ursprungs scheint die Technik zu sein, aus einer Kombination von weichen und harten Eisenbändern jenen Sandwich zu schmieden, den man als Damaszenerklinge bezeichnet. So hat man lange geglaubt, daß die bei Nydam in Jütland (3. Jh. n. Chr.) gefundenen Klingen römischen Ursprungs seien, bis man erkennen mußte, daß die Spezialkenntnisse dieser Art Stahlhärtung wohl germanischen Ursprungs sind.

Auf die Technologie einzugehen, ist hier nicht möglich; natürlich gab es, wo man Bodenschätze fand, frühe »Rüstungsindustrie« wie etwa im Siegerland, und die Werkstoffqualität der Schwertklinge beschäftigte die feudalen Klassen, die mit dem Schwert lebten, und ihre Schmiede. Fast über die ganze Welt sind Schwerter verbreitet gewesen. Auch China kannte das Schwert schon zur Bronzezeit, und eine berühmte Sonderform ist das Schwert der Samurai, eine leicht gebogene

Waffe, deren Schwerpunkt so weit vorn lag, daß sie beim Hieb eine besondere Wucht entwickelte. Östlichen Ursprungs ist der gebogene Säbel, das Krummschwert, nordisch der sogenannte »Bidhänder« oder Flamberg, das mächtige Schwert, das man nur mit beiden Armen regieren kann.

Schon zur Ritterzeit wird der Initiationsritus die Schwertleite genannt, steht das Schwert in seiner Reinheit für die Ehre des Mannes, und wer sich ergibt, liefert zum Zeichen der Unterwerfung sein Schwert aus. So ist es auch gemeint, wenn die germanische Braut dem Mann ein Schwert darbrachte, sie unterwarf sich auf diese Weise.

Im Mythos spielt das Schwert eine besondere Rolle, Siegfrieds Schwert Balmung ist von einem Zwerg geschmiedet, seine Schärfe schneidet eine niedersinkende Flaumfeder, auch haben berühmte Schwerter Namen wie Pferde oder Schiffe.

Söldnerheere

Gegen einen Ritter im Kettenhemd hatte der gemeine Mann keine Chance. So glaubten die Herren, sie könnten nur von ihresgleichen auf offener Walstatt besiegt werden.

Von der Schlacht bei Laupen, die im Jahre 1339 stattfand, gibt es keine Kriegsberichte. Die Schweizer kämpften auf eigenem Boden für ihre Freiheit oder das, was sie dafür hielten. Ihre Formation: Man hatte die Truppe in drei Abteilungen aufgeteilt, die schnell manövrieren konnten, verglichen mit der Schwerfälligkeit gepanzerter Ritterhaufen. Mit gesenkten, sechs Meter langen Piken, deren stählerne Spitzen im Licht funkelten, rückten die ersten vier Reihen an, im Prinzip der makedonischen Phalanx ähnlich, während die nachfolgenden Reihen ihre Waffen und Fahnen aufrecht hielten. Eröffnet wurde die Schlacht von den leichten Armbrustschützen, deren Geschosse auf große Entfernung die Harnische durchschlugen. Schon stürzten die ersten Herren, berühmt durch ihre Namen und die Tapferkeit ihrer Geschlechter, zu Boden, und noch immer stampften die Schweizer, ohne einen Laut von sich zu geben, unter dumpfem Trommelschlag vorwärts. Wenn sie nah genug herangekommen waren, löste sich aus den Kehlen der Schweizer ein einziger, furchtbarer Schrei, und sie stürzten sich fest geschlossen auf den Feind, ein »Gewalthaufe«, dem nichts gewachsen war. Die Nachhut bildeten die Hellebardiere. Die Hellebarde ist eine langstielige Axt, mit einem oft bis zu drei Meter langen Stiel, deren Blatt in eine Spitze ausläuft; so kann man sie als Hieb- und Stichwaffe gebrauchen. Mit dieser mörderischen Waffe mähten die Hellebardiere ihre Gegner zu Boden, eine schweizerische Hellebarde schlug 1386 Leopold von Österreich nieder, und 1477 wurde der Schädel Karls von Burgund von einer Hellebarde gespalten (Canby).

Die Schweizer kosteten als Söldner ihre Herren einen Haufen gutes Geld, aber sie waren ihren Lohn wert, denn man konnte sich auf sie verlassen, ob sie nun für ihr eigenes Land oder als »Reisläufer« im Sold fremder Herren kämpften. Der bedächtigen Mentalität des Bergbauern entsprach ihr Ruf; es hieß, sie sollten weniger habgierig und sadistisch sein als andere Söldner. Damals waren Schweizer Garden wohl die am besten bezahlten, aber nicht die einzigen Söldnerheere. Vom

Sold (italienisch: condotta) haben die Condottieri ihren Namen, jene oft deutschen Ritter, die unter Vertrag für die italienischen Stadtstaaten kämpften. Wenn der Vertrag ausgelaufen war und sich keiner fand, den Haufen neu unter Sold zu nehmen, brandschatzten und plünderten die Herren auf eigene Faust, wie es ihrer Tradition entsprach – Raubritter, die an den Rand der Gesellschaft geraten waren.

Eine solche Truppe waren auch die sogenannten Armagnaken. Der Graf von Armagnac hatte sich um 1410 eine Söldnertruppe angeworben, die aber verwilderte und ihren eigenen Krieg zu führen begann (Schneider). Man nannte sie, nach ihrem Kennzeichen, die »Binden« (französisch: les bandes); daraus sind die Worte »Bande« und »Bandit« entstanden. Diese von niemandem in Schach gehaltene Räuberhorde verwüstete 1439 das Elsaß und erwarb sich einen schrecklichen Ruf durch ihre Schindereien. Der König von Frankreich warb sie schließlich an und schickte sie als Hilfstruppe nach Österreich, das gegen die Schweiz kämpfte. Die Schweizer haben in der Schlacht von St. Jakob fast 15 000 Armagnaken niedergemacht, der Rest zerstreute sich im Elsaß und in der Rheinpfalz, wo die Versprengten einzeln von den aufgebrachten Bauern erschlagen wurden; die nannten die Armagnaken nun, mißverstanden eingedeutscht, die »armen Gecken«.

Nur die Schweizer Söldner haben bekanntlich ihren Ruhm wahren können. Noch 1792, als das Volk von Paris die Tuilerien stürmte, haben Schweizer Garden König Ludwig XVI. verteidigt. Die Schweiz hat, wie Wolfgang Schneider in seinem »Buch vom Soldaten« berichtet, im Jahre 1895 ihren Bürgern den Dienst in fremden Heeren verboten, doch wurde die Schweizergarde des Papstes ausgenommen, die seit 1505 besteht und heute einen schwereren Dienst leistet als je zuvor: Sie muß mit Touristenheeren fertig werden.

Der Krieg zwischen Söldnertruppen war im 15. Jahrhundert eine Kunst, die Truppe selbst zu kostbar, um sie abschlachten zu lassen. Zwar waren die Söldner grausam, wenn sie dem Bauern seine letzte Kuh stahlen, aber nicht so barbarisch wie die fanatisierten Heerhaufen des Dreißigjährigen Krieges. Das Ziel der Scharmützel zwischen Söldnertruppen bestand darin, den Gegner zu schlagen, nicht ihn zu vernichten. Lösegeld konnte man nur vom lebenden Gefangenen erpressen, also sorgte Geldgier für ein Minimum an Humanität. Machiavelli, ein Zeitgenosse solcher Kriege, erwähnt Schlachten, in denen nicht mehr als zwei oder drei Soldaten fielen, obwohl man Hunderte von Gefangenen gemacht hatte.

Diese Scharmützel hochbezahlter Spezialisten wurden im Dreißigjährigen Krieg durch Schlachten abgelöst, in denen es um Sieg und Vernichtung ging. Die Grausamkeiten und Greuel jener Zeit sind bekannt, die lange Kriegszeit hatte die Menschen zu Wölfen werden lassen, jede Truppe zog einen Troß hinter sich her, und Deutschland lag in Schutt und Asche, als der Krieg vorbei war. So war es auch ein deutscher Rechtsgelehrter, Hugo Grotius (1583–1645), der in seinem Werk »De jure belli ac pacis« (Über das Recht des Krieges oder des Friedens) den Kampf gegen die Anarchie im Völkerrecht und gegen die zerstörende Gewalt eines unbegrenzten Krieges aufnahm.

Europa kannte damals Nationen nur als geographische Bezeichnungen, kaum mehr als politische Kategorien. Daß deutsche Landsknechte für den König von Frankreich, daß deutsche Fürsten wie der Herzog Bernhard von Sachsen-Weimar mit 18 000 Mann für die Krone der Bourbonen focht, irritierte niemanden. So kämpften deutsche Söldner, weiter verbreitet als die Schweizer, aber auch preiswerter, in Irland und Gibraltar, auf Korfu gegen die Türken und in Amerika gegen die Yankees. Im Jahre 1665 hatte Bernhard von Galen, der Fürstbischof von Münster, das Leasing für Soldaten eingeführt und damit für Fürsten einen neuen Erwerbszweig erschlossen. Seine eigenen Truppen vermietete er an England, Frankreich und Spanien. Auf diese Weise kamen brandenburgische Soldaten nach Irland, wo sie für England kämpften, und Württemberger im Jahre 1791 nach Java. Einer der berühmtesten Reiterführer, der »alte Derfflinger«, der 1675 dem Großen Kurfürsten von Brandenburg half, die Schlacht bei Fehrbellin zu gewinnen und den Schweden für eine Weile Vorpommern abzunehmen, stammte aus Österreich und hatte seine Erfahrungen als Söldner in schwedischen Diensten erworben.

Für Geld zu kämpfen wurde im Zeitalter der nationalen Erhebungen, der revolutionären Volksarmeen suspekt, und doch haben Fremdenlegionäre noch nach dem Zweiten Weltkrieg in Indochina gekämpft; unempfindlich gegen die Leiden der Bevölkerung und ihren Kampf um politische Freiheit, haben sie ebenso unbeirrt für ihre Kolonialherren gekämpft wie einst die Schweizer Garden zum Schutz Ludwigs XVI. von Bourbon.

Ihr Gegenstück sind die Partisanen, die Guerilleros, jene Volkskämpfer, die nicht für Sold, sondern aus Überzeugung kämpfen. Der Name stammt von einer Variante des Kampfspießes, einer Stoßwaffe, die mit aufgebogenem Pariereisen versehen ist und sich, da sie leicht zu handhaben ist, für den Einzelkämpfer eignet. Sie heißt im 16. Jahrhundert Korseke, im 17. Jahrhundert »partisane«. Als Prunkwaffe für Offiziere und Leibgarden, als Zeremonialwaffe bei Aufzügen und Trauerfeierlichkeiten ist sie in Österreich und im Frankreich des ançien régime noch geführt worden, als sie bei den Linientruppen schon längst abgeschafft war. Guerilleros hat es bekanntlich zuerst in Spanien gegeben, das sich mit Klauen und Zähnen gegen die Eroberung durch Napoleon wehrte. Die Kampftaktik, aus den Hinterhalten einer unwegsamen Landschaft reguläre Truppen zu überfallen und sich auf keine Schlacht einzulassen, sondern sich nach dem Kampf aufzulösen und unterzutauchen, ist jedem Kämpfer des 20. Jahrhunderts bekannt. Die Umrisse dieser revolutionären Kriegführung zeichnen sich bereits im Zeitalter Napoleons ab.

Pulver, Bomben und Granaten

Der hat das Pulver auch nicht erfunden, sagt man von einem, der die Weisheit nicht mit Löffeln gefressen hat, also etwas beschränkteren Geistes ist als seine Mitmenschen. Erfunden hat es, wie man weiß, auch der Berthold Schwarz nicht, der Bernhardinermönch, der um 1380 in Südwestdeutschland gelebt haben muß und sich als Alchimist betätigt hat. Sein bürgerlicher Name Konstantin Ancklitzen ist nicht bestätigt, sein Ruhm kommt ihm nicht zu, allenfalls hat er sich um Verbesserungen am Geschütz oder um neue, wirksamere Pulvermischungen verdient gemacht, so genau weiß das niemand. Ebensowenig stimmt die Behauptung, die Chinesen, die wahren Erfinder des Pulvers, hätten es nur für Knallfrösche und Feuerwerke verwandt, da sie friedlichen Gemütes seien, durchaus nicht so boshaft und aggressiv wie die Europäer. Denn sie haben es durchaus zu nutzen gewußt und die Wunderwaffe ihrer Epoche mit Schießpulver geschaffen, nur erfuhr Europa nichts davon.

Als in Europa Paris, Aachen, Köln, Mainz, Metz und Toulouse von den Wikingern in Schutt und Asche gelegt wurden, ein gutes Menschenalter nach dem Tode Karls des Großen, schreibt ein taoistischer Mönch in China die erste Anleitung nieder, wie man Schießpulver herstellt; man muß es also schon vor diesem Zeitpunkt »erfunden« haben. Im 11. Jahrhundert – die Deutschen Kaiser Heinrich II. und Konrad II. von Hohenstaufen ziehen mit ihren Heeren über die Alpen nach Italien – verwenden die Chinesen Pulvergranaten in Bambushülsen. In Europa steht die Zeit der gepanzerten Ritter und der Kreuzzüge noch bevor, man kämpft mit Schwert und Lanze, Axt und Dolch. Im 12. Jahrhundert waren die Kriegsdschunken der Chinesen mit Katapulten ausgerüstet, die Bomben schleudern konnten, und man nannte diese Bomben »der den Himmel erzittern lassende Donner«. Im Jahre 1232, als die mongolischen Reiterheere die damalige Hauptstadt Kaifung belagerten, ließ man solche Bomben, mit Pulver gefüllte Kugeln, außen an der Stadtmauer hinab und brachte sie zur Detonation. Man wollte damit vor allem die Pferde der Barbaren in Panik versetzen, übrigens ohne nachhaltigen Erfolg.

Fast ebenso alt wie die Benutzung des Schießpulvers ist die Erfindung der Rakete, und doch haben beide die chinesische Kriegskunst nicht revolutioniert. Seine militärische »Explosivkraft« erreichte das Schießpulver – eine Mischung aus 20 Teilen Holzkohle, Kalisalpeter und Schwefel – erst in Verbindung mit der europäischen Technik.

Wie die Kenntnis des Schießpulvers nach Europa gekommen ist, scheint unklar. Der Gelehrte Roger Bacon hat vor 1249, also vor dem Angriff der Mongolen, einen Bericht über Schießpulver geschrieben, schon ein Jahrhundert später gibt es die ersten »Kanonen«. Das sind einfache Feuertöpfe, die mit Pulver und Steinen vollgepackt und durch ein Loch in ihrem Boden gezündet werden. Wenn man einen solchen Topf zum Rohr auszieht, mit Pulver und einer Ladung vollstopft, etwa einer Steinkugel, und das Rohr auf den Feind richtet, hat man das Prinzip, nach dem alle Feuerwaffen einstweilen funktionieren, von der Bombarde bis zur Damenpistole. Das Rohr wurde aus Kupfer oder Eisen gegossen, später aus Bronze, die Kugel stellte man aus Stein, Eisen, Messing oder Blei her. Schon bei der Belagerung von Calais im Jahre 1346 – es ging um den Krieg der Franzosen gegen die Engländer – wurden solche Kanonen eingesetzt. Diese Monstren müssen, in einem weglosen Zeitalter, nur schwer transportabel gewesen sein, man zog sie wie Schlitten auf Kufen, vermutlich mit Ochsenspannen, über Stock und Stein.

Jede technische Neuerung trägt in sich Konsequenzen, die niemand mehr aufhalten kann; sie realisieren sich, trotz aller Hindernisse und nach Maßgabe der Schwierigkeiten, mit unbeirrbarer Folgerichtigkeit. Wer dem Schuß einer Bombarde beigewohnt und gesehen hat, wie die Kugel mit Wucht in die Dächer der Festung schlägt – eine Waffe, die alle Pfeile, Armbrüste und Schleudern degradiert –, will aus vielen Rohren schneller schießen, solche Geschütze überallhin transportieren können, viele solcher Geschütze einsetzen. Schon im Jahre 1339 wird in Dokumenten der »Ribaudequin« erwähnt, ein Ungeheuer mit mehreren eisernen Rohren, und schon ein Jahr später kommt die »Feldschlange« auf, ein leichteres Geschütz (Canby). Damit war das Schicksal der ritterlichen Burgen besiegelt, wenn die Ritter das auch noch nicht wußten. Karl VII. hat in einem einzigen Jahr 1449/50 in der Normandie 60 englische Burgen bezwingen können, während man früher allein für die Belagerung einer Burg ein Jahr gebraucht hatte. Der Sieg des absoluten Königtums über die Feudalen wäre ohne Geschütz nicht möglich gewesen, auch bei Belagerungen von Festungen lag die Chance beim Angreifer, wenn er die artilleristische Überlegenheit besaß: Feuerkraft und Bewegung werden nun die klassischen Elemente der Taktik, die Artillerie die »Königin der Waffen«. Daß die Reiterei vom gepanzerten Kanonenwagen abgelöst wird, ist nur eine Frage der Zeit; ein erster Entwurf dieser Art ist eine Art Belagerungsturm auf Rädern, bestückt mit Kanonen. Die Überlegenheit der Türken auf dem Schlachtfeld beruhte übrigens wesentlich auf ihrer Artillerie, die sie zum erstenmal vor Konstantinopel voll eingesetzt haben.

Natürlich wollte man auch »kleine Kanonen«, die Feuerwaffe für den einzelnen Mann. Fast alle heute noch gebräuchlichen Feuerwaffen hat man im Prinzip bereits im 15. Jahrhundert erdacht oder verwirklicht. Die wichtigste Erfindung dieser Zeit war das Luntengewehr, die Waffe des Infanteristen, das 250 Jahre lang die Szenerie beherrscht und um 1600 in Japan und dem fernen Osten eingeführt wurde, wo es sich gelegentlich noch heute findet. Der Arkebusier, ein hochgeachteter Spezialist, der mit der Hakenbüchse (niederländisch haakbus, französisch arquebuse) umzugehen verstand, führte neben der Waffe einen Stock mit sich, dessen oberes Ende zierlich gegabelt war. Wenn er schießen wollte, stopfte er mit dem Ladestock das Pulver in den Lauf, das er einem am Gürtel befindlichen Pulverhorn entnahm, zündete seine Lunte, der Sicherheit halber, an beiden Enden an, legte die Arkebuse auf die Gabel, hielt das glimmende Ende aufs Pulverloch, zielte und hielt fest. Mit gewaltigem Krachen schoß die Ladung aus dem Lauf, der Arkebusier war pulvergeschwärzt, der Feind – nicht getroffen. Diese Donnerbüchsen müssen eine unglaubliche Streuung gehabt haben, und die Arkebusiere trafen sicher weniger genau als ihre Konkurrenten, die Armbrustschützen. Außerdem waren sie Schönwetterschützen: Bei Sturm und Regen wurde das Pulver naß, man mußte die Reservezündschnüre mitschleppen, kurzum, die Waffe war umständlich und unzulänglich, dennoch gehörte ihr die Zukunft.

Die großen Schlachten zwischen Christentum und Islam, etwa die Seeschlacht von Lepanto, wurden mit Kanonen und Arkebusen ausgefochten. Die Spanier erfanden um diese Zeit eine schwere Waffe, die Muskete, die auf eine Gabelstütze gelegt werden mußte, ehe man sie abdrücken konnte. Auch sie schoß ungenau und war mit Pulverhorn, Kugelbeutel und Luntenschnur schwer zu handhaben. König Gustav Adolf von Schweden, der einen Blitzkrieg gegen das katholische Deutschland führte und mit 37 Jahren in der Schlacht bei Lützen südwestlich von Leipzig am 16. November 1632 fiel, ist zunächst von einer Musketenkugel verwundet und erst, als man ihn verbinden wollte, von feindlichen Reitern erschossen worden. Wer in solchen Schlachten seine Artillerie verlor, mußte sie zurückzuerobern versuchen; der Gebrauch des Pulvers veränderte das Gesicht der Schlachten. Bald war auch die Kavallerie so bewaffnet, man führte drei Pistolen, zwei im Halfter und eine im Stiefelschaft. Diese Kürassiere, Arkebusiere, Musketiere und Grenadiere – sie trugen Handgranaten an einer Schlinge um den Hals und schleuderten sie in die feindlichen Linien – waren bezahlte Spezialisten, die man nicht gerne töten ließ. Daß damals Kriege humaner geführt wurden als die vorhergehenden Metzeleien, ist auch auf Kostenfragen zurückzuführen.

Unter Ludwig XIV. ist eine taktische Neuerung eingeführt worden, die Linie.

Eine Landsknechtschlacht. *Gemälde vom Meister der Würzburger Schlacht, 1514 (Ausschnitt). Martin von Wagner-Museum, Würzburg.*

Da man noch kein Maschinengewehr hatte, mußte man die Schützen wie eine Maschine schießen lassen. Das sah so aus: In Linien zu drei Gliedern rückten die Truppen vor, machten in der Minute genau achtzig Schritt – Tempo 80 ist noch heute Marschkommando –, wobei alle Gewehre im gleichen Winkel gehalten wurden. Dann feuerten alle auf ein Kommando; das war die Salve, die den Gegner niedermähen sollte.

König Gustav Adolf hatte die erste nationale Armee geschaffen, die fest besoldet, mit eigenem Nachschub versorgt und straff gegliedert war. Diese Organisation, vereint mit moderner Feuerkraft, führte zum modernen Heer an der Schwelle der Neuzeit. Friedrich dem Großen soll die Idee zu verdanken sein, Artilleriegeschütze von Pferdegespannen ziehen zu lassen: Die reitende Artillerie prägte das Bild des Ersten Weltkrieges und ist noch im Zweiten Weltkrieg eingesetzt worden.

Natürlich schoß man nicht mehr mit Arkebusen und Musketen. Das Zündschloß und die Ladung waren die problematischen Teile des Gewehres, hier wurde denn auch gebastelt und verbessert. Da gab es das Feuersteinschloß, das um 1630 auftauchte und bis in die Mitte des 19. Jahrhunderts benutzt wurde, und das Radschloß, das nach dem Prinzip eines Feuerzeuges funktionierte. Beim Steinschloß blieb das Pulver auf der Pfanne trocken; beide Schlösser machten die langen Luntenschnüre überflüssig. Den entscheidenden Fortschritt aber brachte ein Pastor namens A. Forsyth, der eine Leidenschaft für Gewehre hatte und 1807 das umständliche Zündsystem mit Hämmerchen, Pulver und Feuerstein durch einen Mechanismus ersetzte, der mit einem Hammer ein explosives Gemisch zündete. Damit war die Voraussetzung für den Hinterlader geschaffen, d. h. für die Möglichkeit, den Lauf nicht mehr von vorn wie einen Ofen stopfen zu müssen, sondern die Kugel von hinten einzuführen. Zunächst nahm man Knallquecksilber zur Zündung, später kupferne Zündhütchen, die hinten am Gewehr auf den sogenannten Zündstift des Verschlußstückes gesetzt wurden. Man hat diese Zündung 1830 in den Armeen eingeführt, und 1835 hat sie der amerikanische Erfinder Samuel Colt für seinen ersten Revolver benützt. Man hatte den Lauf abschraubbar und abklappbar gemacht, man hatte ihm Züge gegeben, die das Geschoß stabilisieren, und schließlich wurde auch das Problem der Ladung gelöst: 1848 erfand der Franzose Minié die Patrone, eine Papierhülse mit Pulverladung und Kugel.

Nun blieb nur noch ein Traum zu verwirklichen, nämlich das maschinell schießende Gewehr, mit dem man Soldaten einsparen und möglichst viele Feinde würde vernichten können. Auch die zentrale Zündung hochexplosiver Patronen ließ nicht lange auf sich warten; sie stammt aus dem Jahre 1860, ebenso das Mehrladegewehr.

Eines der rührendsten Modelle stammt aus dem Jahre 1718, es ist von einem Engländer entworfen und sieht für den Lauf, der auf Christen schießt, runde Kugeln, aber für die verdammten Heiden viereckige Kugeln vor. 1884 ist dann von Hiram Maxim das erste »richtige« Maschinengewehr erfunden worden, das automatisch feuerte und einen Rücklauf besaß. Es wurde mit Wasser gekühlt und feuerte 600 Schuß in der Minute. Es hat die Schlachtlandschaft des Ersten Weltkrieges so geprägt wie das Artillerieduell: Ernst Jünger, der heroische Leutnant, ist gegen das Feuer der Maxim-Gewehre gestürmt.

Mitte des 19. Jahrhunderts wurden die bronzenen Kanonen, die Vorderlader waren, durch Kanonen aus Gußstahl ersetzt, die gezogene Läufe hatten. Man konnte aus den schweren Geschützen Ladungen bis zu 500 kg verschießen, die Ära Krupp hatte begonnen, die Epoche der Materialschlachten, die doch nur ein Vorspiel zum Overkill bildete.

Der Mann, der Afrika in Angst und Schrecken versetzen sollte, war einer der zahllosen Söhne des Herrschers der Zulu, aber nicht sein Erbe. So wurde er nicht im Haus seines Vaters, sondern bei seiner Mutter aufgezogen. Man weiß von diesem jüngeren Zeitgenossen Napoleons wenig. Bei einem mächtigen Nachbarfürsten wurde er aufgenommen, nachdem ihn sein Vater verstoßen hatte. In der Armee dieses Fürsten wurde er ein ausgezeichneter Krieger, nach dessen Tod wählte das Heer Chaka zum Nachfolger des Herrschers, und als er seine gefährlichsten Rivalen um den Thron seines Vaters ausgeschaltet hatte, trat er auch dessen Nachfolge an. Seine Grausamkeit, aus welchem Haß auch immer gespeist, muß unersättlich gewesen sein, wenn man den Quellen Glauben schenken darf. Er besaß Hunderte von Frauen, aber keine Gemahlin. »Kein von ihm gezeugtes Kind blieb am Leben. Entweder wurde die Mutter, wenn sie schwanger war, umgebracht, oder man tötete das Neugeborene.« Wie Timur Lenk, der lahme Mongolenherrscher, der Indien bis Dehli und ganz Kleinasien unterwarf, besaß der blutdürstige Chaka ein kaum vergleichbares Machtinstrument zur Durchsetzung seines Willens, eine Militärorganisation, die nur mit der Sparta, nicht einmal mit den türkischen Janitscharen verglichen werden kann. Die Zulus haben in Afrika eine Herrschaft errichtet, die keinen anderen politischen Sinn als die eigene Machtposition hatte. Zulu zu sein, hieß einem System angehören, das dem Krieg diente – ein Beispiel dafür, daß der Machtwille des Menschen auch außerhalb der europäischen Ideologien schreckliche Manifestationen gefunden hat.

Auch Chaka baute auf dem auf, was ihn seine Vorgänger gelehrt hatten. Die Schlacht zwischen Kriegern war auf Distanz geführt worden. Man schoß Pfeile ab, einen Pfeilhagel, und schleuderte die Speere, wie man sie auf der Jagd warf. Oft verfehlten sie ihr Ziel. Chaka befahl den Nahkampf. Er bewaffnete seine Krieger mit einem kurzstieligen Haumesser, dessen Verlust mit dem Tod bestraft wurde (Beraux). Außerdem erfand Chaka eine neue Schlachtordnung. Er selbst stand an der Spitze der Schlachtreihe, hinter ihr folgten die »Säuberer«, deren Aufgabe es war, den verletzten Gegnern die Kehlen durchzuschneiden. Denn das Ziel dieser Maschinerie war Tod – die männlichen erwachsenen Feinde mußten ausgerottet werden, damit die Kinder, die Frauen und das Vieh der eigenen Herrschaft unterworfen werden konnten. Zwischen 1818–1828 fielen dem größenwahnsinnigen Herrscher rund eine Million Menschen zum Opfer, viele blühende Landstriche wurden verwüstet, soweit das mit den damaligen Mitteln möglich war, und die vor Chakas Heeren flüchtenden Völker trieben andere vor sich her, die Erschütterungen dieser Völkerwanderung, ähnlich der im eurasischen Kontinent, reichten vom Kap bis zum Viktoriasee, erfaßten selbst die Buschmänner in den Wüsten Südafrikas. Chaka endete, wie Lesebuchweisheit es erwartet und die Geschichte zu bestätigen scheint: seine Befehlshaber ließen ihn im Stich, seine Brüder ermordeten ihn. Auch sein Halbbruder, der nach 1828 die Kriege noch zehn Jahre fortsetzte, kam auf ähnliche Weise um. Dieser Herrschaft war keine Dauer beschieden.

Um die Frage der Schlachtordnung kreist das Denken der Heerkönige und Feldherren, seit überhaupt bewaffnete Männer in großer Zahl miteinander kämpfen. Vor Troja löste sich der Kampf in Zweikämpfe auf, man stürzt in Haufen aufeinander los, jeder sucht sich seinen Mann. Die Linie, diszipliniert durch den Willen des Heerführers, bietet demgegenüber entscheidende Vorteile. Mehrere Glieder tief gestaffelt setzt sie dem planlosen Angriff eine fast maschinelle Wirkung entgegen – nicht die spontane Kühnheit des Einzelkämpfers wird verlangt, sondern die Unerschütterlichkeit dessen, der rechts und links neben sich die Schulter des Nebenmannes fühlt. So war die griechische Phalanx eine massive Schlachtlinie von acht bis fünfundzwanzig Mann. Jeder mit Lanze, Helm, Schild, Brustharnisch und Beinschienen bewaffnete Mann kam in dieser Aufstellung zum Kampf, denn naturgemäß blieben die hinteren Glieder Reserve, solange die Schlachtlinie hielt. Die schwache Stelle dieser Aufstellung ist die Flanke. Man könnte sie auf Kosten der Mitte verlängern, läuft aber nun Gefahr, die Schlachtreihe zu stark zu verdünnen.

Die Phalanx ist bezeichnenderweise eine spartanische Erfindung. In diesem Stadtstaat lebte jeder nur für den Krieg, hier wurden die Jünglinge mit allen Mitteln für die Härte des Krieges erzogen. Die Wehrpflicht, eine Selbstverständlichkeit bei allen frühen Kulturen, dauerte volle 53 Jahre, nur wer drei Söhne gezeugt hatte, wurde freigestellt, so herrschten rund 6000 wehrfähige Männer, freie Spartaner, über rund 300000 Heloten und Unfreie. Aber auch dieses barbarische System überlebte nur so lange, bis jemand kam, der die schwache Stelle erkannte. Es war Epaminondas, der Geliebte des Königs Pelopidas von Theben, der die Führung des Heeres übernahm und die Taktik prüfte. Wenn zwei gleich starke Linien, viele Glieder tief, aufeinanderprallen, so muß der gewinnen, der an einem Flügel spürbar stärker ist. Also ging es darum, auf einer Seite massiert anzugreifen, auf der anderen dem Druck standzuhalten.

Mit einem Heer von 10000 Mann fiel Sparta 371 v. Chr. in Böotien ein, und Epaminondas besaß nur 6000 Mann, deren Kampfwert sich überdies mit den eisenharten Kriegern Spartas kaum messen konnte. Er stellte sich seinem Gegner bei Leuktra und gewann die Schlacht. Damit hatte er ein Musterbeispiel für die Lösung des Problems gegeben. Noch der Sieg Friedrichs des Großen bei Leuthen und selbst der Schlag der deutschen Armeen gegen Frankreich und Belgien im Jahre 1914 beruhen auf der Kenntnis jener Schlacht, der angebliche Ausruf des sterbenden Generals von Schlieffen »Macht mir den rechten Flügel stark!« meint jene schiefe Schlachtordnung von Leuktra, ins Riesenhafte gesteigert.

Sparta hat seine Vorherrschaft in Griechenland verloren und ist im makedonischen Reich aufgegangen. König Philipp II. von Makedonien übernahm die griechische Phalanx der Spartaner, verbesserte sie, wie Chaka die Taktik der Zulus verbesserte, und schuf damit die Grundlage für die Eroberungszüge Alexanders des Großen.

Auch hier ging es zunächst um die Schlachtordnung. Ihr schwacher Punkt waren die zwei Flügel, also schützte er sie durch Fernwaffen, nämlich durch die sogenannten Leichtbewaffneten, die Bogenschützen, Speerwerfer und Schleuderer. Und zweitens verlängerte er die traditionelle Lanze von zwei Meter auf fünf Meter. Offenbar war Erzmangel die Mutter dieser Idee. Harnische waren kostbar, und der König muß wohl versucht haben, aus der Not eine Tugend zu machen. Jedenfalls rüstete er mit der langen Lanze, der Sarissa, nicht alle Glieder aus, sondern nur die Hopliten des dritten Gliedes und der folgenden Glieder. Die beiden ersten Glieder erhielten kürzere Lanzen. Wenn alle diese Männer aufgestellt waren, bildeten die Lanzenspitzen, der Wall, eine geschlossene Drohung aus Eisen. Die Männer im vierten und fünften Glied legten ihre Lanzen auf die Schultern der Vordermänner, so daß fünf Lanzen dort vereinigt waren, wo sonst nur eine Lanze gewesen wäre. Auch bei Philipp II. gab es die »Kämpfer« der vorderen Glieder und die »Treiber«, die nach vorne einen körperlichen und anfeuernden Druck auszuüben hatten – vom Morden wie bei Chakas »Säuberern« ist nichts bekannt.

Man fühlt sich bei dieser Kriegsmaschinerie an die preußische Schlachtordnung erinnert, die ein ebenso ausgeklügeltes, freilich auf die Feuerkraft orientiertes System darstellt. Schon König Gustav Adolf von Schweden hatte für eine Schlachtordnung von drei Gliedern die beste Aufstellung gefunden: Das erste Glied kniete, das zweite Glied schoß über die Köpfe, das dritte Glied durch die Lükken, so steigerte die Zusammenfassung die Feuerkraft. Als das Steinschloß erfunden war, entstand eine neue Taktik. Die preußischen Soldaten lernten, mit eisernem Ladestock – statt mit einem aus Holz – zu laden und in der Minute vier Schüsse abzugeben. Das war der Sieg des Drills. Außerdem hatte man die Schlachtreihe in Bataillone, die Bataillone in sogenannte Pelotons aufgeteilt. In der Schlacht schossen nacheinander das erste, dritte, fünfte und siebente Peloton, dann das zweite, vierte, sechste und achte, wobei jeweils die Züge, die gerade nicht schossen, neu luden. So entstand die rollende Salve. Auf etwa 250 m Entfernung begannen die Heere zu schießen, im Pulverrauch und im Krachen der Granaten, unter Trommeln und Pfeifen gegeneinander marschierend. Diese ungezielten Salven rissen in die dichte Schlachtordnung des Gegners tiefe Löcher, dennoch bewegten sich die Heere in solchen Schlachten unaufhaltsam aufeinander zu, bis die Reiterei von der Flanke her den Kampf entschied. Allerdings kam es auch vor, daß schon eine einzige, gut wirkende Salve die Schlacht und den Krieg beendete wie 1759, als die Engländer unter General James Wolfe bei Quebec die Franzosen schlugen.

Als unbesiegbar galten sie beide, die Phalanx der Makedonenkönige und die preußischen Karrees, die im Gleichschritt über das Schlachtfeld stampften. Und beide fielen wie Dinosaurier der eigenen Vollkommenheit und der Beweglichkeit ihrer Feinde zum Opfer. Denn die ebenfalls unbesiegten römischen Legionen kämpften nicht weniger diszipliniert als die Phalanx, aber beweglicher. Die Römer hatten ihr Cannae erlebt, jene Vernichtungsschlacht, in der 216 v. Chr. der Feldherr Hannibal mit 50000 Karthagern die um die Hälfte stärkeren Römer unter Varro schlug, indem er die beiden Flanken umschloß und schließlich von hinten umklammerte. Mehr noch als die Schlacht bei Leuktra ist dieses Ereignis zum Anstoß weitreichender strategischer Überlegungen geworden, zum sprichwörtlichen Begriff für die totale Vernichtung. Aus dieser Katastrophe hatten die Römer gelernt und Kompanien zu je 200 Mann gebildet, sogenannte Manipeln, die selbständig kämpfen konnten und als Arbeitssoldaten trainiert waren. Bewaffnet mit dem kurzen Wurfspieß, konnte die starre Front der Lanzen sie nicht schrecken, sie schleuderten ihre Spieße gezielt, um dann mit dem kurzen Schwert, ihrer Hauptwaffe, dort einzuhauen, wo die Phalanx wankte. Auch hier also brachte der Nahkampf die Entscheidung und zugleich die größere Beweglichkeit.

Das preußische Heer hatte, statt der früheren Lanzen der Kriegsknechte, Bajonette bekommen, um dem Nahkampf trotz des Feuerns gewachsen zu sein. Im preußischen Heer erlebte die Phalanx der Feuerkraft einen Höhepunkt, bis die gezielte Kanonade von Valmy dieser Taktik ein Ende setzte. Auch waren die franzö-

Die Kanonade von Valmy *am 20. September 1792 machte die Hoffnungen der auf Nahkampf eingestellten Preußen zunichte. Das preußisch-österreichische Bündnisheer wird von den Franzosen geschlagen und muß sich zurückziehen. Lithografie von F. Bellay nach einem Gemälde von Horace Vernet, 1829 (Ausschnitt). Österreichische National-bibliothek Bildarchiv, Wien.*

sischen Revolutionssoldaten keine gepreßten Kasernensklaven, sie vermochten sich im Gelände frei zu bewegen und kämpften, wie Jäger auf sich gestellt, als »tirailleurs«, als Plänkler, die Goethe bekanntlich als Augenzeuge erlebt hat. Von nun an war nicht mehr die möglichst übersichtliche Ebene das ideale Schlachtfeld, sondern ein Gelände, in dem man schießen konnte, ohne gesehen zu werden. Das war nicht so neu, wie es schien, denn Tirailleure hatte es schon zu Friedrichs des Großen Zeiten gegeben, aber als Elitetruppe. Neu war die aufgelockerte Taktik für Massenheere, und neu war die Entwicklung zur Menschenjagd zurück: Die spanischen Guerilleros der Jahre 1808 und 1809, die gegen die Besatzungsmacht Napoleons kämpften, bewaffnet mit Dolch und Eisenstange, Sense und Muskete, konnten nur gegen den einzelnen Posten und kleine Trupps etwas ausrichten. Man kennt diese Taktik des Volkskrieges inzwischen zur Genüge, nicht nur aus den Kolonialreichen, sondern auch aus dem Bruderkrieg in Irland.

Der Rest ist im wesentlichen eine Entwicklung der Waffen, über Dreyses Hinterlader von 1841 bis zum Maschinengewehr des Amerikaners Hiram Steve Maxim aus dem Jahre 1884.

Im Rock des Königs

Auf dem Marktplatz vor dem Stadthaus haben die Werber einen Tisch aufgestellt. Mit Trommelwirbeln und Fanfaren lockt man die Leute, überall gehen die Fenster auf, stehen die Leute in den Türen, während die Kinder die engen Gassen zum Markt hinunterlaufen, um zu sehen, was es gibt. Die Musik, Tamboure und Querpfeifen, spielt einen Marsch, der Unteroffizier hinter dem Tisch ruft mit lauter Stimme, er werbe tapfere Kerls für seinen Herrn, den allerdurchlauchtigsten König von Preußen. Mit der Hand rührt er in einem Hut voller Geldmünzen, die sind als Handgeld bestimmt. Sogar Uniformen hatte das Kommando bei sich, so daß aus einem ärmlich gekleideten Bauernjungen, der keine Zukunft hatte, oder aus einem versoffenen Knecht, der keinen Heller mehr in der Tasche hatte, schnell ein schmucker Soldat werden konnte – die Versuchung war groß. »Wenn sich nun jemand anmeldete, um Soldat zu werden, so ward ihm zugetrunken, die Hand geboten, das Werbegeld gegeben, die neue Montur angezogen, und so erhielt man tapfere Soldaten.«

Mit der Tapferkeit war es nicht weit her, wenn sie erst auf die Probe gestellt wurde. Zunächst einmal wurde der junge Soldat zu seinem Regiment gebracht und mit den Kriegsartikeln bekannt gemacht. Gustav Freytag hat in seinen »Bildern aus deutscher Vergangenheit« die Formel geprägt, in Preußen habe das Dienen als ein Unglück gegolten, im übrigen Deutschland als eine Schande. Die Zucht war barbarisch, weil die Soldaten bekanntlich aus aller Herren Ländern stammten und nur mit Prügeln bei der Fahne gehalten werden konnten.

Das sogenannte Kantonsystem ist erst 1733 eingeführt worden; es bedeutete, daß der preußische Staat in Kantone eingeteilt wurde, die man den einzelnen Regimentern zuteilte. Praktisch war jeder Preuße eines gewissen Alters dienstpflichtig, wenn er nicht unter eine der zahlreichen Ausnahmen fiel. Bevor das Kantonsystem eingeführt wurde, warb man sich Soldaten im »Ausland«, wie die französische Fremdenlegion das ja noch im 20. Jahrhundert tat. Aber auch das Kantonalsystem deckte nur einen Bruchteil des Bedarfs, denn die Schlachten, die das preußische Heer zu schlagen hatte, kosteten Menschen, auch versuchte zu desertieren, wer nur irgend konnte.

Wie einem solchen Armen Teufel zumute war, der sich zum erstenmal in einer Schlacht befand, hat Ulrich Bräker in seiner Biographie »Der arme Mann im Toggenburg« (1789) sehr anschaulich geschildert, der am 1. Oktober 1756 an der Schlacht bei Lowositz teilnahm, also am Siebenjährigen Krieg: »Da fiel mir vollends aller Mut in die Hosen; in den Bauch der Erde hätt ich mich verkriechen mögen, und eine ähnliche Angst, ja Todesblässe las man bald auf allen Gesichtern, selbst deren, die sonst noch viel Herzhaftigkeit gleichsneten (heuchelten). Die geleerten Branzfläschgen (wie jeder Soldat eins hat) flogen unter den Kugeln durch die Lüfte; die meisten soffen ihren kleinen Vorrat bis auf den Grund aus, denn da hieß es: Heute braucht es Courage und morgen vielleicht keinen Fusel mehr. Itzt avancierten wir bis unter die Kanonen, wo wir mit dem ersten Treffen abwechseln mußten. Potz Himmel! wie sausten da die Eisenbrocken ob unsern Köpfen weg, fuhren bald vor, bald hinter uns in die Erde, daß Stein und Rasen hoch in die Luft sprangen – bald mitten ein und spickten uns die Leute aus den Gliedern weg, als wenn's Strohhälme wären. Dicht vor uns sahen wir nichts als feindliche

Kavallerie, die allerhand Bewegung machte, sich bald in die Länge ausdehnte, bald . . . wieder zusammen, bald in einem halben Mond, dann in Drei- und Viereck sich wieder zusammenzog. Nun rückte auch unsere Kavallerie an; wir machten Lücke und ließen sie vor, auf die Feindlichen losgaloppieren. Das war ein Hagel, das knarrte und blinkerte, als sie nun einhieben! Allein kaum währte es eine Viertelstunde, so kam unsere Reiterei, von der österreichischen geschlagen und bis nahe unter unsre Kanonen verfolgt, zurücke. Da hätte man das Spektakel sehen sollen: Pferde, die ihren Mann im Stegreif hängend, andre, die ihr Gedärm auf der Erde nachschleppten. Inzwischen stunden wir noch immer im feindlichen Kanonenfeuer bis gegen elf Uhr . . .«

Ulrich Bräker hält sich, so gut er kann. Er kämpft in Weinbergen gegen Panduren, schießt so lange, bis die Flinte halb glühend ist, und beobachtet das gnadenlose Gemetzel. In der Ebene sieht er das brennende Lowositz, er beschreibt »das unaufhörliche Rumpeln vieler hundert Trommeln, das herzzerschneidende und herzerbebende Ertönen aller Art Feldmusik, das Rufen so vieler Kommandeurs und das Brüllen ihrer Adjutanten, das Zeter- und Mordiogeheul so vieler tausend elenden, zerquetschten, halbtoten Opfer dieses Tages« und erkennt, von seiner Truppe abgesprengt, seine Chance: »Da ich also noch ein wenig erhöht stand und auf die Ebene wie in ein finsteres Donner- und Hagelwetter hineinsah – in diesem Augenblick deucht es mich Zeit, oder vielmehr mahnte mich mein Schutzengel, mich mit der Flucht zu retten.« Das Gewehr streckt er vor sich her, und mit dem Hut macht er Zeichen, wenn man auf ihn schießen will, so kommt er an kaiserlichen Soldaten ungeschoren vorbei und wird schließlich zu seiner Erleichterung gefangen. Im kaiserlichen Hauptlager trifft er etwa 200 andere preußische Deserteure, unter anderem auch einen alten Freund: »Wie sprangen wir beide hoch auf vor Entzücken, uns so unerwartet wieder in Freiheit zu sehen! Da gings an ein Erzählen und Jubilieren, als wenn wir schon zu Haus hinterm Ofen säßen.«

In diesen gemütlichen Zeiten unterhält man sich in aller Ruhe, man besichtigt das kaiserliche Lager und sieht sich alles an, und »Offiziers und Soldaten stunden dann in Haufen um uns her, denen wir mehr erzählen sollten, als uns bekannt war.« Die Deserteure werden in ihre Heimat in Marsch gesetzt, also auch Bräker, der aus der Schweiz stammt. Im anderen Fall, wäre ihm die Flucht nicht gelungen, und hätte man ihn ertappt, wäre sein Schicksal besiegelt gewesen. Erschossen hätte man ihn nicht, aber zum Spießrutenlaufen verurteilt. »Diese Strafe mußten diejenigen Soldaten aushalten, die gestohlen hatten oder trotzig und ungehorsam gewesen oder von ihren Fahnen weggelaufen waren. Da mußten sich 300 Mann in zwei Reihen gegenüberstellen und so eine schmale Gasse bilden. Jeder Soldat hatte das Gewehr beim Fuß mit der linken Hand, in der rechten aber eine Spießrute; am obern und untern Ende der Gasse standen Trommler und Pfeifer bereit, mit ihrer lärmenden Musik das Geschrei des Unglücklichen zu betäuben, der durch die Gasse laufen mußte. Endlich trat der Missetäter ein, am ganzen Oberleib entkleidet, mit einer Bleikugel zwischen den Zähnen; ein Unteroffizier mit einem bloßen Säbel stellte sich vor den Unglücklichen, und ein anderer, ebenso bewaffnet, hinter denselben, um ihn zu verhindern, zu schnell zu laufen oder zurückzuweichen. Sowie der befehlende Offizier ein Zeichen gab, erscholl die Musik. Der Missetäter mußte sein Gassenlaufen antreten, sechsmal auf und sechsmal ab, und jedesmal von jedem Soldaten einen Hieb mit der Spießrute auf den nackten Rücken aushalten, woran er so zerfleischt und zerfetzt wurde, daß die blutigen Fleischstückchen auf dem Boden herumlagen. Nach Beendigung dieser Marter wurde der Missetäter, nachdem ihm seine Montur um den Rücken gehängt, von einigen Soldaten und von dem Regimentswundarzte begleitet, in die Kaserne geführt. Unterwegs pflegen auch wohl mitleidige Menschen ihm Almosen in den dargebotenen Hut zu werfen. Aber der brennendste Schmerz wartet in der Kaserne auf ihn, denn dort wurde ihm sein zerfleischter Rücken mit Salzwasser eingerieben.« Im russischen Heer ist diese Exekution bei Kosaken noch bis weit ins 19. Jahrhundert mit der Nagaika durchgeführt worden, nicht mit der als »Spießrute« bezeichneten, geschälten Weidenrute. Es wurde streng darauf geachtet, daß niemand nur zum Schein schlug, so mußte der Delinquent schon eine eiserne Konstitution haben, um zu überleben.

So ein Soldat hatte keine Rechte, er war nichts als Kanonenfutter, und weshalb sein König Kriege führte, kümmerte ihn wenig, denn der war so weit entfernt wie der allmächtige Herrgott, oder noch ein wenig weiter. In dieser Welt der Obristen, Majors, Hauptleute und Luitenants galt es, möglichst martialisch zu wirken (lateinisch martialis: kriegerisch, dem Mars ähnlich). Ein Grenadier, heißt es in einem alten Lexikon über das Militärwesen aus dem 18. Jahrhundert, »muß nicht weibisch aussehen, sondern furchtbar, von schwarzbraunem Angesicht, schwarzen Haaren, mit einem schwarzen Knebelbart, nicht leicht lachen und freundlich thun«. Nicht so furchtbar, aber gefährlicher waren die schön frisierten und vorzüglich abgerichteten Offiziere, denen die Soldaten bedingungslos zu gehorchen hatten. Das äußere Bild ist aus Kostümfilmen hinlänglich bekannt. Jeder Offizier trug, wie der Colonel im englischen Kolonialdienst, die Reitpeitsche, sein »Regiment«, seinen Stock, mit dem er seine Kerls verprügelte. Auch die flache Klinge des Säbels war für solche erzieherischen Nachhilfen vorzüglich geeignet. Die Entwicklung der Perücke zum Zopf und die ungemeine Haarpflege, wobei Wolken von Reispuder benötigt wurden, ist an anderer Stelle geschildert worden (siehe Band Kleidung · Mode · Schmuck). Der Dienst bestand aus dem Üben des Parademarsches und aus dem Schießdienst. Hier war nicht die Treffsicherheit des einzelnen Grenadiers, sondern die Feuerkraft des Truppenkörpers wichtig.

Unter Friedrich I. von Preußen war statt der Muskete die Flinte eingeführt worden (von Flint: Feuerstein), mit der man bei geschickter Verwendung Schnellfeuer erzielen konnte. Der eiserne Ladestock, dieses Symbol preußischer Geradheit, diente dazu, das Pulver schnell festzustampfen, ehe gezündet wurde, und war für die Erzielung von Schnellfeuer genauso unentbehrlich wie der Gleichschritt, den Fürst Leopold von Anhalt-Dessau (1693–1747) einführte, ein überdimensionaler Exerziermeister. Ursprünglich hat also der Gleichschritt, der heute fast jedem Soldaten und wohl auch der breiten Öffentlichkeit für die Repräsentation und die Ordnung so unentbehrlich vorkommt, einem rein praktischen Zweck gedient, und wenn eine Truppe im Parademarsch auftrat, demonstrierte sie zugleich ihre Qualität: Wer wie eine Maschine sich vorwärts bewegte, vermochte auch mit der Präzision von Maschinen zu schießen.

Brandenburg-Preußen ist in dieser Hinsicht allen anderen Staaten Europas weit voraus gewesen und genoß einen ähnlichen Ruf wie zu ihrer Zeit die Assyrer mit ihren Kampfwagengeschwadern. Der Preis, den dieses Heer zahlte, war freilich hoch. So mußte Friedrich der Große Nachtmärsche vermeiden, damit ihm die Soldaten nicht wegliefen; wenn die Soldaten zum Baden oder zum Fouragieren geschickt wurden, mußten sie von Offizieren begleitet werden, und in der Schlacht konnte es sich kaum ein Feldherr leisten, den Gegner zu verfolgen, weil er befürchten mußte, seine Soldaten würden gleich bis ins Lager des Feindes springen, um sich zu ergeben.

Damals wurden die Salven aus diesen Karrees aus Entfernungen von 30 bis 50 Schritt abgefeuert. Die Verluste waren für damalige Zeiten unerhört, so daß sich gelegentlich die stillschweigende Übung herausbildete, über die Köpfe zu feuern. Andererseits lagen die Verluste der Preußen bei Torgau bei 30%, die der Russen in der Schlacht bei Zorndorf bei 50%, »ein Weltrekord für eine Landstreitmacht« (Fuller). Jede Schlacht bedeutete deshalb ein unübersehbares Risiko. Man wagte sie nur, wenn man seiner Sache ganz sicher – oder wenn man ein Hasardeur war wie Friedrich der Große, denn im allgemeinen war es damals die Absicht der Heerführer, »unkalkuliertes Risiko zu vermeiden«.

Volk ans Gewehr

Im Jahre 1805 rühmte sich Napoleon vor Metternich, daß er es sich leisten könne, 30 000 Soldaten im Monat zu verbrauchen, Menschen seien nun so billig wie Dreck. Die zynische Bemerkung charakterisiert die von niemandem geahnten Folgen der modernen allgemeinen Wehrpflicht. Napoleons Vorgänger, die gekrönten Häupter des Absolutismus, hatten ihre Armeen aus angeworbenen Soldaten als teure Instrumente anzusehen gelernt, deren Unterhalt viel Geld verschlang und die man nicht leichtfertig aufs Spiel setzte.

Im Zeitalter des aufkommenden Nationalismus benötigte man aber stehende Heere, und die allgemeine Wehrpflicht bot Vorteile, die auf der Hand lagen. Es gab ein paar Denkschriften in dieser Richtung, aber keine Entschlüsse, bis die Not die junge französische Republik zu diesem Schritt zwang. Als der Kopf Ludwigs XVI. am 21. Januar 1793 unter der Guillotine fiel, diesem blutigen Instrument der Gleichschaltung, sah sich die Französische Republik einer Allianz der Empörung gegenüber. Kein europäischer Fürst, der sich nicht bedroht gefühlt hätte, kein König, der nicht entschlossen gewesen wäre, diese Glut auszutreten. La France war in Gefahr, und so veröffentlichte der Konvent am 23. August 1793 einen Erlaß, der jedem französischen Bürger die Möglichkeit eröffnete, mit der Waffe in der Hand für seine eigensten Interessen einzustehen. Artikel I lautete: »Von diesem Augenblick an bis zu jenem, da wir unsere Feinde vom Gebiet der Republik vertrieben haben, werden alle Franzosen ständig für den Dienst in der Armee herangezogen.«

Das machte Menschen, wie Napoleon sagte, billig wie Dreck, die Levée en masse, die Erhebung der Massen, entsprach zwar den edelsten Zielen der Nation und dem Grundsatz der Gleichheit, aber sie hatte furchtbare Folgen, die sich auf der Stelle zeigen sollten. Denn nur dann waren die Massen zu mobilisieren, wenn sie für eine Idee zu begeistern und mit Haß gegen einen Feind zu erfüllen waren. Andererseits war, wer sich dieser Pflicht entzog, ein Ketzer am heiligen Glauben, an der Idee der Nation – und so bedeutete die vaterländische allgemeine Wehrpflicht mehr als nur die Anwendung bestimmter Prinzipien auf eine konkrete militärische

Situation. Die Vision des totalen Krieges zeichnet sich schon in jenem Erlaß des Konvents ab: Die jungen Männer sollen kämpfen, die Verheirateten sollen für die Rüstung arbeiten, die Frauen werden Zelte und Kleider anfertigen und in den Lazaretten helfen, und selbst die Kinder werden tätig sein, sie »zupfen Scharpie«, ein Verbandsmittel, das durch Zerreißen von Leinwand gewonnen wurde. Man beschlagnahmt die Pferde für die Artillerie und Kavallerie, man richtet in Schulen Lazarette ein, kurz, man greift auf die gesamte wirtschaftliche Kraft des Volkes zurück, das damit unweigerlich zum Ziel der Vernichtung wird.

In der Vendée, dem Bauernland am Atlantik, das sich unter dem Einfluß von Adel und Geistlichkeit dem Erlaß widersetzte, brach ein Aufstand aus, der die Armee der Revolution in einen erbitterten Bürgerkrieg verwickelte. Es wurde ein Krieg der totalen Vernichtung, ein Vorläufer jener ideologisch begründeten Kriege, die das 20. Jahrhundert erschüttern sollten. Ein General berichtet von diesem Krieg aus der Sicht dessen, der die Ordnung wiederherzustellen hat: »Ich habe Kinder unter den Hufen der Pferde zermalmt, die Frauen niedergemetzelt . . . Ich brauche mir nicht vorzuwerfen, einen einzigen Gefangenen gemacht zu haben. Ich habe alle ausgetilgt . . . Die Straßen sind mit Leichen bedeckt . . . Wir wollen keine Gefangenen machen, denn wir müßten sie mit dem Brot der Freiheit ernähren.« An Begründungen für seine Brutalitäten hat es dem Menschen nie gefehlt, aber hier war die Büchse der Pandora geöffnet, und so bedeutete die Einführung der allgemeinen Wehrpflicht zu diesem Zeitpunkt in Wirklichkeit die »Rückkehr zur Barbarei der Stammeskriege« (Fuller).

Tatsächlich hat es eine allgemeine, sozusagen natürliche Wehrpflicht schon in den frühen Kulturen und bei den Naturvölkern gegeben, denn sobald es zu Auseinandersetzungen zwischen Stämmen kam, war jeder junge vollwertige Mann ein Krieger. Schon die ältesten Staaten haben wohl Soldaten gekannt, als speziell für den Krieg ausgerüstete gleichaltrige Männer, wie sie auf den Reliefs der Sumerer zu sehen sind. Die Assyrer, das Kriegsvolk des Vorderen Orients mit seiner Panzerwaffe, den Kriegswagen, haben eine moderne Form der Wehrpflicht gekannt. Wenn der König Krieg führen wollte, wurde ein bestimmtes Kontingent von Sklaven und Herren ausgehoben und zum Dienst befohlen. Das war eine andere Art Wehrpflicht als die der Spartaner. Bei Hirtenvölkern wie Tuaregs, Massai und Mongolen ist die alte Stammeseinheit gewahrt, ist jeder waffenfähige Mann ein Krieger und sonst nichts, während Sklaven oder Halbsklaven die Arbeit verrichten.

Anders bei den Zulu, hier spielt der äußere Zwang, der nicht durch uralte Stammesordnung, sondern durch Despotie gesetzt wird, die entscheidende Rolle. Zu diesem Mittel griffen auch die türkischen Sultane, die sich gezwungen sahen, ein großes stehendes Heer zu unterhalten. Der Sultan wollte und konnte sich solche Heere nicht, wie die Fürsten Europas, anwerben, die ihrerseits nicht zu Zwang greifen konnten wie der Türke. Er erlegte der Bevölkerung der unterworfenen Gebiete den sogenannten Knabenzins auf und erreichte damit zweierlei: Den Christen wurden ihre Söhne weggenommen, was die Kraft ihres Widerstandes schwächte, und diese selbst wurden einer sinnvollen Verwendung zugeführt. »Neues Heer« hieß die Truppe, türkisch »Janitschar«, die ihre Gegner bald durch Disziplin und Fanatismus in Schrecken versetzen sollte und von 1330, dem Jahr ihrer Gründung, bis zum Jahre 1826 eine Stütze des Sultanats blieb. Unter Sultan Suleiman dem Prächtigen (ca. 1494–1566) begann man, auch Muslims ins Janitscharenkorps aufzunehmen, das damit aufhörte, eine reine Sklavengarde zu sein (Schneider).

Wie man ein stehendes Heer ausbaut, Lücken schließt, hat auch die Herrscher Europas beschäftigt. Der berühmte Soldatenkönig Preußens, Friedrich Wilhelm I. von Hohenzollern, hat die Armee der Söldner von 30 000 Mann auf 83 000 Mann erhöht, womit die preußische Armee hinter Frankreich, Rußland und Österreich an vierter Stelle stand, obwohl das Land in der Bevölkerungsstatistik an 13. Stelle lag. Das war nur durch unglaubliche wirtschaftliche Anstrengungen möglich, und nur wenn alle Reserven ausgeschöpft wurden, konnte diese Stärke gehalten werden. Der König führte daher das Kantonalsystem ein; alle jungen Männer eines Bezirkes wurden registriert und eingezogen, wenn die Zahl der Söldner nicht ausreichte. »Die Kantons machen die Regimenter unsterblich«, jubelte Friedrich der Große nach den Erfahrungen des Siebenjährigen Krieges, nicht weniger zynisch als Napoleon, der ebenfalls die Unerschöpflichkeit seiner Heere genoß.

Dies alles ging der Verkündigung der allgemeinen Wehrpflicht voraus. Als im Konvent der Artikel I der Wehrpflicht verkündet wurde, waren die Abgeordneten so überwältigt, daß sie den Sprecher baten, ihn ein zweites Mal vorzulesen; Hitlers Propagandaminister hat mit der Verkündigung des »totalen Krieges« im Jahre 1944 einen ähnlichen Effekt erzeugt. Hier, in Paris, glaubten die Menschen, daß sie sich nun mit einer einzigen großen Anstrengung ein für allemal von den Tyrannen Europas befreien würden, und sie spendeten dem Gesetz, das die ganze Nation in den Dienst dieses Zieles stellte, begeistert Beifall. Die Levée en masse war allerdings nicht vom Himmel gefallen, sondern das Werk des damaligen Kriegsministers Carnot, der diese Pläne schon 1788 ausgearbeitet und sie 1792 gegenüber dem Wohlfahrtsausschuß vertreten hatte. Man kann dieses erste Heer, das vollkommen auf dem Gedanken der totalen Wehrpflicht aufgebaut war, allerdings nicht mit modernen Maßstäben messen. Es besaß keine einheitlichen Uniformen, keine ausreichende Logistik, keine Tradition, es marschierte in Haufen und kämpfte, so gut es eben ging, es stellte nichts anderes dar als das Volk, das man bewaffnet hatte, und wollte auch nichts anderes sein. Erst Napoleon hat dieses Heer zu einem brauchbaren militärischen Instrument geformt.

Freilich, Frankreich ist damals mit 27 Millionen Einwohnern ein Land gewesen, das an Einwohnerzahl nur von China und Indien übertroffen wurde. In Österreich-Ungarn lebten 14 Millionen, in Großbritannien 11 Millionen und in den jungen USA 5 Millionen Menschen. Als Frankreich sich selbst die allgemeine Wehrpflicht gab, wurde es mit einem Schlage zu einer unüberwindlichen Militärmacht, die selbst ein Napoleon nicht erschöpfen konnte: Sein Heer umfaßte 1,2 Millionen Mann.

Die Idee der Wehrpflicht ist Anfang des vorigen Jahrhunderts von nationalem Pathos umglänzt gewesen, die preußische Erhebung gegen Napoleon hatte einen deutlichen nationalen, und das heißt hier demokratischen Akzent. Schon Rousseau hatte gefordert, jeder Bürger solle Soldat sein, keiner solle das Kriegshandwerk als Beruf ausüben, denn mit Söldnern hatte man schreckliche Erfahrungen hinter sich und glaubte, diese Art Wehrpflicht würde die Humanität fördern. Nun entbrannte in den Staaten, die Napoleon unterworfen hatte, eine erbitterte Diskussion über die Frage, ob man die französischen Volksheere mit gleichen Methoden schlagen müsse – eine Ansicht, die bei Hofe verdächtig machte und von den gekrönten

Häuptern mißbilligt wurde. Neithart von Gneisenau, der wie Steuben als Söldner in Amerika, aber auf der Seite der Unterdrücker in österreichischen, ansbachischen und englischen Diensten gekämpft hatte, hatte drüben die Kraft der Volksmilizen kennengelernt. Er trat dafür ein, das Prinzip des stehenden Heeres mit dem der Volksmiliz zu verbinden. So werde es möglich sein, »einen hochherzigen, kriegerischen Nationalcharakter zu bilden, langwierige, entfernte Eroberungskriege zu führen und einem übermächtigen feindlichen Einfall einen Nationalkrieg entgegenzusetzen.«

Das war aus der Perspektive des militärischen Fachmannes gesehen. Die politischen Folgen im weitesten Sinne hat Gneisenau nicht übersehen können. Erst das 20. Jahrhundert führte jedem vor Augen, wohin die Idee des totalen Volkskrieges führt, zum Beispiel zum Verlust des Friedens, denn nur die totale Kapitulation scheint eine ausreichende Voraussetzung für den Frieden, aber sie kostet Ströme von Blut und erzeugt einen Haß, der auch den Frieden vergiftet. So schreibt der moderne Historiker G. Ferrero: »In dieser Art von Krieg, dem entfesselten Krieg, den die Revolution und das Kaiserreich ganz Europa aufdrängten, liegt der psychologische Irrtum begründet, daß furchtbare und vernichtende Siege den Frieden sichern helfen. Tatsächlich erschweren sie die Sicherung des Friedens oder verhindern ihn sogar. Dieser Irrtum ist der Schlüssel zur Geschichte der Revolution, des Kaiserreiches und des 19. Jahrhunderts bis zum Durcheinander der Gegenwart.«

Der totale Krieg

Niemand ahnt, ein gutes Menschenalter nach dem Tod Napoleons, welche Ausmaße ein Krieg annehmen kann, und doch sind alle Voraussetzungen für den ersten totalen Krieg vorhanden. Quer durch den amerikanischen Kontinent sind die ersten großen Eisenbahnlinien gelegt, fahren die dampfschnaubenden Oldtimer durch die Prärie; man besitzt Kanonen mit großer Reichweite, die von hinten geladen werden, und Schnellfeuergeschütze, man führt die Büchse mit gezogenem Lauf, die »rifle«, aber anstelle des Steinschlosses gibt es die Hinterlader, die auch als Repetiergewehre konstruiert sind, d. h., man braucht nicht die Patronen einzeln zu laden, sondern man hat Ladestreifen. Und schließlich gibt es Telegraphenstationen und das Morsealphabet, also die Möglichkeit, über große Entfernungen schnell zu disponieren, wo früher meist der Galopp des Meldereiters das Tempo der Befehlsübermittlung diktierte. Jede der beiden Parteien wird von handfesten wirtschaftlichen Interessen motiviert, die aber nur selten offen erkannt oder gar ausgesprochen werden. Um so überzeugender klingen die Ideale: Wer für den Norden, für die Union der Staaten, für Industrie und Zölle ist, der ist für Einigkeit und Fortschritt wie für die Freiheit des Menschen. Wer für die Beibehaltung der Sklaverei, für die Ausbreitung der Baumwolle, für die Tradition des Südens eintritt, der steht für die Kultur und die Freiheit des Südens – kurzum, es geht um Prinzipien, die gegeneinanderstehen und der Krieg wird als Bruderkrieg einer Demokratie geführt. Damit sind alle Bedingungen erfüllt, eine Art Weltkrieg im kleineren Maßstab zu führen.

Als Abraham Lincoln am 6. November 1860 zum Präsidenten der Vereinigten

Staaten gewählt wurde, bedeutete das für die Südstaaten, daß ihnen der industrielle Norden nicht erlauben würde, den Baumwollanbau und damit die Sklaverei auf die neu erworbenen Bundesstaaten Texas, New Mexico, Arizona, Kalifornien, Nevada, Utah und einen Teil von Colorado auszuweiten. Im Norden wurde das Kapital durch Industrieanlagen repräsentiert, im Süden durch Sklaven. Je nachdem, ob diese neuen Gebiete dem Norden oder dem Süden zufallen würden, mußte sich das wirtschaftliche Schwergewicht verlagern. Lincoln, ein Mann des Nordens, blieb bei seinen Überzeugungen. Die Geschichte dieses Krieges ist bekannt, und jedermann weiß zwischen Unionisten und Konföderierten, zwischen Männern des Nordens und denen des Südens zu unterscheiden, seit Margaret Mitchell 1936 den Welterfolg »Vom Winde verweht« schrieb.

Als im Morgengrauen des 12. April 1861 die Kanonen der Konföderierten Fort Sumter in Charleston beschossen, war schon hier die klassische Form für den Beginn eines totalen Krieges gegeben. Kein Notenwechsel, keine förmliche Kriegserklärung, sondern die Feuereröffnung als Ausdruck angestauter Empörung, die vorher sorgsam geschürt worden war. Vom ersten Tage an kämpfte auf beiden Seiten der Haß, und er war selbst in dieser fortschrittlichen Demokratie stark genug, die feierlich proklamierten Bürgerrechte gelegentlich außer Kraft zu setzen. Zwar träumten die Militärs noch von Aufmärschen in Linien und Karrees, von schmetternden Signalen und Tapferkeitstaten in voller Montur mit blitzenden Orden und Dreispitz; man hielt Kavallerieattacken für denkbar – aber ihr Horizont war durch ihr Fachwissen beschränkt, und dieser Krieg lehrte sie, was Krieg sein kann: Ein unerbittlich geführter Kampf, um den Gegner zur Erschöpfung zu treiben, wenn man ihn schon nicht ausrotten kann.

Zunächst: Es gab keine frontalen Angriffe mehr, keine Kavallerieattacken. Die Veränderung des Schlachtfeldes beschreibt Colonel Lyman: »Ich habe an zwei großen Schlachten teilgenommen und beide Male die Kugeln pfeifen hören, aber ich habe kaum einen der Rebellen gesehen, es sei denn, er war tot, verwundet oder gefangen! Ich erinnere mich, daß selbst Frontoffiziere, die in der Schlacht von Chancellorsville mitgefochten hatten, sagten: ›Dort, wo wir uns gerade befanden, haben wir keine Rebellen gesehen, nur Pulverrauch und Gebüsch, und dann fielen eine ganze Reihe unserer Leute.‹ Jetzt vermag ich das restlos zu verstehen. Die ganze Kunst ist, die Leute unsichtbar zu machen« (Fuller). Das Schlachtfeld ist zum ersten Male leer, denn die Feuerwaffen zwingen den Mann, sich einzugraben. Der Colonel sagt: »Gebt dem Soldaten ein gutes Deckungsloch und laßt hinter ihm auf einem Hügel eine Batterie auffahren, und er wird, selbst wenn er kein guter Soldat sein sollte, das Dreifache an Feinden abwehren.«

Der Spaten trat seine Herrschaft an, man verkroch sich in die Erde, wie dies noch heute geschieht, und man kam auch auf den Gedanken, diese Linie von Erdlöchern, in denen man sich verteidigen konnte, zu verstärken. Am 16. Mai 1864 zum Beispiel lief sich der Angriff der Konföderierten bei Dewry's Bluff an spanischen Reitern und Drahtverhauen fest, wobei sie »wie Rebhühner abgeschossen wurden«. Fast immer wird eine neue, den bisherigen Regeln zuwiderlaufende Taktik zunächst als heimtückisch empfunden und verteufelt, so auch hier; man nannte diese Drahtverhaue »eine teuflische Erfindung, die nur ein Yankee erfinden kann«. Es gab bereits damals die ersten Holzkastenminen, Handgranaten, Flügelminen, man erfand komplizierte Fallen und versteckte Hindernisse, man benutzte die ersten

Der Bürgerkrieg (1861–1865) zwischen den Nord- und den Südstaaten Amerikas entzündete sich unter anderem am Problem der Sklaverei. Der industrielle Norden forderte unter Berufung auf die Menschenrechte die Abschaffung der Sklaverei, der Süden hingegen fürchtete für sein Welt-monopol in Baumwolle, das ohne Sklavenarbeit nicht aufrechtzuerhalten war. Zeitgenössische Lithografie.

plumpen Maschinengewehre, ja es gab sogar Raketen, Torpedos sowie Land- und Seeminen.

Alle diese Waffen waren nicht vollkommen neu – der Engländer William Congreve hatte z. B. schon 1806 gegen Boulogne Brandraketen eingesetzt–, aber sie bildeten nun das Instrumentarium der Kriegskunst und spielten zusammen; ihre Vervollkommnung mußte auch die Dimensionen der Vernichtung steigern. Auf beiden Seiten wurden die ersten Panzerzüge und Luftballons eingesetzt – der Ballon des Südens wurde aus Seidenkleidern der Damen geschneidert, aber bald darauf von den Unionisten erobert–, man ersann Explosivgeschosse und Flammenwerfer, auch dachte man an Stink- oder Gasbomben. Und schließlich wurde in diesem Krieg auch der zweite Unterseebootangriff der Geschichte gefahren: Die erste Unterwasserattacke führte der Amerikaner David Bushnell durch, der 1776 zu dem englischen Linienschiff »Eagle« tauchte, dort einen Torpedo ansetzte und diesen zur Explosion brachte. Den zweiten, folgenreicheren Versuch unternahm das Unterseeboot des Erfinders Horace L. Huntly, das 6,20 m lang, 1,55 m hoch und 1,10 m breit war und acht Mann aufnehmen konnte. Das schraubengetriebene Boot griff am 17. Februar 1864 vor Charleston die USS Houssatonic an und ging mit ihr unter.

Aber nicht nur die Taktik zu Lande, zur See und in der Luft nahm Züge an, die sie noch im Zweiten Weltkrieg haben sollte. Es änderte sich auch die Mentalität, und man sah Dinge geschehen, die vorher kein zivilisierter Mensch für möglich gehalten hätte. So säuberte General Sheridan mit 10000 Mann Kavallerie das Shenandoah-Tal von den Truppen seines Gegners Early, denen er prophezeit hatte: »Ich werde ihnen nichts lassen als die Augen zum Weinen.« Er hielt sein Wort, und als er die Truppen geschlagen hatte, verwüstete er in aller Ruhe das Tal. Er ließ 2000 Farmen in Brand stecken, schleppte in einem Umkreis von rund 100 Kilometern sämtliche Pferde, Maultiere, Kühe und Schafe weg, und so war es General Lee unmöglich, seine Armee aus dem nördlichen Virginia zu versorgen. Sheridans Soldaten sagten, eine Krähe, die über das Tal fliegen wolle, müsse sich ihren Proviant schon selbst mitbringen, so öde und kahl wirke das Land. Es sei im Grunde sinnlos, sagte Sherman, Georgia wiederzuerobern, bevor man es nicht wieder bevölkern könne. »Aber ich weiß, wie man diesen Marsch ausführen muß, und ich werde Georgia zum Wehklagen bringen.« Nicht gegen einen Staat, sondern gegen eine Bevölkerung glaubte man Krieg führen zu müssen, und dies mit guten Gründen. Ein Adjutant von Sherman soll gesagt haben: »Wir führen diesen Krieg, damit nicht immer Krieg ist« – ein Satz, den viele Herrschende gesagt haben könnten, die den Frieden des Leichenhauses erzwangen.

Shermans und Grants Vorgehen war von keinem anderen Prinzip bestimmt als dem der Effizienz, der höchsten Wirksamkeit. Wenn das Volk der Konföderierten den Krieg nicht wollte, brauchte es nur seine Regierung abzuschütteln und eine neue Vertretung zu wählen, die Frieden wollte. Hier liegt, nach Ansicht des Militärhistorikers J. C. F. Fuller, die Konsequenz des 19. Jahrhunderts, das sich als demokratisch verstand. Von nun an wird die psychologische Kriegführung notwendig sein – schon der Erste Weltkrieg kennt Haßpropaganda und Kriegsschuld–, und man denkt an Revolution, wenn man an Gegner denkt. General Sherman, der Mann, der Georgia verwüstete, Savannah seinen plündernden Truppen preisgab und zusah, wie Tausende aufgeputschter Farbiger über die Stadt herfielen, war ein

Mann des Nordens und Puritaner: Er sah in seiner Armee »Gottes Werkzeug der Gerechtigkeit«, sein Bewußtsein war von einem einzigen Gedanken beherrscht, nämlich die totale Kapitulation des Südens zu erzwingen. Er hat damit Erfolg gehabt, aber um einen hohen Preis.

Jeder Krieg wird eines Zieles wegen geführt, aber er verliert jeden Sinn, wenn er die Möglichkeit zerstört, Frieden zu schließen. Die totale Vernichtung des Gegners kann im Zeitalter der Nuklearwaffen kein Ziel mehr sein, aber noch immer beherrscht dieser Gedanke die Köpfe, als sei die Welt noch heute aufgerufen, Kreuzzüge zu führen und einen endgültigen Frieden zu erzwingen, denn Friede ist das Ergebnis von Politik, nicht von Vergeltungsschlägen. Auf Shermans Denkmal in Washington steht der Satz: »Das folgerichtige Ziel des Krieges ist ein vollkommener Friede.« Vollkommenheit ist ein gefährliches Wort, wenn es um menschliche Verhältnisse geht. Die Völker würden sicherer leben, wenn diese Vorstellung aus der Politik verschwinden würde.

Samariter auf dem Schlachtfeld

Im Jahre 1859 herrschte Krieg in Europa. Garibaldi, dieser phantastische Nationalist, marschierte an der Spitze seiner Legion durch Italien, die Sprache Italiens galt in jenen Tagen als die Sprache der Freiheit, und als in der Lombardei die österreichische Armee gegen die Truppen Italiens, das als Staat noch nicht existierte, und Frankreichs aufmarschierte, stand die öffentliche Meinung auf seiten der Italiener, wie sie wenige Jahre später auf der Seite der von Rußland unterdrückten Polen stand. Südlich des Gardasees kam es zwischen französischen und piemontesischen Truppen unter Napoleon III. und denen des k. u. k. Reiches unter Kaiser Franz Joseph am 24. 6. 1859 zur Schlacht, unweit des kleinen Ortes Solferino. »An jenem denkwürdigen 24. Juni standen sich mehr als dreihunderttausend Menschen gegenüber. Die Schlachtlinie hatte eine Ausdehnung von fünf Meilen, und es wurde fünfzehn Stunden lang gekämpft.« Es war die erste Schlacht in Europa, für die man das Menschenmaterial mit der Eisenbahn herantransportierte. Moderne Geschütze zerfetzten anreitende Kavallerieeinheiten, und die Zuaven unter französischer Flagge kämpften nicht weniger fanatisch als die Kroaten, die auf der Seite der Österreicher fochten. Die Schlachtbeschreibung entrollt ein Panorama des Entsetzens. »Es ist ein allgemeines Schlachten, ein Kampf wilder, blutdürstiger Tiere. Selbst die Verwundeten verteidigen sich bis zum letzten Augenblick. Wer keine Waffe hat, packt den Gegner und zerreißt ihm die Gurgel mit den Zähnen. An anderer Stelle wütet ein ähnlicher Kampf. Er wird noch schrecklicher durch das Nahen einer Reiterschar, die im Galopp anstürmt. Die Pferde zertreten mit ihren beschlagenen Hufen Tote und Verwundete. Einem armen Blessierten wird die Kinnlade fortgerissen, einem anderen der Kopf eingeschlagen, einem dritten, den man hätte retten können, die Brust eingedrückt . . . In das Wiehern der Pferde mischen sich Verwünschungen, Wutschreie, Schmerz- und Verzweiflungsrufe.

Den Reitern folgt im gestreckten Lauf die bespannte Artillerie. Sie bahnt sich ihren Weg über Tote und Verwundete, die auf dem Boden liegen. Gehirn spritzt aus zerplatzenden Köpfen, Glieder werden gebrochen und zermalmt, Körper werden zu formlosen Massen. Die Erde wird buchstäblich mit Blut getränkt. Und die

Ebene ist übersät mit unkenntlichen Resten von Menschen.« Eine schwarze Fahne, schreibt der Verfasser, bezeichne gewöhnlich die Verbandsplätze oder Feldlazarette der kämpfenden Truppe, und sie werden in stillschweigender Übereinkunft nicht beschossen. Trotzdem schlügen dort gelegentlich Geschosse ein, was den Autor empört. Seine Schilderung des Schlachtfeldes, auf dem Zehntausende von erschöpften Verwundeten mit dem Tode kämpfen, gehört zu den klassischen Texten der Kriegsliteratur. In den umliegenden Orten improvisiert man Lazarette, allein Brescia mit seinen 40 000 Einwohnern nimmt ca. 30 000 Verwundete auf. Nach den Greueln der Schlacht erleben die Soldaten die Schrecken der Operationssäle, und das Elend der Verstümmelten und Kranken spottet jeder Beschreibung. Der Verfasser der »Erinnerung an Solferino« hat das alles als junger Geschäftsmann von 27 Jahren erlebt. Seine Absicht war, dem Kaiser Napoleon nach einem Sieg auf dem Schlachtfeld eine Denkschrift zu überreichen, die dem Kaiser den Nutzen eines von Dunant betriebenen wirtschaftlichen Projekts vor Augen führen sollte. Es ging darum, die Wasserfälle von Djemila mit Wassermühlen im großen Stil zu nutzen, und Dunant, ein gebürtiger Genfer und bedenkenloser Kapitalist, hoffte mit diesem Coup die französische Ministerialbürokratie zu überspielen, die ihm Hindernisse in den Weg legte.

Henri Dunant, der in aller Ruhe mit einer gemieteten Kalesche vor der Schlacht einige ihm bekannte Generäle besucht hatte, ehe er sich zum Schlachtfeld begab, wurde seine Denkschrift nicht los. Er durchstreifte die Gegend, besuchte die Orte, in denen er überall auf Verwundete stieß, und die Lazarette. Gekleidet in einen Sommeranzug, mit weißem Strohhut, überwältigt von all den Schrecken, die er sah, versuchte er auf der Stelle zu helfen. Er legte Notverbände an, brachte Fiebernden Wasser, notierte die letzten Wünsche von Sterbenden in sein Notizbuch und eilte schließlich in die Dörfer, um Helfer zu werben. Dunant konnte als Geschäftsmann Vertrauen einflößen, um wieviel mehr in solcher Situation. In Castiglione belegte er sämtliche nur denkbaren Räume, bald halfen ihm über 300 Menschen aus allen Ständen und Berufen, und er selbst, mit der Organisationskraft des erfahrenen Geschäftsmannes, verstand sogar die Intendantur zu überzeugen, die Chloroform und Verbandszeug schickte. Soviel Unternehmungsgeist war befremdlich und beispiellos. Den Geist jener Tage kennzeichnet eine Anekdote. Als man aus einer überfüllten Kirche die verwundeten und gefangenen Österreicher, die verhaßten Feinde Italiens, hinaustreiben wollte, sagte jemand – man weiß nicht recht, ob Dunant selbst oder eine alte Bäuerin: »sono fratelli«, es seien ja Brüder. Diese Sprache verstand jedermann, so wurden Verwundete aller Nationen nebeneinander gebettet, sie hörten auf, Feinde zu sein. Dieser Gedanke ist so einfach, daß er heute jedem selbstverständlich erscheint, und doch erregte er Aufsehen. Dunant erreichte ferner, daß der französische Marschall Mac Mahon, den er persönlich kannte, die gefangenen österreichischen Ärzte und Sanitäter für die Betreuung der Verwundeten freigab – eine Maßnahme, die später grundlegende Bedeutung bekommen sollte.

Einige Zeit nach der Schlacht kehrte der Geschäftsmann an seinen Schreibtisch zurück. Weil es für sein Projekt vorteilhaft war, übersiedelte er nach Paris, und bald verkehrte er, Angehöriger des Genfer Patriziats, in den besten Kreisen des Kaiserreiches. Das Erlebnis von Solferino konnte er, trotz aller Zerstreuungen, nicht verdrängen. Er hat sich schließlich nach Genf zurückgezogen und in qualvoller Arbeit und unübertrefflicher Klarheit zu Papier gebracht, was ihn bedrängte. Die Schilderung gipfelt in der Frage, weshalb es erlaubt sei, die Szenen des Schmerzes und der Verzweiflung zu schildern. Es sei mir erlaubt, schreibt Dunant, auf diese sehr natürliche Frage zu antworten: Gibt es während einer Zeit der Ruhe und des Friedens kein Mittel, um Hilfsorganisationen zu gründen, deren Ziel es sein müßte, die Verwundeten in Kriegszeiten durch begeisterte, aufopfernde Freiwillige, die für ein solches Werk besonders geeignet sind, pflegen zu lassen? Damit ist der Grundgedanke des Roten Kreuzes ausgesprochen.

Dunant selbst beruft sich übrigens auf Florence Nightingale, die kapriziöse Dame der englischen Society, die ihre unmittelbare göttliche Berufung, die sie im Tagebuch vermerkt hat, im November 1854 in die Tat umgesetzt hatte. Sie war mit 37 englischen Damen nach Konstantinopel und Skutari gereist, um die zahlreichen Verwundeten der Schlacht um Sewastopol zu pflegen. Diese hochgradige Hysterikerin hatte, für sich selbst einen Ausweg aus der Enge des viktorianischen Familienlebens suchend, dort alle Schrecken des Krimkrieges erlebt und war, von diesem Erlebnis gezeichnet, zurückgekehrt. Daß Pflegerinnen nicht der Abschaum der Gosse sein könnten, sondern Helferinnen des Arztes, wie sie heute in jeder Klinik wirken, war ihre eigenste Idee. Schon damals war die Öffentlichkeit ja durch die Zustände während des Krimkrieges alarmiert, und Zar Alexander II. von Rußland hatte, nach Besichtigung der Lazarette auf der Krim, den Entschluß gefaßt, den Krieg zu beenden. Henri Dunant sprach eine Öffentlichkeit an, die für den Gedanken der Humanität reif und willens war, ihn zu realisieren.

Der bedingungslose Pazifismus einer Bertha von Suttner erregte Unwillen und Ablehnung, aber das organisierte Samaritertum, mit dem man das schlechte Gewissen beschwichtigte und ohne Zweifel die Schrecken linderte, wurde akzeptiert, es entsprach dem Leistungswillen des puritanischen Christentums.

Dunant schließt seine Ausführungen mit dem Satz: »Wenn auch die neuen und schrecklichen Zerstörungsmittel, über die die Völker heutzutage verfügen, in Zukunft wahrscheinlich zwangsweise die Dauer der Kriege verkürzen müssen, so werden die Schlachten vermutlich um so blutiger werden.« Er irrte sich, wie man weiß. »Und werden nicht in diesem Jahrhundert, in dem das Unvorhergesehene eine so große Rolle spielt, Kriege hier und dort ganz plötzlich und völlig unerwartet ausbrechen? Ergeben diese Überlegungen allein nicht schon genug Veranlassung, sich nicht überraschen zu lassen?« Dunant hat seine 1862 beendete Niederschrift erst nur seinen Angehörigen und nahen Freunden zugänglich machen wollen, sie dann aber doch einem ausgewählten Kreis von einflußreichen Persönlichkeiten geschickt. In Genf wurde die Anregung des 47jährigen Dunant aufgegriffen, nicht ohne Geltungssucht und Eigeninteresse durchgesetzt und schon eineinhalb Jahre später zum Sieg geführt.

Neben Dunant bemühten sich der Rechtsanwalt Gustave Moynier, später Dunants Feind, der General Dufour, ein ausgezeichneter Mann, »der beste Mann der damaligen Schweiz« (Simson), sowie die Ärzte Louis Appia und Théodore Maunoir. Sie wirkten für die Idee des Roten Kreuzes und für die Grundsätze der Menschlichkeit so erfolgreich, daß schon im August 1864 die Genfer Konvention von den Großmächten Europas außer Rußland unterzeichnet werden konnte. Dunant hatte bei diesem glanzvollen Kongreß von 16 Nationen, zu denen auch

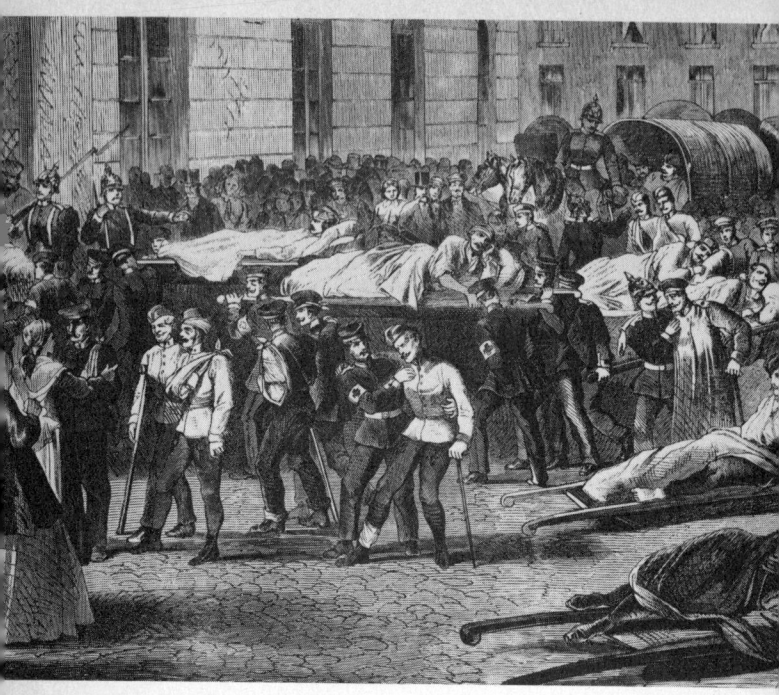

Verwundete Soldaten *werden nach dem Gefecht bei Jicin im preußisch-österreichischen Krieg von 1866 im Kadettenhaus zu Dresden aufgenommen. Seit Henri Dunant 1863 das Rote Kreuz in Genf ins Leben gerufen hatte, begann man sich weltweit um die Kriegsopfer zu kümmern. Zeitgenössischer Stich nach einer Zeichnung von C. Huth. Staatsbibliothek Bildarchiv, Berlin.*

die Vereinigten Staaten gehörten, nur die Funktion eines Frühstücksdirektors übernommen, er organisierte Feste, Empfänge und Galaessen.

Im Jahre 1867 hat Dunant dann Konkurs gemacht, für einen Genfer mit ererbtem Vermögen ein bürgerliches Todesurteil. Er wurde ein Opfer jenes naiven Optimismus, der zu jeder Art von Initiative gehört und schon manchem Geschäftsmann zum Verhängnis geworden ist. Dunant hat danach in Paris als kleiner Journalist und Übersetzer gearbeitet, als Clochard gelebt und niemals wieder für das Rote Kreuz wirken können, das seinen Siegeszug in aller Welt antrat. Während der Herrschaft der Pariser Kommune von 1871 hat er noch einmal Unschuldige retten und Anwalt der Menschlichkeit sein dürfen, ehe er in die Anonymität zurücktrat. Er ist dann nach England übergesiedelt und hat sich auch dort in der Gesellschaft noch einmal durchsetzen können. Er selbst war so gänzlich ohne Mittel, daß er quälenden Hunger litt, aber er diskutierte mit führenden Philanthropen über die Frage, wie man die Kriegsgefangenen, wie die Verwundeten aus dem Kriegsgeschehen herauslösen und unter Völkerrecht stellen könne.

Moynier hatte, strikt und mit der ganzen Unbeugsamkeit eines rechtschaffenen Calvinisten, die Unzuständigkeit des Roten Kreuzes für unverwundete Gefangene erklärt. Dunant nahm noch einmal den Kampf auf. Wer waffenlos war, sollte nicht mehr als Feind gelten. Die Gefangenschaft durfte nur dem Ziel dienen, zu verhindern, daß der Soldat sich neu bewaffnete. Menschliche Behandlung sollte gesetzlich vorgeschrieben, Unterkunft und Verpflegung der eigenen Truppe angeglichen werden. Verschiedene Kongresse, so in Plymouth 1872 und in Brüssel 1874, förderten den Gedanken der Humanität, der in der Haager Konvention des Jahres 1907 zum Völkerrecht wurde.

Dunant hatte schon beim Brüsseler Kongreß weder Sitz noch Stimme gehabt, er trat in die Anonymität zurück und wurde erst 1895, als Mann von 65 Jahren, wiederentdeckt. Dies geschah durch den Redakteur Baumberger aus St. Gallen, der den Gründer des Roten Kreuzes in einer Dachkammer entdeckte. Jedermann hatte ihn längst für tot gehalten, doch nun begriff man, was man ihm verdankte. Man überschüttete ihn mit Ehrungen und verlieh ihm 1901 auf Vorschlag von Bertha von Suttner den ersten Nobelpreis. Er starb 1910 im Alter von 82 Jahren in Heiden und wurde in Zürich beigesetzt. Es gab keine Leichenfeier, kein Prunkbegräbnis, kein Gebet am Grab. In seinem Testament hieß es: »Ich wünsche begraben zu werden wie ein Hund« (Simson).

Auch Dunant hat übrigens im Laufe seines Lebens verstanden, daß die Hilfe für Verwundete und Kranke, für Gefangene und Verwaiste nicht an Stelle der Bemühungen treten kann, für den Frieden zu wirken. Den Krieg abzuschaffen schien ein wichtigeres Ziel zu sein, als ihn zu reglementieren.

Friede auf Erden

Heilig waren allen Indianern die Pfeifensteinbrüche, hier herrschte Friede, denn nur wenn diese Stätte nicht durch Blut entweiht war, konnte man glauben, daß die aus diesem Stein geschnittenen Kalumets, die roten Friedenspfeifen, für die Räucheropfer rein genug waren, die der große Geist liebte. Auch die alte heilige Stätte Olympia war kein Ort wie jeder andere, sondern durch Friede geheiligt, und wie in der Antike gewisse Tempel, so übernahmen im christlichen Mittelalter die Kirchen die Aufgabe, dem Verfolgten Schutz und Zuflucht zu gewähren. Die Idee eines allen Streit übergreifenden Friedens ist in vielen Gesellschaften als Notwendigkeit empfunden worden. Sie blieb indessen wohl an Örtlichkeiten gebunden, schon dies war viel, löste ein Stück Erde aus dem irdischen Streit und stellte es unter göttlichen Schutz, gleichsam als Vorgriff auf einen umfassenderen, allgemeineren Frieden, wie ihn Christus seinen Jüngern verkündet hatte: Friede auf Erden, die Formulierung der Weihnachtsbotschaft, war im römischen Weltreich mit seinen Ängsten und Erschütterungen nicht weniger aktuell als heute im nuklearen Zeitalter.

So ist Friede seit jeher ein sehnlicher Wunsch des Menschen, der Kriege durchlitten hat, und es scheint, als sei etwas, das alle Menschen zu wünschen scheinen, leicht zu erreichen, man müsse es nur verwirklichen. Nun gibt es aber in neuerer Zeit kaum einen Krieg, der nicht geführt worden wäre, um einen unerträglichen Zustand zu ändern und einen endgültig besseren Friedenszustand herbeizuführen. Der Zustand der Bedrohtheit, in dem Nationen einander als potentielle Gegner sehen und sich durch Rüstung auf eine künftige Auseinandersetzung vorbereiten, ist durch Gegensätze der Interessen bedingt, die sich wiederum aus geographischen oder wirtschaftlichen Tatsachen ergeben, kurzum, der gute Wille allein nützt niemandem etwas, der den Frieden wahren will, weil seine Entschlüsse von Voraussetzungen abhängen, die er nicht gewollt und nicht gewählt hat. So kommt es, daß gerade die Friedensliebe zur Rüstung führt, wenn nicht zum Krieg.

In Europa beginnt man seit der Renaissance über den Frieden zwischen den Völkern nachzudenken, weil dieser von Kriegen geschüttelte Kontinent kriegsmüde geworden ist. Die Kirche selbst ist nicht pazifistisch gewesen, sie gehorchte der Lehre vom gerechten Krieg. Wie Christus gegen die Finsternis, Erzengel Michael mit seinen himmlischen Heerscharen gegen die Mächte des Teufels kämpfte, so sollte die Obrigkeit, die das ihr von Gott übertragene Schwert trug, gegen den rechten Feind kämpfen. Es kam also der Kirche nicht darauf an, Kriege zu verhindern, weil ja auch in der Gotteswelt Krieg zwischen Gott und dem Satan herrschte, sondern sie wollte ihn auf den rechten Zweck begrenzen, mit den rechten Mitteln geführt sehen.

Im Mittelalter, als die Kriege die Kämpfe der Herren waren und von Rittern ausgetragen wurden, ließ sich diese Auffassung aufrechterhalten. Gegen die heidnischen Muslims, die das Heilige Grab besetzt hielten, war der Krieg gerecht, nicht weniger gegen die heidnischen Völker östlich der Elbe. Dennoch stellte die Kirche nicht den Helden an die Spitze der Wertskala, der sich wie Dürers Ritter mit Tod und Teufel schlug, sondern den Heiligen, der die Welt mit ihren Händeln überwunden hatte – so trat die Idee eines höheren Friedens doch schon, in Gestalt der Reinheit und Gewaltlosigkeit, ins Bewußtsein der Menschen.

Die Idee vom gerechten Krieg und vom gerechten Zweck stimmte freilich mit der Wirklichkeit nicht mehr überein, seit im 15. Jahrhundert die Kriege von bezahlten Söldnern, nicht mehr von christlichen Rittern geführt wurden. Die Zeitgenossen haben auf diese Söldnerhaufen, die sich gelegentlich zu einer wahren Landplage auswuchsen, mit Entsetzen reagiert. Die Diskussion über Krieg und Frieden wurde wiederaufgenommen, und diesmal nicht mehr im Schatten kirchlicher Autorität. Erasmus von Rotterdam, der berühmte Humanist, eröffnet die Reihe derer, die zum Kriege nicht haben schweigen können. So veröffentlicht er 1517, in jenem Jahr, in dem Luther seine Thesen in Wittenberg an der Kirchentür aushängt, seine »Klage des Friedens, der bei allen Völkern verworfen und niedergeschlagen wurde« – gut ein Jahrhundert vor dem Ausbruch des Dreißigjährigen Krieges. In seiner Anklageschrift, die den Frieden mit eigener Stimme klagen und sprechen läßt, heißt es: »Der größere Teil des Volkes haßt den Krieg und bittet um Frieden. Nur einige wenige, deren gottloses Glück aus dem Unglück der Allgemeinheit herrührt, wünschen den Krieg. Entscheidet selbst, ob es gleichgültig ist oder nicht, daß deren Schlechtigkeit mehr gelten soll als der Wille aller frommen Menschen. Ihr seht bisher, daß nichts mit Bündnissen ausgerichtet wurde, daß weder Heirat und Verschwägerungen noch Gewalt und Rachsucht geholfen haben. Zeigt nun dieser Gefahr gegenüber, was Versöhnlichkeit und Wohltaten vermögen. Ein Krieg sät den andern, Vergeltung zeugt Vergeltung. Möge nunmehr eine Freundschaft die andere gebären und eine Wohltat die andere hervorlocken. Derjenige soll für königlicher gehalten werden, der mehr von seinem Rechtsanspruch abläßt.«

Man hat damals gemeint, die Zeit sei reif für ein tausendjähriges Reich der Wissenschaften und Künste. Der Kriegspapst Julius II. war abgelöst von Leo X., die Fürstenhöfe in Wien und London unter Kaiser Maximilian und König Heinrich VIII. begünstigten die Humanisten, die Träger einer neuen, fortschrittlichen Geisteshaltung, und so war die Schrift des Erasmus eine Auftragsschrift, die ein Politiker für den Friedenskongreß von Cambrai bestellt hatte. Man sieht die Christenheit in zunehmendem Maße von den Türken bedroht, ein Gefühl der Verbundenheit, ein Wunsch nach Frieden kennzeichnen die Stimmung, und so geben sich fast alle europäischen Verträge jener Jahre als »ewig«. So rückt der Friede, von Papst Leo X. als Ziel auf dem V. Laterankonzil für die europäischen Mächte aufgezeigt, greifbar nahe, und schon damals sucht man ihn durch den Gedanken eines ewigen Bundes der Großmächte zu sichern.

Die großartigen Gedankengänge, die blitzenden Formulierungen des gelehrten Humanisten entsprachen dieser Stimmung, aber sie verfehlen, wie so viele Äußerungen dieser Art, die politische Wirklichkeit und bleiben Literatur. Zur großen Antikriegsliteratur gehört auch das »Kriegsbüchlein des Friedens« des Sebastian Frank. Er hat diese Schrift unter dem Pseudonym Friedrich Wehrnstreit erscheinen lassen, und die Skepsis hat ihm die Feder geführt. Von seiner Schrift verspricht er sich kaum eine politische Wirkung, aber das hindert ihn nicht, seine Ansichten zu äußern und Fragen zu stellen, die so bisher nicht gestellt worden waren. So stellt er die hintersinnige Frage, ob denn »ein Christ im neuen Testament«, d. h. also wohl im Glauben Christus, überhaupt Krieg führen dürfe, wobei er auf die Kirchenväter verweist, ohne sich selbst der Beantwortung dieser gefährlichen Frage zu stellen.

Diese Frage, in der Reformation gestellt, wird von nun an nicht mehr vestummen. Die protestantischen Sekten des 19. Jahrhunderts sind von diesem Ansatz aus zu radikaler Kriegsdienstverweigerung gekommen wie die Zeugen Jehovahs. Ferner greift er mit aller Schärfe die Söldner an, in denen er die Wurzel allen Übels sieht. Man weiß heute, daß die aufkommende Geldwirtschaft, verkörpert von den Banken Genuas oder Augsburgs, den Fürsten überhaupt erst die Mittel bot, die Söldnerheere zu finanzieren, deren einziges Interesse Geld war. Die deutschen und schweizerischen Landsknechte liefen den Führern wie Sickingen und Frundsberg zu, deren Wort sie vertrauten. Für wen sie fochten, war ihnen gleichgültig, wenn nur die Kasse stimmte. Sebastian Frank schalt sie als »leichtfertiges Volk, dem wohl mit anderer Leute Unglück ist, das Unglück sucht und ungenötigt alle Land durchstreicht, Krieg sucht und um ein heillos Geld Weib und Kind, sein Vaterland, Vater und Mutter verläßt . . . aus keinem Gehorsam, sondern aus lauter Frevel, Blutdurst und Mutwillen . . . und mit würgen, rauben, brennen, ja mit Witwen und Waisen Verderben reich werden«.

Vier Dinge machen den Landsknecht, sagt Sebastian Frank, nämlich Unwissenheit, Faulheit, Armut und Verzweiflung. Die Forderung nach Frieden leitet Frank aus dem Neuen Testament ab, das er vom Alten Testament deutlich absetzt: »Ich glaube, wir würden nicht viel Krieg, sondern langen, ja ewigen Frieden haben, weil . . . der kriegerische Geist Mosi aufgehoben ist und in Christo in eitel Fried umgewandelt.«

Unversehens ist ein humanistischer Pazifismus entstanden, und eine ganze Generation, in Einsiedeln, Zürich und Basel ein Freundeskreis des jungen Zwingli, »studiert den Frieden«. Luther, der mit seinen Schriften allerdings für die »Kriegsleute« eintrat, hat doch aber auch die Problematik des Friedens erfaßt und die »Urheber ungerechter Kriege« als vielfache Mörder bezeichnet.

So spitzte sich das Problem des Friedens zunächst immer mehr auf die Frage zu, den Krieg einzuschränken auf das, was unumgänglich und notwendig war, wobei nur von der Christenheit die Rede war – nicht aus Bösartigkeit, sondern weil die Türken die Feinde Christi waren, denn man hatte von der Menschheit noch keinen Begriff. Immerhin zeigte der an sich unbedeutende Literat Emeric Crucé (um 1590–1648) in seiner pazifistischen Schrift »Der Neue Kineast« bereits einen weiteren Horizont; für den Sultan der Türkei und den Herrscher der Tataren, den Großmogul und den Schah von Persien hatte er eine fast beschwörende Sympathie, womit er den Exotismus des folgenden Jahrhunderts vorwegnahm.

Die theoretische Einschränkungen des Krieges bedeuteten einen gedanklichen Fortschritt; ganz gewiß sind die Kriege des absolutistischen Zeitalters, die mit begrenzten Mitteln unter Beachtung gewisser Regeln geführt wurden, humaner gewesen als Volkskriege, wie sie seit der Einführung der Demokratie üblich wurden und zum totalen Krieg der Gegenwart geführt haben.

Auch für einen Pazifisten wie Crucé gab es Menschen, die zu bekämpfen nicht verboten war. Dazu gehörten die Piraten, der Schrecken der europäischen Schiffe im Mittelmeer und auf dem Atlantik, und die unkultivierten Völker. Mit dem ganzen Hochmut des Europäers, der sich von Gott auserwählt weiß, schreibt er: »Den wilden Tieren setze ich die wilden Völker gleich, die von ihrer Vernunft keinen Gebrauch machen. Auch sie geben einen rechtmäßigen Grund zum Kriege ab.«

In der Renaissance war der Friedensgedanke im Christentum verankert, nun aber löst er sich aus der religiösen Überlieferung und wird auf die Vernunft gegründet. William Penn (1644–1718), der Verteidiger der Quäker, der in Amerika am Delaware Land erwarb und, seinen im »Staatsroman« geäußerten Utopien folgend, im Jahre 1683 Philadelphia gründete, eine Stadt der Vernunft, war selbstverständlich Pazifist. Pennsylvanien war auf dem Gedanken der Gewaltlosigkeit gegründet, denn William Penn glaubte, wer auf Waffen verzichtet, sei durch seine Waffenlosigkeit sicher. Den Frieden mit den Indianern hat Penn durch die Prinzipien seiner Kolonie über zwei Generationen sichern können, aber den Anspruch des Europäers gegenüber dem Indianer nie in Frage gestellt. Sein »Essay zum gegenwärtigen und zukünftigen Frieden von Europa durch Schaffung eines europäischen Reichstages, Parlaments oder Staatenhauses« aus dem Jahre 1693 zeichnet die Vision eines geeinten, parlamentarisch regierten Europas – und sein Grundgedanke ist im Recht verankert; so heißt eine Kapitelüberschrift: »Von den Mitteln zu einem Frieden, der eher auf dem Walten der Gerechtigkeit beruht als auf Krieg.« Der Gedanke der Gerechtigkeit, der zu Richtern und Opfern, zu Strafexpeditionen und Ausrottungsfeldzügen führen kann, wird später von Kant verworfen werden. Immerhin nimmt aber die Idee von Staatenbündnissen, die den Frieden sichern könnten, Gestalt an, und der Friede Europas beinhaltet, was die Utopie angeht, den Weltfrieden, der schon damals als denkbar empfunden wird – es scheint, als bedürfe es nur einiger Anstrengungen, einigen guten Willens von seiten der Herrschenden, und der Friede wäre durch Vernunft gesichert.

Die Waffen nieder

Am 1. April 1890 schrieb Alfred Nobel aus Paris an seine ihm einst entlaufene Sekretärin, eine Dame aus bester Gesellschaft, die es vorgezogen hatte, sich mit einem um sieben Jahre jüngeren Mann zu verbinden, der ihr Schüler gewesen war: »Teure Baronin und Freundin, soeben habe ich Ihr bewundernswertes Meisterwerk gelesen. Man sagt, es gäbe zweihundert Sprachen – das wären immer noch 199 zuviel –, aber gewiß gibt es nicht eine, in die Ihre wertvolle Arbeit nicht übersetzt, in der sie nicht gelesen, bedacht werden sollte.« Bertha von Suttners Roman »Die Waffen nieder« hatte den Erfolg, den Alfred Nobel ihm vorausgesagt hatte, aber er stieß auch auf spöttische Ablehnung. Damals waren Damen eine besondere, sehr reizvolle, aber doch nicht ernst zu nehmende Gattung Mensch, und daß eine Baronin sich mit diesem Thema zu Worte meldete, erschien nicht wenigen Männern absurd.

So dichtete Felix Dahn, der Verfasser des »Kampfes um Rom«: »Die Waffen hoch! Das Schwert ist Mannes eigen. Wo Männer fechten, hat das Weib zu schweigen. Doch freilich, Männer gibt's in diesen Tagen, die sollten lieber Unterröcke tragen.« Der kriegsbegeisterte Professor ist zwei Jahre vor Ausbruch des Ersten Weltkrieges gestorben, Bertha von Suttner am 21. Juni 1914, sieben Tage vor den Schüssen vor Sarajewo, sie hat den Zusammenbruch der Friedensidee nicht mehr mit eigenen Augen sehen müssen. Im Jahre 1887 hat sie anläßlich eines Tees in Wien von dem Schriftsteller Wilhelm Löwenthal erfahren, daß es in London eine »Internationale Friedens- und Schiedsgerichtsvereinigung« gäbe. Sie machte die Sache der Friedensbewegung zu ihrer eigenen und schrieb jenen Roman, der sie berühmt machen sollte, unter dem Eindruck des Russisch-Türkischen Krieges. Sie hat den Krieg nicht selbst erlebt, sondern nur seine Auswirkungen, als sie während des Russisch-Türkischen Krieges im Kaukasus lebte, aber sie hat ihre ganze Kraft in den Dienst der Friedensidee gestellt.

Daß sich im Großbürgertum überhaupt eine solche Entwicklung abzeichnete, daß der Pazifismus, aus den vielfältigsten Quellen erwachsen, sich in Gesellschaften konstituierte, hängt mit der Emanzipation des Bürgertums zusammen. Das beginnende Kosmopolitentum fühlte sich durch dynastische Kriege gestört, der Welthandel brauchte den Weltfrieden. Philosophisch war die Idee des Weltfriedens immer wieder durchdacht worden, seit William Penn sein Traktat geschrieben hatte, auch hielten Mennoniten und Quäker am Friedensgedanken fest.

Im 18. Jahrhundert ist unter den Gebildeten der Ewige Friede ein ebenso beliebtes Thema geworden wie der beste Staat. Man empfindet die Vernunftwidrigkeit des Krieges und sucht den Widerspruch mit Modellen der Vernunft zu lösen. So arbeitet der Genfer Uhrmacherssohn und Literat Saint-Pierre unermüdlich an seinem Ziel, den Staat des Sonnenkönigs zum aufgeklärtesten Staat Europas zu machen. Er widmete seine ganze Aufmerksamkeit nahezu allen Erscheinungen des

Alltags, der Armenfürsorge wie dem Verkehrswesen, der Lage der Schriftsteller wie dem Ewigen Frieden, aber sein Lebenswerk gipfelt in dem »Plan des Ewigen Friedens«, den Jean Jacques Rousseau aufgegriffen und publiziert hat. Im 17. Jahrhundert hatte Crucé die These aufgestellt, der Weltfriede werde durch den Welthandel verwirklicht werden können, denn Geld, nicht Macht, sei der eigentliche Hebel der Dinge. Rousseau, durch die Beschäftigung mit dem Werk des Abbé Saint-Pierre zur Auseinandersetzung mit diesen Ideen gezwungen, akzeptiert diese Auffassung nicht. Er entwickelt eigene Ideen, die stärker noch als seine Vorgänger auf den Staatenbund Europas setzten.

In der Reihe derer, die den Friedensgedanken geprüft und durchdacht haben, steht Immanuel Kant (1724–1804) an der Spitze. In einem Aufsatz vom November 1784 hat er die »Idee zu einer allgemeinen Geschichte« in weltbürgerlicher Absicht konzipiert. Schon hier zeigt sich, daß er die Bedingungen der menschlichen Existenz klarer erkannt hat als seine Vorgänger; er weiß, daß der Antagonismus Teil der menschlichen Natur ist und daß moralische Forderungen nicht ausreichen, Frieden zu schaffen, weil die Gesellschaft erst aus dem Widerspiel ihre Kräfte entfaltet. 1795 erscheint sein Entwurf »Zum ewigen Frieden«, ein Buch, das mit einem Schlag die Aufmerksamkeit auf sich zog. Der entscheidende Artikel dieser auch in der Form neuen Schrift trug die Überschrift: »Das Völkerrecht soll auf einem Föderalismus freier Staaten gegründet sein.« Er fürchtet, was wenige Jahrzehnte später eintritt, und warnt davor, ein »ehrloses Strategement« zu führen oder einen Bestrafungskrieg zu erklären. »Irgendein Vertrauen auf die Denkungsart des Feindes muß im Krieg noch übrigbleiben, weil sonst auch kein Friede abgeschlossen werden könnte.« Sein Traktat endet: »Wenn es Pflicht, wenn zugleich gegründete Hoffnung da ist, den Zustand des öffentlichen Rechts, obgleich nur in einer ins Unendliche fortschreitenden Annäherung wirklichzumachen, so ist der ewige Friede, der auf die bisher fälschlich so genannten Friedensschlüsse (eigentlich Waffenstillstände) folgte, keine leere Idee, sondern eine Aufgabe, die nach und nach aufgelöst, ihrem Ziele (weil die Zeiten, in denen gleiche Fortschritte hoffentlich geschehen, immer kürzer werden) beständig näherkommt.« Der Friedenszustand unter Menschen, sagt Kant, sei kein Naturzustand, er müsse gestiftet werden, und eben diese Bedingungen sucht er zu formulieren.

Seine Vorstellungen laufen darauf hinaus, den Frieden der Völker auf vernünftige Voraussetzungen zu gründen. Er ahnt, daß der Kolonialismus beseitigt werden muß und drückt dies in der Sprache seiner Epoche aus. Nicht die Kriege Europas, sondern die Eroberungen des Britischen Empire und die amerikanische Revolution bereiten ihm Sorge. Für ihn ist Friede ein Gebot der Vernunft, und so entwirft er eine Friedensordnung, deren Realisierung sich an diesen Kategorien mißt. Der Gedanke der Nichteinmischung in die Angelegenheit anderer Völker ist im Grunde zuerst von Kant ausgesprochen worden. Allerdings ahnt damals noch niemand, daß erst das 20. Jahrhundert die Idee des Weltfriedens auf die Probe stellen wird und daß aus den utopischen Forderungen einiger verstiegener Literaten politische Notwendigkeit wird.

Immerhin wurde in England schon 1816 die »Peace Society« gegründet, 1828 gibt es die »American Peace Society« und 1867 die entsprechende Gesellschaft in Frankreich. Bertha von Suttner hat 1891 die Österreichische Friedensgesellschaft gegründet, Alfred H. Fried ein Jahr später die Deutsche Friedensgesellschaft. Im gleichen Jahr entstand die Zentrale aller dieser Gesellschaften, das Internationale Friedensbüro, das 1910 den Friedensnobelpreis bekam.

Alle diese Anstrengungen haben den Krieg bisher nicht verhindern können, sie haben aber das Gewissen der Menschheit wachgerüttelt und dafür gesorgt, daß die Idee des Weltfriedens auch im Zeitalter der totalen Vernichtungswaffen von der Jugend aufgegriffen werden konnte.

Literatur

Ein detaillierter Quellennachweis für dieses Buch würde den Umfang eines weiteren Buches erreichen. Deshalb ist es nur möglich, einige Titel zusammenzustellen, die nicht nur für den Autor wichtig waren, sondern auch für den Leser von Nutzen sein können. Standardwerke der Geschichtswissenschaft, Lexika, fremdsprachige Literatur und ältere Spezialuntersuchungen wurden nicht aufgeführt. Wo der Autor die hier angegebene Literatur herangezogen hat, ist der Name im Text in Klammern gesetzt. Literaturangaben aus bereits vorangegangenen Bänden werden nicht ausdrücklich wiederholt.

ABENDROTH, Wolfgang: Sozialgeschichte der europäischen Arbeiterbewegung. 1965.

ANGERMEIER, Heinz: Königtum und Landfriede im deutschen Spätmittelalter. 1966.

AUGSTEIN, Rudolf: Preußens Friedrich und die Deutschen. 1968.

BERNATZIK, Hugo A.: Im Reich der Bidjogo. 1960.

BIRKET-SMITH, Kaj: Illustrierte Kulturgeschichte der Welt. 1948.

BLOODSWORTH, Dennis: Chinesenspiegel. 3000 Jahre Reich der Mitte. 1967.

BLUMENBERG, Werner: Marx. 1962.

BOSL, Karl: Die Gesellschaft in der Geschichte des Mittelalters. 1966.

BOTKIN, B. A.: Die Stimmen des Negers. Befreite Sklaven erzählen. 1945.

BROWN, Ina C.: Verstehen fremder Kulturen. Ein Blick zur Völkerkunde. 1968.

CANBY, Courthlandt: Geschichte der Waffe. 1964.

CARCOPINO, Jérôme: So lebten die Römer während des Kaiserreiches. 1959.

CHERBULIEZ, Antoine-E.: Georg Friedrich Händel. o. J.

CHEVALLIER, Jean-Jacques: Denker, Planer, Utopisten. Die großen politischen Ideen. 1966.

COING, Helmut: Epochen der Rechtsgeschichte in Deutschland. 1967.

DAVID, René: Einführung in die großen Rechtssysteme der Gegenwart. Rechtsvergleichung. 1966.

DAVIDSON, Basil: Vom Sklavenhandel zur Kolonisierung. 1966.

DEUTSCH, Otto Erich: Mozart. Dokumente seines Lebens. 1963.

DUNANT, Henri: Eine Erinnerung an Solferino. 1942.

DURANT, Will: Die Renaissance. 1955.

EICHHORN, Werner: Kulturgeschichte Chinas. 1964.

ENZENSBERGER, Hans Magnus (Hrsg.): Freisprüche. 1970.

FIELDHOUSE, David: Die Kolonialreiche seit dem 18. Jahrhundert. 1965.

FULLER, J. F. C.: Die entartete Kunst, Krieg zu führen. 1789–1961. 1964.

GREBING, Helga: Geschichte der deutschen Arbeiterbewegung. 1970.

GROUSSET, René: Die Steppenvölker. 1965.

HEER, Friedrich: Sieben Kapitel aus der Geschichte des Schreckens. o. J.

HEINEMANN, Franz: Der Richter und die Rechtspflege in deutscher Vergangenheit. 1924.

HENTING, Hans von: Die Besiegten. Zur Psychologie der Masse auf dem Rückzug. 1966.

HINTZE, Otto: Soziologie und Geschichte. 1964.
HOBSBAWM, Erich: Europäische Revolutionen. 1962.
HOFER, Walther: Von der Freiheit und Würde des Menschen und ihrer Gefährdung. 1962.
JESSEN, Hans: Die deutsche Revolution. 1848/49. 1968.
KASER, Max: Römische Rechtsgeschichte. 1967.
KRÄMER-BADONI, Rudolf: Anarchismus – Geschichte und Gegenwart einer Utopie. 1970.
LENNHOFF, Eugen: Politische Geheimbünde. 1966.
MAORI KIKI, Albert: Ich lebe seit 10000 Jahren. 1969.
MÜNZEL, Karl: Recht und Gerechtigkeit. Ein rechtsphilosophisch-naturrechtliches Studienbuch. 1965.
NICOLSON, Harold: Vom Mandarin zum Gentleman. 1958.
OESTERREICH, Gerhard: Die Idee der Menschenrechte. 1963.
OKERLÄNDER, Erwin: Der Anarchismus. Dokumente der Weltrevolution, Band 4. 1972.
PERNOUD, Georges und FLAISSIER, Sabine: Die Französische Revolution in Augenzeugenberichten. 1962.
RADBRUCH, Gustav und GWINNER, Heinrich: Geschichte des Verbrechens. Versuch einer historischen Kriminologie. 1951.
RAUMER, Kurt von: Ewiger Friede. Friedensrufe und Friedenspläne seit der Renaissance. 1953.
REICKE, Ilse: Bertha von Suttner. 1952.
REINER, Hans: Grundlagen, Grundsätze und Einzelnormen des Naturrechts. 1964.
RICHTER, Werner: Kleine Geschichte der Vereinigten Staaten von Amerika. 1954.
RÖRIG, Fritz: Die europäische Stadt im Mittelalter. 1964.
SAYN-WITTGENSTEIN, Franz: Fürstenhäuser und Herrensitze. 1956.
SCHNABEL, Franz: Deutsche Geschichte im neunzehnten Jahrhundert. Monarchie und Volkssouveränität. 1964.
SCHULZ, Ursula (Hrsg.): Die deutsche Arbeiterbewegung 1848–1919 in Augenzeugenberichten. 1968.
SEAGLE, William: Weltgeschichte des Rechts. 1951.
SENGHAAS, Dieter: Rüstung und Militarismus. 1972.
SIMSON, Gerhard: Fünf Kämpfe für Gerechtigkeit. 1951.
SCHMIDT, Eberhard: Einführung in die Geschichte der deutschen Strafrechtspflege, 1965.
SOUSTELLE, Jacques: So lebten die Azteken.
WIEACKER, Franz: Recht und Gesellschaft in der Spätantike. 1964.
WINSTON, Richard: Karl der Große. 1968.
WOLFF-WINDEGG, Philipp: Die Gekrönten. Sinn und Sinnbilder des Königtums. 1958.
ZIPPELIUS, Reinhold: Geschichte der Staatsideen. 1965.

Register